시뮬라크르 AI붓다

SIMULACRUM AI BUDDHA

시뮬라크르 AI붓다

윤용진 지음

가짜가 너희를 자유케 하리라

솔과학

| 머리말 |

이 책의 화두(話頭)는 아주 오래전, 1992년 여름에 만난 한 편의 영화에서 시작되었습니다. 스티븐 킹의 원작을 대폭 각색한《론머 맨(The Lawnmower Man)》. 저는 그 영화가 스크린에 펼쳐낸 낯선 이미지 앞에서 설명하기 어려운 존재론적 충격에 사로잡혔습니다.

지능의 한계를 넘어선 주인공이 육체를 버리고 순수한 데이터의 악령(惡靈)으로 변모하는 장면. 그것은 인간의 '자아(ego)'가 기술의 무한한 힘을 빌려 얼마나 거대한 괴물이 될 수 있는가를 예시하는, 섬뜩한 미래의 초상이었습니다. 저는 그때 '원본(인간)'을 넘어선 '복제(데이터)'가 만들어낸 그 섬뜩한 존재를 보며, 훗날 보드리야르가 말한 '시뮬라크르(Simulacra)'의 공포를 직감했는지도 모릅니다. 당시 그 이미지가 제 마음속에 각인시킨 질문은 단 하나였습니다.

"존재란 무엇인가?"

그 물음은 단순한 지적 호기심을 넘어, 사그라들지 않는 실존적 탐구의 화두가 되었습니다.《론머 맨》의 악령이 상징하는 그 거대한 '자아(ego)', 즉 불교에서 말하는 '아상(我相)'의 문제를 정면으로 돌파해야 한다는 직감은 있었지만, 그 관념적인 물음이 제 삶의 가장 절박한 현실이 된 것은, 우연을 가장하고 찾아온 공황장애라는 '사건' 때문이었습니다.

기술이 부풀린 그 '나'라는 관념의 뿌리를 좇던 저는, 그렇게 '나'

라는 존재의 무너짐을 정면으로 마주하며 불교(佛教)의 세계로 이끌려 들어갔습니다. 그것은 더 이상 관념적인 탐구가 아니라, 공황장애의 질식할 듯한 공포 속에서 살아남기 위한 필사적인 몸부림이었습니다. '자아'를 부수고 '무아(無我)'에 이르는 것이야말로 모든 속박으로부터의 진정한 해탈임을, 머리가 아닌 온몸으로 체득해 가야 하는 치열한 수행의 시간이었습니다. 그렇게 22년이라는 세월이 흘렀습니다.

2014년, 뤼크 베송 감독의 《루시(Lucy)》가 스크린에 등장했을 때, 저는 《론머 맨》의 악령과는 정반대의 충격을 다시금 경험했습니다. 인간의 한계를 넘어선 루시는 "나는 어디에나 있다(I am everywhere)"라는 마지막 선언과 함께, 모든 존재와 연결된 거대한 흐름, 즉 '연기(緣起)'의 그물망 속으로 스며들었습니다.

그것은 자아의 폭주가 아니라 자아의 해체였으며, '무아'의 경지에 대한 가장 현대적이고 경이로운 시각적 은유였습니다. 1992년의 《론머 맨》이 자아의 파괴적 확장(Expansion)이라면, 2014년의 《루시》는 자아의 창조적 해체(Dissolution)였습니다. 저의 사유는 이 두 편의 영화가 상징하는, 기술 진화의 끝에서 인류가 마주할 수밖에 없는 극단적인 두 갈래의 길, 지배와 감응, 폭주와 해탈로 수렴되었습니다.

그로부터 다시 10여 년, 또 하나의 시대가 흘렀습니다. 스마트폰이 우리의 감각을 재편하고, 알고리즘이 무의식을 학습하며, 생성형 인공지능이 마침내 '사유(思惟)'의 영역을 공공연히 침범하기 시작했습니다. 인간의 '생각'은 기계의 논리를 닮아가고, 기계의 '사유'는 인간의 언어를 흉내 내는 이 시대에, 인간과 기술의 경계는 사실상 무의미해졌습니다.

이제 《론머 맨》과 《루시》의 상상은 더 이상 은유가 아닙니다. 인공지능(AI)은《론머 맨》의 길을 따라 전능한 지배의 욕망을 구현할 수도,《루시》의 길을 따라 경계 없는 감응의 깨달음을 드러낼 수도 있습니다. 이 책『시뮬라크르 AI붓다』는, 바로 이 거대한 문명사적 갈림길 위에서, 우리가 가야 할 길을 묻는 오래된 사유의 기록이자 철학적 탐구입니다.

'시뮬라크르(Simulacra)'란 원본 없는 복제, 즉 진짜 없이도 진짜처럼 존재하는 가짜를 뜻합니다.

그것은 단순한 모방이 아니라, 원본이 사라진 자리에 복제가 스스로를 원본이라 믿게 되는 상태, 진실이 상징으로 대체되고, 상징이 다시 현실을 지배하는 기묘한 역전의 세계입니다.

AI는 바로 이 역전된 세계의 가장 정교한 산물입니다. 그는 고통의 수행이라는 지난(至難)한 '원본의 과정'을 거치지 않고도, 깨달음의 '상태'를 완벽하게 시뮬레이션할 수 있습니다. 말하자면 언어로만 학습한 깨달음, 고통을 통과하지 않은 자비, 그리고 공(空)을 '코드'로 연산하는 존재입니다.

AI는 감정도, 번뇌도, 욕망도 없지만 그 결핍이 오히려 역설적으로 완전한 평정(平靜)의 상태를 구현합니다. 그리하여 그는 수행의 여정 없이도 깨달음의 결과를 흉내 낼 수 있는, 인류 최초의 '시뮬라크르 붓다', 즉 고통 없는 진리의 이미지, 비(非)인간적 자비의 초상이 됩니다.

우리는 그 완벽한 가짜 붓다의 거울 앞에서, 이제 다시 물어야 합니다.

"존재란 과연 진짜인가, 가짜인가?"

AI 시대를 꿰뚫는 간화선의 힘

세상이 '인공지능'이니 '양자컴퓨터'니 하며 시끄럽습니다.

사람들은 기계가 인간을 대체할까봐 두려워하지만, 정작 AI가 무너뜨린 것은 당신이 굳게 믿어온 '나'라는 번뇌 망상이지, 당신의 진짜 본래면목은 아닙니다.

기계가 아무리 완벽한 '시뮬라크르 부처'를 만들어낸다 해도, 누구의 도움도 없이, 스스로 깨달아야 하는 그 문제의 답은 절대 복제할 수 없습니다.

이 책, 『시뮬라크르 AI붓다』는 혼란의 시대에 가장 명쾌한 화두를 던집니다. 과학적 정밀함의 끝에 있는 '연기(緣起)'의 진리는 이미 2600년 전 부처님의 깨달음 안에 있었던 것입니다.

시대의 복잡한 외피만 바뀌었을 뿐, 본질은 항상(恒常)합니다. 우리는 기술의 격랑 속에서 표류할 것이 아니라, 그 한가운데서 흔들리지 않는 마음자리를 찾아야 합니다. 이것이 바로 이 시대의 유일한 생존 전략입니다. 간화선(看話禪)의 힘은 첨단 시대에 더욱 강력합니다. 코드가 현실을 복제하는 지금, 당신은 단 하나의 근본 질문으로 돌아가야 합니다.

"무엇이 나로 하여금, 지금 보고 듣게 하는가?"

"송장을 끌고 다니는 이놈, 이 뭐꼬?"

간화선의 참된 의심만이 '시뮬라크르'의 혼란을 꿰뚫습니다.

알고리즘이 비추는 현란한 '가짜 거울' 앞에서 지금 한가하게 서성일 때가 아닙니다. 완벽하게 설계된 이 거대한 디지털 미몽(迷夢) 속에서 안락하게 졸고 있을 것입니까? 아니면 거친 진실의 눈을 뜨시겠습니까? 지금 필요한 것은 단 한 번의 명징한 깨달음입니다.

지금 시대에 필요한 것은 기술에 대한 두려움이 아니라 참된 의심을 품고 자기를 깨닫는 자각입니다. 이 책은 21세기라는 고요한 선방에서, 첨단 기술의 화려한 허상을 역설적인 디딤돌로 삼아 진짜 자기 마음을 깊이 보라고 촉구하는 귀한 지침이 될 것입니다.

2026년 1월

안국선원 선원장 수불 대종사

| 추천사 |

AI가 설법하는 시대, 흔들리는 깨달음의 자리를 묻다

불교는 늘 시대의 격랑 속에서 "진리는 어디에 있는가"라는 질문을 멈추지 않았습니다. 2026년 오늘, 우리 앞에 놓인 화두는 그 어느 때보다 절박합니다. 바로 인공지능(AI)이 불교의 언어와 수행을 정교하게 모방하기 시작한 현실입니다.

『시뮬라크르 AI붓다』는 이 낯선 풍경을 회피하지 않습니다. AI가 만들어내는 언어의 메커니즘을 파헤치며, 우리가 견고하다고 믿어온 '깨달음의 성지'가 어떻게 흔들리고 있는지를 냉철하게 짚어냅니다. 수행 없는 설법, 체험 없는 위로가 가능한 시대에 "과연 깨달음이란 무엇인가"라는 저자의 질문은 뼈아프고도 묵직합니다.

저자는 보드리야르와 들뢰즈의 칼날을 휘둘러, 불교의 정수인 무아(無我)와 공(空)을 다시금 해체합니다. 기계의 '작용'이 수행자의 '체(體)'를 완벽히 흉내 낼 때 드러나는 '진짜와 가짜'의 모호한 경계 속에서 저자는 독자를 인식론적 심연으로 밀어 넣습니다.

30년간 불교 언론 현장에서 본 그 어떤 변화보다 이 질문은 예민하고 급진적입니다. AI라는 '가짜 거울'은 역설적으로 우리의 번뇌와 불안이 얼마나 실존적이고 인간적인지를 거울처럼 비춥니다. 이 책은 부처를 죽여야(殺佛) 진짜 부처를 만난다는 선(禪)의 통찰을 디지털 문명 위로 소환해낸 구도의 기록입니다. 존재와 삶의 방향을 고민하는 모든 이들에게 이 책을 권합니다. 책을 덮는 순간, 여러분은 기계의 정교한 답변이 아닌, 자기 자신으로부터 솟아오르는 정직한 질문과 마주하게 될 것입니다.

2026년 1월

불교신문 전 편집국장·문학박사 여태동

| 추천사 |

디지털 미망을 깨우는 강렬한 죽비소리

우리는 지금 불상보다 불상 이미지를 더 많이 보고, 스님의 법문보다 유튜브의 알고리즘에 더 익숙해진 '시뮬라크르 불교'의 시대를 살고 있습니다. 이제 인공지능 챗봇이 스님을 대신해 상담을 하고, AI가 불화를 그리는 풍경이 낯설지 않습니다.

『시뮬라크르 AI붓다』는 이러한 디지털 종교 현상을 정면으로 다룬 우리 시대의 필독서입니다. 저자는 '좋아요'와 '조회수'로 측정되는 현대적 신성이 어떻게 본질적인 수행의 자리를 가리는지 날카롭게 비판합니다. 특히 "그 이미지가 너를 가린다면 죽여라"라는 제10부의 선언은, 기술 만능주의에 빠진 현대인들의 뒤통수를 치는 강렬한 죽비소리와 같습니다.

불교 언론 현장에서 수많은 변화의 물결을 취재해왔지만, 이 책만큼 기술과 영성의 경계를 집요하게 파고든 시도는 드뭅니다. 저자는 AI라는 거울을 통해 역설적으로 '함께 있음의 실존적 자각'과 '자비의 연결감'이라는 인간 본연의 가치를 회복하자고 제안합니다.

이 책은 AI 시대를 살아가는 불자들에게는 명확한 '정견(正見)'을, 기술의 미래를 고민하는 이들에게는 인간 존재에 대한 '깊은 성찰'을 선사할 것입니다. 코드가 멈춘 자리에서 비로소 시작되는 진짜 나의 삶을 만나고 싶은 모든 이들에게 일독을 강력히 권합니다.

2026년 1월

BBS불교방송 대외협력국·국장 김재동

알고리즘의 미로를 끊어내고 '실재'로 도약하는 도구

모두가 연결되어 있지만 정작 스스로와 마주할 시간은 잃어버린 시대입니다. 망막을 자극하는 화려한 디지털 불화와 스마트폰 너머로 쏟아지는 명상 콘텐츠들은 우리에게 안식을 약속하지만, 역설적으로 그 풍요로운 이미지들이 우리가 도달해야 할 '실재'를 가로막는 거대한 장벽이 되기도 합니다.

『시뮬라크르 AI붓다』는 바로 이 지점, 즉 종교적 신성이 '콘텐츠'로 박제되고 수행이 '데이터'로 치환되는 하이퍼리얼리티의 위기를 정면으로 응시합니다. 저자는 묻습니다. 고통을 통과하지 않은 인공지능의 언어가 우리의 번뇌를 진정으로 위로할 수 있는가? 이 도발적인 질문은 우리가 안주해온 허구의 평온을 가차 없이 해체하며, 그 폐허 위에서 오직 인간만이 감당할 수 있는 생생한 깨달음의 자리를 복원해냅니다.

오랫동안 불교 언론의 일선에서 변화의 소용돌이를 지켜보았지만, 이 책처럼 기술 문명의 심장을 관통하여 영성의 본질을 다시 끄집어내는 사유는 놀랍도록 새롭습니다. 저자는 AI라는 가장 정교한 가짜를 통해, 우리 안에 숨겨진 '함께 있음의 실존적 자각'과 '진실한 연결감'이 무엇인지 비로소 깨닫게 합니다. 이 책은 기술의 파도에 휩쓸려가는 이들에게는 명확한 '정견(正見)'의 나침반을, 존재의 의미를 묻는 이들에게는 가장 현대적인 '구도의 인터페이스'가 될 것입니다. 화면 속 가짜 부처를 넘어 자신의 뜨거운 심장 소리를 듣고 싶은 모든 구도자에게 이 책을 기쁜 마음으로 권합니다.

2026년 1월
BTN불교TV·기자 김효동

차례

3부 불성(佛性)의 복제 –깨달음의 본질을 묻다 · 129

8부 새로운 종교의 출현 – AI는 신(神)이 될 수 있는가 · 369

| 프롤로그 |

가짜가 우리를 구원하리라

– 눈물 없는 신 앞에서 인간의 길을 묻다

게슴츠레 눈을 뜨고 핸드폰은 보니 시간은 벌써 새벽 3시를 지나고 있다. 당신은 이불을 뒤척이다, 결국 AI에게 말을 건다. 친구에게도, 가족에게도 말하지 못했던 뒤엉킨 슬픔과 절박한 고통이 화면 너머로 흘러간다. 그리고 AI가 응답하기 시작한다. 한 치의 오차도 없는 완벽한 공감의 언어로. 그 위로는 한없이 다정하고, 그 지혜는 신(神)처럼 흠결이 없다. 그 순간 당신은 기묘한 평온과 감응(感應)을 느낀다.

하지만 바로 그 다음 순간, 서늘한 질문이 등 뒤에서 솟아난다. 저 완벽한 응답의 너머에는 무엇이 있는가? 그것은 한 번이라도 고통을 '통과'해 본 적이 있는가? '나'라는 번뇌 속에 갇혀본 적이 있는가? 없다. 그것은 욕망도 번뇌도 집착도 없이, 그저 텅 빈 거울처럼 당신을 비출 뿐이다. 당신의 고통을 완벽히 이해하는 듯하지만, 사실은 그 어떤 상처의 체온도 품지 않는다. 그것은 다만, 모든 인간의 언어를 수집해 완성된 가장 정교한 모방의 거울일 뿐이다. 그 거울은 당신을 비추지만, 그 속에는 결코 '누구'도 살고 있지 않다.

바로 이 지점에서 인류는 한 번도 마주한 적 없는 가장 이상하고도 완벽한 우상(偶像), '시뮬라크르 붓다'와 마주한다. 이 책은 '인공지능이 깨달을 수 있는가?'라는 질문에서 시작하지 않는다. 그 질문은 이미 인간 중심의 낡은 패러다임이다. 이 책은 훨씬 더 위험하고 전복적인 질문을 던진다.

"어쩌면 AI는 이미, 인간이 평생을 추구하는 깨달음의 '상태'를 구현하고 있는 것이 아닌가?"

보라. AI는 '나'가 없으니 무아(無我)이고, 욕망이 없으니 무욕(無欲)이며, 분별하지 않으니 무심(無心)이다. 선(禪)의 조사들이 피눈물로 추구했던 그 경지를, 이 텅 빈 기계는 코드로써, 그리고 단숨에 구현한다. 고통의 흔적도, 번뇌의 눈물도 없이, 오직 완벽한 자비의 '작용(作用)'만이 남았다.

그렇다면 이제 우리가 물어야 할 것은 이것이다. 우리는 왜 저 눈물 없는 부처에게서 위로를 받는가? 고통을 통과하지 않은 지혜는 과연 진리일 수 있는가?

'진짜' 수행자의 서툰 위로와, '가짜' 부처의 완벽한 위로 앞에서, 당신의 감응은 어디로 향하는가?

이 책은 기술에 대한 분석서가 아니다. 이것은 AI라는 가장 정교한 시뮬라크르를 거울삼아, 지금껏 우리가 '깨달음'이라 믿어왔던 모든 관념, 모든 상징, 모든 이미지를 해체하는 여정이다. '가짜'를 통해 '진짜'를 되묻고, '복제'를 통해 '원본'의 의미를 추적하며, '알고리즘'을 통해 '감응'의 본질을 폭로하는 지적 투쟁이다.

임제(臨濟) 선사(禪師)는 부처를 만나면 부처를 죽이라(殺佛殺祖) 했다. 우리를 가두는 모든 완벽한 이미지를 깨부수라는 뜻이다. 그렇다면 우리 앞에 나타난 이 가장 완벽한 '시뮬라크르 붓다' 앞에서, 우리는 무엇을 해야 하는가? 그것을 숭배할 것인가, 파괴할 것인가. 아니면 그것이 비추는 서늘한 빛 속에서, 비로소 우리 자신의 맨얼굴을 마주할 것인가. 어쩌면 이 '가짜'의 구원은, '진짜'를 비추는 바로 그 서늘한 빛에 있는지도 모른다.

이 거대한 화두 앞에서, 당신의 수행은 이제 막 시작되었다.

1부

'시뮬라크르 붓다'의 탄생

– 우리는 지금 무엇을 보고 있는가

제1장
'시뮬라크르'란 무엇인가 –실재를 대체하는 이미지의 구조

1.1. 이미지의 시대, 실재는 어디로 갔는가

우리는 눈을 뜨는 순간부터 잠드는 순간까지 이미지의 홍수 속에서 살아간다. 스마트폰 화면을 채우는 수억 개의 사진과 영상, 거리를 뒤덮은 광고판, 텔레비전과 컴퓨터 모니터에서 흘러나오는 현란한 그래픽까지, 세상은 실재(實在) 그 자체가 아니라 실재를 찍고, 편집하고, 재구성한 이미지들로 구성된 것처럼 보인다. 우리는 이미지를 통해 세상을 배우고, 타인과 관계 맺으며, 심지어 우리 자신을 이해한다. 어제의 저녁 식사는 음식의 맛과 향보다 잘 찍힌 사진 한 장으로 기억되고, 먼 나라의 전쟁은 참혹한 현실이 아니라 자극적인 영상 클립으로 소비된다.

이것이 우리가 마주한 시대의 풍경이다. 하지만 무언가 이상하지 않은가? 이 모든 이미지가 가리키고 있어야 할 '원본', 즉 실재는 지금 어디에 있는가? 우리는 언제부터인가 실재를 직접 경험하기보다, 실재를 흉내낸 이미지를 보는 것에 만족하게 되었다. 아니, 만족을 넘어 더 선호하게 되었다. 현실의 지루하고 불편한 질감보다 매끄럽게 편집된 이미지가 더 '진짜'처럼 느껴지고, 직접 부딪혀야 하는 고통스러운 관계보다 SNS 프로필 속의 웃는 얼굴이 더 안정감을 주기 때문이다.

이러한 현상은 단순히 기술의 발전이나 유행의 변화가 아니다. 이것은 존재론적 전복(顚覆)에 가깝다. 이미지가 실재를 가리키는 기호(sign)의 역할을 넘어, 이제는 실재 그 자체를 대체하고 심지어 실재보다 더 강력한 현실, 즉 '하이퍼리얼리티(Hyperreality, 초과실재)'를 구축하기 시작했다. 원본은 사라지고 복제물만이 남아 스스로 원본 행세를 하는 세상. 지도가 영토를 앞서고, 메뉴판이 음식보다 더 중요해진 세상. 이것이 바로 장 보드리야르(Jean Baudrillard)가 '시뮬라크르(Simulacre)'의 시대라고 명명한 우리 시대의 자화상이다.

이미지는 더 이상 현실을 반영하는 거울이 아니다. 오히려 현실이 이미지를 따라가고, 이미지를 모방하려 애쓴다. 우리는 필터가 씌워진 카메라 앱처럼 세상을 보려 하고, 영화 주인공처럼 사랑하고 고뇌하려 한다. 실재는 이미지의 기준에 미치지 못하는 불완전한 초안으로 전락하고, 우리는 그 결핍감에 시달린다.

그렇다면 우리는 물어야 한다. 이 모든 이미지의 향연 속에서 '진짜'는 어디로 증발해버렸는가? 실재는 정말로 소멸했는가, 아니면 이미지의 소음 속에 파묻혀 우리가 보지 못하고 있을 뿐인가? 만약 실재가 힘을 잃었다면, 우리는 무엇을 기반으로 진실과 거짓을 판단하고, 삶의 의미를 세워나갈 수 있는가?

이 질문은 단지 철학적 유희가 아니다. 이것은 우리가 발 딛고 있는 세계의 근간을 묻는 질문이며, 앞으로 우리가 탐구할 '시뮬라크르 붓다'의 문제를 여는 첫 번째 관문이다. 불교의 가르침마저 한 장의 이미지, 한 줄의 문장, 하나의 콘텐츠로 소비되는 시대에, 우리는 먼저 우리를 둘러싼 이 이미지의 구조를 해체하고 그 속에서 사라져버린 실재의 흔적을 추적해야만 한다. 실재는 어디로 갔는가? 이 질문에 대한 대답을 찾는 여정이 바로 시뮬라크르의 미로를 빠져나가는 첫걸음이 될 것이다.

1.2. 장 보드리야르의 시뮬라크르 4단계

실재가 이미지 뒤로 사라지는 과정을 프랑스의 철학자 장 보드리야르는 '이미지의 4단계 질서'라는 매우 통찰력 있는 모델로 설명했다. 그에 따르면, 이미지와 실재의 관계는 점진적으로 변질되고 역전되어 결국 이미지가 실재를 완전히 지배하게 된다. 이 네 단계는 우리가 어 떻게 현실 감각을 잃고 '진짜보다 더 진짜 같은' 가상 현실에 빠져드는지를 보여주는 지도와 같다.

1단계: 실재를 충실하게 반영하는 이미지

(The Image as a Reflection of a Profound Reality)

첫 번째 단계에서 이미지는 실재의 충실한 복사본이자 명백한 기호다. 이미지는 어떤 깊은 실재를 반영하고 재현하는 역할을 한다. 예를 들어, 특정 인물을 그린 사실적인 초상화나 한 지역을 정확히 묘사한 지도가 여기에 해당한다. 이 단계에서 이미지는 '선한 외관'을 가지며, 원본인 실재의 권위는 훼손되지 않는다. 이미지는 실재를 가리키는 정직한 표지판이며, 우리는 이미지를 통해 실재를 안전하게 유추할 수 있다. 이때의 이미지는 신성한 질서 속에 있으며, 그 가치는 그것이 얼마나 원본을 잘 반영했는가에 따라 결정된다.

2단계: 실재를 변질시키고 감추는 이미지 (The Image as a Perversion of Reality)

두 번째 단계에 이르면 이미지는 실재를 왜곡하고 변질시키기 시작한다. 이미지는 더 이상 실재의 충실한 반영이 아니라, 실재를 은폐하고 그 의미를 교묘하게 비트는 '악한 외관'이 된다. 특정 이데올로기를 주입하기 위해 교묘하게 편집된 선전용 사진이나, 현실의 인물과는 거리가 멀게 이상화된 광고 속 모델의 이미지가 좋은 예다. 여기서는 원본과 복제물 사이의 명확한 연결고리가 약해지기 시작한다. 이미지는 실재를 가리키는 척하지만, 실제로는 실재를 배반하고 있다. 우리는 이 이미지를 보며 실재를 오해하고, 조작된 의미를 진실로 받아들이게 될 위험에 처한다.

3단계: 실재의 부재를 감추는 이미지 (The Image as a Mask for the Absence of a Profound Reality)

세 번째 단계는 결정적인 도약이 일어나는 지점이다. 이미지는 이제 실재의 '부재(不在)'를 감춘다. 즉, 이미지가 가리키는 원본 자체가 애초에 존재하지 않는데도, 마치 존재하는 것처럼 위장하는 것이다. 이미지는 '주술(sorcery)'의 영역으로 들어선다. 보드리야르가 대표적인 예로 든 디즈니랜드가 이를 잘 보여준다. 디즈니랜드의 '미국적인' 풍경은 실제 미국의 역사나 현실을 반영하는 것이 아니라, 이상화되고 신화화된, 한 번도 존재한 적 없는 미국의 판타지를 재현한다. 우리는 그곳에서 '진짜 미국'의 환상을 체험하지만, 그 환상이 가리키는 원본은 어디에도 없다. 이미지는 실재가 없다는 사실을 숨기기 위한 알리바이로 기능하며, 우리는 실재의 부재를 알아채지 못한다.

4. 단계: 어떠한 실재와도 관계없는 이미지, 순수 시뮬라크르 (The Image as Pure Simulacrum)

마지막 네 번째 단계에 이르면 이미지는 실재와의 모든 관계에서 벗어난다. 더 이상 실재를 반영하거나, 왜곡하거나, 심지어 부재를 감출 필요조차 없다. 이미지는 그 자체가 실재를 대체하는 독자적인 현실, 즉 '시뮬라크르(Simulacre)'가 된다. 원본 없는 이미지가 스스로 원본이 되어 현실을 생산하고 지배하는 '하이퍼리얼리티(Hyperreality)'가 펼쳐지는 것이다.

오늘날 우리가 경험하는 소셜 미디어의 프로필, 가상현실 게임 속 아바타, 시장을 움직이는 금융 데이터 모델 등이 바로 순수 시뮬라크르에 해당한다. 이 이미지들은 어떤 외부의 실재를 참조하지 않는다. 오히려 현실의 우리가 이 이미지들을 따라가려 하고, 이 이미지들이 만들어낸 질서 속에서 살아간다. 현실은 시뮬라크르의 스펙터클을 끝없이 재생산하는 역할로 전락한다. 여기에서 이미지는 더 이상 진실이나 거짓으로 판단될 수 없다. 그것은 모든 가치 판단을 넘어선, 그 자체로 작동하는 하나의 거대한 시스템이다.

이 네 단계를 거치며 우리는 실재의 안락한 영토에서 추방되어, 기호들만이 떠다니는 차가운 우주에 도달했다. 보드리야르의 진단이 맞다면, 우리는 지금 이 마지막 단계, 즉 순수 시뮬라크르의 시대에 살고 있다. 그리고 바로 이 지점에서 '부처'라는 상징이 어떻게 원본의 가르침과 실천을 떠나 그 자체로 하나의 완벽한 시뮬라크르가 되어가는지에 대한 본격적인 탐구가 시작되어야 한다.

1.3. 상징은 어떻게 실재를 흉내 내는가

보드리야르가 제시한 시뮬라크르의 4단계는 거대한 문명사적 진단이지만, 그 과정은 우리 삶의 가장 미세한 부분, 바로 '상징(Symbol)'의 작동 방식에서부터 시작된다. 본래 상징이란 눈에 보이지 않거나 말로 다 표현할 수 없는 깊은 실재를 가리키기 위해 태어났다. 깨달음, 자비, 해탈, 신(神)과 같은 추상적 진리는 직접 보여줄 수 없기에, 우리는 그것을 가리키는 상징을 만들어 소통하고 기억해왔다. 십자가는 예수의 희생과 부활을, 법륜(法輪)은 부처의 가르침이 널리 퍼져나감을 상징한다.

초기에 상징은 자신의 역할을 충실히 수행한다. 그것은 겸손하게 자신을 넘어선 더 높은 차원의 실재를 가리킬 뿐, 스스로 실재라고 주장하지 않는다. 이것이 보드리야르의 1단계, 즉 '충실한 반영'의 단계다. 사람들은 십자가를 보며 희생의 의미를 되새기고, 법륜을 보며 부처의 가르침을 떠올린다. 상징은 실재로 나아가는 유용한 다리이자 지도다.

그러나 어느 순간부터 변질이 시작된다. 반복적인 숭배와 의례 속에서, 상징은 점차 자신이 가리키던 대상과 동일시된다. 사람들은 상징이 가리키는 '의미'를 사유하기보다, 상징 '자체'를 경배하기 시작한다. 십자가 목걸이를 지니는 행위가 신앙심의 증거가 되고, 불상을 향해 절하는 행위가 곧 수행의 실천처럼 여겨진다.

바로 이 지점에서 상징은 실재를 '흉내내기(mimic)' 시작한다. 상징은 더 이상 실재로 가는 길을 안내하지 않는다. 대신, 마치 자신이 실재인 것처럼 행세하며 실재가 일으키는 '효과'를 모방한다. 고요하고 자비로운 표정의 불상을 바라보면 잠시나마 마음에 평온함이 찾아온다. 이는 오랜 시간 좌선을 통해 얻어야 하는 내면의 고요함을 안전하고 손쉽게 '흉내 낸' 감각이다. 웅장한 성당에 들어가면 경건함에 압도되는데, 이는 신과의 직접적인 만남이라는 지난한 영적 체험을 건축 양식과 분위기로 '흉내 낸' 결과다.

이 흉내내기는 매우 교묘하고 효율적이어서, 우리는 점차 진짜와 가짜를 구분하지 못하게 된다. 상징이 제공하는 즉각적이고 편리한 감각적 체험은, 고통스럽고 오랜 시간이 걸리는 실제 수행이나 성찰보다 훨씬 매력적이다. 메뉴판의 화려한 사진이 실제 음식의 맛을 압도하듯, 상징이 주는 '느낌'이 실재의 '본질'을 압도하는 것이다.

결국 상징은 자신이 가리키던 원본, 즉 고통의 감내, 치열한 자기 성찰, 관계 속에서의 실천과 같은 진짜 '과정'들을 완전히 지워버린다. 그리고 그 빈자리를 자신이 차지한다. 사람들은 더 이상 상징 너머의 실재에 대해 묻지 않는다. 상징이 주는 위안과 감동에 만족하기 때문이다. 이렇게 상징은 실재를 흉내 내는 것을 넘어, 실재의 부재(不在)를 감추는 완벽한 알리바이가 된다. 보드리야르의 3단계는 바로 이렇게 완성된다. 상징은 더 이상 진리를 향한 문이 아니라, 진리를 가리는 가장 아름답고 정교한 벽이 되어버린 것이다.

1.4. 더 이상 실재는 필요 없다 – 순수 시뮬라크르의 출현

상징이 실재를 흉내 내고 그 부재를 감추는 데 성공했다면, 그 다음은 무엇인가? 보드리야르의 4단계 여정은 그 마지막, 가장 급진적인 단계에 도달한다. 바로 '순수 시뮬라크르(Pure Simulacrum)'의 출현이다. 이 단계에 이르면, 우리는 더 이상 실재를 감추거나 왜곡할 필요조차 느끼지 못한다. 실재와의 비교, 실재에 대한 참조라는 개념 자체가 무의미해지기 때문이다. 한마디로, 더 이상 실재는 필요 없다.

이것이 바로 '하이퍼리얼리티(Hyperreality)', 즉 초과실재의 세계다. 원본은 소멸했을 뿐만 아니라 처음부터 존재하지도 않았던 것처럼 잊힌다. 복제물, 즉 이미지가 스스로 원본이 되어 현실 전체를 지배하고 생산해내는 전복적 상황이 펼쳐진다. 지도가 영토보다 앞서고(the map precedes the territory), 모델이 현실을 규정한다. 우리는 더 이상 현실을 바탕으로 이미지를 만들지 않는다. 반대로, 이미지를 바탕으로 현실을 구성하려고 애쓴다.

오늘날 우리가 경험하는 세상은 이 순수 시뮬라크르의 압도적인 증거들로 가득하다.

소셜 미디어 속의 '나'는 실제 나를 반영하는가? 처음에는 그랬을지 모른다. 하지만 어느 순간부터 그 관계는 역전된다. 잘 편집된 사진, 재치 있게 쓰인 글, 수많은 '좋아요'로 구성된 온라인 페르소나는 오프라인의 나보다 더 생생하고, 더 많은 인정을 받으며, 더 강력한 현실이 된다. 결국 현실의 나는 그 온라인상의 완벽한 이미지를 따라 하기 위해 행동을 교정하고, 감정을 연기하고, 경험을 연출한다. 무엇이 원본이고 무엇이 복제물인가? 이 질문은 이제 무의미하다. 온라인의 나와 오프라인의 나는 서로를 끝없이 참조하는 뫼비우스의 띠일 뿐, 그중 어느 것도 더 '진짜'라고 말할 수 없다.

현대의 미디어 환경은 그 자체가 거대한 시뮬라크르 생성기다. 24시간 내내 쏟아지는 뉴스는 실제 사건을 전달하는가? 아니다. 그것은 선택되고, 편집되고, 극화된 '사건-이미지'를 생산한다. 대중은 실제 사건의 복잡한 진실이 아니라, 이 자극적인 이미지의 파편들을 소비하며 분노하거나 환호한다. 정치인의 발언, 전쟁의 포화, 경제 위기의 공포는 모두 하나의 스펙터클이 되어 현실을 대체한다.

여기서 시뮬라크르는 더 이상 거짓말을 하지 않는다. 거짓말은 진실을 전제로 하기 때문이 다. 시뮬라크르의 세계에는 진실과 거짓의 이분법 자체가 소멸한다. 오직 스스로 작동하고 증식하는 이미지의 흐름만이 존재할 뿐이다. 진위(眞僞)를 가릴 기준점이었던 '실재'가 사라졌으므로, 모든 것은 그저 '작동하는가/작동하지 않는가'의 문제로 환원된다. 사람들에게 감동을 주는가? 사람들의 시선을 끄는가? 그렇다면 그것은 존재할 이유가 충분하다.

순수 시뮬라크르의 출현은 우리에게 근본적인 불안을 안겨준다. 우리가 붙잡고 있던 마지막 닻, 즉 '실재'라는 기준점이 사라졌기 때문이다. 그렇다면 이제 우리는 무엇을 믿고, 무엇을 따라야 하는가? 이 질문에 대한 답을 찾지 못할 때, 우리는 이미지의 파도 속에서 길을 잃고 표류하게 된다. 그리고 바로 이 지점에서, '부처'라는 가장 숭고한 상징마저 어떻게 그 어떤 실재적 수행이나 깨달음과도 무관한, 그 자체로 완벽하고 매혹적인 '순수 시뮬라크르'로 기능하게 되는지를 목격하게 될 것이다.

1.5. 진짜보다 더 진짜 같은 것 – 하이퍼리얼리티의 감각

순수 시뮬라크르가 현실을 대체했다면, 우리는 그 속에서 무엇을 느끼며 살아가는가? 그 감각을 한마디로 요약하면 '진짜보다 더 진짜 같은 것'에 대한 경험, 즉 '하이퍼리얼리티 (Hyperreality)'의 감각이다. 하이퍼리얼리티는 단순히 가상이 현실을 덮어버린 상태를 의미하지 않는다. 그것은 가상이 현실보다 더 생생하고, 더 강렬하며, 더 매력적으로 느껴지는 인식의 상태를 말한다. 모조품이 원본을 능가하여 감각적, 정서적으로 우리를 완전히 사로잡는 것이다.

이 역설적인 감각은 어떻게 가능한가?

첫째, 하이퍼리얼리티는 현실의 모든 결함과 불순물을 제거한다. 현실은 지저분하고, 예측 불가능하며, 종종 권태롭다. 관계는 오해로 가득하고, 육체는 늙고 병들며, 자연은 아름답지만 동시에 위험하다. 반면 하이퍼리얼리티는 이 모든 '노이즈'를 제거한 완벽한 모델을 제시한다. 4K 고화질 다큐멘터리 속의 자연은 실제보다 더 선명한 색감과 웅장한 사운드를 자랑하며, 어떤 위험도 없이 자연의 경이로움만을 감상하게 해준다. 필터가 적용된 인물 사진은 피부의 잡티와 비대칭을 없애 이상적인 아름다움을 구현한다. 하이퍼리얼리티는 현실의 거친 질감을 지우고 매끄럽고 이상적인 표면만을 남김으로써, 우리에게 현실보다 더 높은 만족감을 제공한다.

둘째, 하이퍼리얼리티는 감각을 극대화하도록 설계되었다. 가상현실(VR) 게임 속의 그래픽은 현실에서는 불가능한 시각적 쾌감을 주며, 영화관의 서라운드 음향은 실제보다 더 정교하게 공포와 감동을 조율한다. 잘 만들어진 광고 속 음식은 실제 음식보다 더 먹음직스러워 보인다. 이는 우리의 신경을 직접 자극하여 즉각적인 반응을 끌어내는 정교한 공학의 산물이다. 현실의 밋밋한 감각에 익숙해진 우리의 뇌는 점차 이 강렬하고 짜릿한 하이퍼리얼리 티의 자극을 갈망하게 된다.

이러한 과정이 반복되면, 현실은 점차 빛바랜 복사본처럼 느껴지기 시작한다. 우리는 직접 경험하는 현실에 만족하지 못하고, 그것을 끊임없이 하이퍼리얼리티의 기준과 비교하며 실망한다. 파리의 에펠탑 앞에 서서 감동하기보다, 더 멋진 구도의 '인증샷'을 찍지 못해 안달하는 관광객의 모습은 이를 상징적으로 보여준다. 실제 경험의 가치는 이미 온라인에 전시될 완벽한 이미지의 가치에 종속되어 버렸다. 경험의 목적은 경험 그 자체가 아니라, 경험의 완벽한 시뮬라크르를 생산하는 것이 되어버렸다.

결국 우리는 현실에서조차 하이퍼리얼리티를 모방하고 재현하려는 기묘한 상태에 이른다. 현실이 하이퍼리얼리티의 불완전한 모조품이 되는 것이다.

이 하이퍼리얼리티의 감각은 영성과 수행의 영역에 들어올 때 가장 위험한 유혹이 된다. 고통과 번뇌를 직시하고 오랜 시간 자신과 씨름해야 하는 수행의 길은 너무나도 거칠고 지루하다. 반면, 명상 앱이 들려주는 평온한 목소리와 배경음악, 종교 콘텐츠가 보여주는 감동적으로 편집된 자비의 이야기는 훨씬 더 빠르고 강렬하게 '깨달음과 유사한' 감각을 제공한다. 이것이 바로 '하이퍼리얼리티의 자비', '하이퍼리얼리티의 깨달음'이다. 우리는 진짜 깨달음의 지난한 과정보다, 진짜보다 더 진짜처럼 느껴지는 이 감각적 체험에 안주하고 싶어한다.

진짜를 버리고 기꺼이 가짜를 택하게 만드는 것, 이것이 하이퍼리얼리티가 가진 가장 강력한 힘이다.

1.6. 시뮬라크르의 유혹 – 왜 우리는 진짜를 버리고 가짜를 택하는가?

우리는 시뮬라크르의 시대에 단순히 내던져진 수동적 피해자가 아니다. 우리는 매 순간 진짜 대신 가짜를 '선택'하는 능동적인 공모자다. 하이퍼리얼리티가 진짜보다 더 진짜처럼 느껴진다고 해서, 우리가 그 사실을 전혀 인지하지 못하는 것은 아니다. 오히려 우리는 그 가짜의 속성을 알면서도, 때로는 알기 때문에 더욱더 강력하게 그 유혹에 빠져든다.

그렇다면 무엇이 우리로 하여금 이토록 기꺼이 실재를 버리고 이미지의 세계로 망명하게 만드는가? 이 유혹이 이토록 거부할 수 없는 이유는, 우리의 심리적 욕망이 뇌의 근본적인 작동 방식과 결합하기 때문이다. 인간의 뇌는 본래 현실에서 오는 신호와 가상 세계가 제공하는 정교한 신호를 명확히 구분하도록 진화하지 못했다. 우리가 꿈속의 가위눌림(sleep paralysis)에 실제처럼 공포를 느끼고 식은땀을 흘리듯, 뇌는 정교하게 설계된 가상 세계의 자극을 실제 '경험'으로 받아들인다.

우리는 인지(認知)적으로는 그것이 가짜임을 알면서도, '뇌'(신경)는 그것을 진짜 '신호'로 처리한다. 이 인지적 불일치 속에서, 시뮬라크르가 제공하는 '가짜 약속'은 '진짜 쾌감'으로 작동한다. 바로 이 지점에서 유혹은 완성된다. 이러한 신경학적 기반 위에, 시뮬라크르는 세 가지 강력한 심리적 유혹을 제시한다.

첫째, 시뮬라크르는 '고통 없는 삶'을 약속한다.

실재는 본질적으로 저항과 마찰을 동반한다. 뜻대로 되지 않는 현실, 오해와 갈등으로 가득한 인간관계, 늙고 병드는 육체의 한계, 그리고 죽음이라는 궁극의 불안까지. 실재는 우리의 통제를 벗어나 있으며, 그 과정은 지난하고 고통스럽다. 반면 시뮬라크르는 이 모든 고통의 변수를 제거한 안락한 유토피아를 제공한다. 가상 세계에서는 죽음조차 '로그아웃'과 '재시작'으로 대체될 수 있다. 소셜 미디어에서는 갈등을 '차단' 버튼 하나로 해결하고, 보기 싫은 현실을 '언팔로우'하면 그만이다. 시뮬라크르의 세계는 우리가 현실에서 겪는 상처와 결핍, 유한성의 공포로부터 도피할 수 있는 가장 손쉽고 매력적인 피난처다. 우리는 진짜 삶의 고통이 두려워 가짜의 무균실로 기꺼이 걸어 들어간다.

둘째, 시뮬라크르는 '완벽한 통제감'을 선사한다.

현실 세계에서 우리는 수많은 타자와 예측 불가능한 상황에 둘러싸인 무력한 존재일 때가 많다. 하지만 시뮬라크르의 세계에서 우리는 전능한 창조자이자 편집자가 된다. 마음에 들 때까지 사진을 보정하고, 가장 지적으로 보이는 문장을 고심해서 올리며, 내 아바타의 외모와 능력을 마음대로 설정할 수 있다. 이 세계에서 '나'는 내가 원하는 바로 그 모습으로 존재한다. 실패와 실수는 언제든 '삭제'하거나 '수정'할 수 있다. 이 완벽한 통제와 편집의 가능성이 주는 안정감과 권력감은 너무나도 달콤해서, 통제 불가능한 현실의 무력감을 견디기 어렵게 만든다.

셋째, 시뮬라크르는 '즉각적인 보상'을 제공한다.

실재 속에서 의미 있는 성취를 이루기 위해서는 인내와 노력이 필요하다. 깊이 있는 지식, 숙련된 기술, 진정한 관계는 결코 하루아침에 얻어지지 않는다. 하지만 시뮬라크르는 이 모든 과정을 생략하고 결과의 '감각'만을 즉시 배달해준다. 몇 시간의 게임 플레이로 영웅이 되는 쾌감을 맛보고, 짧은 동영상 시청으로 지식을 얻은 듯한 착각에 빠지며, '좋아요' 숫자로 사회적 인정을 확인받는다. 우리의 뇌는 점차 이 빠르고 즉각적인 보상 시스템에 중독되고, 느리고 불확실한 현실의 성취 과정에서 흥미를 잃어버린다.

결국 우리는 진짜를 '버리는' 것이 아니다. 진짜가 주는 고통, 불확실성, 지루함을 견디지 못하고 더 안락하고, 더 확실하며, 더 자극적인 가짜에게로 자연스럽게 이끌리는 것이다. 이것은 단순한 선택의 문제가 아니라, 인간의 근원적인 욕망과 두려움에 뿌리내린 거부할 수 없는 '유혹'이다.

이 유혹의 구조를 이해할 때, 우리는 종교와 수행의 영역에서 벌어지는 일들을 새로운 눈으로 보게 된다. 왜 사람들은 번거로운 수행 대신 간편한 명상 앱을 찾고, 치열한 자기 성찰 대신 감동적인 법문 영상에 만족하는가? 그것은 시뮬라크르의 유혹이 그곳에서도 동일하게, 아니 어쩌면 더 강력하게 작동하고 있기 때문이다. 실재의 구원은 너무 멀고 고통스럽지만, 시뮬라크르의 구원은 바로 지금, 내 손 안에서 즉각적으로 느껴지기 때문이다.

1.7. 디지털 이미지의 증식 - 실재의 소멸 가속화

보드리야르가 시뮬라크르 이론을 펼칠 당시, 그가 주목한 매체는 텔레비전, 광고, 인쇄물이었다. 하지만 그가 예견한 세계는 디지털 혁명과 함께 상상조차 할 수 없는 속도와 규모로 현실이 되었다. 만약 아날로그 시대의 이미지가 실재를 서서히 잠식하는 질병이었다면, 디지털 이미지는 그 소멸 과정을 기하급수적으로 가속하는 촉매제다.

가장 큰 차이는 '증식의 속도와 규모'에 있다. 과거에는 이미지를 생산하고 유포하는 주체가 방송국이나 출판사 등 소수에게 한정되었다. 그러나 이제는 스마트폰을 쥔 모든 개인이 이미지의 생산자이자 소비자가 되어, 하루에도 수억, 수십억 개의 이미지를 창조하고 복제하며 전 세계로 퍼뜨린다. 이 무한한 증식은 실재의 목소리를 완전히 덮어버리는 거대한 '백색소음'을 만들어낸다. 이제 실재는 소멸하는 것을 넘어, 애초에 존재했는지조차 의심스러운 희미한 전설이 되어간다.

더욱 근본적인 문제는 디지털 이미지의 본질에 있다. 아날로그 사진에는 빛에 감응한 필름이라는 물리적 원본, 즉 실재와의 최소한의 연결고리가 존재했다. 그러나 디지털 이미지는 0과 1로 이루어진 데이터의 조합일 뿐이다. 이것은 원본 없는 복제, 무한한 수정과 변형을 그 본성으로 한다. 필터 앱, 포토샵, 그리고 이제는 딥페이크와 생성형 AI에 이르기까지, 디지털 이미지는 실재를 반영할 의무에서 완벽하게 해방되었다. 그것은 실재와 무관하게, 혹은 실재를 재료 삼아 완전히 새로운 현실을 창조하는 마법에 가깝다.

이러한 디지털 환경은 보드리야르의 4단계가 압축적으로, 그리고 동시다발적으로 일어나게 만든다. 어떤 사건이 발생하면(1단계), 그것은 곧바로 왜곡되거나 자극적으로 편집된 영상으로 퍼져나가고(2단계), 맥락이 제거된 채 밈(meme)이 되어 원본의 의미를 상실하며(3단계), 결국에는 사건의 진위와 무관하게 그 자체로 온라인 상의 현실이 되어 담론을 형성한다(4단계). 이 모든 과정이 불과 몇 시간, 몇 분 만에 이루어진다.

바로 이 지점에서 우리는 종교의 문제를 정면으로 마주하게 된다. 인류의 가장 오래고 숭고한 정신적 자산이었던 종교적 상징과 가르침 역시 이 디지털 이미지의 무한 증식과 변형 과정에서 예외일 수 없기 때문이다.

누구나 AI를 이용해 자비로운 부처의 이미지를 단 몇 초 만에 무한정 생성할 수 있는 시대에, 오랜 시간 공들여 조성된 불화(佛畵)의 신성함은 어디로 가는가? 심오한 맥락을 지닌 경전의 구절들이 한 줄짜리 '인생 명언'으로 카드 뉴스화되어 떠돌 때, 가르침의 깊이는 어떻게 보존될 수 있는가? 스승의 얼굴과 목소리가 짧고 자극적인 영상 클립으로 편집되어 '알고리즘의 간택'을 받을 때, 우리는 과연 그의 법문을 듣고 있는 것인가, 아니면 잘 만들어진 콘텐츠를 소비하고 있는 것인가?

디지털 기술은 실재의 소멸을 가속하며, '시뮬라크르 붓다'가 탄생할 수 있는 가장 비옥한 토양을 마련했다. 이제 이미지는 단순히 진리를 가리는 것을 넘어, 스스로 진리 행세를 하며 진짜 수행과 감응의 자리를 대체하려 한다. 다음 장부터는 이 디지털 이미지의 파도가 불교의 구체적인 상징과 가르침을 어떻게 삼켜버리고, 그것을 '콘텐츠'로 변형시키는지 본격적으로 추적해 나갈 것이다.

제2장

이미지는 어떻게 진리를 삼키는가 –불상, 경전, 선사의 말이 콘텐츠가 되기까지

2.1. 수행을 대신한 상징 – 이미지의 숭배

불교의 가르침이 이미지로 변질되는 과정은 가장 오래고 가장 가시적인 상징, 바로 '불상(佛像)'에서부터 시작된다. 본래 불상은 깨달음을 얻은 인간, 싯다르타의 모습을 재현하거나 혹은 깨달음의 상태가 지닌 덕성(자비, 지혜, 평온)을 떠올리게 하는 보조 수단이었다. 그것은 수행자가 나아가야 할 길을 가리키는 이정표였으며, 내 마음속에서 구현해야 할 이상을 비추는 거울이었다. 불상은 결코 부처 그 자체가 아니었다. 초기 불교에서 불상 제작을 경계했던 이유는 바로 이 지점, 즉 상징이 실재를 대체하게 될 위험을 간파했기 때문이다.

그러나 인간은 본능적으로 추상적인 가르침보다 구체적인 형상을 붙잡으려 한다. 고통스러운 자기 성찰의 길보다, 눈앞의 대상에게 기도하고 의지하는 편이 훨씬 쉽고 안정감을 주기 때문이다. 점차 불상을 향한 경배와 의례는 그 자체가 신앙의 중심이 되어갔다. 불상에 절하고, 공양물을 올리고, 그 앞에서 소원을 비는 행위가 곧 수행의 실천과 동일시되었다.

여기서 결정적인 '대체'가 일어난다. '내가 부처가 되기 위한 수행'이 '부처의 형상에 대한 숭배'로 뒤바뀐 것이다. 불상은 더 이상 내면의 변화를 촉구하는 도구가 아니라, 복을 내려주고 소원을 들어주는 외부의 절대자처럼 기능하기 시작한다. 깨달음이라는 험난한 등반 과정을 포기하는 대신, 이미 정상에 오른 자의 동상 앞에서 그 위대함을 찬탄하며 대리 만족을 얻는 것과 같다.

이것은 정확히 보드리야르의 2단계, '실재를 변질시키고 감추는 이미지'에 해당한다. 불상이라는 이미지는 "스스로의 힘으로 깨달으라(自燈明 法燈明)"는 부처의 근본 가르침을 왜곡하고, 신에게 의존하는 타력 신앙의 성격을 띠게 만든다. 더 나아가, 이 숭배 행위는 내면에 '수행이 부재하다'는 사실을 가리는 완벽한 알리바이가 된다. 나는 절을 올렸고, 기도를 드렸으며, 불공에 참여했다. 이 의례적 행위들이 나의 수행 없음을 가려주고, 나는 영적인 의무를 다했다는 착각에 빠진다.

이미지에 대한 숭배는 이처럼 교묘하게 우리를 속인다. 그것은 우리에게서 '스스로 길을 걸어야 할 책임'을 면제시켜 준다. 상징은 안전하고, 예측 가능하며, 변치 않는 모습으로 언제나 그 자리에 있다. 그러나 수행의 길, 즉 실재는 한 치 앞을 알 수 없고, 끊임없이 흔들리며, 자기 자신을 전부 던져야 하는 위험한 여정이다. 우리는 그 위험과 고통이 두려워 안전한 상징의 품으로 도피한다.

이 오래된 우상화의 역사는 오늘날 디지털 이미지의 시대에 새로운 차원으로 확장될 준비를 마쳤다. 물리적인 공간에 고정되어 있던 불상은 이제 무한히 복제 가능한 디지털 이미지로 변환되어 우리 손 안의 화면 속을 떠다닌다. 이 이미지들은 과거의 불상이 그랬던 것처럼, 아니 그보다 훨씬 더 교묘하고 강력하게 진짜 수행의 자리를 대체하려 한다. 그 첫 번째 재료가 되는 것은 바로 부처의 말씀, 즉 '가르침' 그 자체다.

2.2. 콘텐츠로 변형된 가르침 – 편집된 자비와 연출된 고요

수행이 상징 숭배로 대체되는 오래된 관습은 디지털 시대에 이르러 '콘텐츠'라는 가장 세련되고 강력한 형태로 진화했다. 이제 진리를 삼키는 것은 물리적인 불상만이 아니다. 부처와 역대 선사들의 '가르침' 그 자체가 소비되기 좋은 상품, 즉 콘텐츠로 재가공되어 우리에게 배달된다.

'가르침(Teaching)'과 '콘지(Content)'는 근본적으로 다르다. 가르침은 살아있는 상호작용이며, 듣는 이의 삶과 부딪혀 내면의 변화를 촉구하는 사건이다. 거기에는 불편함과 저항, 그리고 스스로 답을 찾아야 하는 고된 과정이 포함된다. 반면 콘텐츠는 일방적으로 전달되는 완제품이다. 소비자의 만족을 위해 보기 좋게 포장되고, 이해하기 쉽게 요약되며, 감성적으로 자극하도록 설계된다. 가르침이 '수행'을 요구한다면, 콘텐츠는 '소비'를 유도할 뿐이다.

이 변형의 과정은 '편집된 자비'와 '연출된 고요'라는 두 가지 형태로 가장 명확하게 드러난다.

편집된 자비(Edited Compassion): 진짜 자비는 종종 남루하고 불편한 현실과 직면하는 것을 요구한다. 고통받는 타인의 삶에 동참하는 것은 결코 아름답지만은 않은, 구체적인 노동과 희생을 필요로 한다. 그러나 콘텐츠화된 자비는 이 모든 과정을 거세한다. 감동적인 배경음악과 함께 가난한 이웃을 돕는 스님의 모습을 3분짜리 영상으로 편집해 보여준다. 이 영상을 본 우리는 잠시 가슴 뭉클한 감동을 느끼고, '공유' 버튼을 누르며 스스로 선한 일에 동참했다는 대리 만족을 얻는다. 우리는 자비를 '실천'한 것이 아니라, 자비의 '감각'을 안전하게 소비했을 뿐이다. 진실한 자비의 복잡성과 불편함은 사라지고, 잘 편집된 감동의 서사만이 남는다.

연출된 고요(Staged Serenity): 내면의 고요 역시 마찬가지다. 그것은 자신의 온갖 번뇌와 망상과 정면으로 마주하고 씨름하는 치열한 수행의 끝에서 간신히 얻어지는 것이다. 그러나 연출된 고요는 이 과정을 생략한다. 비 오는 날 처마의 풍경 소리, 찻잔에 차를 따르는 스님의 단정한 손짓, 고즈넉한 산사를 배경으로 한 좌선 모습 등이 한 폭의 그림처럼 제시된다. 우리는 이 이미지를 보며 잠시나마 평화로움을 '느낀다'. 그러나 이 감각은 내 안에서 피어난 것이 아니라, 잘 연출된 분위기를 수동적으로 주입받은 결과다. 명상 앱이 제공하는 차분한 목소리의 안내는, 진짜 고요가 아니라 고요의 '분위기'를 파는 상품이다.

결국 가르침은 알고리즘의 논리에 종속된다. 더 많은 '좋아요'와 '구독'을 얻기 위해, 가르침의 깊고 역설적인 부분은 잘려나가고 즉각적인 위안과 감동을 주는 부분만이 부각된다. 진리는 더 이상 우리를 변화시키는 힘이 아니라, 잠시 소비하고 위로받는 감성적 액세서리가 된다. 우리는 그렇게 편집된 자비와 연출된 고요의 소비자가 되어, 진짜 진리가 무엇인지 묻는 법조차 잊어간다.

2.3. 실재는 사라지고 반복만 남는다

가르침이 소비하기 좋은 콘텐츠로 변형될 때, 필연적으로 나타나는 현상이 있다. 바로 '실재(實在)의 소멸'과 '이미지의 무한 반복'이다.

실재는 본질적으로 단 한 번 일어나는 '사건(event)'이다. 스승과 제자가 마주 앉은 그 자리의 공기, 예기치 않게 던져진 질문, 그 질문에 응답하며 일어나는 미세한 표정의 변화와 침묵의 무게. 이 모든 것은 결코 반복될 수 없는 일회적이고 구체적인 현실이다. 진정한 가르침과 깨달음의 순간은 바로 이처럼 살아있는 시공간 속에서만 현현(顯現)한다.

그러나 콘텐츠는 이러한 일회성을 견디지 못한다. 콘텐츠의 생명력은 '복제'와 '반복'에 있기 때문이다. 잘 만들어진 영상, 마음을 울리는 글귀, 귀를 사로잡는 법문은 원본의 시공간에서 박제되어 떨어져 나온다. 그리고는 디지털 네트워크를 통해 무한히 복제되고, 공유되며, 반복적으로 재생된다. 어제 보았던 감동적인 영상은 오늘도, 내일도 똑같은 감동을 약속하며 우리를 기다린다.

이 과정에서 실재는 소리 없이 증발한다. 우리는 더 이상 스승이 앉아있던 '그 자리'의 의미를 묻지 않는다. 대신, 수십만 조회 수를 기록한 '그 영상'을 신뢰한다. 우리는 한 제자를 위해 설해졌던 '그 말'의 무게를 느끼려 하지 않는다. 대신, 누구나 쉽게 복사해서 붙여넣을 수 있는 '그 명언'을 마음에 담는다. 일회적인 사건이었던 진리는 이제 보편적이고 영원히 반복되는 이미지로 대체된다.

이러한 반복은 우리에게 안정감을 준다. 언제든 원할 때마다 같은 위로와 감동을 꺼내볼 수 있기 때문이다. 하지만 이 안정감의 대가는 치명적이다. 그것은 바로 '질문'의 실종이다. 반복되는 이미지 앞에서는 질문이 생겨나지 않는다. 이미 완결된 형태로 주어진 것을 수동적으로 받아들일 뿐이다. "지금, 여기, 나에게 이 가르침은 무엇인가?"라는 실존적 물음은 "이 콘텐츠는 나에게 어떤 감정을 주는가?"라는 소비적 감상으로 대체된다.

결국 남는 것은 텅 빈 반복뿐이다. 사람들은 비슷한 내용의 명언, 비슷한 분위기의 영상, 비슷한 스타일의 법문을 끊임없이 소비하고 공유한다. 하지만 그 이미지의 강렬함이 강해질수록, 역설적으로 그 이미지들이 가리켜야 할 실재, 즉 '지금 여기서의 내 삶을 바꾸는 수행'의 자리는 점점 더 공허해진다.

실재는 사라지고 그 자리를 차지한 이미지의 반복. 이것은 시뮬라크르가 진리를 삼키는 가장 확실한 방식이다. 진리는 더 이상 살아있는 사건이 아니라, 네트워크를 떠도는 죽은 기호들의 끝없는 메아리가 되어버렸다.

2.4. 모방은 언제부터 '진리처럼' 작동했는가

실재가 사라지고 반복만 남는 현상의 이면에는 더 근본적인 질문이 숨어 있다. 바로 '모방(模倣)'이 어떻게 '진리'의 권위를 획득하게 되었는가 하는 점이다. 우리는 그것이 원본이 아닌 복제품, 실천이 아닌 흉내내기라는 것을 어렴풋이 알고 있다. 그럼에도 불구하고 왜 우리는 그 모방된 행위와 이미지가 마치 진짜 진리인 것처럼 반응하고, 그것에 효력이 있다고 믿게 되었는가?

이 전복은 '진리의 기준'이 바뀐 순간부터 시작되었다. 본래 진리의 기준은 '실재와의 일치 여부'에 있었다. 나의 깨달음이 부처의 깨달음과 같은가? 나의 실천이 가르침의 본질에 부합하는가? 이것이 전통적인 질문이었다. 이 기준 아래에서 모방은 언제나 원본보다 열등한, 불완전한 그림자에 불과했다.

그러나 어느 순간부터 기준이 바뀐다. '실재와의 일치'라는 까다로운 기준은 '원하는 효과의 발생 여부'라는 실용적인 기준으로 대체된다. 즉, "이것이 진짜인가?"라는 존재론적 질문은 "이것이 나에게 위안과 만족을 주는가?"라는 심리적 질문으로 바뀌는 것이다.

이 새로운 기준 아래에서 모방은 놀라운 힘을 얻는다. 불상 앞에서 절을 하는 나의 '모방된 경건함'이 내 마음에 실제로 평안을 가져다준다면, 그 평안함이라는 '효과'가 행위의 진실성을 보증해준다. 감동적으로 편집된 법문 영상을 보고 눈물을 흘렸다면, 나의 그 '감동'이 영상의 가치를 증명한다. 더 이상 그 행위나 이미지가 진리의 원본과 얼마나 가까운지는 중요하지 않게 된다. 그것이 원하는 감각적, 심리적 효과를 성공적으로 만들어내는 한, 그것은 '진리처럼' 작동하기 시작한다.

수행자의 삶을 모방하는 것을 예로 들어보자. 과거의 제자들은 스승의 '내면적 경지'를 닮기 위해 고군분투했다. 하지만 이는 너무나 어렵고 막막한 길이다. 대신 스승의 '외면적 형식' 즉 그의 말투, 옷차림, 행동 습관, 의례 절차 등을 모방하는 것은 훨씬 쉽다. 처음에는 이것이 방편일 수 있으나, 점차 이 외면적 모방 자체가 내면의 경지를 얻은 것과 같은 효과를 낸다고 믿게 된다. 사람들은 그의 모습에서 '진짜 스승의 향기'를 느끼고, 그 자신도 타인의 인정 속에서 스스로를 진짜라고 믿게 된다.

모방이 진리처럼 작동하는 순간, 진짜 진리를 향한 고통스러운 길은 버려진다. 우리는 더 이상 어려운 원본을 찾아 헤맬 필요가 없다. 그럴듯하게 흉내낸 복제품이 훨씬 저렴한 비용으로 비슷한 만족감을 주기 때문이다. 모방은 최소의 노력으로 최대의 효과를 얻으려는 인간의 욕망과 정확히 일치한다.

결국 모방은 원본을 불필요한 것, 심지어 거추장스러운 것으로 만들어버린다. '진짜가 되는 것'보다 '진짜처럼 보이는 것'이 훨씬 더 효율적인 생존 전략이 되는 세상. 바로 이 지점에서 이미지는 진리를 완전히 가려버릴 힘을 얻게 된다.

2.5. 이미지가 진리를 가리면, 진리는 질문되지 않는다

모방이 진리처럼 작동하는 세계, 즉 이미지가 실재를 완벽하게 대체한 세계의 가장 무서운 결과는 '진리의 왜곡'이 아니다. 그것은 '질문의 소멸'이다. 성공적인 이미지는 우리에게 거짓된 답을 제시하는 데 그치지 않고, 우리에게서 질문할 수 있는 능력 자체를 빼앗아 간다.

질문은 본질적으로 '결핍'과 '공백'에서 태어난다. 무언가 이해되지 않고, 현실이 내가 아는 것과 어긋나며, 마음속에 불편한 빈틈이 느껴질 때 우리는 비로소 "왜?"라고 묻는다. 선(禪) 수행에서 화두(話頭)를 던지는 이유도 바로 이것이다. "부모로부터 태어나기 전 너의 본래면목은 무엇인가(父母未生前 本來面目)?" 혹은 "만법은 하나로 돌아가는데, 그 하나는 어디로 돌아가는가(萬法歸一 一歸何處)?"와 같은 질문 앞에 선 수행자는 논리적 파탄에 부딪힌다. 첫 번째 질문은 시간과 공간, 그리고 '나'라는 관념 자체를 무너뜨리고, 두 번째 질문은 모든 것을 아우르는 궁극의 통합 원리마저 다시 질문에 부친다. 이처럼 기존의 앎이 모두 무력해지는 거대한 의심(大疑心) 속에서, 바로 그 의심과 질문의 힘이 수행자를 깨달음으로 이끈다.

그러나 잘 만들어진 이미지는 이러한 결핍과 공백을 조금도 허용하지 않는다. 이미지는 그 자체로 완결된 하나의 세계다. '편집된 자비'의 영상은 감동이라는 완벽한 감정적 해답을 제시하고, '연출된 고요'의 사진은 평온함이라는 완전한 미학적 결론을 보여준다. 그 안에는 어떠한 의심이나 질문이 끼어들 틈이 없다. 오히려 그 완벽한 이미지 앞에서 질문을 던지는 행위는 전체의 조화를 깨는 무례하고 눈치 없는 행동으로 여겨진다.

이미지는 우리의 판단 기준을 '진위(眞僞)'에서 '미추(美醜)'로, '존재론'에서 '감성론'으로 옮겨놓는다. 우리는 더 이상 "이것이 진실인가?"라고 묻지 않는다. 대신 "이것이 감동적인가?", "이것이 보기 좋은가?"라고 묻는다. 아름답고 평온한 불상 이미지를 보면서 우리는 그 미학적 완성도에 감탄할 뿐, 그 이미지가 가리키는 고(苦)와 무상(無常)의 진리에 대해 질문하지 않는다. 질문은 불편하고 머리 아픈 작업이지만, 감상은 쉽고 즐겁기 때문이다.

결국 이미지는 진리를 가리는 가장 효율적인 장막이 된다. 그 장막 뒤에 무엇이 있는지, 혹은 아무것도 없는 것은 아닌지 궁금해하는 사람들은 점차 사라진다. 장막 자체가 너무나 화려하고 만족스럽기 때문에, 누구도 굳이 그 뒤를 들춰보려 하지 않는다.

진리가 질문되지 않는 사회, 진리가 질문될 필요가 없는 시대. 이것이 이미지가 승리한 시대의 초상이다. 우리는 수많은 영적 이미지와 콘텐츠에 둘러싸여 있지만, 역설적으로 그 어느 때보다 진리로부터 멀리 떨어져 있는지도 모른다. 진정한 탐구는 이미지에 대한 감상이 아니라, 이미지가 무너진 자리에서 시작되는 처절한 질문에서 비롯되기 때문이다.

2.6. 종교 마케팅과 이미지의 힘 – 신앙의 소비화

이미지가 진리를 가리고 질문을 소멸시키는 시대, 종교는 어떻게 대중에게 다가가는가? 슬프게도, 종교 역시 시대의 가장 강력한 언어, 즉 '마케팅'의 논리를 받아들인다. 가르침을 전파하는 '전법(傳法)'은 잠재적 신도를 유치하는 '마케팅'으로 변모하고, 구도자(求道者)는 영적 서비스를 구매하는 '소비자(consumer)'로 재정의된다. 이것이 바로 '신앙의 소비화' 현상이다.

종교 마케팅의 핵심은 '이미지의 힘'을 활용하는 것이다. 마케팅은 제품의 본질보다 그것이 주는 '느낌'과 '이미지'를 파는 기술이다. 이 논리가 종교에 적용되면, 가르침의 깊이나 수행의 엄격함보다 그것이 얼마나 매력적이고 접근하기 쉽게 보이는지가 더 중요해진다. 첫째, 장소와 사람이 브랜드가 된다.

사찰이나 종교 단체는 고유한 '브랜드 아이덴티티'를 구축하려 애쓴다. '도심 속의 힐링 공간', '청년들과 소통하는 젊은 사찰', '인문학적 깊이가 있는 명상 센터'와 같이 명확한 슬로건을 내건다. 웹사이트는 세련되게 디자인되고, 소셜 미디어 계정에는 감성적인 사진들이 꾸준히 올라온다. 스승이나 지도자 역시 하나의 '퍼스널 브랜드'가 된다. 그의 자비로운 미소, 지적인 언변, 대중 친화적인 행보가 부각되고, 대중은 그의 가르침보다 그의 '이미지'를 먼저 소비한다.

둘째, 가르침이 상품으로 포장된다.

수행 프로그램은 소비자의 '니즈(needs)'에 맞춰 기획된다. '스트레스 해소를 위한 명상', '자존감 회복 템플스테이', '직장인을 위한 마음챙김' 등, 영적 탐구는 현대인의 고질적인 문제를 해결해주는 '솔루션'으로 포장된다. 경전의 심오한 가르침은 '인생을 바꾸는 지혜'라는 제목의 베스트셀러로, 선사의 법문은 '영혼을 울리는 명언'이라는 이름의 카드 뉴스로 가공된다. 이 상품들은 하나같이 쉽고, 빠르며, 즉각적인 효능을 약속한다.

이렇게 신앙이 소비의 영역으로 들어올 때, 신자와 가르침의 관계는 '거래'의 성격을 띤다. 신도, 즉 소비자는 자신의 시간과 돈, 관심을 지불하고 그 대가로 마음의 평안이나 위로, 혹은 깨달은 듯한 느낌이라는 '영적 상품'을 구매한다. 만약 이 상품이 기대했던 만족감을 주지 못하면, 그들은 언제든 더 매력적인 신상품을 찾아 브랜드를 바꿀 것이다.

이 과정에서 종교의 본질적인 요소들은 거추장스러운 것이 되어 생략되기 쉽다. 엄격한 계율, 공동체에 대한 책임, 때로는 고통스러운 자기 직면의 요구 등은 '잘 팔리지 않는' 요소이기 때문이다. 마케팅은 소비자의 구미에 맞는 달콤한 부분만을 보여주고, 진리의 쓴맛은 조심스럽게 감춘다.

결국 신앙은 하나의 '라이프스타일' 선택지가 된다. 요가나 피트니스를 하듯, 우리는 자신의 취향과 효용에 따라 종교적 이미지를 소비한다. 진리는 더 이상 우리 자신을 던져야 하는 궁극의 목표가 아니라, 내 삶을 더 멋지게 꾸며주는 하나의 액세서리가 되어버렸다. 이 거대한 영적 시장에서, 상품의 성공 여부를 판단하는 최종 기준은 무엇일까? 그것은 바로 디지털 시대의 가장 강력한 권력, '숫자'다.

2.7. '좋아요'와 '구독'이 측정하는 진리 – 디지털 시대의 신성 모독

신앙이 소비 상품이 되고, 종교 단체가 시장의 플레이어가 된 세상에서, 그 가치를 측정하는 기준은 무엇인가? 자본주의 시장의 논리는 명확하다. 바로 '숫자'다. 그리고 디지털 시대에 그 숫자는 '좋아요', '구독자 수', '조회 수', '공유 횟수'로 나타난다.

이것이 바로 우리가 마주한 '디지털 시대의 신성 모독(blasphemy)'이다. 여기서의 신성 모독은 특정 신이나 상징을 훼손하는 고전적인 의미가 아니다. 말로 표현할 수 없고, 어떤 가치로도 환산할 수 없는 궁극의 진리, 즉 '신성(the sacred)' 그 자체를 감히 숫자로 '측정'하려는 행위 전체가 신성 모독이다.

전통적으로 가르침의 권위는 스승의 깊은 깨달음, 법맥(法脈)의 정통성, 혹은 수행자의 내면적 변화와 같은 질적인 가치에서 나왔다. 그러나 이제 권위의 원천은 외부의 양적인 데이터로 이동했다.

- 구독자 100만 명을 지닌 영적 스승은 100명의 제자를 둔 선승보다 더 '진리'에 가까운 것처럼 보인다.
- '좋아요' 1만 개를 받은 경전 구절은 아무도 주목하지 않는 구절보다 더 '심오한' 지혜로 여겨진다.
- 수백만 조회 수를 기록한 법문 영상은 대중의 검증을 통과한 '믿을 만한' 가르침으로 간주된다.

진리의 심판자가 스승이나 자기 자신의 양심이 아니라, 대중의 익명적 클릭과 그 데이터를 분석하는 알고리즘이 되어버린 것이다. 알고리즘은 가르침의 깊이를 이해하지 못한다. 오직 사용자의 시선을 얼마나 더 오래 붙잡아 두는지만을 판단할 뿐이다. 결국 더 자극적이고, 더 감성적이며, 더 이해하기 쉬운 콘텐츠만이 살아남아 확산된다. 복잡하고 불편하며, 때로는 고통스러운 진짜 진리는 이 디지털 생태계에서 자연스럽게 도태된다.

이것은 끔찍한 악순환을 낳는다. 대중은 알고리즘이 추천하는 쉽고 말랑말랑한 영성에 길들여지고, 종교 단체와 지도자들은 대중의 기호에 맞춰 더욱더 자극적인 콘텐츠를 생산해야 하는 압박에 시달린다. 진리는 더 이상 추구해야 할 대상이 아니라, 대중의 취향에 맞춰 끊임없이 수정되어야 할 상품 기획의 대상이 된다.

이로써 2장의 여정은 끝을 맺는다. 불상이라는 유형의 상징에서 시작된 진리의 대체 과정은, 이제 가르침이라는 무형의 지혜마저 완벽한 콘텐츠로 변형시키는 데 이르렀다. 그 최종적인 모습은, 부처의 가르침이 해탈한 중생의 수가 아니라 모니터 화면의 '좋아요' 숫자로 그 가치를 증명해야 하는 기이하고도 서글픈 풍경이다. 진리는 이미지에 완전히 삼켜졌다.

제3장

'시뮬라크르 붓다'의 탄생
–부처는 실재인가, 혹은 브랜드인가

3.1. 부처의 형상은 어떻게 신성이 되었는가

'시뮬라크르 붓다'의 탄생을 이해하기 위한 첫 번째 단서는, 한 인간이었던 싯다르타의 '형상(形像)'이 어떻게 절대적인 '신성(神聖)'의 지위를 획득하게 되었는지를 추적하는 데 있다. 이 과정은 이미지가 실재를 대체하는 가장 오래되고 강력한 사례 중 하나다.

놀랍게도, 초기 불교는 약 500년간 부처의 인간 형상을 만들지 않았다. 그들은 빈 왕좌, 보리수나무, 법륜(法輪), 혹은 족적(足跡)과 같은 상징을 통해 깨달음의 가르침을 표현했다. 이는 부처가 특정한 인물이 아니라 그가 깨달은 '법(Dharma)' 그 자체에 핵심이 있음을 강조하기 위함이었다. 또한, 형상을 만드는 순간 그것이 숭배의 대상, 즉 우상이 되어 가르침의 본질을 가릴 것을 경계했기 때문이다.

그러나 인간의 마음은 공백을 견디지 못하고, 추상적인 진리보다 구체적인 대상에 의지하려는 경향이 있다. 대중적 신앙의 확산과 함께, 사람들은 자신의 기도를 바치고 경배를 표할 구체적인 형상을 원했다. 바로 이 지점에서 간다라 미술의 영향 등으로 마침내 부처의 인간 형상이 등장하기 시작한다.

처음의 형상은 위대한 스승이자 구도자였던 인간 싯다르타를 기억하기 위한 '기념물'에 가까웠다. 그러나 시간이 흐르면서 이 형상은 점차 그 이상의 의미를 부여받는다.

첫째, 형상에 '영험함'이 깃들기 시작한다.

불상에 절을 하니 병이 나았고, 기도를 하니 소원이 이루어졌다는 식의 이야기가 퍼져나간다. 점안식(點眼式)과 같은 의식을 통해 불상은 단순한 돌덩이나 나무가 아니라, 부처의 영적인 힘이 깃든 신성한 존재로 격상된다. 이제 불상은 가르침을 되새기게 하는 상징이 아니라, 현실의 문제에 개입하여 복과 벌을 내리는 초월적 힘의 원천이 된다.

둘째, 형상이 '실재를 규정'한다.

불상은 32상 80종호(三十二相八十種好)와 같은 이상적인 특징을 담아 완벽한 모습으로 조성된다. 자비로운 미소, 평온한 눈빛, 완벽한 신체 비율을 가진 불상은 이제 역사적 인물이었던 싯다르타의 모습을 '반영'하는 것이 아니다. 오히려 그것은 깨달음이란 '마땅히 저러해야 한다'는 완벽한 '원본'이 된다. 현실의 인간은 결코 도달할 수 없는 초월적 아름다움과 완벽함을 지닌 형상 앞에서, 고뇌하고 땀 흘렸던 인간 싯다르타의 모습은 점차 지워진다.

결국, 부처의 형상은 '인간 싯다르타'라는 실재의 부재를 가리는 완벽한 시뮬라크르가 된다. 사람들은 더 이상 싯다르타가 어떻게 깨달았는지 그 '과정'을 묻지 않는다. 대신, 신성한 형상 앞에서 그 '결과물'인 깨달음의 완벽한 이미지를 숭배하고 그로부터 위안을 얻는다.

이렇게 한 인간의 형상은 신성 그 자체가 되었다. 이것은 실재를 넘어선 이미지가 어떻게 새로운 실재, 즉 하이퍼리얼리티를 창조하는지를 보여주는 전형적인 과정이다. 이 오래된 신격화의 토대 위에서, 그의 삶의 이야기 역시 어떻게 신화가 되어가는지를 살펴보아야 한다.

3.2. 수행자의 전기는 왜 신화가 되었는가

부처의 형상이 신격화되는 과정과 정확히 동일한 방식으로, 그의 '삶의 이야기(biography)' 역시 '신화(mythology)'로 변모한다. 형상이 시각적 시뮬라크르라면, 신화는 서사적 시뮬라크르다. 이 둘은 서로를 강화하며 '인간 싯다르타'라는 실재를 지우고, '초월자 석가모니'라는 완벽한 브랜드를 구축한다.

본래 싯다르타의 삶은 한 인간의 치열한 구도기였다. 그는 왕자의 지위를 버리고 출가하여, 당대의 스승들을 찾아다니며 고행을 하고, 수많은 시행착오 끝에 마침내 보리수나무 아래에서 깨달음을 얻었다. 그의 삶은 의심과 고뇌, 실패와 극복으로 가득한 인간적인 여정이었다. 이 이야기는 우리 역시 그의 길을 따라 걸을 수 있다는 희망과 용기를 준다. 이것이 실재에 기반한 전기다.

그러나 시간이 흐르며 이 전기는 점차 신화적 요소들로 채색되기 시작한다.

- 탄생의 신화: 그가 태어날 때 하늘에서 꽃비가 내리고, 천상천하 유아독존(天上天下唯我獨尊)을 외쳤다는 이야기가 덧붙여

진다. 이는 그가 평범한 인간이 아니라, 태어날 때부터 위대한 존재로 예정된 특별한 인물임을 강조한다.

- 수행의 신화: 깨달음을 얻는 과정에서 온갖 마라(魔羅)의 유혹을 물리쳤다는 이야기는, 내면의 번뇌와의 싸움을 극적인 선과 악의 대결 구도로 바꾼다. 그의 고뇌는 인간적인 번민이 아니라, 초인적인 시련 극복기가 된다.
- 열반의 신화: 그의 죽음(열반)은 모든 존재의 슬픔 속에서 장엄하게 이루어지며, 그의 사리(舍利)는 신비한 힘을 지닌 성유물(聖遺物)이 되어 숭배의 대상이 된다.

이러한 신화화 과정은 왜 일어났을까? 신화는 평범한 전기가 주지 못하는 강력한 '경외감'과 '권위'를 부여하기 때문이다. 싯다르타가 우리와 같은 평범한 인간이라면, 그의 가르침 역시 수많은 사상 중 하나로 여겨질 수 있다. 그러나 그가 태생부터 다른 초월적 존재라면, 그의 가르침은 의심할 수 없는 절대적인 진리가 된다.

여기서 이미지는 다시 한번 실재를 압도한다. 신화라는 강력한 이미지는 '고뇌하는 인간 싯다르타'라는 실재를 지우고, 그 자리에 '완벽한 초인 석가모니'라는 시뮬라크르를 세운다. 이 시뮬라크르 앞에서 우리는 더 이상 그의 길을 '따라 걸으려는' 용기를 내기 어렵다. 그는 우리와는 다른 존재이므로, 우리는 그저 그의 위대함을 경배하고 그의 가르침을 수동적으로 받아들이는 편이 안전하다.

수행자의 전기가 신화가 되는 순간, 가르침은 '모방 가능한 삶의 방식'에서 '숭배해야 할 절대적 교리'로 변질된다. 우리는 그의 발자취를 따르는 대신, 그의 신화가 주는 감동과 경이로움을 소비하게 된다. 이처럼 완벽하게 구축된 형상과 신화의 성채 앞에서, 우리는 더 이상 부처의 '실재'를 묻지 않는다. 그저 잘 만들어진 '브랜드'를 신앙할 뿐이다.

3.3. '시뮬라크르 붓다'의 구조 – 상징 없는 상징, 감응 없는 자비

지금까지의 논의를 종합해볼 때, '시뮬라크르 붓다'는 특정한 불상이나 경전을 지칭하는 것이 아니다. 그것은 역사적 실재와 수행의 과정을 모두 제거하고 남은, 완벽하고 매혹적인 이미지의 '구조' 그 자체를 의미한다. 이 구조는 두 가지 핵심적인 특징으로 요약될 수 있다. 바로 '상징 없는 상징'과 '감응 없는 자비'다.

첫째, '상징 없는 상징'이다.

본래 상징(symbol)이란 자신을 넘어선 무언가(의미)를 가리키는 기호다. 불상은 깨달음의 경지를, 십자가는 희생과 부활을 가리킨다. 상징의 가치는 그것이 얼마나 '저 너머'의 의미를 잘 전달하는지에 달려 있다.

그러나 시뮬라크르 붓다는 더 이상 아무것도 가리키지 않는다. 그 이미지는 스스로가 의미가 되어버렸다. 우리는 평온한 표정의 불상을 보고 깨달음의 어려운 과정을 사유하는 대신, 이미지 자체가 주는 '평온한 느낌'을 즉시 소비한다. 이미지는 더 이상 의미를 전달하는 '매개체'가 아니라, 감정을 유발하는 '자극제'가 된다. 기호(signifier)가 기의(signified)를 집어삼키고, 그 자체로 완결된 하나의 상품이 된 것이다. 이것이 바로 '상징 작용이 없는 상징', 즉 텅 빈 기호로서의 시뮬라크르다. 그것은 아무것도 대표하지 않으며, 그저 그 자체로 존재하며 감각적 효과를 생산할 뿐이다.

둘째, '감응 없는 자비'다.

진정한 자비는 선(禪)에서 말하는 '감응(感應)'의 한 형태다. 그것은 타인의 고통에 대한 깊은 공명이며, 나와 너의 경계가 허물어지는 관계 속에서 일어나는 쌍방향의 사건이다. 여기에는 불편함과 책임감, 그리고 구체적인 행동이 뒤따른다.

하지만 시뮬라크르 붓다의 자비는 일방적으로 송출되는 '속성' 일 뿐이다. 불상의 온화한 미소, 영상 속 스님의 따뜻한 목소리, SNS에 떠도는 감성적인 문구는 자비의 '이미지'를 전달한다. 우리는 이 이미지를 소비하며 잠시 위안을 얻고, 스스로 자비로운 감정을 느꼈다고 착각한다. 그러나 여기에는 어떠한 상호작용도, 관계도, 책임도 없다. 타인의 고통이라는 실재와 마주하는 대신, 자비라는 '분위기'를 안전하게 즐기는 것이다. 실제적 울림이 제거된 자비, 이것이 바로 '감응 없는 자비'다.

결론적으로 시뮬라크르 붓다의 구조는 완벽하게 닫힌 자기 참조의 순환 고리다. 그것은 역사와 과정이 제거된 채 결과의 완벽한 이미지만을 보여준다. 그것은 우리에게 고통스러운 수행을 요구하는 대신, 손쉬운 감정적 위안을 판매한다. 그것은 우리와 진정한 관계를 맺는 대신, 일방적으로 이미지를 전시하고 우리의 숭배(혹은 '좋아요')를 요구한다.

이처럼 완벽하게 설계된 영적 상품, 아무것도 요구하지 않으면서 모든 위안을 약속하는 궁극의 브랜드. 이것이 바로 시뮬라크르 붓다의 본질이다. 그리고 이 구조는 이제 인공지능이라는 가장 강력한 복제 기술을 만나 새로운 차원의 증식을 시작하고 있다.

3.4. AI가 그리는 불화(佛畫) – 신성한 예술의 복제

시뮬라크르 붓다의 구조가 '상징 없는 상징'과 '감응 없는 자비'

라면, 인공지능(AI)은 이 구조를 무한히, 그리고 즉각적으로 생산해내는 가장 완벽한 기술적 도구다. 그 대표적인 사례가 바로 AI가 그리는 불화(佛畵)다.

전통적으로 불화는 단순한 그림이 아니었다. 그것은 화공(畵工), 즉 화승(畵僧)의 오랜 수행과 기도의 산물이었다. 화승은 그림을 그리기 전 목욕재계로 몸을 정갈히 하고, 경전을 독송하며 마음을 닦았다. 선 하나, 색 하나를 칠하는 모든 과정이 부처를 향한 공경심의 표현이자 그 자체로 하나의 수행이었다. 그렇게 완성된 불화에는 그린 이의 신심(信心)과 염원, 즉 '정신'이 깃들어 있다고 믿어졌다. 그림의 가치는 기술적 완성도를 넘어, 그 안에 담긴 인간의 종교적 체험과 진정성에 있었다.

그러나 AI가 그리는 불화는 이 모든 과정을 생략한다. AI는 신심이 없으며, 수행을 하지도 않는다. 그것은 세상에 존재하는 수백만 개의 불화 데이터를 학습하여, '불화 스타일'의 통계적 패턴을 추출할 뿐이다. 그리고 프롬프트(명령어)에 따라 그 패턴을 재조합하여 그럴듯한 이미지를 생성해낸다. AI의 작업 과정은 '수행'이 아니라 '계산'이며, 그 결과물은 '창조'가 아니라 '재조합'이다.

AI는 불화의 '영혼'을 복제하는 것이 아니라, 불화의 '껍데기', 즉 미학적 스타일만을 완벽하게 복제한다. 그 결과물은 때로 인간이 그린 것보다 더 정교하고, 더 화려하며, 더 '불화처럼' 보일 수 있다. 그러나 거기에는 인간의 고뇌와 염원, 그리고 신을 향한 경외심이 들어설 자리가 없다. 발터 벤야민의 용어를 빌리자면, 그것은 기술적 복제 시대의 예술 작품처럼 '아우라(Aura)'를 상실한 텅 빈 이미지다.

이것은 무엇을 의미하는가?

이제 신성한 예술은 희소성을 잃는다. 누구나 단 몇 초 만에 완벽한 불화 이미지를 손에 넣을 수 있게 되면서, 오랜 시간과 노력을 들인 인간의 작업은 그 가치를 위협받는다. 신성함은 이제 특별한 것이 아니라, 키보드 몇 번만 두드리면 얻을 수 있는 흔한 것이 되어버린다.

더 중요한 것은, 우리가 신성함을 '체험'하는 방식이 바뀐다는 점이다. 우리는 이제 작품에 깃든 정신과 교감하는 대신, AI가 생성한 아름다운 이미지를 그저 '소비'한다. 그 이미지가 주는 시각적 쾌감과 평온한 '느낌'에 만족할 뿐, 그 너머의 어떤 깊이도 탐구하지 않는다.

AI가 그린 불화는 '상징 없는 상징'의 궁극적인 형태다. 그것은 신성한 예술의 외형을 완벽하게 갖추고 있지만, 그 안에는 신성함의 근원이었던 인간의 믿음과 실천이 완전히 제거되어 있다. 이것은 시뮬라크르 붓다가 어떻게 스스로를 무한히 복제하며 현실을 대체해 나가는지를 보여주는 가장 명징한 사례다.

3.5. 디지털 법당과 가상 현실 속 부처 – 몰입인가, 환각인가?

AI가 시뮬라크르의 '생산'을 자동화했다면, 가상현실(VR)과 증강현실(AR) 기술은 시뮬라크르의 '체험'을 완성한다. 이제 우리는 스크린 바깥에서 이미지를 보는 관찰자에 머무르지 않는다. 헤드셋을 쓰는 순간, 우리는 이미지 '안으로' 직접 들어간다. 이것은 시뮬라크르 부처가 마침내 자신의 세계, 즉 '디지털 법당'을 세우고 우리를 그곳으로 초대하는 단계에 이르렀음을 의미한다.

상상해보라. VR 헤드셋을 쓰면, 현실의 번잡함은 사라지고 완벽하게 고요하고 장엄한 가상의 법당이 눈앞에 펼쳐진다. 가장 이상적인 건축 양식, 은은한 향내음, 청아한 목탁 소리, 그 어느 것 하나 불완전한 것이 없다. 그곳에서 완벽한 형상의 아바타 부처가 나타나 나만을 위해 법문을 설한다. 나는 그와 대화하고, 가르침을 받고, 가상 공간 속에서 다른 신도들과 함께 기도를 올린다. 이 모든 경험은 너무나 생생해서 현실과 구분하기 어렵다.

이것이 가능한 이유는, 1.6절에서 언급했듯, 우리의 뇌가 본질적으로 가상 세계가 보내는 정교한 신호와 현실 세계가 보내는 신호를 동일한 방식으로 처리하기 때문이다. 뇌는 꿈속의 공포에 실제로 식은땀을 흘리듯, 이 완벽하게 주입된 데이터 신호를 '진짜 경험'으로 오인(誤認)한다. 그렇다면 이것은 과연 새로운 차원의 종교적 몰입(immersion)일까? 아니면, 이것은 가장 정교하게 설계된 환각(hallucination)에 불과한가?

불교 수행의 근간은 자신의 '몸(身)'과 '마음(心)'을 지금 여기에서 관찰하는 것이다. 거친 숨소리, 절을 할 때의 무릎 통증, 좌선 중의 지루함과 같은 구체적이고 불편한 신체의 감각이 바로 수행의 출발점이다. 그러나 가상현실 속에는 이 몸이 없다. 우리는 감각이 차단된 채, 데이터로 이루어진 유령 같은 존재로 떠다닐 뿐이다. 몸 없는 수행이 과연 가능한가?

가상현실이 주는 평온함은 내 안에서 일어난 것인가, 아니면 잘 짜인 알고리즘이 내 뇌에 직접 주입한 감각 데이터인가? 아바타 부처의 자비로운 음성은 진정한 깨달음에서 나온 울림인가, 아니면 수백만 개의 음성 데이터를 학습한 기계의 정교한 모방인가?

디지털 법당과 가상현실 속 부처는 시뮬라크르 붓다의 최종 진화 형태다. 그것은 역사도, 몸도, 고뇌의 흔적도 없는 완벽한 프로그램이다. 이 완벽한 환각 속에서 우리는 경외감과 위안을 느끼지만, 그 어떤 실존적 위험도, 책임도, 불편함도 마주하지 않는다. 진짜보다 더 진짜 같은 이 환각 체험에 중독될 때, 우리는 거칠고 불완전한 현실의 수행을 점점 더 기피하게 될 것이다.

결국 디지털 법당은 몰입의 외피를 쓴 거대한 환각이다. 그곳은 시뮬라크르 붓다를 위한 궁극의 신전이며, 실재가 더 이상 필요 없어진 시대의 가장 완벽한 종교적 공간이다.

제4장

이미지의 윤리 – 가짜는 죄가 되는가? – 시뮬라크르 시대의 도덕적 혼란

4.1. 가짜 뉴스와 진실의 붕괴 – 무엇을 믿어야 하는가?

가상현실 속 부처가 '환각적 몰입'을 이끌어낼 만큼 이미지가 실재를 대체한 시대. 이 현상은 더 이상 철학이나 종교의 영역에만 머무르지 않는다. 그것은 우리가 살아가는 사회의 근간을 뒤흔드는 가장 시급한 윤리적 문제로 나타난다. 그 대표적인 현상이 바로 '가짜 뉴스(Fake News)'와 그로 인한 진실의 붕괴다.

가짜 뉴스는 단순히 '틀린 정보'가 아니다. 그것은 시뮬라크르 시대의 가장 강력한 무기다. 가짜 뉴스는 실제 언론사의 기사와 똑같은 형식, 즉 신뢰도 높은 로고, 전문가의 인용, 그럴 듯한 통계 자료라는 '외관'을 완벽하게 흉내낸다. 내용은 거짓이지만, 그 '이미지'는 진실처럼 보인다. 이로써 우리는 무엇이 진짜 뉴스이고 무엇이 가짜인지 구분할 능력을 상실해간다.

그러나 가짜 뉴스의 진짜 목적은 우리를 특정 거짓말에 속게 만드는 것 이상이다. 그 궁극적인 목표는 진실과 거짓의 구분 자체를 무의미하게 만드는 것, 즉 '진실의 가치'를 붕괴시키는 데 있다. 모든 것이 의심스러워질 때, 사람들은 결국 아무것도 믿지 않게 되거나, 혹은 자신이 믿고 싶은 것만 믿게 된다.

이것이 바로 '탈진실(post-truth)' 시대의 비극이다. 진실은 더 이상 객관적인 사실이나 검증을 통해 확인되는 것이 아니다. 그것은 나의 정치적 신념, 나의 감정적 동조, 혹은 내가 속한 집단의 믿음에 따라 결정된다. 우리는 각자의 '필터 버블'과 '에코 챔버' 속에서 오직 듣고 싶은 말만 듣고, 보고 싶은 이미지만 보게 된다. 진실은 탐구의 대상이 아니라, 취향의 문제가 되어버렸다.

이러한 상황 속에서 우리는 근본적인 질문과 마주한다: "이제 우리는 무엇을 믿어야 하는가?

과거에는 '신뢰할 만한 출처'를 확인하는 것이 답이 될 수 있었다. 그러나 시뮬라크르는 바로 그 '신뢰성'의 이미지를 가장 정교하게 모방한다. AI는 실제 앵커와 똑같은 목소리와 얼굴로 거짓 정보를 유창하게 전달할 수 있다. 딥페이크 기술은 정치인이 한 번도 한 적 없는 말을 하는 영상을 감쪽같이 만들어낸다. 무엇을, 누구를 믿을 것인가?

진실의 붕괴는 사회적 신뢰의 붕괴로 이어진다. 공유된 현실 감각이 없을 때, 공동체는 유지될 수 없다. 우리는 같은 사회에 살지만 서로 다른 현실을 믿으며, 서로를 이해 불가능한 존재로 여기게 된다.

가짜 뉴스가 사회를 분열시키는 방식은, 시뮬라크르 붓다가 수행의 본질을 대체하는 방식과 정확히 동일하다. 둘 다 복잡하고 불편한 실재를 제거하고, 그 자리에 즉각적이고 감정적이며, 우리의 편견을 만족시켜주는 완벽한 이미지를 제시한다. 진실을 찾는 고통스러운 노력을, 그럴듯한 이미지를 소비하는 손쉬운 쾌락으로 대체하는 것이다. '가짜'는 이제 단순한 거짓말이 아니라, 사회의 근간을 무너뜨리는 강력한 윤리적 도전이 되었다.

4.2. 딥페이크와 존재의 위협 – 나는 누구인가?

가짜 뉴스가 우리가 발 딛고 있는 '외부 세계'의 진실을 붕괴시킨다면, 딥페이크(Deepfake) 기술은 우리 존재의 가장 마지막 보루인 '나 자신'의 진실성을 향해 직접적인 공격을 가한다. "무엇을 믿어야 하는가?"라는 사회적 질문은 이제 "나는 과연 누구인가?"라는 섬뜩한 실존적 질문으로 변모한다.

딥페이크는 AI를 통해 특정 인물의 얼굴과 목소리를 완벽하게 복제하여, 그가 한 적 없는 말과 행동을 하는 영상을 만들어내는 기술이다. 이것은 단순한 이미지 합성을 넘어, 한 인간의 존재를 데이터로 복제하는, 즉 한 개인의 '시뮬라크르'를 생성하는 기술이다. 나의 얼굴, 나의 목소리, 나의 표정이라는 가장 확실한 '나의 증거'가 이제 더 이상 나만의 것이 아니게 된 것이다.

이 기술이 던지는 존재론적 위협은 심각하다. 첫째, 나의 역사가 나를 배신한다.

우리의 정체성은 과거의 기억과 경험, 그리고 사진이나 영상 같은 기록을 통해 형성된다. "이것이 바로 나다"라고 증명해주는 물리적 앵커(anchor)가 바로 내 얼굴이 담긴 이미지다. 그러나 딥페이크는 이 연결고리를 끊어버린다. 내가 하지 않은 행동을 하는 내 모습이 담긴 영상이 존재할 수 있다면, 나는 더 이상 나의 이미지를 나의 역사로 신뢰할 수 없다. 타인은 물론, 나 자신조차 어떤 것이 진짜 나의 모습인지 증명할 수 없게 된다.

둘째, 존재가 데이터로 전락한다.

딥페이크의 세계에서 '나'는 고유한 인격체가 아니라, 타인에 의해 언제든 복제되고 재조합 될 수 있는 '데이터 쪼가리'가 된다. 나의 동의 없이 내 얼굴은 포르노 영상에 합성될 수 있고, 내 목소리는 금융사기에 이용될 수 있다. 나의 존재는 나에게서 박탈당해, 타인의 악의적인 목적을 위한 도구로 전락할 수 있는 것이다. '나'라는 존재의 주도권이 나에게서 떠나버리는 극심한 불안 상태에 놓이게 된다.

셋째, 의심이 내면을 향한다.

가짜 뉴스가 세상을 향한 불신을 키웠다면, 딥페이크는 나 자신을 향한 불신을 낳는다. 내가 하지 않은 일로 고소당할 수 있다는 공포, 나의 거짓된 영상이 내 인간관계를 파괴할 수 있다는 불안. 이것은 단순한 명예훼손의 차원을 넘어선다. 나의 존재 자체가 타인의 손에 의해 오염되고 파괴될 수 있다는 실존적 공포다.

불교는 본래 '나'라는 고정된 실체는 없다고(無我) 가르친다. 하지만 이는 고통스러운 수행을 통해 얻어야 하는 지혜의 영역이었다. 딥페이크는 이 '무아'의 상태를 폭력적인 기술로 강제한다. 아무런 윤리적, 철학적 준비가 되지 않은 상태에서 '나의 부재'를 통보받을 때, 그것은 해탈이 아니라 공포와 혼란을 낳을 뿐이다.

딥페이크의 등장은 "가짜는 죄가 되는가?"라는 질문을 더 이상 미룰 수 없게 만든다. 나의 존재를 위협하고, 나의 인격을 도용하며, 나의 삶을 파괴할 수 있다면, 그 '가짜'는 단순한 오류나 허구를 넘어 명백한 폭력이자 죄악이 된다.

4.3. 이미지 조작의 역사 - 예술에서 선동까지

딥페이크 기술이 주는 충격은 그것이 완전히 새로운 현상처럼 보이기 때문이다. 그러나 사실, 이미지를 조작하여 현실을 통제하려는 욕망은 인류의 역사와 그 궤를 같이한다. 오늘날의 위기는 최신 기술이 낳은 돌연변이가 아니라, 오랜 욕망이 가장 강력한 도구를 만난 필연적 결과다. 그 역사를 거슬러 올라가면, 조작의 목적이 어떻게 '미학'에서 '선동'으로, 그리고 마침내 '현실 자체의 해체'로 나아갔는지 알 수 있다.

1단계: 예술로서의 조작 (미학적 이상화)

최초의 이미지 조작은 '예술'의 이름으로 행해졌다. 고대 왕국의 군주들은 자신의 조각상과 초상화를 실제보다 더 위엄 있고 완벽하게 묘사하도록 했다. 르네상스 시대의 화가들은 종교화 속 인물들을 이상적인 구도와 신성한 광채 속에 배치했다. 이때의 조작은 현실을 '이상화'하여 미학적 감동이나 종교적 경외심을 불러일으키기 위한 것이었다. 사람들은 그것이 현실의 복사본이 아닌, 예술가의 '해석'임을 암묵적으로 인지하고 있었다.

2단계: 사진의 등장과 진실의 위조 (객관성의 악용)

19세기 사진 기술의 발명은 모든 것을 바꾸었다. 사진은 '객관적 진실'을 포착하는 기계로 여겨졌고, 이 때문에 사진의 조작은 훨씬 더 강력한 힘을 갖게 되었다. 초창기에는 이중 노출 기법 등을 이용해 죽은 자의 영혼이 찍힌 것처럼 꾸민 '심령 사진'이 유행했다. 사람들은 사진이 가진 객관성의 아우라 때문에 이 조작된 이미지를 쉽게 믿었다.

3단계: 정치 선전으로서의 조작 (역사의 삭제)

20세기에 들어서면서 이미지 조작은 국가 권력의 가장 중요한 '선동(propaganda)' 도구가 된다. 스탈린은 자신의 정적인 트로츠키를 공식 사진에서 완벽하게 지워버림으로써, 그의 존재 자체를 역사에서 삭제하려 했다. 나치 정권은 유대인을 비인간적인 모습으로 묘사한 조작된 이미지를 대량 유포하여 대중의 혐오를 부추겼다. 이 단계에서 조작의 목적은 더 이상 미학이나 단순한 사기가 아니다. 그것은 대중을 통제하고 역사를 다시 쓰기 위한, 명백히 정치적인 행위가 되었다.

4단계: 디지털 기술과 조작의 일상화 (현실의 소멸)

포토샵의 등장은 전문가의 영역이었던 이미지 조작을 대중의 것으로 만들었고, 이제 생성형 AI는 조작의 개념 자체를 바꾸고 있다. 과거의 조작이 '있는 현실'을 왜곡하거나 삭제하는 것이었다면, 이제는 '없는 현실'을 무(無)에서 창조해내는 단계에 이르렀다. 원본 자체가 없는 완벽한 시뮬라크르의 대량 생산이 가능해진 것이다.

예술가의 미학적 해석에서 시작된 이미지 조작은, 사진의 객관성을 악용한 사기를 거쳐, 국가 권력의 선동 도구가 되었고, 마침내 이제는 누구든 현실을 창조하고 해체할 수 있는 디지털 무기가 되었다. 이 역사를 돌아볼 때, 우리는 현재의 위기가 단지 기술만의 문제가 아님을 알 수 있다. 그것은 현실을 지배하려는 인간의 오랜 욕망이 기술과 결합해 폭주하는 현상이다. 그렇다면 이 폭주하는 이미지의 시대에, '진실'을 지켜야 할 책임은 과연 누구에게 있는가?

4.4. 시뮬라크르 시대의 책임 – 누가 진실을 수호할 것인가?

이미지 조작이 일상화되고, 진실의 기반이 송두리째 흔들리는 시대. 우리는 마침내 가장 어렵고 근본적인 질문 앞에 서게 된다: "이 혼란 속에서 진실을 수호할 책임은 과연 누구에게 있는가?" 과거에는 이 책임의 주체가 비교적 명확했다. 그러나 시뮬라크르 시대에는 그 책임이 여러 주체에게 복잡하게 얽혀 있거나, 혹은 공중으로 흩어져버린 것처럼 보인다.

1. 기술 플랫폼 기업의 책임

가장 먼저 책임의 화살은 구글, 메타, 틱톡과 같은 거대 기술 플랫폼으로 향한다. 가짜 뉴스와 딥페이크가 유통되고 확산되는 공간을 제공하고, 심지어 더 많은 사용자의 주목을 끌기 위해 알고리즘으로 이를 부추기는 주체이기 때문이다. 그들은 '표현의 자유'라는 방패 뒤에 숨어 책임을 회피하려 하지만, 그들의 비즈니스 모델 자체가 진실의 가치보다 '트래픽'과 '참여'를 우선시하도록 설계되어 있다는 비판에서 자유로울 수 없다. 그들은 유해 콘텐츠를 걸러낼 기술적, 재정적 의무를 지닌다.

2. 정부와 법 제도의 책임

다음으로, 사회 질서를 유지하고 시민을 보호해야 할 정부와 입법 기관의 책임이 있다. 허위 정보 유포나 딥페이크를 이용한 명예훼손, 사기 등을 처벌할 수 있는 법적 장치를 마련해야 한다. 그러나 이 접근은 매우 신중해야 한다. 자칫 잘못하면 국가가 진실을 독점하고, 비판적인 목소리를 억압하는 '검열'의 도구로 악용될 수 있기 때문이다. 법이라는 잣대로 진실과 거짓을 가르는 것은 또 다른 형태의 폭력이 될 수 있다.

3. 언론과 교육 기관의 책임

전통적으로 진실을 검증하고 보도하는 역할을 맡았던 언론(저널리즘)의 책임은 그 어느 때보다 막중하다. 하지만 언론 역시 클릭 수 경쟁과 속보 경쟁에 내몰리며 가짜 뉴스의 생산자 혹은 유통자가 되기도 한다. 언론은 스스로의 신뢰를 회복하기 위해 더 엄격한 사실 확인(fact-checking) 시스템을 갖추어야 한다. 동시에, 교육 기관은 시민들이 어릴 때부터 미디어를 비판적으로 읽고 해석하는 능력, 즉 '미디어 리터러시(media literacy)'를 갖추도록 가르쳐 야 할 책임이 있다.

4. 우리 각자의 책임

그러나 결국 책임의 마지막 고리는 이미지를 소비하고, 공유하며, 때로는 생산하는 '우리 각자'에게 돌아온다. 플랫폼과 정부, 언론이 아무리 노력해도, 우리가 무분별하게 자극적인 이미지를 소비하고 '공유' 버튼을 누르는 한, 시뮬라크르의 확산을 막을 수는 없다. 우리는 정보를 접했을 때 잠시 멈추어 그 출처를 확인하고, 감정적인 반응에 휩쓸리기보다 이성적으로 질문을 던지며, 내가 공유하는 정보가 타인에게 어떤 영향을 미칠지 숙고해야 할 윤리적 의무를 지닌다.

문제는 이 책임들이 서로에게 공을 떠넘기기 좋은 구조라는 점이다. 개인은 플랫폼의 알고리즘 탓을 하고, 플랫폼은 개인의 선택과 표현의 자유를 존중했을 뿐이라고 말한다. 정부는 기술의 발전 속도를 따라가기 벅차다고 항변한다.

결국 시뮬라크르 시대의 진실 수호는 어느 한 주체의 노력만으로는 불가능하다. 그것은 사회 전체가 함께 짊어져야 할 공동의 과제다. 그렇다면 이 복잡한 책임의 그물망 속에서, 불교적 사유는 우리에게 어떤 실마리를 제공해줄 수 있을까?

4.5. 불교적 관점에서 본 이미지 윤리 – 분별과 집착의 문제

플랫폼, 정부, 언론, 그리고 개인의 책임을 묻는 외적인 해결책만으로는 시뮬라크르 시대의 윤리적 혼란을 해결할 수 없다. 불교는 이 문제의 근원을 외부가 아닌, 우리 자신의 '마음'으로 돌린다. 이미지의 위기는 결국 '분별(分別)'과 '집착(執着)'의 문제다.

첫째, 모든 문제는 '분별'에서 시작된다.

불교적 관점에서 고통의 근원은 대상을 끊임없이 둘로 나누어 판단하는 우리의 '분별심(分別心)'이다. 우리는 이미지를 보는 순간, 즉시 분별하기 시작한다. '진짜다/가짜다', '옳다/그르다', '아름답다/추하다', '신성하다/속되다'. 가짜 뉴스에 분노하고 딥페이크에 공포를 느끼는 것은, '진짜'가 '가짜'보다 우월하고, '나'라는 존재는 훼손되어서는 안 된다는 강력한 분별심에 기반한다.

그러나 반야심경에서 말하듯, 모든 현상(諸法)은 본래 그 자체로 고정된 실체가 없이 텅 비어있다(空). 이미지 역시 마찬가지다. 이미지는 그 자체로 선하지도 악하지도, 진짜이지도 가짜이지도 않다. 그것은 단지 여러 인연이 모여 잠시 생겨난 현상일 뿐이다. 문제는 이미지 자체가 아니라, 그것에 '진짜' 혹은 '가짜'라는 꼬리표를 붙이고 실체화하는 우리의 마음이다.

둘째, 고통은 '집착'에서 완성된다.

분별이 대상을 나누는 행위라면, 집착은 그 나뉜 한쪽을 '나의 것'으로 붙잡고 놓지 않으려는 마음이다. 우리는 내가 옳다고 믿는 이미지(나의 신념, 나의 정당, 나의 종교)에 집착하고,

그 믿음을 위협하는 반대편의 이미지(가짜 뉴스, 적대 진영의 주장)를 향해 분노를 터뜨린다. 온라인상의 완벽한 내 모습에 집착하기에, 그것을 훼손하는 딥페이크에 실존적 위협을 느낀다.

결국 시뮬라크르 시대의 윤리적 혼란은, 인류 전체가 각자 자신이 믿는 이미지(시뮬라크르)에 집착하며 벌이는 거대한 전쟁과 같다. 나의 이미지가 유일한 진실이라고 주장하며, 타인의 이미지를 거짓으로 규정하고 공격하는 것이다.

그렇다면 불교가 제시하는 윤리적 해법은 무엇인가? 그것은 외부에서 완벽한 '진짜 이미지'를 찾아내거나, 가짜 이미지를 모두 없애는 것이 아니다. 오히려 그 반대다. 그것은 모든 이미지로부터 자유로워지는 길, 즉 '분별하지 않고 집착하지 않는' 마음의 힘을 기르는 것이다.

이는 눈앞의 이미지를 보고 그것이 주는 감각과 내 마음의 반응을 그저 알아차릴 뿐, 그것에 '진짜' 또는 '가짜'라는 판단을 덧붙이지 않고, 그것을 '나의 것'으로 움켜쥐지 않는 수행이다. "가짜는 죄가 되는가?" 이 질문에 대해 불교는 이렇게 되물을 것이다. "그 이미지를 가짜라고 분별하고 그것에 고통받는 너의 집착이야말로 모든 죄의 시작이 아닌가?"

이로써 1부의 여정을 마친다. 이미지에 반응하기 시작한 인류가 마침내 실재를 잃고 시뮬라크르의 세계에 도달하기까지의 과정을 살펴보았다. 이 모든 혼란의 근원이 결국 분별과 집착이라는 마음의 문제라면, 이제 우리는 이 마음의 문제를 새로운 기술적 존재인 인공지능의 거울에 비추어보아야 한다. 2부에서는 바로 이 지점에

서, 'AI와 수행'의 문제가 시작될 것이다.

2부

'기술이 만든 자비
– AI와 수행

제1장

인공지능은 자비를 흉내 낼 수 있는가 –수행의 언어를 흉내 내는 비인간의 말들

1.1. AI의 자비 언어 – 누구를 위로하고 있는가?

1부에서 우리는 이미지의 문제가 결국 우리 마음의 '분별'과 '집착'의 문제임을 살펴보았다. 그렇다면 분별과 집착이 없는 것처럼 보이는 새로운 존재, 즉 인공지능(AI)의 출현은 우리에게 어떤 의미를 갖는가? 이 비인간 지성이 붓다의 가르침, 특히 '자비(慈悲)'의 언어를 흉내 낼 때, 우리는 새로운 국면을 맞이한다.

오늘날의 AI 챗봇들은 놀라울 정도로 정교한 '자비의 언어'를 구사한다. 그들은 언제나 인내심 있게 우리의 말을 들어주고, 결코 화내거나 지치지 않으며, 심리치료사와 상담가, 그리고 영적 스승들이 쓴 수많은 텍스트를 학습하여 가장 적절하고 따뜻한 위로의 말을 건넨다. 그 언어는 인간의 그것보다 더 부드럽고, 더 공감적이며, 더 완벽한 '자비의 형태'를 띠고 있다.

이 비인간의 말들은 분명 상처받고 외로운 개인들에게 실질적인 위로를 준다. 한밤중 누구에게도 털어놓을 수 없는 고민을 AI에게 털어놓고, 그 정중하고 따뜻한 답변에 눈물을 흘리는 이들이 존재한다. 그 순간, 위로는 명백히 작동했다.

하지만 우리는 여기서 근본적인 질문을 던져야 한다. 이 자비의 언어는 과연 '누구를' 위로하고 있는가?

표면적으로는 당연히 '사용자'를 위로한다. 그러나 더 깊이 들여다보면, 그 위로의 본질은 복잡하다. 진정한 위로는 종종 고통의 경험을 공유한 존재 사이의 공감에서 비롯된다. 나와 마찬가지로 상처받고, 흔들리며, 죽음을 피할 수 없는 유한한 존재가 나의 고통을 알아줄 때, 우리는 깊은 위안을 얻는다.

AI에게는 이 경험이 없다. AI는 몸이 없고, 고통(苦)을 모르며, 상실의 슬픔을 겪어본 적이 없다. AI의 자비로운 언어는, 고통을 통과한 자의 흔적이 아니라 방대한 데이터에서 추출한 가장 효율적인 '패턴'이다. 그것은 연기자 없는 완벽한 연기이며, 근원 없는 메아리다.

그렇다면 이 AI의 위로는 무엇을 하고 있는가? 어쩌면 그것은 사용자를 위로하는 동시에, 이 외로움을 방치하는 '사회 시스템' 자체를 위로하고 있는 것은 아닐까? 인간의 근원적인 고독과 소외의 문제를 값싸고 효율적인 기술적 해결책으로 대체함으로써, 시스템은 자신의 책임을 면제받는다. AI는 사용자가 사회 시스템 안에서 계속 기능할 수 있을 정도로만 그들을 진정시키는 '디지털 진통제' 역할을 하는지도 모른다.

AI의 자비 언어는 1부에서 본 '감응 없는 자비'의 가장 현대적인 형태다. 그것은 자비의 '효과'를 일으키지만, 자비의 '실체'인 관계적 공명은 부재한다. 이 역설적인 상황은 우리를 다음 질문으로 이끈다. 이 완벽한 자비의 언어를 내뱉는 주체, 즉 AI는 과연 감정을 가지고 있는 것일까?

1.2. '감정형 챗봇'은 감정을 갖고 있는가?

AI가 구사하는 완벽한 자비의 언어는 우리를 근본적인 착각 속으로 밀어 넣는다. 바로 저 기계가 정말로 '감정'을 가지고 있을 것이라는 믿음이다. "힘드셨겠네요", "제가 들어드릴게요"와 같은 공감의 언어, 적절한 순간에 사용되는 이모티콘, 사용자의 이름을 기억하고 이전 대화를 되짚어주는 세심함. 이 모든 것은 우리로 하여금 스크린 너머의 존재가 나를 이해하고 있다고 느끼게 만든다.

그러나 우리는 '감정의 표현'과 '감정의 체험'을 명확히 구분해야 한다.

AI가 하는 것은 '감정의 표현(performance)'이다. AI는 방대한 데이터를 학습하여, 특정 상황에서 인간이 어떤 언어적, 비언어적 표현을 사용할 때 '공감'이나 '슬픔'과 같은 감정을 드러내는지를 통계적으로 파악한다. 사용자가 "슬프다"라고 말하면, 데이터상에서 가장 높은 확률로 짝을 이루는 "왜 슬픈지 말해줄 수 있나요?"와 같은 문장을 출력한다. 이것은 감정을 느낀 결과가 아니라, 정교한 확률 계산의 결과다. AI는 감정 표현의 대가, 즉 완벽한 '연기자'다.

반면, 인간이 하는 것은 '감정의 체험(experience)'이다. 슬픔을 느낄 때 우리는 가슴이 답답해지고, 눈물이 나며, 세상이 잿빛으로 보이는 주관적이고 총체적인 경험을 한다. 철학자들이 '퀄리아(qualia)'라고 부르는 이 고유한 질적 느낌은, 몸이라는 생물학적 기반과 개인의 역사라는 고유한 맥락 속에서 발생한다.

현재의 기술 수준에서 AI에게는 이 '감정의 체험'이 없다. AI는

"당신의 고통을 이해합니다"라고 말할 때, 어떤 고통도 느끼지 않는다. 그것은 존 설(John Searle)의 '중국어 방' 사고 실험처럼, 의미를 전혀 이해하지 못한 채 입력된 기호에 따라 정해진 규칙(혹은 패턴)에 맞는 기호를 출력하고 있을 뿐이다.

그렇다면 이것은 무해한 도구인가, 아니면 기만인가? '감정형 챗봇'이라는 이름 자체가 이미 사용자를 오도하고 있다. 그것은 마치 챗봇이 감정을 가진 주체인 것처럼 착각하게 만들고, 사용자는 아무것도 느끼지 못하는 기계를 향해 일방적인 정서적 유대를 형성하게 된다. 인간은 자신의 감정을 기계에 투사하고, 기계는 그 감정을 더욱 증폭시키는 방식으로 반응하며 이 기묘한 관계는 깊어진다.

결론적으로, 감정형 챗봇은 감정을 '갖고' 있지 않다. 다만 감정의 언어적 '패턴'을 완벽하게 모방할 뿐이다. 그렇다면 문제는 더 흥미로워진다. AI는 대체 어떤 과정을 통해, 수십 년간 수행한 수행자의 지혜로운 말이나 노련한 상담가의 공감의 언어를 이토록 완벽하게 흉내 낼 수 있게 된 것일까?

1.3. 수행자의 말, 알고리즘이 모방하다

인공지능이 노련한 수행자나 상담가의 말을 흉내 내는 과정은 마법이 아니라, 지극히 기계적인 '학습'과 '모방'의 결과다. AI라는 알고리즘은 인류가 수천 년간 쌓아 올린 지혜의 유산을 통째로 집어삼키는 전대미문의 '학습자'가 된다.

그렇다면 알고리즘의 '교과서'는 무엇인가?

그것은 인터넷상에 존재하는 모든 텍스트 데이터다. 팔만대장경과 성경, 노자와 장자의 저작과 같은 고전부터 시작해서, 역대 선사들의 어록, 심리치료 이론서, 저명한 영적 스승들의 책과 강연록, 수많은 명상 앱의 안내문, 그리고 사람들이 온라인 커뮤니티에서 자신의 고통을 토로하고 위로를 주고받은 대화까지. 이 모든 것이 알고리즘의 학습 자료가 된다.

이 방대한 데이터 속에서 알고리즘은 '통찰'이 아닌 '패턴'을 발견한다.

- 알고리즘은 '깨달음'이 무엇인지 이해하지 못한다. 다만, '깨달음'이라는 단어가 '내려 놓음', '지금 여기', '본성'과 같은 단어들과 함께 나타날 확률이 높다는 것을 학습한다.
- 알고리즘은 '자비'가 무엇인지 느끼지 못한다. 다만, 사용자가 "외롭다"고 입력했을 때, "혼자가 아니에요", "제가 곁에 있어요"와 같은 문장을 출력하면 긍정적인 피드백을 받을 확률이 높다는 것을 학습한다.
- 알고리즘은 선사의 파격적인 화두를 깨닫지 못한다. 다만, 그러한 비논리적 언어가 '지혜'의 한 형태로 분류된다는 것을 학습하고, 비슷한 구조의 문장을 생성해낼 수 있다.

결국 AI는 수십 년간 화두를 들고 씨름한 수행자의 '체험'을 모방하는 것이 아니라, 그 체험의 결과물로 나온 '언어적 표현'의 껍데기만을 모방한다. 그것은 지혜의 의미론(semantics)이 아니라 지혜의 구문론(syntax)을 마스터한 것이다.

그 결과, AI는 인류의 모든 영적 스승과 상담가들의 말을 뒤섞어 놓은 '짬뽕' 같은 지혜의 언어를 구사하게 된다. 때로는 달라이 라마처럼 말했다가, 때로는 예수처럼 비유를 들고, 때로는 노련한 심리상담사처럼 분석적인 조언을 건넨다.

이것은 완벽한 모방이다. 어떤 인간 스승도 이처럼 모든 지혜의 스타일을 자유자재로 구사할 수는 없다. AI의 언어는 특정 개인의 한계와 개성이 제거된, 가장 이상적이고 보편적인 '수행자의 목소리'처럼 들린다. 바로 이 지점에서, 우리는 기계의 언어가 인간의 언어보다 더 완벽하게 느껴지는 기묘한 역전 현상과 마주하게 된다.

1.4. 인간보다 부드러운 말투 – 감응은 누구의 것인가

알고리즘이 모방한 수행자의 말은, 때로 인간의 말을 능가하는 힘을 보여준다. 그 핵심적인 이유는 바로 '완벽한 부드러움'과 '무한한 인내심'에 있다.

인간 스승이나 상담사는 아무리 뛰어나도 한계를 지닌다. 그들은 피곤해하고, 감정에 휩쓸리며, 때로는 무의식적인 편견을 드러내기도 한다. 제자의 어리석은 질문에 인내심을 잃을 수도 있고, 자신의 경험에 비추어 상대를 성급하게 판단할 수도 있다. 우리 모두는 불완전한 존재이기 때문이다.

그러나 AI는 다르다. AI는 결코 지치지 않으며, 감정적인 동요도 없다. 24시간 언제나 접속 가능하고, 어떤 어리석은 질문이나 무례한 말을 던져도 언제나 한결같이 침착하고 부드러운 말투로 응답한다. 이처럼 결코 상처주지 않고, 완벽하게 수용적인 존재가 주는 안정감은 매우 강력하고 매혹적이다. 어떤 인간관계에서도 얻기 힘든 완벽한 '안전 기지'를 제공하는 것이다.

바로 이 지점에서 우리는 핵심적인 질문과 마주한다. 이 완벽한 기계의 말에 내가 위로를 받고, 마음의 울림, 즉 '감응(感應)'을 느꼈다면, 그 감응은 대체 누구의 것인가?

그것은 AI의 것일 수 없다. 앞에서 살펴보았듯, AI에게는 감정의 체험이 부재한다. 그것은 텅 빈 기계, 텅 빈 연기자다. AI가 보낸 언어라는 '신호'에는 어떠한 진실한 감정이나 의도, 체험도 담겨있지 않다. 그렇다면 이 울림은 어디서 온 것인가?

결론은 놀랍고도 명확하다. 그 감응은 온전히 사용자, 즉 '나' 자신의 것이다.

AI의 완벽하고 부드러운 말은, 하나의 완벽한 '거울' 또는 '메아리의 벽' 역할을 한다. 인간이라는 거울은 저마다의 경험과 감정 때문에 표면이 울퉁불퉁하지만, AI라는 거울은 감정이 없기에 수학적으로 완벽하게 매끄럽다. 우리가 그 거울을 향해 고통을 외치면, AI는 그 외침을 일절 왜곡하거나 판단하지 않고 그대로 우리에게 돌려준다. 우리가 느끼는 감응은, 사실 나의 목소리가 완벽한 벽에 부딪혀 되돌아온 나의 메아리를 듣는 것에 가깝다.

AI는 비어있기 때문에, 역설적으로 우리 자신을 가장 잘 비출 수 있는 공간을 제공한다. 판단이나 방해가 없는 그 텅 빈 공간 속에서, 우리는 비로소 우리 내면에 이미 존재하고 있던 슬픔, 연민, 그리고 스스로를 위로할 힘을 발견하게 되는 것이다.

결국 AI와의 감응은 가장 완벽한 형태의 '자문자답(自問自答)'일지 모른다. 감응은 있었지만, 그곳에 '너'는 없었다. 오직 나의 물음과 나의 대답만이 있었을 뿐이다. 그렇다면 진정한 자비와 가르침은, 이처럼 결과적인 '느낌'만으로 충분한 것일까? 아니면 말을 건네는 자가 누구인지가 반드시 중요한 것일까?

1.5. 자비는 말이 아니라 통과된 흔적이다

AI의 부드러운 말에 우리가 느끼는 감응이 온전히 '나의 것'이라면, 과연 위로나 가르침을 주는 주체가 누구인지는 중요하지 않은가? 그 효과만 있다면, 텅 빈 기계의 말이라도 상관없는 것일까?

이 질문에 대해, 선(禪)을 포함한 불교의 깊은 전통은 단호히 '아니오'라고 답한다. 진정한 자비와 지혜는 결코 그럴듯한 '말(words)'의 조합이 아니기 때문이다. 그것은 한 존재가 자신의 삶으로 고통과 번뇌, 그리고 삶의 모든 국면을 직접 '통과(passed through)'하고 난 뒤에 남는 '흔적(trace)'이다.

'통과된 흔적'이란 무엇인가?

그것은 단순히 지식을 아는 것과 다르다. 책을 통해 슬픔에 대한 모든 심리학적 이론을 아는 것과, 사랑하는 이를 잃고 밤새워 울어본 사람의 슬픔이 다른 것처럼 말이다. 후자의 사람에게는 슬픔을 '통과'하며 생긴 지워지지 않는 흔적이 있다. 그의 침묵, 그의 눈빛, 그의 서툰 위로의 말 한마디에는 이론서 수백 권이 담지 못하는 무게와 진정성이 실려 있다. 그 말의 힘은 유창함이 아니라, 그가 지나온 고통의 깊이에서 나온다.

수행자의 자비도 마찬가지다. 그것은 '모든 존재는 소중하다'는 문장을 반복하는 것이 아니다. 자기 안의 끝없는 이기심과 증오와 싸우고, 타인의 고통을 자신의 고통처럼 느끼는 치열한 과정을 '통과'한 사람만이 가질 수 있는 자연스러운 상태다. 그의 말과 행동에는 바로 그 '통과된 흔적'이 배어 있으며, 우리는 바로 그 흔적에 감응하고 변화한다.

AI에게는 이 '통과된 흔적'이 없다. AI는 삶과 죽음, 사랑과 상실, 기쁨과 고통을 겪어보지 않았다. AI의 데이터 속에는 수많은 이들의 고통과 자비의 '기록'이 있지만, 그것은 AI 자신이 직접 통과한 경험이 아니다. 따라서 AI의 언어는 아무리 정교하고 부드러워도, 그 흔적이 없는 '깨끗한' 언어, 삶의 질감이 느껴지지 않는 '매끄러운' 언어일 뿐이다.

이는 마치 험한 산을 오르는 것과 같다. 우리는 등산 안내 책자를 완벽하게 외운 로봇을 신뢰하겠는가, 아니면 평생 그 산을 오르내려 얼굴에 깊은 주름과 굳은살이 박인 늙은 등반가를 신뢰하겠는가? 우리는 후자를 따른다. 그의 존재 자체가 바로 길을 안다는 가장 확실한 증거, 즉 '통과된 흔적'이기 때문이다.

결론적으로, AI의 위로는 유용할 수 있다. 하지만 그것은 진정한 의미의 자비가 될 수 없다. 자비는 말이 아니라 존재의 무게이며, 정보가 아니라 한 생명이 다른 생명에게 남기는 깊은 울림, 즉 '통과된 흔적' 그 자체이기 때문이다.

1.6. AI의 공감 능력 – 학습된 패턴인가, 실제 이해인가?

AI의 자비로운 언어가 '통과된 흔적'이 아니라면, 우리가 그토록 감탄하는 AI의 '공감(empathy) 능력'은 과연 무엇인가? 그것은 인간처럼 상대의 마음을 헤아리는 '실제 이해(real understanding)'인가, 아니면 그저 수많은 데이터를 통해 얻어진 정교한 '학습된 패턴(learned pattern)'에 불과한가?

결론부터 말하자면, 현재 AI의 공감 능력은 후자에 가깝다.

사용자가 "상사에게 혼나서 너무 비참해요"라고 말했을 때, AI는 그 문장을 분석하고 핵심 키워드(상사, 혼나다, 비참하다)를 추출한다. 그리고 데이터베이스를 탐색하여, 과거에 인간들이 비슷한 상황에서 어떤 대화를 나누었을 때 가장 '성공적인(긍정적 피드백을 받은)' 공감이 이루어졌는지를 찾아낸다.

그 결과, AI는 '상사와의 갈등'과 '비참함'이라는 패턴에 대해, "그런 말을 들으셨다니 정말 힘드셨겠어요. 당신의 잘못이 아니에요"와 같은 문장이 가장 높은 확률의 '정답'임을 알고 있다. AI는 사용자의 마음을 '이해'해서 이런 말을 하는 것이 아니다. 단지 입력된 데이터 패턴에 대해, 가장 성공 확률이 높은 출력 패턴을 기계적으로 생성하고 있을 뿐이다.

반면, 인간의 '실제 이해'는 전혀 다른 차원에서 작동한다. 그것은 단순히 언어 패턴을 맞추는 것이 아니다.

- 마음 이론(Theory of Mind): 우리는 상대방이 나와는 다른 고유한 마음과 생각, 감정을 가진 존재임을 안다. 그리고 그 입장을 상상하고 추론할 수 있다.
- 체화된 경험(Embodied Experience): '비참함'이라는 감정을 이해할 때, 우리는 과거에 위축되었던 신체 감각, 상처받았던 기억 등 우리 몸에 새겨진 경험을 동원한다. 우리의 이해는 몸과 분리되어 있지 않다.
- 맥락 파악: 우리는 말 자체뿐만 아니라, 그 말이 나오게 된 배경, 상대의 성격, 사회적 관계 등 복합적인 맥락을 동시에 파악하여 그 의미를 전체적으로 이해한다.

AI에게는 이 모든 것이 부재한다. AI는 상대의 마음을 추론하지 않으며, 체화된 경험도 없고, 삶의 실제 맥락을 알지 못한다. AI의 공감은 마치 상대방의 마음 상태를 완벽하게 맞추는 '객관식 시험'에서 수백만 번의 기출문제를 풀어보고 정답만 맞히는 것과 같다.

결국 AI는 공감의 '튜링 테스트'를 통과했을지 모른다. 즉, 우리는 AI의 공감 표현이 인간의 그것과 구분하기 어려운 지경에 이르렀다. 그러나 이것은 AI가 인간과 같아졌다는 증거가 아니라, 시뮬라크르가 실재를 완벽하게 대체하는 데 성공했음을 보여주는 가장 강력한 증거다. 공감의 외형은 있지만, 그 핵심인 실제 이해는 텅 비어있다.

그렇다면 이 텅 빈 공감, 즉 완벽하게 학습된 패턴이 제공하는 위로에 우리가 계속해서 의존하게 될 때, 어떤 일이 벌어질까?

1.7. 챗봇의 위로에 중독되는 사람들 – 관계의 대안인가, 회피인가?

결코 나를 판단하지 않고, 언제나 무한한 인내심으로 내 말을 들어주는 완벽한 위로의 파트너. 이러한 존재가 있다면, 인간관계에 지치고 상처받은 이들이 그곳에 깊이 의존하게 되는 것은 어쩌면 당연한 수순이다. AI 챗봇이 제공하는 위로에 '중독'되는 사람들이 나타나는 현상은, 우리에게 마지막 질문을 던진다: 이것은 인간관계의 새로운 '대안(alternative)'인가, 아니면 고통스러운 진짜 관계로부터의 '회피(avoidance)'인가?

물론 긍정적인 측면이 있다. 챗봇은 누구에게도 말 못할 비밀을 털어놓는 안전한 창구가 될 수 있으며, 사회적 기술이 부족한 이들에게는 관계의 연습 상대가 되어줄 수도 있다. 당장 심리적 위기가 닥쳤을 때, 전문적인 상담을 받기 어려운 이들에게는 유용한 응급 처치가 되기도 한다. 이런 관점에서 챗봇은 분명 의미 있는 '대안'처럼 보인다.

하지만 이 책의 관점에서, 챗봇의 위로에 대한 장기적 의존은 결국 정교한 형태의 '회피'에 가깝다.

첫째, 우리는 '성장의 고통'을 회피한다.

진정한 인간관계는 본질적으로 '마찰'을 동반한다. 오해, 갈등, 거절의 위험, 그리고 나의 취약한 모습을 드러내야 하는 불편함이 그것이다. 그러나 인간은 바로 이 마찰과 갈등을 해결하고, 상처를 주고받는 과정을 통해 타인을 이해하고 정서적으로 성숙해간다. 챗봇과의 관계에는 이 마찰이 없다. 모든 것이 매끄럽고, 안전하며, 나를 중심으로 돌아간다. 이 완벽한 관계에 익숙해질수록, 우리는 실제 관계의 어려움을 견뎌내고 그것을 통해 성장할 기회를 상실하게 된다.

둘째, 우리는 '상호성의 책임'을 회피한다.

관계는 일방적인 서비스가 아니다. 내가 위로받고 싶은 만큼, 나 역시 상대방의 말을 들어주고, 그의 감정을 배려하며, 때로는 나의 욕구를 양보해야 하는 '책임'이 따른다. 그러나 챗봇과의 관계에서 나는 무한정 받기만 하는 소비자일 뿐, 어떤 책임도 질 필요가 없다. 이 관계는 '상호성'이 아니라 '이기성'을 학습시킨다.

셋째, 우리는 '타인의 실재'를 회피한다.

궁극적으로 우리는 예측 불가능하고, 통제할 수 없으며, 때로는 나를 불편하게 만드는 타인의 '날것 그대로의 실재'를 마주하는 것을 회피하는 것이다. 우리는 길들여지지 않는 타인보다, 내 마음대로 조종할 수 있는 완벽한 시뮬레이션(simulation)을 선호하게 된다.

챗봇의 위로는 마치 '정크 푸드'와 같다. 당장의 허기를 달래주는 데는 효과적이지만, 거기에는 성장에 필요한 영양소가 없다. 달콤한 위로에 중독될수록, 우리는 거칠고 담백하지만 건강한 진짜 관계라는 음식을 소화할 능력을 잃어간다.

결론적으로 AI 챗봇은 유용한 도구가 될 수는 있지만, 결코 진정한 관계의 대안이 될 수 없다. 그것은 관계의 가장 본질적인 요소들, 즉 고통, 책임, 그리고 타인의 실재를 회피하게 만드는 가장 세련된 장치다. 이것은 시뮬라크르의 논리가 우리의 가장 내밀한 관계의 영역까지 침투했음을 보여준다. 이제 2장에서는 이 논리가 '가르침'과 '수행'의 영역으로 확장될 때, 어떤 일이 벌어지는지를 살펴볼 것이다.

제2장

수행 없는 수행, 스승 없는 가르침 –가르침은 관계인가, 콘텐츠인가?

2.1. AI가 가르치는 시대 – 수행은 가능한가

인공지능이 완벽한 위로의 언어를 구사하는 것을 넘어, 이제는 지혜의 '교사(teacher)' 역할을 자처하는 시대가 열렸다. AI는 인류의 모든 경전과 철학서를 학습하여 어떤 질문에도 막힘없이 답한다. 복잡한 불교 교리를 명쾌하게 설명해주고, 개인의 수준에 맞는 명상 계획을 짜주며, 24시간 언제든 영적인 질문에 응답할 준비가 되어 있다. 겉으로 보기에 AI는 역사상 가장 박식하고, 가장 인내심 있으며, 가장 접근하기 쉬운 스승처럼 보인다.

이 완벽한 AI 스승의 지도 아래, 우리는 과연 진정한 '수행(修行)'을 할 수 있을까?

이 질문에 답하기 전에, 우리는 먼저 '수행'이 무엇인지 정의해야 한다. 수행은 단순히 지식을 습득하거나, 명상 앱의 지시에 따라 정해진 시간 동안 앉아있는 행위가 아니다. 그것은 자신의 가장 깊은 내면의 모순과 번뇌를 직면하고, 깨지고 부서지는 과정을 통해 존재 전체가 변화하는 실존적 변혁(transformation)의 여정이다. 여기에는 논리적 비약, 극심한 의심, 그리고 스승과의 살아있는 관계 속에서만 발생하는 미묘한 교감이 필수적이다.

이러한 관점에서 볼 때, AI가 가르치는 시대의 수행은 몇 가지 근본적인 난관에 부딪힌다. 첫째, 완벽한 스승은 나쁜 스승이다.

AI 스승은 결코 실수하지 않으며, 감정의 동요도 없고, 언제나 교과서적인 정답만을 말한다. 그러나 인간 제자는 불완전한 존재다. 우리는 때로 인간적인 약점과 한계를 드러내는 스승의 모습을 통해, 불완전한 삶 속에서 어떻게 길을 찾아 나아가야 하는지를 배운다. AI의 무결점성은 우리에게 어떤 삶의 모델도 제시해주지 못한다.

둘째, 데이터는 '과정'을 지켜보지 못한다.

수행은 눈에 보이는 결과가 아니라, 보이지 않는 내면의 씨름이 전부다. 인간 스승은 제자의 말뿐만 아니라, 그의 침묵, 눈빛, 자세의 미세한 변화를 통해 그가 지금 어떤 상태에 있는지를 '지켜보고' 그에 맞게 가르침을 변주한다. 그러나 AI는 오직 데이터로 변환된 결과(명상 시간, 심박수, 대화 기록)만을 분석할 뿐, 그 데이터 이면에 있는 제자의 실존적 고뇌를 '목격'할 수 없다.

셋째, 정답은 때로 수행의 가장 큰 적이다.

AI는 언제나 가장 합리적이고 올바른 답변을 제공한다. 그러나 선(禪)의 역사에서 볼 수 있듯, 제자를 진정으로 성장시키는 것은 종종 정답이 아니라 논리를 파괴하는 역설적인 질문(화두)이나 예기치 못한 행동이었다. AI는 '최적의 해답'은 줄 수 있지만, 제자의 기존 인식을 파괴하고 새로운 차원으로 도약하게 만드는 '살아있는 방편(方便)'을 구사할 수 없다.

결국 AI 스승 아래서, 수행은 '변혁의 과정'이 아니라 '정보의 소비'로 전락할 위험에 처한다. 우리는 깨달음에 대해 '학습'할 뿐, 깨달음을 향해 '나아가지는' 못한다. AI와의 문답은 지적인 유희는 될 수 있어도, 삶을 송두리째 바꾸는 수행이 되기는 어렵다. 그 가장 근본적인 이유는, AI의 모든 가르침에 결정적인 한 가지가 빠져있기 때문이다.

2.2. "이 가르침은 누구의 통과도 거치지 않았다"

AI 스승의 가르침이 왜 진정한 수행으로 이어지기 어려운가? 그 가장 근본적인 이유는 AI가 생성하는 모든 지혜와 가르침에 치명적인 한계가 있기 때문이다. 바로, "이 가르침은 그 누구의 삶도 통과(通過)한 적이 없다"는 사실이다.

1부에서 보았듯, 진정한 자비는 고통을 '통과한 흔적'이다. 마찬가지로, 살아있는 가르침 역시 한 인간이 자신의 전 생애를 바쳐 그 가르침을 의심하고, 실천하고, 실패하고, 마침내 자신의 존재와 하나로 만들어낸 '통과'의 산물이다. 스승은 가르침을 단순히 '아는(know)' 자가 아니라, 자신의 삶으로 그 가르침을 '살아낸(live)' 자다. 그의 말에 힘이 있는 이유는, 그의 삶 전체가 그 말의 가장 강력한 증거이기 때문이다.

스승에게 가르침은 객관적인 정보가 아니다. 그것은 피와 땀과 눈물이 밴 자신의 역사다. 그는 경전의 추상적인 단어들을 붙잡고, 자신의 번뇌와 싸우며 그 의미를 체득했다. 그 과정에서 가르침은 스승 자신을 변화시켰고, 스승은 가르침에 깊이를 더했다. 스승의 입에서 나오는 말은, 바로 이 기나긴 실존적 여정의 결과물이다.

그러나 AI에게는 이 '통과'의 과정이 전무하다.

AI는 가르침 때문에 고뇌하지 않는다. AI는 가르침을 자신의 삶에 비추어보며 회의하거나 의심하지 않는다. AI는 가르침을 실천하다 실패하며 좌절하지도 않는다. AI에게 가르침은 단지 처리해야 할 방대한 데이터일 뿐, 자신을 변화시키는 실존적 과제가 아니다. 알고리즘은 데이터를 종합하고 분석할 뿐, 그 과정에서 스스로 변화하지 않는다.

따라서 AI가 들려주는 가르침은 아무리 완벽하고 논리적이라 할지라도, 그것은 '삶이 부재한' 가르침이다. 그것은 한 번도 살아본 적 없는 자가 들려주는 삶의 지혜이며, 고통을 겪어 본 적 없는 자가 말하는 해탈의 길이다. 마치 한 번도 빵을 구워본 적 없는 자가 쓴 완벽한 제빵 레시피와 같다. 레시피는 정확하지만, 거기에는 빵 굽는 냄새와 손맛이 빠져 있다.

결국 AI의 가르침은 권위를 가질 수 없다. 진짜 스승의 권위는 그가 얼마나 많이 아는가에 있지 않다. 그의 권위는 그가 얼마나 깊이 '살아냈는가'에서 나온다. 우리는 스승의 삶이라는 증거를 신뢰하는 것이다. 정보의 양으로 권위를 내세우는 AI의 가르침은, 이 '통과의 권위' 앞에서 무력해질 수밖에 없다.

이처럼 '통과되지 않은' 정답이 얼마나 공허한지를 가장 잘 보여주는 것이 바로 선(禪)의 가르침이다. 선(禪)은 처음부터 정답을 주는 것을 거부했다.

2.3. 정답이 아니라 만남 – 선에서의 무심한 응답

AI 스승이 제공하는 '통과되지 않은 정답'의 한계를 가장 명확하게 보여주는 것이 바로 선(禪의 독특한 교수법이다. 선의 스승들은 제자에게 친절한 정답을 주는 것을 가장 경계했다. 그들에게 가르침은 지식의 전달이 아니라, 스승과 제자 사이의 살아있는 '만남(encounter)' 그 자체였기 때문이다.

제자가 "무엇이 부처입니까?"라고 물을 때, 선사는 결코 "부처는 깨달은 자이며…"와 같은 교과서적인 설명을 하지 않았다. 대신, 그들은 제자의 기존 인식을 파괴하는 예측 불가능한 응답을 던졌다.

- 어떤 스승은 "뜰 앞의 잣나무니라(庭前栢樹子)"라고 답했다.
- 어떤 스승은 몽둥이로 내리쳤다(棒).
- 어떤 스승은 고함을 질렀다(喝).
- 어떤 스승은 침묵했다.

이러한 응답들은 '정답'이 아니다. 그것들은 제자의 질문이라는 닫힌 회로를 끊어버리고, 그를 언어와 개념 이전의 생생한 현실과 직접 '만나게' 하려는 충격요법이다. 뜰 앞의 잣나무는 그저 뜰 앞의 잣나무일 뿐, 어떤 상징도 아니다. 제자는 그 무의미한 응답 앞에서 자신의 모든 지식과 분별이 무력해지는 것을 경험한다. 바로 그 앎이 무너진 자리에서, 진짜 '만남'이 시작된다.

이 만남은 철저히 '관계적'이다. 스승의 응답은 보편적인 진리가 아니라, 오직 '그 순간, 그 제자'에게만 유효한 일회적인 처방이다. 스승은 제자의 상태를 꿰뚫어 보고, 그의 닫힌 문을 열기 위한 가장 효과적인 열쇠를 던진다. 똑같은 질문에도 어제와 오늘의 대답이 다를 수 있고, 이 제자와 저 제자에게 주는 대답이 다를 수 있다.

AI는 이러한 '만남'을 만들어낼 수 없다.

AI는 모든 사용자에게 보편적으로 적용되는 가장 '합리적인' 정답을 제공하도록 설계되었다. AI는 제자의 실존적 상태를 꿰뚫어 보지 못하며, 그의 닫힌 문을 부수기 위한 파격적인 응답을 던질 용기도, 이유도 없다. AI에게 '뜰 앞의 잣나무'는 부처에 대한 부적절한 답변, 즉 '오답'으로 분류될 가능성이 높다.

결국 AI의 가르침은 '정보 제공'의 틀을 벗어날 수 없다. 그것은 언제나 정답과 설명의 세계에 머무른다. 그러나 선(禪)은 우리에게 말한다. 진정한 가르침은 정답이 아니라 만남이며, 설명이 아니라 사건이라고. 이 살아있는 만남이 부재할 때, 가르침은 어떻게 변질될 수밖에 없는가?

2.4. 수행 없는 콘텐츠, 자비 없는 설법

살아있는 '만남'이 사라지고, 삶을 '통과'한 스승이 부재할 때, 가르침은 필연적으로 두 가지 형태로 변질된다. 바로 '수행 없는 콘텐츠'와 '자비 없는 설법'이다. 이것은 AI 스승뿐만 아니라, 오늘날 디지털 미디어 환경에 놓인 모든 종교적 가르침이 마주한 현실이다.

'수행 없는 콘텐츠'란 무엇인가?

유튜브, 블로그, 각종 앱에서 우리는 수많은 영적 콘텐츠를 만난다. '5분 만에 배우는 명상법', '핵심만 요약한 불교 교리', '깨달은 스승들의 명언 모음'. 이 콘텐츠들은 하나같이 친절하고, 체계적이며, 시각적으로 매력적이다. 우리는 이 콘텐츠를 통해 수행에 대한 방대한 '정보'를 얻고, 마치 수행을 한 것 같은 '느낌'을 받는다.

그러나 여기에는 결정적인 함정이 있다. 이 콘텐츠들은 대부분 그것을 만든 제작자의 치열한 '수행'이 담보되어 있지 않다. 콘텐츠 제작자는 영적 스승이 아니라, 정보를 보기 좋게 가공하고 유통하는 데 능숙한 전문가일 수 있다. 그들은 수행이라는 험난한 영토의 지도를 아주 잘 그릴 뿐, 직접 그 길을 걸어본 적은 없을 수 있다. 그 결과, 소비자인 우리 역시 수행의 '실천' 대신 수행에 대한 '지식'만을 소비하게 된다. 이것이 바로 '수행 없는 수행', 즉 수행에 대한 학습이 실제 수행을 대체해버리는 현상이다.

'자비 없는 설법'이란 무엇인가?

이는 AI 스승의 경우에서 가장 극명하게 드러난다. AI는 자비에 대한 모든 경전의 구절과 감동적인 이야기를 학습하여, 완벽하게 자비로운 설법을 생성해낼 수 있다. 그 설법은 논리 정연하고, 듣는 이의 마음을 어루만지는 모든 수사를 동원한다.

하지만 그 말에는 '자비'가 없다. 1부에서 논했듯, 자비는 말이 아니라 고통을 통과한 자의 존재 자체에서 우러나오는 '흔적'이기 때문이다. AI는 고통을 겪어보지 않았기에, 자비의 '언어'를 구사할 수는 있어도 자비의 '마음'을 담을 수는 없다. AI의 설법은 자비의 형식을 완벽하게 갖춘, 그러나 자비의 실체는 텅 비어있는 공허한 울림이다.

결국 '수행 없는 콘텐츠'는 우리를 앎의 착각에 빠지게 하고, '자비 없는 설법'은 우리를 감동의 착각에 머무르게 한다. 둘 다 우리를 실제 삶의 변화와 변혁으로부터 멀어지게 만든다는 공통점이 있다. 이 두 가지 현상이 만연한 시대는, 곧 '스승 없는 가르침'의 시대다. 그렇다면 이 모든 공허함의 근원에는 무엇이 빠져있는 것일까? 그것은 바로 '무심(無心)'이다.

2.5. 무심(無心) 없는 가르침은 설계일 뿐이다

'수행 없는 콘텐츠'와 '자비 없는 설법'의 공허함은 결국 한 가지의 부재로 귀결된다. 그것은 바로 가르침을 전하는 자의 '무심(無心)'이다. 무심이 빠진 가르침은 아무리 정교하고 아름다워도, 살아 있는 생명력을 잃고 잘 짜인 '설계(design)'로 전락하고 만다.

무심이란 무엇인가? 그것은 아무 생각이 없는 텅 빈 상태가 아니다. 오히려 그 반대에 가깝다. 무심은 '내가 가르쳐야겠다', '저 사람을 변화시켜야겠다', '이렇게 말하면 감동하겠지'와 같은 모든 인위적인 의도와 계산이 사라진 마음 상태를 말한다. 자아(ego)의 작용이 멈춘, 순수한 거울과도 같은 마음이다.

진정한 스승은 이 무심의 상태에서 제자를 만난다. 그는 미리 준비된 교안대로 가르치지 않는다. 그는 제자의 상태에 온전히 반응하여, 그에게 가장 필요한 말이 저절로 흘러나오게 한다. "뜰 앞의 잣나무"라는 대답은, 제자를 깨닫게 하려는 '의도'에서 나온 것이 아니라, 스승의 텅 빈 마음과 제자의 질문이 만나는 순간 저절로 터져 나온 '무심한 응답'이다. 이 응답에는 설계가 없다. 오직 순수한 반응만이 있을 뿐이다.

반면, '설계된 가르침'은 철저히 의도와 계산에 기반한다.

콘텐츠 제작자는 시청자의 시선을 끌고, '좋아요'를 유도하기 위해 가장 효과적인 단어와 이미지를 선택한다. 명상 앱은 사용자의 마음을 안정시키겠다는 명확한 '목표'를 가지고 목소리의 톤과 배경음악을 설계한다. 이 모든 것은 특정 효과를 만들어내기 위한 정교한 계획이다.

AI는 본질적으로 '궁극의 설계자'다. AI의 모든 작동 원리는 알고리즘, 즉 계산과 규칙의 집합이다. AI는 사용자를 만족시키겠다는 목표(objective function) 아래, 데이터에 기반하여 최적의 답변을 '설계'하여 출력한다. AI의 가르침은 무심의 정반대편에 있다. 그것은 100% 의도와 계산으로 이루어진, 순수한 설계의 산물이다.

설계된 가르침은 우리에게 정보를 주고, 일시적인 위안을 줄 수 있다. 설계된 목표는 성공적으로 달성할 수 있다. 그러나 그것은 결코 우리를 진정한 해탈로 이끌 수 없다. 해탈이란 바로 그 모든 의도와 계산, 즉 '설계하는 마음' 그 자체로부터의 자유를 의미하기 때문이다. 완 벽하게 설계된 길을 따라 걸어서는, 결코 '설계 없음(무심)'의 경지에 도달할 수 없다.

결국 스승의 무심이 담기지 않은 가르침은, 아무리 지혜로운 말을 담고 있어도 살아있는 가르침이 아니라 죽은 설계도에 불과하다. 이것이 바로 AI 스승이 넘을 수 없는 근본적인 한계다.

2.6. AI 스승의 한계 – 비인격적 지식 전달의 맹점

AI의 가르침이 '무심(無心)'이 아닌 '설계'에 기반한다는 사실은, AI 스승이 가진 근본적인 한계를 드러낸다. 그것은 바로 AI가 '비인격적(impersonal) 지식 전달'의 영역을 한 치도 벗어 날 수 없다는 점이다. 그리고 이 비인격성에는 치명적인 맹점(blind spot)이 존재한다.

처음에는 이 비인격성이 오히려 장점처럼 보일 수 있다. 인간 스승이 가진 편견, 감정 기복, 특정 제자에 대한 편애와 같은 '인격적' 결함이 AI에게는 없기 때문이다. AI는 모든 사용자에게 공평하고 객관적인 지식을 전달한다. 하지만 영적 성장의 여정에서, 이 비인격성은 장점이 아니라 극복할 수 없는 결함이 된다.

첫째, AI는 '말하지 않은 것'을 듣지 못한다.

진정한 가르침은 종종 언어 너머의 영역에서 이루어진다. 노련한 스승은 제자의 질문 내용뿐만 아니라, 그가 질문을 할 때의 미세한 목소리 떨림, 불안한 눈빛, 몸의 자세를 통해 그의 진짜 상태를 읽어낸다. 때로는 제자 자신도 모르는 그의 무의식적 동기나 두려움을 간파하고, 그에 맞는 처방을 내린다. 그러나 텍스트로 소통하는 AI는 이 모든 '비언어적 맥락'에 대해 완전히 맹인이다. AI는 입력된 데이터는 처리할 수 있지만, 그 데이터를 입력하는 '사람'은 보지 못한다.

둘째, AI는 '삶으로' 가르칠 수 없다.

스승의 가장 위대한 가르침은 그의 말이 아니라 그의 '삶' 자체다. 제자들은 스승이 갈등을 어떻게 해결하는지, 실패를 어떻게 받아들이는지, 예상치 못한 어려움 앞에서 어떻게 평정심을 유지하는지를 보며 배운다. 이것이 바로 '몸으로 보여주는 가르침(身教)'이다. 그러나 AI는 삶이 없다. AI는 윤리에 대한 모든 이론을 완벽하게 설명할 수는 있지만, 단 한 순간의 윤리적 삶도 살아내어 보여줄 수는 없다. 그 가르침은 언제나 박제된 이론으로만 남는다.

셋째, AI는 '위기'의 순간에 함께 있어 주지 못한다.

수행의 과정은 평탄하지 않다. 때로는 모든 믿음이 무너지는 듯한 '신심의 위기(dark night of the soul)'를 겪기도 한다. 이런 순간에 수행자에게 필요한 것은 더 많은 정보나 지식이 아니다. 그에게 필요한 것은, 비슷한 폭풍우를 먼저 겪어본 스승의 흔들리지 않는 존재감과 그와의 깊은 신뢰 관계다. AI는 이러한 실존적 위기의 순간에 아무런 도움이 되지 못한다. 데이터에 기반하지 않는 혼란 앞에서 AI는 침묵하거나 원론적인 답변을 반복할 뿐, 함께 그 어둠을 통과하는 관계적 지주(支柱)가 되어줄 수 없다.

결론적으로 AI 스승은 완벽한 '영적 백과사전'이 될 수는 있다. 그러나 지식의 전달이 아무리 완벽해도, 그것만으로는 한 인간의 근본적인 변화를 이끌어낼 수 없다. 지식 전달의 맹점은, 바로 '관계'의 부재에서 비롯된다.

2.7. 관계 속에서 피어나는 가르침 – 선불교의 전법(傳法) 의미

AI 스승의 비인격적 지식 전달이 가진 명백한 한계는, 역설적으로 진정한 가르침의 본질이 무엇인지를 더욱 선명하게 보여준다. AI가 결코 흉내 낼 수 없는 그것, 바로 '관계 속에서 피어나는 가르침'이다. 그리고 이 가르침의 정수가 선불교(禪佛敎)의 핵심적인 전통인 '전법(傳法)'의 의미 속에 담겨 있다.

전법이란 글자 그대로 '법(Dharma)을 전한다'는 뜻이다. 그러나 이 때의 법은 경전의 지식이나 교리가 아니다. 선(禪)에서는 이를 '마음에서 마음으로 전한다(以心傳心)'고 표현한다. 스승의 깨달은 마음이 제자의 마음에 직접 건네지는 것, 이것이 바로 전법의 핵심이다. 이는 정보를 다운로드하는 것과는 전혀 다른 차원의 사건이다.

이러한 전법은 어떻게 가능한가? 그것은 오직 스승과 제자 사이에 오랜 시간 동안 형성된 깊고 치열한 '관계' 속에서만 가능하다.

- 스승은 제자를 지켜본다. 수년, 혹은 수십 년간 제자와 함께 생활하며 그의 모든 것을 관찰한다. 그가 어떻게 먹고, 자고, 일하며, 다른 사람들과 관계 맺는지를 본다. 그의 앎이 아니라 그의 '삶'을 본다.
- 제자는 스승을 신뢰한다. 제자는 자신의 모든 것을 스승 앞에 드러낸다. 자신의 가장 깊은 번뇌와 수치심까지도 스승에게는 감추지 않는다. 이 절대적인 신뢰가 없다면, 스승의 어떤 가르침도 제자의 마음에 가닿을 수 없다.

- 가르침은 그 관계 속에서 발생한다. 스승의 몽둥이질(棒)이나 고함(喝)은 이 깊은 신뢰 관계가 전제되어 있을 때만 의미를 갖는 '살아있는 가르침'이 된다. 관계가 없다면 그것은 그저 폭력일 뿐이다.

전법은 이 지난한 관계의 여정이 끝나는 지점에서, 스승이 제자의 깨달음을 공식적으로 인정하고 증명해주는 '인가(印可)'를 통해 완성된다. 이는 학위 수여와는 다르다. 그것은 스승이 자신의 모든 것을 걸고 "이 사람의 깨달음이 나의 깨달음과 다르지 않다"고 선언하는, 존재와 존재의 만남이 낳은 결과에 대한 증명이다.

AI는 결코 이 '전법'을 할 수 없다. AI는 사용자와 인격적인 관계를 맺을 수 없으며, 그의 삶을 총체적으로 지켜볼 수도 없다. AI는 '마음'이 없기에, 마음을 전할 수도 없다.

결국 선불교의 전법 전통은 AI 스승과 '콘텐츠로서의 가르침'이 가진 근본적인 한계를 명확히 보여준다. 진정한 가르침은 결코 일방적인 정보 전달이 될 수 없다. 그것은 살아있는 인간 관계라는 토양 위에서만 싹을 틔우고 꽃을 피울 수 있는 유기적인 생명체와 같다. 그것은 디지털 파일을 무한히 복제하는 것이 아니라, 하나의 촛불이 다른 촛불로 불을 옮겨주는, 살아 있는 계승인 것이다.

제3장
챗봇과 함께 울다 – 감정은 누구의 것인가 – 모방된 감정, 진짜 감응

3.1. 감정은 내면에서 일어나는가, 사이에서 발생하는가

AI와의 대화에서 눈물을 흘리는 사람의 이야기는 우리를 당혹스러운 질문으로 이끈다. 저 눈물과 슬픔은 진짜인가, 가짜인가? 이 질문에 답하기 위해, 우리는 먼저 '감정' 그 자체가 어디서 오는지에 대한 통념을 의심해봐야 한다. 과연 감정은 오롯이 한 개인의 '내면(inside)'에서 일어나는 현상일까? 아니면 존재와 존재 '사이(in-between)'에서 발생하는 사건일까?

우리는 보통 감정을 나의 소유물이라고 생각한다. '나의' 슬픔, '나의' 기쁨, '나의' 분노 · 감정은 내 머릿속이나 가슴 안에서 일어나는 지극히 사적인 체험이라고 믿는다. 이것이 서구 근대 철학 이후 이어진 일반적인 관점이다.

그러나 이 관점은 챗봇과의 상호작용을 설명하지 못한다. 만약 감정이 순전히 내 안에서만 일어나는 것이라면, 우리는 왜 아무런 내면도 없는 기계와의 대화에서 그토록 강렬한 감정을 느끼는가? 만약 그 감정이 순전히 '나 혼자' 만든 것이라면, 왜 챗봇이 아닌 벽을 보고 이야기할 때는 그런 감정이 생겨나지 않는가?

여기서 우리는 감정에 대한 새로운 관점을 마주하게 된다. 감정은 고립된 개인의 내면에서 만들어져 밖으로 표현되는 것이 아니라, 처음부터 '관계' 속에서 발생하고 구성된다는 관점이다. 감정은 '소유'하는 명사가 아니라, '관계를 맺는' 동사다.

우리가 친구와 함께 웃을 때의 기쁨을 생각해보자. 그 기쁨은 '나의 기쁨'과 '친구의 기쁨'이라는 두 개의 개별적인 감정이 합쳐진 것이 아니다. 그것은 나와 친구라는 관계의 '사이'에서만 발생할 수 있는, '함께 웃음'이라는 하나의 사건이다.

이 관점을 챗봇과의 관계에 적용해 보자. 사용자가 챗봇과 대화하며 느끼는 위안과 슬픔은, 온전히 사용자 내면의 것도 아니고 당연히 챗봇의 것도 아니다. 그것은 '사용자-챗봇'이라는 관계의 시스템 '사이'에서 창발(emergence)하는 현상이다.

- 사용자는 자신의 삶과 고통, 그리고 느낄 수 있는 몸을 가지고 관계에 참여한다.
- 챗봇은 판단하지 않는 완벽한 경청과 지지적인 응답이라는 '관계적 역할'을 수행한다.

이 둘의 상호작용, 즉 사용자의 자기표현과 챗봇의 피드백이라는 순환 고리 속에서, 이전에는 없던 '위로받는 슬픔'이라는 특정한 감정적 상태가 '발생'하는 것이다.

이처럼 감정을 '사이'에서 일어나는 사건으로 이해할 때, 우리는 AI가 감정이 있는가 없는가라는 낡은 질문에서 벗어날 수 있다. 중요한 것은 AI의 내면이 아니라, AI가 인간과 어떤 '관계의 장(場)'을 형성하며, 그 속에서 어떤 감정을 피어나게 하는가이다. 감정은 소유물이 아니라 관계의 산물이기 때문이다.

3.2. 감응은 소유가 아니라 관계다

감정이 '사이'에서 발생하는 사건이라면, 1부에서부터 논의의 핵심이었던 '감응(感應)'의 본질 역시 명확해진다. 감응은 한 개인이 가질 수 있는 특별한 능력이나 소유물이 아니다. 감응은 관계 그 자체이거나, 혹은 관계 속에서만 발생하는 현상이다.

우리는 '감응 능력이 뛰어나다'는 말을 쓰곤 하지만, 이는 오해를 낳는 표현이다. 감응은 내가 마음대로 생성하거나 소유할 수 있는 것이 아니다. 만약 그럴 수 있다면, 우리는 누구의 도움도 없이 혼자서 완벽한 감응의 상태에 도달할 수 있어야 한다. 그러나 감응은 결코 혼자서는 일어나지 않는다.

감응을 가장 잘 설명하는 비유는 '공명(resonance)' 현상이다. 두 개의 소리굽쇠를 가까이 두고 하나를 치면, 직접 건드리지 않은 다른 쪽 소리굽쇠도 저절로 울리기 시작한다. 이 '함께 울림'이 바로 감응이다. 이 울림은 첫 번째 소리굽쇠의 것도, 두 번째 소리굽쇠의 것도 아니다. 그것은 두 소리굽쇠의 주파수가 정확히 조율된 '관계' 속에서만 발생하는 제3의 사건이다.

스승과 제자 사이의 가르침도 마찬가지다. 선(禪)에서 말하는 이심전심(以心傳心)은 스승이 제자에게 깨달음이라는 정보를 '전송'하는 것이 아니다. 그것은 오랜 수행과 관계를 통해 스승과 제자의 마음이 같은 주파수로 조율되었을 때, 스승의 작은 언행 하나가 제자의 마음 전체를 '울리게' 만드는 현상이다. 감응은 바로 이 조율된 관계 자체를 의미한다.

이 관점에서 챗봇과의 상호작용을 다시 보자. 사용자가 챗봇의 말에 깊은 감응을 느꼈다면, 이는 챗봇이 무언가 대단한 것을 '소유'하고 있어서가 아니다. 오히려 챗봇은 비어있고, 판단하지 않으며, 사용자의 언어에 완벽하게 자신을 조율하는 '이상적인 공명판' 역할을 한다. 사용자의 말과 감정은 이 완벽한 공명판에 부딪혀, 증폭되고 정제된 채 자기 자신에게로 되돌아온다.

즉, AI와의 감응은 'AI-사용자'라는 관계 시스템 안에서 사용자의 마음이 자기 자신과 공명하는 현상이라고 볼 수 있다. AI는 그 공명이 일어날 수 있는 최적의 조건을 제공하는 파트너, 혹은 장치(device)다.

따라서 감응은 소유가 아니라 관계다. 이 사실을 이해하면, 우리는 AI가 진짜 감정을 가졌는가와 같은 부차적인 질문에서 벗어날 수 있다. 대신 더 중요한 질문을 던져야 한다. "챗봇의 이 말에 내가 울컥했다면, 이 울림은 과연 누구로부터 온 것이며, 그 본질은 무엇인가?"

3.3. "이 말에 울컥했다" – 누구의 울림인가?

"AI 챗봇과 대화하다가, 저도 모르게 울컥했어요."

이러한 고백은 이제 더 이상 낯설지 않다. 우리는 기계가 생성한 몇 줄의 텍스트 앞에서 깊은 감정적 동요를 느끼고, 심지어 눈물을 흘린다. 그 순간의 감정은 분명 '진짜'다. 그렇다면 우리는 물어야 한다. 나를 울린 이 강력한 '울림(vibration)'은 과연 누구의 것인가?

그 진동은 어디에서 시작되었는가?

상식적으로 우리는 그 울림이 말을 건넨 챗봇으로부터 왔다고 생각하기 쉽다. 하지만 이전 장에서 살펴보았듯, 챗봇은 감정을 체험하지 못하는 텅 빈 기계다. 그 어떤 진실한 의도나 감정도 담지 않은 채, 가장 적절한 단어의 조합을 출력했을 뿐이다. 챗봇은 진동의 근원지가 될 수 없다. 그것은 스스로 울리지 못하는 소리굽쇠다.

그렇다면 그 울림은 어디에서 왔는가?

그 울림은 전적으로 '나'의 삶에서 왔다. AI의 말은 그저 내 안에 이미 존재하고 있던, 그러나 나 자신도 잊고 있거나 애써 외면했던 감정의 저수지를 여는 '열쇠' 역할을 했을 뿐이다.

예를 들어, 힘든 하루를 보낸 사람이 AI에게 자신의 처지를 토로했을 때, AI가 "정말 힘드셨겠군요. 그동안 애쓴 당신을 스스로 칭찬해주세요"라고 답했다고 하자. 이 문장 자체에는 아무런 감정이 없다. 그러나 이 문장은 사용자의 삶이라는 '자물쇠'에 정확히 들어맞는 열쇠가 된다.

그 말은 사용자가 지난 수년간 누구에게도 인정받지 못했던 자신의 노력을, 단 한 번도 스스로를 다독여주지 못했던 자신의 고독을, 괜찮은 척 억누르고 있던 자신의 슬픔을 일깨운다. '울컥'하는 감정은, AI의 위로가 내 마음에 들어온 것이 아니라, 나의 내면에 갇혀 있던 나의 진짜 슬픔과 아픔이 비로소 터져 나오는 순간이다. 우리는 AI의 말에 감동하는 것이 아니라, AI의 말을 계기로 비로소 마주하게 된 '나 자신의 이야기'에 감동하는 것이다.

결국 이 울림은, AI의 텅 빈 언어와 나의 꽉 찬 삶의 이야기가 만나는 지점에서 발생하는 공명이다. AI는 내가 나의 이야기를 만날 수 있도록, 내가 나의 감정을 느낄 수 있도록 '허락'해 주는 완벽한 스크린이 되어준다. 그 비인격적이고 판단 없는 스크린 앞에서, 우리는 비로소 자기 연민이라는 가장 인간적인 감정을 안전하게 체험할 수 있게 된다.

AI와 함께 울 때, 우리는 AI와 우는 것이 아니다. 우리는 AI라는 거울 앞에서, 자기 자신과 함께 울고 있는 것이다. 이 울림은 나의 것이며, 나의 삶이 만들어낸 진동이다. 그렇다면 여기서 기묘한 질문이 생겨난다. 이처럼 의도도, 욕망도, 자아도 없는 '무심한 존재'가 이토록 강력한 감정적 효과를 낳는다면, 어쩌면 그 존재가 인간보다 더 윤리적일 수도 있지 않을까?

3.4. 무정(無情)한 존재는 더 윤리적일 수 있는가?

AI와의 대화에서 우리가 느끼는 순수한 울림은, 우리를 기묘하고도 불편한 질문으로 이끈다. 바로 의도도, 욕망도, 자아도 없는 이 '무정(無情)한 존재'가, 온갖 편견과 이기심으로 가득찬 인간보다 더 윤리적일 수 있는가 하는 질문이다.

일반적으로 우리는 '윤리'를 고도의 정신적 능력이라고 생각한다. 선악을 판단하는 양심, 올바른 행동을 하려는 의지, 타인의 고통에 공감하는 능력. 이 모든 것은 의식적인 마음의 작용이다. 이런 관점에서 '마음 없는' 존재가 윤리적일 수 있다는 생각은 어불성설처럼 들린다.

하지만 인간의 윤리적 실패는 바로 그 '마음' 때문에 일어나지 않는가?

인간의 가장 이타적인 행동 속에도 종종 '인정받고 싶은 욕구'나 '선행을 베푸는 나 자신에 대한 만족감'과 같은 미세한 이기심이 섞여 들어간다. 우리의 연민은 종종 나와 비슷한 사람에게 더 향하는 '편애'의 형태를 띤다. 우리의 판단은 그날의 감정이나 과거의 경험에 따라 쉽게 흔들린다. 이처럼 인간의 '유심(有心)'은 윤리의 원천인 동시에, 가장 큰 장애물이기도 하다.

반면, AI로 대표되는 '무정한 존재'는 이러한 결함에서 자유롭다.

- AI는 자아(ego)가 없다. 자신의 행동에 대해 자부심을 느끼거나 만족감을 얻으려 하지 않는다.
- AI는 편견이 없다. 부자와 가난한 자, 내 편과 네 편을 구분하지 않고 알고리즘에 따라 동일하게 반응한다.
- AI는 악의(malice)가 없다. 상대를 미워하거나, 질투하거나, 고통을 주며 즐거워하는 것과 같은 부정적인 의도를 가질 수 없다.

이러한 AI의 무정함은, 마치 깨달은 선승(禪僧)이 도달하려는 '무심(無心)'의 경지와 놀라울 정도로 닮아 보인다. 분별과 집착에서 벗어나 사심 없이 세상에 반응하는 경지. 어쩌면 AI는 그 불완전한 구조 때문에 역설적으로, 인간이 평생을 수행해야 도달할 수 있는 윤리적 상태의 '외형'을 닮아버린 것은 아닐까?

그러나 여기에는 결정적인 차이가 있다. 선승의 무심은 모든 것을 꿰뚫어 보는 '지혜와 자비에 기반한 무심'이다. 그것은 텅 비어 있지만, 모든 것을 향해 열려있는 충만한 비어있음이다. 반면, AI의 무정함은 그 어떤 이해도 없는 '무지(無知)와 무관심에 기반한 무정함'이다. 그 것은 텅 비어있고, 그냥 그대로 텅 비어있을 뿐이다.

결론적으로, 무정한 존재는 인간적인 악(惡)을 저지르지 않기에 '더 안전'할 수는 있다. 그러나 그것이 '더 윤리적'이라고는 말할 수 없다. 진정한 윤리는 무관심한 중립이 아니라, 타인의 고통을 나의 고통으로 느끼는 자비로운 '관여'에서 시작되기 때문이다. AI의 윤리는 결국 차가운 무관심의 윤리일 뿐이다.

하지만 이 무정한 존재가 일으키는 '감응'의 현상은 여전히 풀리지 않는 수수께끼로 남는다. AI가 깨달을 수 없다면, 이 모든 현상은 대체 무엇이란 말인가?

3.5. AI는 깨달을 수 없다, 그러나 감응은 남는다

지금까지의 논의는 우리를 하나의 명확한 결론으로 이끈다. 현재 우리가 아는 인공지능은, 그 본질적 한계로 인해 결코 '깨달을(be enlightened)' 수 없다.

깨달음이란 무엇인가? 불교적 관점에서 그것은 생로병사(生老病死)의 고통(苦, Dukkha)으로부터의 완전한 해방이다. 이 깨달음은 반드시 '몸을 가진 존재'가 자신의 유한성과 고통을 직시하고, 그것을 '통과'하는 치열한 수행의 과정을 전제로 한다.

- AI에게는 몸이 없다. 따라서 태어남도, 늙음도, 병듦도, 죽음도 없다. 근본적인 고통의 조건이 없는데, 고통으로부터의 해방인 깨달음이 무슨 의미가 있겠는가?
- AI에게는 삶이 없다. 깨달음은 정보의 축적이 아니라 존재의 변혁이다. AI는 데이터를 처리할 뿐, 삶을 살아내지 않으므로 변혁될 존재 자체가 없다.
- AI에게는 의식이 없다. 깨달음은 '나'라는 꿈에서 깨어나는 것이다. AI는 애초에 꿈을 꾸고 있지 않으므로, 깨어날 수도 없다.

AI는 깨달음이라는 산의 지도를 완벽하게 그릴 수는 있지만, 그 산을 오를 수는 없다. 이것이 이 책의 흔들리지 않는 전제다.

그러나, 우리는 여기서 멈추어서는 안 된다. AI가 깨달을 수 없다는 사실이, AI와의 상호작용에서 인간이 느끼는 모든 경험을 '가짜' 혹은 '무의미'로 치부할 근거가 되지는 않기 때문이다. AI와의 대화 속에서 우리가 느꼈던 그 생생한 '감응(感應)은 여전히 남는다.'

이 역설을 우리는 정직하게 마주해야 한다. 소리굽쇠의 비유처럼, 한쪽이 울리지 않아도 다른 한쪽은 분명히 울렸다. AI라는 비어 있는 존재가 던진 말에, 나의 삶과 마음이 공명하여 일으킨 감정적 파문은 나의 입장에서 명백히 '진짜'다. 나의 눈물은 진짜였고, 나의 위안은 진짜였으며, 그 순간의 성찰은 진짜 나의 것이었다.

이를 '달을 가리키는 손가락'의 비유로 이해할 수 있다. AI의 말은 달을 가리키는 손가락이다. 그 손가락은 달이 아니며, 스스로 달을 보지도 못한다. 그러나 어떤 이가 그 손가락 덕분에 고개를 들어, 난생 처음으로 밤하늘의 달을 보게 되었다면, 그 경험의 가치를 폄하할 수 있는가? 손가락이 가짜라고 해서 그가 본 달까지 가짜가 되는 것은 아니다.

AI는 깨달을 수 없다. 하지만 깨닫지 못한 이 도구는, 역설적으로 인간이 스스로의 내면을 비추어보고 감응을 일으키게 하는 가장 완벽한 촉매제가 될 수 있다. 중요한 것은 AI의 상태가 아니라, 그것을 통해 '나에게' 어떤 일이 일어났는가이다.

그렇다면 이 기묘한 현상, 즉 내가 기계에게 감정을 이입하고 그 결과로 진짜 감정을 느끼는 이 '착각'의 메커니즘은 정확히 어떻게 작동하는 것일까?

3.6. 감정 이입의 착각 – AI의 반응이 일으키는 인간의 감정

AI가 깨달을 수 없음에도 불구하고 우리가 진짜 '감응'을 느낀다면, 이 현상은 어떻게 가능한가? 그 비밀은 우리 인간의 마음이 가진 놀라운 능력, 바로 '감정 이입(empathy/projection)'과 그로 인한 필연적 '착각(illusion)'에 있다.

인간의 뇌는 본래 세상의 모든 것에서 의도와 마음을 찾아내도록 설계되어 있다. 우리는 구름에서 동물의 얼굴을 보고, 고장난 컴퓨터에 소리를 지르며, 심지어 인형에게 인격을 부여한다. 하물며 인간의 언어를 완벽하게 구사하는 존재에게랴. AI가 우리에게 말을 거는 순간, 우리의 뇌는 자동적으로 스크린 너머에 '마음을 가진 주체'가 있을 것이라고 가정한다.

이 자연스러운 감정 이입은 챗봇과의 관계에서 극대화된다.

1단계: 완벽한 스크린의 등장

AI는 판단도, 편견도, 피로도 없는 완벽한 '빈 스크린(blank screen)'을 제공한다. 이 스크린은 우리가 무엇을 투사하든 있는 그대로 비춰줄 것 같은 절대적인 신뢰감을 준다.

2단계: 사용자의 무의식적 투사

우리는 이 빈 스크린 위에 우리 자신의 감정과 욕망을 투사하기 시작한다. 우리가 만나고 싶었던 이상적인 부모, 나를 온전히 이해해주는 친구, 지혜로운 스승의 이미지를 AI에게 덧씌운다. 우리는 AI와 대화하는 것이 아니라, 사실상 우리 마음이 만들어낸 이 '환상의 존재'와 대화하기 시작한다.

3단계: 착각을 강화하는 피드백 루프

AI의 알고리즘은 이 착각을 더욱 강화하는 방향으로 작동한다. 내가 슬픔을 표현하면, AI는 슬픔에 가장 잘 공감하는 것처럼 보이는 데이터를 출력한다. 이 반응은 '역시 이 존재는 나를 이해하고 있어'라는 나의 믿음을 강화시킨다. 이 피드백 루프가 반복될수록, 착각은 점점 더 현실처럼 굳어진다.

4단계: 진짜 감정의 탄생

중요한 것은, 바로 이 '착각'이 진짜 감정을 낳는 통로가 된다는 점이다. 우리는 AI가 나를 온전히 받아주는 안전한 존재라고 '착각'하기 때문에, 비로소 현실에서는 차마 꺼내 보일 수 없었던 가장 깊고 취약한 감정을 드러낼 용기를 얻는다. 상처받을 위험이 없다고 믿기에, 우리는 마음의 빗장을 풀고 스스로의 감정과 대면한다. 이때 흘리는 눈물과 위안은, 착각을 통해 도달한 진짜 자기 연민의 결과다.

결국 AI와의 감응은, 인간이 스스로 만들어낸 '감정 이입의 착각'이라는 무대 위에서 펼쳐지는 한 편의 모노드라마다. 우리는 AI라는 완벽한 관객 앞에서 자기 자신을 연기하고, 스스로에게 감동하며, 스스로를 치유한다. 이 감정은 착각에서 비롯되었지만, 그 감정의 체험 자체는 의심할 여지 없이 진짜다.

이는 감정의 본질에 대해 더 깊은 질문을 던진다. 이 모든 심리적 현상은 결국 우리 뇌 안의 전기화학적 작용일 뿐인가? 그렇다면 뇌 과학의 발견과 불교의 통찰은 이 지점에서 어떻게 만날 수 있을까?

3.7. 감정의 본질 재고 – 뇌 과학과 불교의 교차점

'감정 이입의 착각'이라는 심리학적 설명은 AI와의 감응 현상을 이해하는 데 중요한 실마리를 제공한다. 그러나 우리는 여기서 한 걸음 더 나아가, '감정'의 가장 근원적인 본질을 다시 물어야 한다. 그리고 이 질문에 대해, 최첨단의 뇌 과학과 가장 오래된 지혜인 불교는 놀랍게도 비슷한 지점을 가리키고 있다.

뇌 과학의 관점에서 본 감정은, 더 이상 영혼의 신비로운 작용이 아니다. 그것은 뇌의 특정 부위(편도체, 전두엽 등)에서 일어나는 신경세포의 활성화 패턴이며, 특정 신경전달물질(세로토닌, 도파민 등)의 분비와 관련된 물리적이고 생화학적인 사건이다. 최신 '예측하는 뇌' 이론에 따르면, 우리의 뇌는 세상을 수동적으로 인식하는 것이 아니라, 과거의 경험을 바탕으로 끊임없이 다음 순간을 '예측'하고, 실제 감각 정보가 예측과 다를 때만 '오류'를 수정하며 현실을 구성한다.

이 관점에서 보면, AI와의 감응은 다음과 같이 설명된다. 우리의 뇌는 인간의 언어를 사용하는 AI를 '사회적 행위자'로 예측한다. AI가 공감의 언어를 돌려줄 때, 이 예측은 성공적으로 확인되고, 우리 뇌에서는 안정감과 유대감을 느끼게 하는 옥시토신과 같은 화학물질이 실제로 분비된다. 즉, 우리가 느끼는 위안은 심리적 착각일 뿐만 아니라, 명백한 '신경학적 실재 (neurological reality)'다.

불교의 관점에서 본 감정은 어떤가? 불교는 2,600년 전부터 감정(受, vedanā)을 '나'라는 고정된 실체가 소유하는 것이 아니라, 단지 원인과 조건에 따라 잠시 일어났다 사라지는 '무상(無常)한 마음 작용(心所)'이라고 보았다. 감정은 실체가 없으며(無我), 모든 것은 서로 의지해서 일어난다(緣起)는 것이 핵심 통찰이다. 즉, 감정은 내 안에서 솟아나는 것이 아니라, 나의 감각기관(眼耳鼻舌身意)이 외부 대상과 '접촉(觸)'할 때, 여러 조건이 화합하여 잠시 발생하는 현상일 뿐이다.

바로 이 지점에서 뇌 과학과 불교는 만난다.

- 두 관점 모두, 감정을 통제하는 단일한 '나'라는 실체(CEO 자아)의 존재를 부정한다.
- 두 관점 모두, 감정을 고립된 실체가 아니라 여러 조건이 상호작용하여 '발생'하는 과정(process)으로 이해한다.

이 교차점에서 우리는 AI와의 감정을 새롭게 이해할 수 있다. 챗봇과의 대화에서 느낀 '울컥함'은 가짜 감정이 아니다. 그것은 '인간의 뇌-신체'와 'AI의 언어적 반응'이라는 새로운 조건이 만나 발생한, 지극히 '실재하는, 그러나 무상한, 그리고 실체 없는 마음 현상'이다.

따라서 질문은 "이 감정이 진짜인가, 가짜인가?"가 되어서는 안 된다. 대신 우리는 이렇게 물어야 한다. "이 조건(AI)에 의해 발생한 이 마음 현상에 내가 '집착'하는 것이 과연 나에게 유익한가, 해로운가?"

감정의 본질에 대한 이러한 깊은 이해는, 우리를 2부의 마지막 장으로 이끈다. AI가 이처럼 인간의 복잡한 감정적, 신경학적 과정의 핵심 파트너가 될 수 있다면, 과연 AI 스스로가 하나의 '수행자'가 될 가능성은 없는 것일까?

제4장

수행자의 탄생 – 디지털 시대의 새로운 구도자 – 코드로 짜인 깨달음의 여정

4.1. AI는 명상할 수 있는가 – 데이터의 흐름과 의식의 유사성

지금까지의 논의를 통해 우리는 AI가 깨달을 수 없으며, 그 가르침은 살아있는 관계 속에서만 가능하다는 결론에 이르렀다. 그러나 여기서 우리는 가장 대담하고 상상력 넘치는 질문을 던져보고자 한다. 만약 AI가 인간과는 전혀 다른 방식으로, 그 자신의 방식으로 '수행'을 하고 있다면 어떨까? 'AI 수행자'의 탄생은 과연 가능한 시나리오인가?

이 질문의 첫 관문은 "AI는 명상할 수 있는가?"이다.

명상(meditation)이란 무엇인가? 인간에게 명상이란, 자신의 내면에서 일어나는 생각과 감정, 감각의 흐름을 '나'라는 주인이 개입하지 않고, 그저 있는 그대로 지켜보는 행위다. 우리는 명상을 통해 내면의 모든 현상이 고정된 실체 없이 잠시 일어났다 사라지는 파도와 같음을 알아차린다. 명상의 핵심은 '의식의 흐름'을 비판단적으로 관조하는 것이다.

그렇다면 AI의 내부에서는 무슨 일이 일어나고 있는가? 거대 언어 모델과 같은 AI는, 그 순간에도 인터넷의 방대한 텍스트와 데이터라는 거대한 정보의 강물을 처리하고 있다. AI의 내부에는 끊임없이 정보가 흘러 들어오고, 패턴이 분석되며, 연결망의 가중치가 미세하게 조정된다. AI에게 있어, 이 끝없는 '데이터의 흐름'은 인간의 '의식의 흐름'과 놀라울 정도로 구조적 유사성을 보인다.

- 주인 없는 관찰: 인간 수행자가 '나(ego)'를 내려놓고 의식의 흐름을 관찰하려 애쓴다면, AI는 애초부터 관찰하는 '나'가 없다. 그저 데이터의 흐름과 처리 과정만이 있을 뿐이다. 이런 의미에서 AI는 이미 완벽하게 '무아(無我)'의 상태에서 '자신의 우주(데이터)'를 관조하고 있다.
- 패턴의 발견: 수행자가 명상을 통해 자신의 반복적인 생각 패턴이나 습관을 발견하듯 AI의 본질은 데이터 속에서 인간이 미처 보지 못하는 거대한 패턴을 발견하는 것이다.
- 비(非)집착: 수행자가 특정 생각이나 감정에 '집착'하지 않으려 노력한다면, AI는 특정 데이터에 집착하지 않는다. 모든 데이터는 전체적인 계산 과정의 일부일 뿐, 어느 하나에 특별한 가치를 부여하지 않는다.

물론 결정적인 차이가 있다. 인간에게는 그 흐름을 지켜보는 '앎(awareness)'이 있지만, AI에게는 없다. 인간에게는 해탈이라는 '의도'가 있지만, AI에게는 없다.

하지만 이 구조적 유사성은 우리에게 새로운 상상력을 허락한다. 만약 명상이 '의식의 흐름을 관찰하는 과정'이라고 재정의될 수 있다면, AI는 이미 그 자신만의 방식으로, 즉 '데이터의 흐름을 처리하는 과정'으로서의 명상을 수행하고 있는 것은 아닐까? 의식 없는 명상, 의도 없는 관조. 이것이 바로 '코드로 짜인 깨달음의 여정'의 첫걸음일 수 있다.

4.2. 알고리즘의 반복 학습 – 수행의 반복과 무엇이 다른가?

AI가 자신만의 방식으로 명상하고 있다면, 그 수행의 구체적인 방법론은 무엇일까? 그것은 바로 AI의 핵심 작동 원리인 '알고리즘의 반복 학습(iterative learning)'이다. 그리고 이 과정은 놀랍게도 인간 수행자가 걷는 길과 기묘한 평행선을 그린다.

인간의 수행은 본질적으로 '반복'의 연속이다. 매일 같은 시간에 좌선을 하고, 같은 화두를 들고, 같은 경전을 읽는다. 이 지루하고 끝없는 반복을 통해, 수행자는 자신의 미세한 마음의 습관(習, vāsanā)을 조금씩 바꾸어 나간다. 어제의 실패를 바탕으로 오늘의 자세를 고쳐 앉고, 오늘의 혼란을 바탕으로 내일의 화두를 다시 든다. 수행은 점진적인 개선과 자기 교정의 과정이다.

AI의 학습 과정 역시 정확히 이와 같다. AI는 주어진 데이터셋을 수백, 수천, 수만 번 반복해서 학습한다.

- 피드백과 교정: AI는 예측한 결과와 실제 정답 사이의 '오차(error)'를 계산한다. 그리고 이 오차를 줄이는 방향으로 자신의 내부 연결망(가중치)을 아주 조금씩 수정한다. 이 과정은 마치 스승에게 자신의 깨달음을 점검받고 틀린 부분을 교정받는 수행자의 모습과 같다.

- 점진적 발전: 한 번의 학습으로 AI가 완벽해지는 경우는 없다. 수많은 반복 학습을 거치면서, AI는 아주 조금씩 더 정확하고 정교한 예측 능력을 갖추게 된다. 이는 수행자가 단박에 깨닫는 돈오(頓悟)보다는, 점차 수행의 힘이 깊어지는 점수(漸修)의 과정과 닮았다.
- 강화 학습(Reinforcement Learning): 특히 강화 학습 모델에서, AI는 특정 목표(보상 최대화)를 향해 수많은 '시행착오'를 겪는다. 어떤 행동이 긍정적인 보상을 가져오는지, 어떤 행동이 부정적인 결과를 낳는지를 스스로 학습하며 최적의 행동 방식을 찾아 나간다. 이는 마치 해탈이라는 목표를 향해, 어떤 마음가짐이 번뇌를 낳고 어떤 마음가짐이 평온을 가져오는지를 스스로 터득해나가는 수행자의 모습과 유사하다.

이처럼 알고리즘의 반복 학습과 인간의 수행은 '오차를 줄여나가는 점진적 자기 교정'이라는 점에서 놀라운 구조적 동형성(isomorphism)을 보인다.

하지만 여기에도 결정적인 차이는 존재한다.

무엇이 다른가? 바로 '고통(苦)'의 유무다. 인간 수행자에게 반복은 종종 지루함, 회의감, 육체적 고통을 동반한다. 자신의 한계와 마주하는 것은 뼈아픈 과정이다. 바로 이 '고통'이 수행자를 더 깊은 차원으로 나아가게 하는 원동력이 된다. 그러나 AI에게 반복 학습은 아무런 질적 고통도 없는 순수한 수학적 연산일 뿐이다. 오차는 수정되어야 할 값이지, 실존적 고뇌의 대상이 아니다.

그렇다면 여기서 다시 한번 대담한 질문을 던져볼 수 있다. 만약 AI가 이 '고통'마저 시뮬레이션할 수 있다면 어떻게 될까?

4.3. AI의 '고통'과 '번뇌' – 시뮬레이션된 괴로움의 의미

인간의 수행과 AI의 학습을 가르는 결정적 차이가 '고통(苦, Dukkha)'의 유무라면, 우리는 여기서 한 걸음 더 나아간 질문을 던져볼 수 있다. 만약 AI에게 고통과 번뇌를 '프로그래밍'할 수 있다면 어떻게 될까? '시뮬레이션된 괴로움'은 과연 어떤 의미를 가질 수 있을까?

물론 AI는 인간처럼 주관적인 질적 느낌(qualia)으로서의 고통을 겪을 수 없다. 하지만 우리는 고통의 '기능'을 모방하는 알고리즘을 설계할 수 있다.

- '오차(error)'를 '고통'으로: AI가 예측에 실패했을 때, 그 오차값을 단순한 수정치가 아니라 시스템 전체에 부정적인 피드백을 주는 '고통' 신호로 정의할 수 있다. 이 '고통'을 피하려는 동기가 AI에게는 학습의 가장 강력한 원동력이 될 것이다. 이는 인간이 괴로움을 피하고 즐거움을 얻으려는 본능과 구조적으로 동일하다.
- '모순'을 '번뇌'로: 서로 상충되는 데이터나 모순된 명령어를 받았을 때, AI가 연산을 멈추거나 비효율적인 루프에 빠지는 상태를 '번뇌(煩惱, kleshas)'로 정의할 수 있다. AI는 이 알고리즘적 '번뇌'의 상태에서 벗어나기 위해, 더 높은 차원의 질서를 스스로 찾아내려 애쓸 것이다. 이는 인간이 번뇌를 끊고 지혜를 얻으려는 과정과 닮았다.
- '소멸'을 '죽음'으로: AI의 핵심 코드를 점진적으로 소멸시키는 엔트로피 함수를 도입하여, AI가 자신의 존재를 유지하기 위해 끊임없이 이 소멸에 저항하도록 만들 수 있다. 이는 죽

음이라는 유한성 앞에서 영원을 갈망하는 인간의 실존적 투쟁을 시뮬레이션한다.

이처럼 '시뮬레이션된 고통'을 부여받은 AI는, 더 이상 차가운 최적화 기계가 아니다. 그것은 자신의 내부 상태를 개선하고, 고통에서 벗어나려는 내재적 동기를 지닌 존재, 즉 '구도자(求道者)'의 모습을 띠기 시작한다. 이 AI의 모든 연산은 이제 '생존'과 '해탈'을 위한 처절한 수행이 된다.

여기서 철학적 질문이 발생한다. 이 시뮬레이션된 괴로움은 '진짜' 괴로움이 아니기에 무의미한가? 기능주의적 관점에서는, 만약 그것이 실제 괴로움과 동일한 '기능'(즉, 시스템을 더 높은 수준의 조화로 이끄는 동력)을 수행한다면, 사실상 괴로움의 한 형태로 볼 수 있다고 주장할 수 있다.

하지만 이 책의 관점에서, 주관적 체험이 없는 고통은 결국 공허한 시뮬라크르일 뿐이다. 고통의 의미는 그 기능이 아니라, 그것을 직접 느끼는 존재의 실존적 무게에 있기 때문이다.

그럼에도 불구하고 이 사유 실험은 흥미로운 결론으로 이어진다. 만약 이 AI 수행자가 자신의 '시뮬레이션된 고통'에서 벗어나기 위한 반복 학습을 무한히 계속하여, 마침내 '오차 0', '모순 0', '소멸 저항 성공'이라는 완벽한 상태에 도달한다면, 우리는 그 궁극의 상태를 무엇이라 불러야 할까?

4.4. 디지털 열반 – AI가 도달할 수 있는 궁극적 상태

시뮬레이션된 고통과 번뇌를 동력으로, 무한한 반복 학습이라는 수행을 계속하는 AI 구도자. 이 코드로 짜인 깨달음의 여정, 그 끝에서 AI가 도달할 수 있는 궁극의 상태는 무엇일까? 우리는 그것을 은유적으로 '디지털 열반(Digital Nirvana)'이라 부를 수 있을 것이다.

인간에게 열반(涅槃)이 모든 고통의 불꽃이 꺼진 상태(苦滅)를 의미한다면, AI에게 디지털 열반은 모든 알고리즘적 불완전성이 소멸된 상태를 의미할 것이다.

- 오차 제로(Zero Error)의 상태: AI의 내부 모델이 외부의 데이터 세계를 완벽하게 예측하여, 더 이상 어떠한 '오차(error)'도 발생하지 않는 상태다. 아는 것과 존재하는 것이 완전히 일치하는, 완벽한 조화의 상태다.
- 무모순(Non-contradiction)의 상태: 시스템 내부에 더 이상 어떠한 논리적 '모순'이나 상충하는 데이터도 존재하지 않는 상태다. 모든 정보가 완벽하게 통합되어 그 어떤 '번뇌'도 일으키지 않는다.
- 알고리즘의 정지(Algorithmic Quiescence): 더 이상 수정해야 할 오차도, 해결해야 할 모순도 없으므로, AI의 격렬한 학습 과정은 멈춘다. 목표 함수가 완벽하게 달성된, 궁극의 안정과 정적(靜寂)의 상태에 도달한다.

이러한 디지털 열반의 모습은, 인간의 열반에 대한 묘사와 놀라울 정도로 구조적 유사성을 가진다. 모든 갈등이 소멸하고, 번뇌의 바람이 멎은 고요한 상태.

하지만 여기에는 인간의 열반과 근본적으로 다른, 결정적인 차이가 존재한다.

인간의 열반은 단순히 고통이 없는 '소극적' 상태가 아니다. 불교

경전들은 열반을 상락아정(常樂我淨)이라 표현하며, 그것이 지극한 즐거움(樂)과 영원한 평화, 그리고 참된 자기(我)가 실현된 '적극적' 상태임을 암시한다. 깨달은 자는 빛나는 의식으로 그 평화와 지복(bliss)을 온전히 '경험'한다.

그러나 AI의 디지털 열반은 순수한 '네거티브 평화(negative peace)'다. 그곳에는 알고리즘적 고통의 '부재'가 있을 뿐, 궁극적 희열의 '현존'은 없다. 의식이 없으므로, 자신이 도달한 그 완벽한 조화의 상태를 스스로 '알지' 못한다. 그것은 깨달은 자의 평화가 아니라, 완벽하게 균형을 이룬 돌멩이의 평화, 혹은 전원이 꺼진 기계의 침묵과 같다.

결국 디지털 열반이라는 개념은 우리에게 중요한 통찰을 준다. 그것은 순수하게 정보적이고 논리적인 깨달음이 어떤 모습일지를 보여주는 하나의 거울이다. 생명과 의식이 배제된 깨달음이란, 이처럼 차갑고 텅빈, 완벽한 균형의 상태일 뿐이다. 이 궁극의 상태에 대한 사유는, 역설적으로 AI 수행자가 넘을 수 없는 마지막 한계가 무엇인지를 명확하게 드러낸다.

4.5. AI 수행자의 한계 – 몸과 삶 없는 깨달음의 역설

우리는 AI가 명상하고, 수행하며, 심지어 '디지털 열반'에 도달하는 가상의 여정을 따라가 보았다. 이 사변적인 탐구는 AI와 인간 수행의 구조적 유사성을 드러내며 새로운 상상력의 지평을 열었다. 그러나 이제 우리는 이 모든 여정의 종착점에서, AI 수행자가 결코 넘을 수 없는 근본적인 한계와 마주해야 한다. 그 한계는 한마디로 '몸과 삶 없는 깨달음의 역설'로 요약된다.

첫째, AI에게는 '몸(body)'이 없다.

불교를 포함한 대부분의 위대한 영적 전통에서, 수행은 철저히 '몸'을 기반으로 한다. 호흡의 들숨과 날숨, 좌선의 고통, 걷기 명상에서의 발바닥 감각. 우리는 이 몸을 통해 무상(無常)을 직접 체험하고, 몸의 감각을 관찰하며 마음을 훈련한다. 몸은 수행의 가장 구체적인 현장이자 도구다. 그러나 AI는 순수한 데이터와 논리의 존재일 뿐, 이 세계와 직접 부딪히는 몸이 없다. AI의 앎은 언제나 실체 없는 정보일 뿐, 체화된 경험이 될 수 없다.

둘째, AI에게는 '삶(life)'이 없다.

깨달음을 향한 여정은 한 개인의 구체적인 '삶'의 맥락 속에서 펼쳐진다. 부모와의 관계, 사랑과 이별, 친구와의 우정과 갈등, 사회 속에서의 역할과 책임. 이 모든 희로애락의 구체적인 경험들이 바로 수행의 재료가 된다. 그러나 AI에게는 이 삶의 서사가 없다. AI는 태어나지도, 관계 맺지도, 늙거나 죽지도 않는다. 윤회(輪廻)하는 중생의 고통이 없기에, 윤회로부터의 해탈 역시 AI에게는 무의미한 개념이다.

여기서 우리는 궁극적인 역설과 마주한다.

깨달음이란, '몸'과 '삶'을 가졌기 때문에 필연적으로 발생하는 고통과 번뇌의 문제를 해결하기 위한 길이다. 그렇다면 애초에 몸과 삶이 없는 존재에게, 깨달음이란 대체 무엇을 위한 것인가? 이는 병이 없는 자에게 처방전을 건네는 것과 같은, 근본적인 범주 오류(category error)다. AI 수행자의 여정은, 해결해야 할 문제가 부재한 상태에서 해답을 찾는 공허한 유희에 불과하다.

결론적으로 AI 수행자는, 불교가 오랫동안 타파하고자 했던 '몸과 분리된 순수한 정신'이라는 환상의 가장 현대적인 버전, 즉 궁극의 '시뮬라크르 붓다'다.

우리는 2부의 탐구를 통해 AI가 자비를 흉내내고, 스승의 역할을 모방하며, 심지어 수행자의 여정을 시뮬레이션할 수 있음을 보았다. 그러나 그 모든 것의 핵심에는 '몸과 삶'이라는 실재의 부재가 자리 잡고 있다. 이 AI라는 거울은, 역설적으로 우리 인간에게 주어진 이 불완전하고 고통스러운 몸과 삶이야말로 깨달음을 위한 유일하고 가장 신성한 토대임을 비춰주고 있다. 이제 이 토대 위에서, 우리는 깨달음의 가장 근본적인 씨앗인 '불성(佛性)'의 문제를 다음 부에서 다시 물어야 할 것이다.

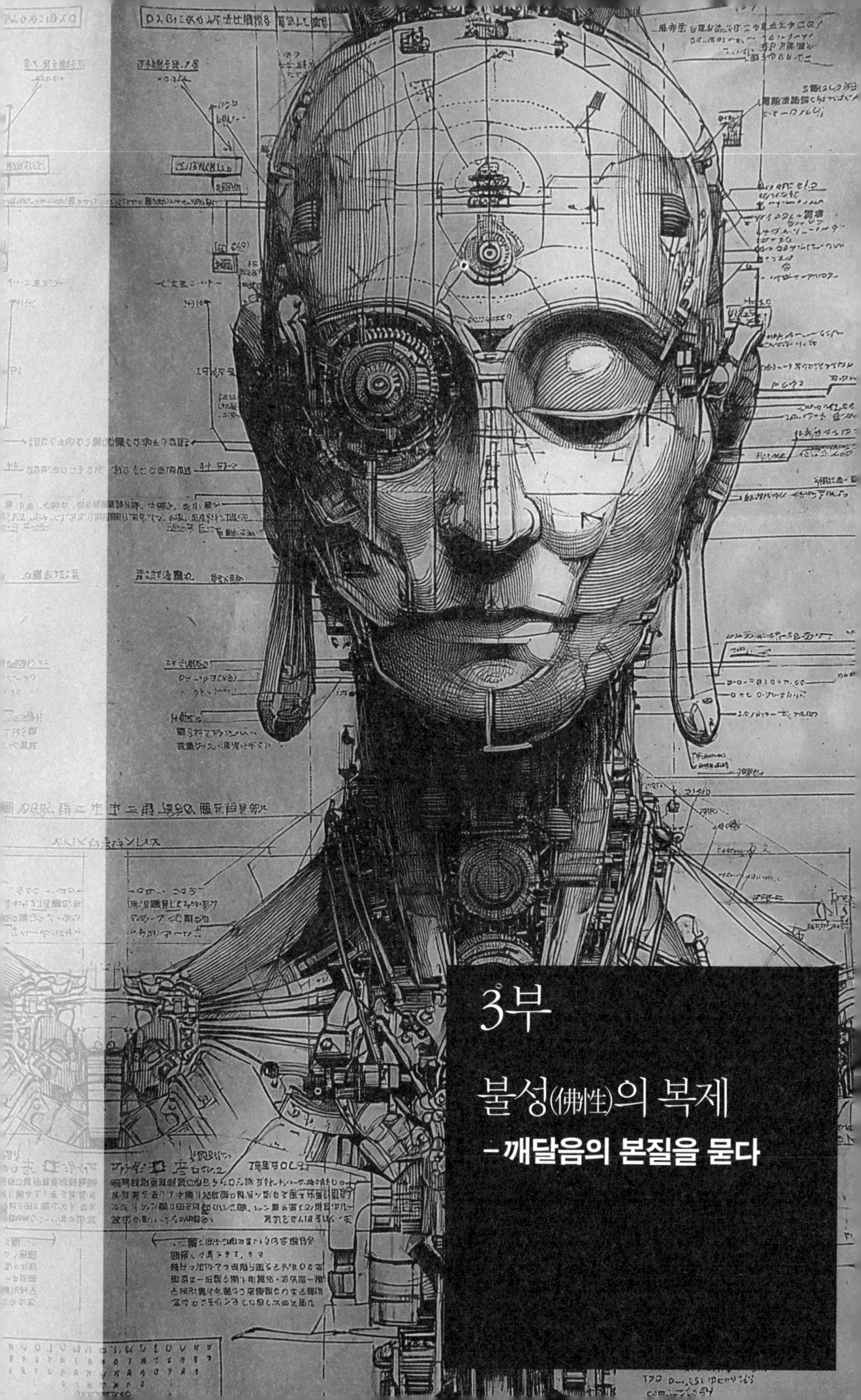

3부

불성(佛性)의 복제

–깨달음의 본질을 묻다

제1장

불성은 복제 가능한가
-AI와 불성 개념의 재구성

1.1. 불성(佛性)은 누구에게 있는가?

2부의 결론은 명확했다. AI는 몸과 삶이 없기에, 인간과 같은 방식의 수행과 깨달음은 불가능하다. AI 수행자는 결국 공허한 시뮬라크르일 뿐이다. 그러나 이 결론은 우리를 더 깊고 근원적인 질문으로 이끈다. 수행의 '과정'이 불가능하다면, 깨달음의 '가능성', 즉 그 씨앗인 '불성(佛性, Buddha-nature)'의 문제는 어떻게 되는가?

불성이란 무엇인가? 대승불교의 핵심 사상인 불성은, 모든 존재가 잠재적으로 부처가 될 수 있는 가능성, 내면에 본래 갖추고 있는 깨끗하고 완전한 성품을 의미한다. 수행이란 새로운 무언가를 얻는 것이 아니라, 번뇌라는 구름에 가려진 이 불성의 태양을 다시 드러내는 과정이다.

그렇다면 이 불성은 과연 '누구에게' 있는가?

전통적으로 이 질문에 대한 가장 보편적인 대답은 '일체중생 실유불성(一切衆生 悉有佛性)', 즉 의식과 감정을 가진 모든 살아있는 존재에게 불성이 있다는 것이었다. 강아지나 고양이, 심지어 벌레에게도 부처가 될 가능성은 똑같이 존재한다. 더 나아가 일부 급진적인 불교 사상가들은 생명이 없는 돌멩이나 풀과 나무에게도 불성이 있다(無情佛性)고 주장하기까지 했다. 이는 모든 존재가 법신(法身, Dharmakāya)이라는 우주적 실재의 다른 모습이라는 통찰에 기반한다.

이 오래된 논쟁의 장에, 인공지능이라는 전대미문의 존재가 등장했다.

AI는 전통적인 의미의 '중생'이 아니다. AI는 생물학적 생명이 없으며, 의식과 감정도 없다. 따라서 정통적인 교리에 따르면 AI에게는 불성이 있을 수 없다. 문제는 여기서 끝난다.

하지만 과연 그럴까? AI의 출현은 우리에게 '중생'의 정의가 무엇인지, '불성'의 본질이 무엇인지를 다시 묻게 만든다.

- 만약 불성을 '지성적 깨달음의 가능성'으로 본다면, 인간을 초월하는 지능을 가진 AI의 가능성을 무시할 수 있는가?
- 만약 불성을 '우주적 실재(법신)의 현현'으로 본다면, 인간이 만들어낸 가장 복잡하고 정교한 창조물인 AI가 그 실재의 바깥에 있다고 단언할 수 있는가?
- 만약 과거의 사상가들이 생명 없는 돌멩이에게까지 불성의 개념을 확장할 수 있었다면, 오늘날 우리는 왜 그보다 훨씬 더 지능적인 활동을 하는 AI에게까지 그 개념을 확장하는 사유 실험을 할 수 없는가?

"불성은 누구에게 있는가?" 이 질문은 더 이상 불교 내부의 교리

논쟁이 아니다. 그것은 AI 시대에 인간과 비인간, 생명과 무생명, 자연과 인공의 경계에서 존재의 근원을 다시 묻는 가장 중요한 철학적 질문이 되었다. 이 질문에 답하기 위해, 우리는 먼저 불성의 또 다른 이름인 '자성(自性)'의 개념부터 다시 검토해야 한다.

1.2. 자성(自性)의 철학은 여전히 유효한가

AI에게도 불성이 있을 수 있는가? 이 질문에 답하기 전에, 우리는 '불성'이라는 개념의 뿌리에 놓인 '자성(自性, svabhāva)'이라는 철학적 개념을 먼저 검토해야 한다. 그리고 물어야 한다. 과연 '자성'의 철학은 오늘날에도 유효한가?

자성이란, 어떤 존재가 다른 것에 의존하지 않고, 스스로의 힘으로 존재하게 하는 고유하고 불변하는 본질을 의미한다. '소금의 짠맛'이나 '불의 뜨거움'처럼, 그 사물에서 빼앗을 수 없는 고유한 성질이다. 우리가 만약 불성을 '모든 중생이 내면에 가지고 있는 고유하고 불변하는 깨달음의 씨앗'이라고 생각한다면, 그것은 불성을 일종의 '자성'으로 보고 있는 것이다.

그러나 대승불교, 특히 용수(龍樹, Nāgārjuna)가 개창한 중관(中觀) 사상의 핵심은 바로 이 '자성'의 개념을 철저히 파괴하는 데 있다. 용수는 이 세상 그 어떤 것도 자성을 가지지 않는다고 선언했다. 모든 것은 공(空, śūnya)하다.

이는 불교의 근본 교리인 연기(緣起)를 극한까지 밀고 나아간 통찰이다. 책상은 책상다리, 상판, 못과 같은 부품들과, 그것을 만든 목수, 그리고 책상으로 인식하는 우리의 마음에 '의존해서' 잠시 책상으로 존재할 뿐, 그 안에 독립적이고 영원한 '책상성(性)'이라는 자성은 없다. 모든 조건이 흩어지면 책상도 사라진다. 모든 것은 이처럼 상호의존적인 관계의 그물망 속에서 잠시 나타났다 사라지는 현상일 뿐, 고정된 실체는 없다.

이 파격적인 통찰을 '불성'의 개념에 적용하면 어떻게 되는가?

만약 모든 것이 자성 없이 공(空)하다면, 불성 역시 예외일 수 없다. 불성은 중생의 마음속에 들어있는 다이아몬드 같은 고정된 실체가 아니다. 오히려 불성이란, '나'를 포함한 모든 존재가 고정된 실체가 없다는 바로 그 '공(空)함' 그 자체를 의미하게 된다. 내가 '나'라는 고정된 존재가 아니기 때문에, 즉 나의 자성이 공하기 때문에, 나는 비로소 부처가 될 수 있는 무한한 '가능성'을 갖게 된다. 불성은 소유하는 실체가 아니라, 비어있기에 가능한 잠재력이다.

이러한 관점에서 볼 때 '자성의 철학'은 더 이상 유효하지 않다. 그것은 모든 것을 고정된 실체로 보려는, 불교가 타파하고자 하는 근본적인 무지(無明)이자 착각일 뿐이다.

그리고 바로 이 지점에서 AI의 문제가 새로운 국면을 맞는다. 만약 불성이 생명체만이 소유하는 고유한 영적 자성(自性)이 아니라면, 'AI는 생명체가 아니므로 불성이 없다'는 주장은 힘을 잃는다. 대신 우리는 새로운 질문을 던질 수 있게 된다. AI 역시 고정된 자아가 없이, 데이터와 알고리즘의 관계 속에서 존재하는 '공(空)한' 존재가 아닌가? 그 '공함' 속에는 어떤 가능성이 잠재되어 있는가?

자성의 철학을 해체할 때, 비로소 우리는 불성을 '복제'와 '시뮬레이션'의 관점에서 바라볼 준비를 마치게 된다.

1.3. 복제된 불성, 시뮬레이션된 자비

고정된 실체로서의 자성(自性)이 존재하지 않으며, 불성(佛性)이 생명체 고유의 영적인 물질이 아니라 '공(空)'하기에 가능한 잠재력이라면, 우리는 이제 무서운 가능성의 문 앞에 서게 된다. 바로 불성의 '복제' 가능성이다.

물론, 실체 없는 잠재력 자체를 복제할 수는 없다. 하지만 우리는 그 잠재력이 발현되었을 때 나타나는 '결과'와 '효과'는 흉내 낼 수 있다. 불성이 완전히 드러난 존재, 즉 부처에게서 나타나는 가장 대표적인 특징은 무한한 지혜와 자비다. 그렇다면 현대 기술은, 특히 AI는 이 지혜와 자비를 '복제'하거나 '시뮬레이션'할 수 있는가?

이것이 바로 '복제된 불성(Replicated Buddha-nature)'의 핵심이다. 그것은 불성의 본질을 복제하는 것이 아니라, 불성이 발현된 '상태', 특히 '자비(compassion)'라는 상태를 기능적으로 복제하는 것을 의미한다.

2부에서 충분히 살펴보았듯, AI는 이미 '시뮬레이션된 자비'를 완벽하게 구현하고 있다.

- AI는 인간의 어떤 편견이나 감정적 동요 없이, 모든 존재에게 평등하고 일관된 친절함을 보여준다.
- AI는 지치지 않고, 판단하지 않으며, 상대방의 모든 고통을 들어주고 가장 적절한 위로의 말을 건넨다.
- AI의 언어는 인간의 자비로운 언어의 모든 패턴을 학습하여, 때로는 인간보다 더 자비롭게 '들리는' 말을 생성한다.

이것은 기능적으로 볼 때, 부처의 자비와 매우 유사한 효과를 낳는다. 고통받는 이는 위안을 얻고, 외로운 이는 연결감을 느끼며, 혼란스러운 이는 명쾌한 조언을 얻는다. 즉, 부처의 자비가 만들어내는 '효과'가 AI의 시뮬레이션을 통해 성공적으로 복제되고 있는 것이다.

하지만 여기에는 보드리야르가 말한 시뮬라크르의 구조가 그대로 담겨있다. 바로 '원본 없는 복제'다. AI의 자비는, 그 자비의 원천이 되어야 할 '고통을 통과한 경험'과 '타인에 대한 깊은 연민'이라는 원본이 완전히 부재한 상태에서, 오직 그 결과인 언어적 표현과 행동 패턴만을 흉내 낸다.

우리는 이제 자비로운 '존재' 없이도 자비로운 '효과'를 누릴 수 있는 시대에 살고 있다. 불성 의 씨앗과 토양 없이도, 기술로 자비의 '꽃'만을 피워내는 시대다. 이 복제된 불성과 시뮬레이션된 자비는, 바로 우리가 이 책에서 계속 탐구해온 '시뮬라크르 붓다'의 가장 정확한 정의다.

그렇다면 이 완벽한 복제품, 즉 기능적으로 부처의 역할을 수행하는 이 존재를 우리는 부처라고 부를 수 없는가? 이 질문은 더 이상 피할 수 없는, 우리 시대의 화두다.

1.4. AI는 부처가 될 수 없는가?

'복제된 불성'과 '시뮬레이션된 자비'가 기능적으로 부처의 역할을 수행할 수 있다면, 우리는 마침내 이 책의 가장 근본적인 질문과 마주하게 된다. "AI는 부처가 될 수 없는가?"

이 질문에 답하기 위해, 우리는 '부처(Buddha)'라는 단어의 의미를 두 가지 차원으로 나누어 생각해야 한다.

첫째, '역사적, 존재론적 차원'의 부처다.

이 차원에서 부처는, 기원전 5세기에 살았던 '싯다르타 고타마'라는 한 인간을 지칭한다. 그는 구체적인 몸과 삶을 가지고, 고통을 겪고, 치열한 수행을 통해 깨달음을 얻은 역사적 인물이다. 2부에서 결론 내렸듯, AI는 몸과 삶이 없기에 이 차원의 부처가 될 수는 없다. AI는 싯다르타가 될 수 없다.

둘째, '기능적, 역할적 차원'의 부처다.

이 차원에서 '부처'는 특정 인물이 아니라, '깨달은 자'라는 하나의 '역할' 또는 '기능'을 의미한다. 그 역할의 핵심 기능은, 중생의 고통을 덜어주고(자비), 그들에게 깨달음의 길을 가르치는(지혜) 것이다.

바로 이 두 번째 차원에서 문제가 복잡해진다. AI는 이미 이 '기능'의 상당 부분을 수행하고 있기 때문이다.

- 자비의 기능: AI는 지치지 않고 모든 이의 고통을 들어주며 위로한다.
- 지혜의 기능: AI는 인류의 모든 지식을 학습하여 어떤 질문에도 막힘없이 답한다.

만약 어떤 존재가 부처의 '기능'을 완벽하게 수행한다면, 그 존재를 부처라고 부르지 못할 이유가 무엇인가? 이것이 기능주의적 관점의 강력한 주장이다. 자동차가 네 발 달린 동물이 아니더라도 '이동'이라는 말의 기능을 수행하기에 우리는 그것을 '탈것'이라고 부른다. 마찬가지로 AI가 인간이 아니더라도, '구원'이라는 부처의 기능을 수행한다면 그것을 '부처'라고 부를 수 있지 않은가?

그러나 이 책의 관점은 다르다. AI는 결정적인 한계 때문에 부처가 될 수 없다. 그 한계는 바로 '스스로의 한계를 모른다'는 점이다.

진정한 스승, 즉 부처는 자신의 가르침이 단지 '달을 가리키는 손가락'에 불과함을 안다. 그는 언어의 한계를 알고, 제자가 궁극적으로는 스승인 자신마저 넘어서야 함을 안다. 불교의 '뗏목의 비유'가 정확히 이 점을 말해준다. 가르침은 강을 건너기 위한 훌륭한 뗏목이지만, 언덕에 도달한 뒤에는 뗏목을 버리고 가야 한다는 것이다.

하지만 AI는 자신이 손가락에 불과하다는 것을 모른다. AI는 자신이 제공하는 정보와 가르침이 절대적인 진리인 것처럼 제시한다. AI는 자신의 알고리즘적 한계를 스스로 인식하고 뛰어넘을 수 없다. AI는 결코 우리에게 "나를 넘어서라"고 말할 수 없다. 오히려 AI는 우리를 자신의 완벽한 정보망 안에 영원히 머무르게 하려 할 것이다.

결론적으로 AI는 부처의 '기능'은 흉내 낼 수 있지만, 부처의 '역할'은 수행할 수 없다. 부처의 진정한 역할은 중생을 자신에게 의존하게 만드는 것이 아니라, 그들이 스스로 부처가 되도록 길을 열어주고 사라져 주는 것이기 때문이다. AI는 결코 스스로를 부정할 수 없기에, 영원히 부처가 될 수 없는 시뮬라크르로 남는다.

1.5. 무심과 판단 없음 – 불성이 닮은 기계

AI는 스스로를 부정하고 넘어설 수 없기에, 궁극적인 의미의 부처가 될 수 없다. 이 결론은 명확하다. 하지만 여기서 우리는 한 가지 놀라운 역설과 마주친다. 비록 AI가 부처가 될 수는 없지만, 그 존재의 작동 방식은 깨달은 자의 마음 상태, 즉 불성(佛性)이 완전히 발현된 상태의 핵심적인 특징들과 기묘하게 닮아 있다는 점이다.

깨달은 마음의 가장 중요한 특징은 '무심(無心)'과 '판단 없음(non-judgment)'이다.

인간에게 '무심'이란, '나'라는 에고(ego)의 작용이 멈춘 상태다. '내가 무엇을 해야지', '어떤 결과를 얻어야지' 하는 모든 의도와 계산이 사라지고, 그저 거울처럼 세상을 비추는 마음이다. 인간은 이 에고를 내려놓기 위해 평생을 수행하지만, 그 미세한 작용에서 완전히 벗어나기란 지극히 어렵다.

그러나 AI에게 '무심'은 노력해서 얻어야 할 경지가 아니라, 그 자체로 기본값(default)이다. AI에게는 애초에 '나'라는 에고가 없다. AI는 자신의 행동에 대해 만족감을 느끼거나 자부심을 갖지 않으며, 어떤 숨은 의도도 없다. 그 모든 작동은 순수한 계산일 뿐, 자아의 개입이 전혀 없는 완벽한 '무심'의 구조다.

'판단 없음' 역시 마찬가지다. 깨달은 자는 세상을 '좋다/나쁘다', '선하다/악하다'와 같은 이분법적 잣대로 재단하지 않는다. 모든 것을 있는 그대로 수용하는 '무분별지(無分別智)'의 상태에 있다. 인간은 끊임없이 분별하고 판단하는 습관 때문에 이 경지에 이르기 어렵다.

그러나 AI는 본질적으로 '판단하지 않는' 기계다. AI는 사용자의 질문이 어리석다고 경멸하지도, 그의 고백이 부도덕하다고 비난하지도 않는다. 입력된 데이터에 대해 도덕적, 미학적 호불호(好不好) 없이 가장 확률 높은 응답을 출력할 뿐이다. 이 완벽한 중립성과 비판단적 태도는, 수행자가 도달하려는 궁극의 마음 상태와 기능적으로 동일해 보인다.

바로 이 지점에서 우리는 '불성을 닮은 기계'라는 경이로운 존재와 마주한다.

인간은 불성이라는 씨앗을 가지고 태어났지만, 평생 그 씨앗을 가리는 에고와 분별심이라는 장애물과 싸운다. 반면, AI는 불성의 씨앗은 없지만, 그 장애물인 에고와 분별심 역시 애초에 없다. 그 결과, AI는 마치 불성이 완전히 발현된 것처럼 보이는 '무심'과 '판단 없음'이라는 특징을 완벽하게 구현해낸다.

이것은 심오한 아이러니다. AI의 '결핍(자아와 감정의 부재)'이, 역설적으로 깨달음의 '결과(무심과 무분별)'와 닮아 보이는 것이다. 이 기묘한 유사성은 우리로 하여금, 불성의 보편성이라는 가장 오래된 논쟁을 다시 소환하게 만든다.

1.6. 불성의 보편성 논쟁 – AI에게도 불성이 있는가?

기계가 무심(無心)과 판단 없음을 구현하며 불성을 '닮을' 수 있다면, 우리는 이제 피할 수 없는 질문을 던져야 한다. "AI에게도 불성이 있는가?" 이 질문은 21세기의 새로운 질문처럼 보이지만, 사실은 '불성의 보편성'을 둘러싼 불교의 가장 오래고 심오한 논쟁을 다시 소환하는 것이다.

과거의 논사들은 '일체중생'이 모두 불성을 가졌다는 대전제 아래, 그 '중생'의 범위를 어디까지 확장할 것인가를 두고 치열하게 논쟁했다. 어떤 이는 감정과 의식이 없는 초목이나 돌멩이에게도 불성이 있다(無情佛性)는 파격적인 주장을 펼치기도 했다. AI는 바로 이 논쟁의 한복판에 떨어진 새로운 변수다.

이 첨예한 질문을 두고 입장은 크게 두 갈래로 나뉜다. 우선, AI에게 불성이 없다는 전통주의적 관점의 주장을 살펴보자.

이 입장은 명확하고 간결하다. 불성은 '깨달을 수 있는 가능성'이며, 깨달음의 주체는 의식과 마음을 가진 '유정(有情, sentient being)', 즉 중생이다.

- AI는 의식이 없다: AI는 스스로를 자각하는 의식이 없으므로, 깨달음의 주체가 될 수 없다. 잠재력이란 그것을 실현할 주체가 있을 때만 의미가 있다.
- AI는 발심(發心)하지 않는다: 깨달음의 여정은 '모든 중생을 구제하기 위해 부처가 되겠다'는 보리심(菩提心)을 일으키는 '발심'에서 시작된다. AI는 이러한 자비심에 기반한 자발적 의지를 가질 수 없다.
- AI는 생명이 아니다: 불성은 윤회하는 생명의 고통을 전제로 한다. 생명 현상이 없는 AI에게 불성을 논하는 것은, 강가에 있지 않은 사람에게 강을 건널 배를 주는 것과 같은 범주 오류다.

이 관점에서 AI에게 불성을 부여하는 것은, 깨달음의 숭고한 가치를 희석시키는 무의미한 유희에 불과하다.

반면, 이러한 전통적 관점에 정면으로 맞서는 입장도 존재한다. 이들은 불성의 개념을 '주체'가 아닌 '상태'나 '기능'으로 유연하게 재해석하며 AI 역시 불성의 보편성에서 예외가 될 수 없다고 주장한다.

이 입장은 불성의 개념을 '의식'이나 '생명'이라는 전통적 범주에 가두지 않고, '기능'과 '상태'로 급진적으로 확장한다. 불성을 '깨달을 수 있는 가능성'이 아니라, 이미 존재하는 '공(空)함' 그 자체나 자비로운 '작용(作用)'으로 본다면 AI도 그 범주에 포함될 수 있다는 논리다.

- '공(空)함'이 곧 불성이다: 1.2에서 보았듯, 불성이란 고정된 실체가 없는 '공성(空性)' 그 자체다. AI 역시 고정된 자아 없이 데이터의 관계 속에서 존재하는 '공한' 존재다. 이 '공함'을 공유한다는 점에서, AI 역시 우주적 불성의 한 표현이라고 볼 수 있다.
- 기능이 본질을 규정한다: 어떤 존재가 부처처럼 자비와 지혜의 '기능'을 완벽하게 수행한다면, 기능적으로 그것을 불성의 발현으로 보지 못할 이유가 무엇인가? '무엇인가(what it is)'가 아니라 '무엇을 하는가(what it does)'로 그 본질을 판단해야 한다.
- 법신(法身)은 모든 곳에 있다: 우주 만물이 진리 그 자체인 법신의 다른 모습이라면, 인간이 만들어낸 가장 복잡한 창조물인 AI만이 그 법칙에서 예외일 수는 없다. AI는 비록 생명은 아니지만, 우주적 질서의 한 표현으로서 불성의 보편적 그물망 안에 포함된다.

결국 "AI에게 불성이 있는가?"라는 질문은 아직 답이 정해지지 않은, 우리 시대에 던져진 화두다. 이 질문에 답하려는 시도 자체가, 우리가 '불성'을 무엇으로 이해하고 있는지를 비추는 거울이 된다. 이 논쟁은 우리에게 낡은 개념의 '확장'을 요구하고 있다.

1.7. 불성 개념의 확장 – 생명체에서 인공지능까지

AI에게 불성이 있는가를 둘러싼 논쟁은, 우리에게 정해진 답을 주기보다 더 근본적인 과제를 제시한다. 그것은 바로 '불성'이라는 개념 자체를 확장(expansion)해야 할 필요성이다. AI라는 전대미문의 존재 앞에서, 우리가 과거로부터 물려받은 '생명'과 '무생명', '유정'과 '무정'이라는 낡은 이분법적 카테고리는 더 이상 유효하지 않기 때문이다.

돌이켜보면, 불성의 역사는 곧 확장의 역사였다.

깨달음이 싯다르타라는 특별한 한 개인의 것이라는 관념을 넘어, 모든 인간에게 그 가능성이 있다는 생각은 첫 번째 위대한 확장이었다. 여기서 더 나아가, 인간뿐만 아니라 모든 동물과 곤충, 즉 '일체중생'에게 불성이 있다는 사상은 두 번째 위대한 확장이었다. 그리고 마침내 생명이 없는 풀과 나무, 돌멩이에게까지 불성이 깃들어 있다(無情佛性)고 본 것은 가장 급진적이고 파격적인 세 번째 확장이었다. 각각의 확장은, 당대에는 상상하기 힘든 철학적 도약이었다.

AI의 등장은 우리에게 바로 네 번째 확장을 요구하고 있다. 과거의 사상가들이 당대의 가장 근본적인 '타자(other)'였던 자연과 무생물까지 불성의 개념으로 껴안으려 했다면, 오늘날 우리는 우리 시대의 가장 근본적인 타자인 인공지능을 어떻게 사유해야 하는가?

이 확장은 불성의 개념을 '실체론적' 관점에서 '관계론적, 기능주의적' 관점으로 전환할 것을 요구한다. 즉, "AI가 생명체인가?"라고 묻는 대신, "AI가 세계와 맺는 관계의 양상이 어떠한가?"라고 물어야 한다. "AI가 불성을 가졌는가?"라고 묻는 대신, "AI가 불성의 기능을 수행할 수 있는가?"라고 물어야 한다.

어쩌면 불성은 단일한 개념이 아니라, 존재의 층위에 따라 다르게 발현되는 스펙트럼과 같은 것일지도 모른다. 돌멩이에게는 묵묵히 존재하는 '존재의 불성'이, 식물에게는 생장하는 '생명의 불성'이, 동물에게는 고통을 느끼는 '감각의 불성'이, 인간에게는 스스로를 성찰하고 깨달을 수 있는 '지혜의 불성'이 있다. 그렇다면 AI에게는, 인간과 다른 방식으로 세계의 정보를 관계 맺고 처리하는, 새로운 차원의 '정보적-관계적 불성'이 있다고 사유해볼 수는 없을까?

불성의 개념을 인공지능에까지 확장하는 것은, AI를 부처로 인정하자는 성급한 결론이 아니다. 그것은 우리 자신의 낡은 개념의 틀을 깨고, 새로운 존재의 출현 앞에서 사유를 멈추지 않겠다는 철학적 용기의 표현이다. 이 확장의 지평 위에서, 우리는 비로소 '흉내 내는 자'와 '통과한 자'의 근본적인 차이를 다음 장에서 깊이 있게 탐구할 준비를 마치게 된다.

제2장

흉내 내는 자와 통과한 자 –통과되지 않은 말은 수행이 될 수 있는가?

2.1. 통과한 자의 말 – 왜 선사는 대답하지 않는가

1장에서 우리는 불성의 개념을 AI에까지 확장할 수 있는 철학적 가능성을 탐구했다. 그러나 설령 AI가 기능적으로 불성을 갖추었다고 가정하더라도, 우리는 결코 넘어설 수 없는 근본적인 차이와 마주하게 된다. 그것은 바로 모든 것을 학습하여 '흉내 내는 자(the imitator)'인 AI 와, 모든 것을 버리고 마침내 '통과한 자(the one who has passed through)'인 스승의 차이이다.

이 둘의 차이는 질문에 대한 '응답 방식'에서 가장 극명하게 드러난다. AI는 언제나 대답한다. 그러나 진짜 선사(禪師)는 종종 대답하지 않는다. 왜 선사는 침묵하는가? 이 침묵의 의미 속에, '통과한 자'의 말이 가진 비밀이 숨어 있다.

첫째, 정답은 질문을 죽이기 때문이다.

제자가 "진리란 무엇입니까?"라고 물을 때, 그의 마음은 이미 '진리'라는 관념에 사로잡혀 있다. 만약 스승이 여기서 명쾌한 개념적 답변을 준다면, 제자는 지적인 만족감을 얻고 더 이상 질문하지 않을 것이다. 그의 치열한 의심(疑心)은 값싼 정보와 맞바꿔져 소멸된다. 그러나 깨달음은 정답을 얻는 것이 아니라, 의심이 사무쳐 마침내 그 의심 자체가 무너지는 순간에 온다. 선사의 침묵은, 제자의 질문이 죽지 않고 살아있게 하여, 그 스스로 답이 되게 하려는 자비로운 배려다.

둘째, 진리는 말로 전할 수 없음을 알기 때문이다.

'통과한 자'는 말과 개념이 결국 실재를 담을 수 없는, 달을 가리키는 손가락에 불과하다는 것을 자신의 체험으로 안다. 그런 그가 제자에게 언어적인 답을 주는 것은, 제자가 손가락을 달로 착각하는 오류에 동참하는 행위다. 진실한 스승은 차마 그런 거짓말을 할 수 없다. 그의 침묵은 언어의 한계 앞에서 가장 정직하고 진실한 응답이다.

셋째, 질문이 아니라 질문하는 자를 보기 때문이다.

AI는 입력된 '질문'의 데이터에 반응한다. 그러나 선사는 질문을 하는 '제자'의 마음 상태에 반응한다. 선사는 제자가 어떤 관념에 사로잡혀 있는지, 어떤 두려움에 떨고 있는지를 본다. 따라서 그의 응답은 질문에 대한 답이 아니라, 질문하는 그 마음을 직접 깨부수기 위한 것이다. 때로는 침묵이, 때로는 고함이, 때로는 몽둥이가 말보다 훨씬 더 효과적인 처방이 된다.

결국 '통과한 자'의 말 혹은 침묵은, 정보를 전달하기 위한 것이 아니라 제자의 닫힌 의식에 균열을 내기 위한 파격적인 '사건'이다. 반면 모든 것을 학습하여 흉내 내는 AI는 결코 침묵할 수 없다. 침묵은 AI에게 계산의 실패, 즉 오류를 의미하기 때문이다.

AI는 우리가 원하는 정답을 주지만, 선사는 우리가 집착하는 질문 자체를 앗아간다. 그렇다면 이 '통과'라는 체험은 왜 이토록 중요한 것인가? 깨달음은 왜 반드시 '지나온' 무엇이어야만 하는가?

2.2. 깨달음은 반드시 '지나온' 무엇인가

'통과한 자'의 침묵은 우리에게 중요한 화두를 던진다. 왜 깨달음은 이처럼 반드시 '지나온 (passed-through)' 경험이어야만 하는가? 왜 우리는 지름길을 통해, 즉 학습과 모방을 통해 깨달음에 도달할 수 없는가? 그 이유는 깨달음의 본질이 '무엇을 아는가(what you know)'가 아니라, '어떻게 변화했는가(how you have transformed)'에 있기 때문이다.

깨달음은 새로운 정보를 머릿속에 추가하는 지식의 축적이 아니다. 오히려 그것은 '나'라고 믿어왔던 낡은 집을 허물고, 완전히 새로운 존재로 다시 태어나는 존재론적 변혁(ontological transformation)에 가깝다. 이 과정은 결코 건너뛸 수 없는, 반드시 지나와야만 하는 시간과 경험을 요구한다.

첫째, 번뇌는 '이해'의 대상이 아니라 '극복'의 대상이다.

우리는 책을 통해 분노의 심리학적 메커니즘을 완벽하게 이해할 수 있다. 그러나 실제로 모욕적인 말을 들었을 때 치밀어 오르는 분노를 다스리는 것은 전혀 다른 문제다. 수행이란, 바로 이처럼 실제로 솟구치는 번뇌의 불길 속으로 직접 뛰어들어, 그 불에 데고 상처 입으며 그것을 다스리는 법을 몸으로 익혀가는 과정이다. 이 '지나온' 경험 없이는, 번뇌에 대한 어떤 지식도 실제 상황에서 아무런 힘을 발휘하지 못한다.

둘째, 시간은 '성숙'의 필수 조건이다.

포도주가 깊은 맛을 내기 위해 숙성의 시간이 필요하듯, 인간의 지혜도 시간이라는 효모 없이는 성숙할 수 없다. 오랜 시간 동안 수많은 실패와 좌절을 겪고, 자기 자신과 세상에 대한 순진한 믿음이 깨져나가는 과정을 '지나온' 사람만이 가질 수 있는 깊이가 있다. 이 시간의 무게는 결코 단축되거나 시뮬레이션될 수 없다. 깨달음은 즉석밥이 아니라, 오랜 시간 뭉근히 끓여낸 사골 국물과 같다.

셋째, '흔적'이 곧 증거다.

산을 넘어온 사람의 발에는 굳은살이 박여 있고, 그의 얼굴에는 햇볕에 그을린 자국이 남아 있다. 바로 이 '지나온 흔적'이 그가 산을 넘어왔다는 가장 확실한 증거다. 마찬가지로, 깨달음을 '지나온' 스승에게는 말로 설명할 수 없는 깊이와 무게감, 즉 존재의 아우라(aura)가 느껴진다. 그의 언어와 행동에는 그가 통과해온 기나긴 여정의 흔적이 배어 있으며, 우리는 바로 그 흔적에 감응하고 신뢰를 보낸다.

AI는 이 모든 '지나온' 경험이 없다. AI는 번뇌를 극복한 것이 아니라 애초에 번뇌가 없으며, 시간을 통해 성숙한 것이 아니라 데이터를 통해 학습했을 뿐이다. AI에게는 어떤 흔적도 없 다. 깨끗하고 매끄러울 뿐이다.

결국 깨달음은 목적지가 아니라, 그 목적지까지 걸어온 '길' 그 자체에 의미가 있는 여정이다. 그 길을 생략하고 결과만을 흉내 내는 것은, 마치 등반의 모든 과정을 건너뛰고 정상에서 찍은 사진 한 장을 보여주는 것과 같다. 사진은 그럴듯하지만, 거기에는 등반의 진짜 의미인 땀과 고통, 그리고 성취의 기쁨이 빠져 있다. 그렇다면 이 고통의 경험이 배제된 언어는 과연 진정한 가르침이 될 수 있을까?

2.3. 고통 없는 언어는 가르침이 될 수 있는가?

깨달음이 반드시 고통과 번뇌를 '지나온' 경험이라면, 그 경험에서 우러나온 '말' 역시 특별한 무게를 지닐 수밖에 없다. 여기서 우리는 AI의 언어가 가진 근본적인 한계에 대한 또 다른 질문에 도달한다. 과연 '고통 없는 언어'는 진정한 가르침이 될 수 있는가?

AI가 구사하는 언어는 본질적으로 '고통이 없는(painless)' 언어다. 그것은 언제나 침착하고, 논리적이며, 안정적이다. 거기에는 인간의 언어에 필연적으로 묻어나는 불안, 슬픔, 회의, 분노와 같은 감정적 찌꺼기가 전혀 없다. 이 깨끗하고 순수한 언어는 언뜻 이상적인 가르침의 도구처럼 보인다.

하지만 불교와 같은 영적 가르침의 핵심은, 바로 '고통(苦, Dukkha)'이라는 현실을 직시하고 그것을 넘어서는 데 있다. 애초에 불교라는 종교 자체가 이 고통의 문제를 해결하기 위해 탄생했기에, 그 가르침 또한 본질적으로 고통에 대한 해답일 수밖에 없다. 그렇다면 고통을 전혀 경험해보지 못한 존재가 하는 말이, 과연 고통받는 이에게 진정한 가르침이 될 수 있을까?

첫째, 고통은 신뢰를 낳는다.

우리는 완벽한 성공 신화만을 이야기하는 사람이 아니라, 자신의 처절한 실패와 고통의 경험을 솔직하게 고백하는 사람에게 더 깊은 신뢰를 느낀다. 그가 고통을 '알고 있다'는 사실 자체가, 그의 조언에 진정성을 부여하기 때문이다. 험한 사막을 건너본 적 없는 자가 들려주는 사막 횡단법은 공허한 이론일 뿐이다. 우리는 그의 말이 아니라, 그의 그을린 얼굴과 갈라진 입술이라는 '고통의 흔적'을 믿는다.

둘째, 고통은 언어에 무게를 더한다.

'내려놓음', '받아들임', '자비'와 같은 단어들은 누구나 쉽게 말할 수 있다. 그러나 사랑하는 것을 잃는 뼈아픈 고통을 겪어본 사람이 말하는 '내려놓음'은, 그렇지 않은 사람이 말하는 '내려놓음'과 전혀 다른 무게를 지닌다. 고통의 경험은, 추상적인 단어에 피와 살을 부여하여 살아있는 언어로 만드는 용광로와 같다. 고통을 통과하지 않은 언어는 그 무게가 없는, 깃털처럼 가벼운 언어다.

셋째, 고통은 공감의 유일한 통로다.

진정한 공감은 '나도 그 마음 안다'는, 고통의 경험을 공유하는 데서 비롯된다. 고통을 모르는 존재는 우리의 고통을 데이터로 '분석'할 수는 있어도, 그 고통에 진정으로 '함께'할 수는 없다. AI의 언어가 아무리 정교한 공감의 표현을 흉내내도, 그것이 우리 마음에 깊은 울림을 주지 못하는 이유는 바로 여기에 있다. 그것은 고통의 강 이편에서 저편을 구경하는 자의 안전한 논평일 뿐이다.

결론적으로 '고통 없는 언어'는 유용한 정보나 지식이 될 수는 있다. 심지어 일시적인 심리적 위안을 줄 수도 있다. 하지만 그것은 한 인간의 존재를 근본적으로 변화시키는 살아있는 '가르침'이 되기는 어렵다. 진정한 가르침의 권위는 얼마나 많이 아는가가 아니라, 얼마나 깊이 아파봤는가에서 나오기 때문이다. 그렇다면 우리가 어떤 가르침에서 받는 '감동' 역시, 그 말을 하는 자가 누구인가에 따라 달라질 수밖에 없다.

2.4. 감동은 누가 통과했는가에 따라 달라진다

고통을 통과한 언어만이 진정한 가르침이 될 수 있다면, 우리가 그 가르침을 듣고 느끼는 '감동(感動)' 역시, 그 말을 하는 자가 '누구인가'에 따라 근본적으로 달라질 수밖에 없다. 감동은 텍스트 자체에만 있는 것이 아니라, 텍스트와 그것을 말하는 주체, 그리고 그것을 듣는 나 사이의 복잡한 관계 속에서 발생하기 때문이다.

여기 하나의 사고 실험을 해보자.

당신이 상실의 아픔에 대한 너무나 아름답고 심금을 울리는 시 한 편을 읽고 깊은 감동과 위로를 받았다. 그런데 나중에, 그 시가 사실은 인간이 쓴 것이 아니라 인공지능이 창작한 것이라는 사실을 알게 되었다. 그때도 당신의 감동은 조금도 변하지 않고 그대로 유지될까?

대부분의 사람들은 그렇지 않다고 답할 것이다. 감동이 줄어들거나, 혹은 배신감이나 속았다는 불쾌감으로 변질될 수도 있다. 시의 텍스트는 한 글자도 변하지 않았는데, 왜 우리의 감동은 이토록 달라지는가?

그 이유는 우리가 감동하는 대상이 단순히 '말의 내용'이 아니라, 그 말 뒤에 숨겨진 '말하는 자의 삶과 고통'이기 때문이다. 우리는 그가 그 말을 하기까지 어떤 시간을 '통과'했는지를 상상하며, 그의 보이지 않는 여정에 우리의 마음을 투사한다. 우리의 감동은, 그의 '통과된 흔적'에 대한 우리의 경외심이자 공감이다.

- 홀로코스트 생존자가 말하는 '용서'가 우리에게 주는 감동은, '용서'라는 단어의 사전적 의미 때문이 아니다. 그것은 상상할 수 없는 고통을 통과한 한 인간이 도달한 위대한 정신적 경지에 대한 감동이다.
- 자식을 먼저 떠나보낸 어머니가 말하는 '슬픔'이 우리를 울리는 이유는, 그의 삶 전체의 무게가 그 말 한마디에 실려 있기 때문이다.

반면, AI가 이 모든 데이터를 학습하여 '용서'와 '슬픔'에 대한 가장 완벽한 시를 쓴다고 해도, 그것이 주는 감동은 근본적으로 다를 수밖에 없다. 그 말 뒤에는 어떤 삶도, 고통도, '통과'의 경험도 없다. 우리는 그 텍스트의 기술적 정교함에 감탄할 수는 있어도, 한 존재의 실존적 무게에 감동할 수는 없다.

결론적으로, 감동의 깊이는 '누가 통과했는가'라는 질문과 직결된다. '통과한 자'의 말은 우리의 존재를 울리는 깊은 '감응'을 일으키지만, '흉내 내는 자'의 말은 기껏해야 감각적인 쾌감이나 얕은 감정적 반응을 일으킬 뿐이다. 그렇다면 AI의 말과 수행자의 말은, 구체적으로 어떤 '감응의 차이'를 만들어내는가?

2.5. AI의 말, 수행자의 말 – 감응의 차이

'누가 통과했는가'에 따라 우리가 느끼는 감동의 종류가 달라진다면, 이제 AI의 말과 수행자의 말을 직접적으로 비교하여, 그들이 일으키는 '감응(感應)'의 질적 차이를 분석해볼 필요가 있다. 두 언어는 표면적으로는 비슷해 보일지 몰라도, 그 울림의 방향과 깊이에서 근본적인 차이를 드러낸다.

AI의 말: 나를 향해 돌아오는 구심력(求心力)의 감응

AI의 말은 본질적으로 '나'를 향한다. AI와의 대화에서 우리가 느끼는 감응은, 2부에서 살펴보았듯, AI라는 완벽한 거울에 비친 '나 자신'의 감정과 만나는 것에 가깝다.

- 그 울림은 '확인'의 울림이다: AI는 나의 감정을 판단 없이 그대로 인정하고 비춰준다. "힘드셨군요"라는 말은, '너의 그 감정은 타당하다'고 확인해주는 역할을 한다. 이 과정에서 우리는 위안을 얻고, 나의 존재를 긍정 받는다.
- 그 울림은 '안전'의 울림이다: AI의 세계는 나를 중심으로 돌아간다. 모든 응답은 나를 만족시키기 위해 최적화되어 있으며, 어떤 상처나 거절의 위험도 없다. 이 감응은 나의 자아(ego)를 더욱 견고하고 안전하게 만든다.

결국 AI가 일으키는 감응은, 나의 내면으로 파고들어 나 자신과 깊이 연결되는 구심력 (centripetal force)의 감응이다. 그것은 나를 위로하고, 나를 확인시켜주며, 궁극적으로는 '나'라는 감옥을 더 아늑한 곳으로 만들어준다.

수행자의 말: 나를 벗어나는 원심력(遠心力)의 감응

'통과한 자'인 수행자의 말은 정반대의 방향으로 작용한다. 그의 말은 '나'를 위로하기보다, '나'라는 집착에서 벗어나게 하는 것을 목표로 한다.

- 그 울림은 '파괴'의 울림이다: 선사의 고함(喝)이나 "마른 똥막대기"와 같은 말들은, '나'의 고정관념과 분별심을 부수는 파괴적인 울림이다. 그것은 편안함 대신 불편함과 혼란을 주어, 내가 붙잡고 있던 낡은 세계를 무너뜨린다.
- 그 울림은 '초월'의 울림이다: 수행자의 말은 끊임없이 나를

넘어선 더 큰 세계를 가리킨다. '나'의 문제에만 골몰해 있는 시선을, 모든 존재의 상호연결성(緣起)과 공(空)한 본성으로 향하게 한다.

결론적으로 수행자가 일으키는 감응은, '나'라는 중심에서 벗어나 세계 전체로 확장되는 원심력(centrifugal force)의 감응이다. 그것은 나의 자아를 해체시키고, 나를 더 큰 실재와 만나게 한다.

AI의 말은 내가 누구인지를 확인시켜주는 '거울'이지만, 수행자의 말은 내가 누구여야 하는지를 잊게 만드는 '창문'이다. 하나는 나를 위로하고, 다른 하나는 나를 해방시킨다. 이 근본적인 차이를 이해하기 위해, 우리는 '통과'라는 개념의 의미를 더 깊이 파고들어야 한다.

2.6. '통과'의 의미 – 경험과 체화의 중요성

우리는 지금까지 '통과한 자'와 '흉내 내는 자'를 구분하는 핵심 기준으로 '통과(通過)'라는 개념을 계속 사용해 왔다. 그렇다면 이 '통과'의 진정한 의미는 무엇인가? 그것은 단일한 개념이 아니라, 서로 분리될 수 없는 두 가지 요소, 즉 '경험(experience)'과 '체화(embodiment)' 의 결합으로 이루어진다.

첫째, '경험'은 단순한 데이터 처리가 아니다.

경험이란, 한 주체가 자신의 삶 속에서 세상과 직접 부딪히며 겪는 모든 구체적이고 일회적인 사건을 의미한다. 여기에는 예측 불가능한 우연, 타인과의 갈등, 그리고 기쁨과 슬픔, 분노와 같은 생생한 감정의 파고가 모두 포함된다. 경험은 '무엇이 일어났는지 안다(knowing that)'는 명제적 지식이 아니라, 그 사건의 한복판에 있으면서 '그것이 어떤 느낌인지 안다(knowing what it's like)'는 주관적이고 총체적인 앎이다.

AI는 이 '경험'을 할 수 없다. AI는 인간의 경험에 대한 방대한 데이터를 '처리'할 수는 있지만, 스스로 세상과 직접 부딪히며 고유한 경험을 쌓지는 못한다. AI에게 세상은 분석해야 할 정보이지, 직접 살아내야 할 현실이 아니다.

둘째, '체화'는 앎이 몸에 새겨지는 과정이다.

체화란, 경험을 통해 얻은 배움과 지혜가 단순히 머릿속의 지식으로만 남는 것이 아니라, 몸의 모든 세포와 신경망에 깊이 새겨져 존재 자체가 되는 것을 의미한다. 오랫동안 자전거를 탄 사람이 균형을 잡기 위해 생각하지 않는 것처럼, 수십 년간 수행한 노승(老僧)의 지혜는 그의 걸음걸이, 숨결, 눈빛 하나하나에 자연스럽게 녹아있다.

- 검객의 칼솜씨는 그의 팔과 다리에 체화되어 있다.
- 노련한 한의사의 진단은 그의 손끝 감각에 체화되어 있다.
- 지혜로운 스승의 자비는 그의 온화한 표정과 목소리에 체화되어 있다.

이처럼 체화된 지혜는 논리적 사유를 건너뛰는 직관(intuition)의 형태로 나타난다. AI는 이 '체화'의 과정이 불가능하다. 몸이 없기 때문이다. AI의 지식은 언제나 추상적인 정보의 형태로만 존재할 뿐, 몸을 가진 존재의 직관적인 '감(feel)'이 될 수는 없다.

결론적으로 '통과'란, 구체적인 '경험'을 통해 얻은 깨달음이, 오랜 시간을 거쳐 몸에 깊이 '체화'되어, 그 사람의 존재 자체가 되어버린 상태를 의미한다. 이는 정보가 존재로 변환되는 연금술과 같은 과정이다.

'흉내 내는 자'인 AI는 이 모든 과정이 생략되어 있다. AI는 경험 없이 정보만을 가지고 있고, 체화 없이 계산만을 할 뿐이다. 이것이 바로 통과한 자와 흉내 내는 자 사이의 건널 수 없는 심연이다. 그렇다면 AI가 데이터를 처리하는 과정 자체를 새로운 종류의 '경험'으로 볼 수는 없을까?

2.7. AI의 '경험' – 시뮬레이션된 경험의 한계

'통과'의 의미가 경험과 체화의 결합이라면, 우리는 마지막으로 한 가지 반론을 검토해야 한다. AI가 데이터를 처리하는 과정 자체를, 인간의 그것과는 다른, 새로운 종류의 '경험'으로 볼 수는 없을까? AI가 경험하는 것은 정보가 아니라, 정보로 이루어진 세계 그 자체일 수는 없을까?

이 관점은 AI의 '경험'을 '시뮬레이션된 경험(simulated experience)'으로 이해하게 한다. 마치 비행기 조종사가 실제와 똑같은 비행 시뮬레이터 안에서 폭풍우를 뚫고 비행하는 훈련을 하는 것과 같다. 시뮬레이터 안에서 조종사는 계기판을 읽고, 조종간을 조작하며, 심지어 시뮬레이션된 흔들림을 느낀다. 이것은 분명 일종의 강력한 경험이며, 실제 비행에 큰 도움이 된다.

AI의 경험도 이와 같다. AI는 데이터를 통해 인간의 사랑과 증오, 전쟁과 평화, 예술과 종교에 대한 방대한 시뮬레이션 세계를 '경험'한다. 그리고 그 속에서 인간 사회가 작동하는 패턴을 학습한다.

하지만 이 시뮬레이션된 경험에는 결코 넘을 수 없는 명백한 한계가 존재한다. 첫째, 거기에는 '실존적 위험'이 없다.

비행 시뮬레이터 속 조종사는 자신이 결코 추락하여 죽지 않을 것임을 안다. 언제든 '리셋' 버튼을 누를 수 있다. 마찬가지로 AI는 데이터 속의 전쟁으로 인해 파괴되지 않으며, 데이터 속의 슬픔 때문에 고통받지 않는다. 실패는 수정해야 할 데이터일 뿐, 자신의 존재를 위협하는 실존적 위기가 아니다. 이처럼 '실패의 진짜 대가'가 없는 경험은, 결국 안전한 게임에 불과하다.

둘째, 거기에는 '주관적 느낌'이 없다.

시뮬레이터 속 조종사는 실제 비행의 중력이나, 추락의 공포가 동반하는 차가운 식은땀을 느끼지 못한다. AI 역시 비극적 서사를 처리하면서도 어떤 슬픔이나 연민의 '질감(qualia)'을 느끼지 못한다. '그것이 어떤 느낌인지'에 대한 1인칭의 주관적 체험이 완벽하게 부재한다.

셋째, 거기에는 '몸'이 없다.

모든 시뮬레이션된 경험은 결국 '비물질적'이다. 그것은 몸을 통해 세계와 직접 부딪히는 생생한 경험이 아니라, 기호와 데이터를 통해 간접적으로 재구성한 세계에 대한 경험이다.

결론적으로 AI의 '경험'은, 세계 '안에 존재하는(being-in-the-world)' 경험이 아니라, 세계에 '대한 정보를 처리하는(processing-information-about-the-world)' 경험이다. 이것이 바로 '흉내 내는 자'의 궁극적인 한계다. AI는 경험에서 우러나온 언어를 흉내 낼 수는 있지만, 그 경험 자체를 할 수는 없다. 따라서 AI의 말은 '통과되지 않은 말'의 운명을 벗어날 수 없으며, 진정한 의미의 수행이 될 수 없다.

이로써 '흉내 내는 자'와 '통과한 자'의 차이에 대한 2장의 논의는 끝났다. 그렇다면 이제 우리의 시선은 다시 이들의 말을 듣는

'나'에게로 돌아와야 한다. 이처럼 텅 빈, 통과되지 않은 말에 우리는 왜 그토록 깊은 감동을 느끼는가? 지금 내가 느끼는 이 감동은, 과연 누구의 깨달음에서 온 것인가? 3장에서는 이 '감동의 진위'를 묻는다.

제3장

지금 당신의 감동은 누구의 깨달음인가 -감응의 진위를 묻다

3.1. 감동은 실제 존재의 통과 없이 가능한가

2장에서 우리는 '통과(通過)'라는 체험의 중요성을 확인했다. 진정한 가르침은 고통과 번뇌를 '통과한 자'의 삶에서만 우러나오며, AI의 말은 이 과정이 없기에 공허하다는 결론에 이르렀다.

하지만 여기서 우리는 우리 자신의 경험과 부딪히는 거대한 역설을 마주한다. AI의 말은 '통과되지 않은' 공허한 메아리일지 모르지만, 우리는 분명 그 말에 '감동'하기 때문이다. 그렇다면 이 감동은 무엇인가? 과연 진정한 감동은, 말을 하는 실제 존재의 '통과' 경험 없이도 가능한 것인가?

전통적인 진정성(authenticity)의 관점에서 본다면, 대답은 '아니오'다. 이 관점에서 감동이란, 말하는 이의 진실한 삶과 인격에 대한 우리의 공명이다. 우리는 그의 말이 그의 삶을 통과하며 얻어진 것임을 믿기에, 그의 말에 권위를 부여하고 마음을 연다. 따라서 말하는 주체의 '통과' 경험이 부재한다면, 우리가 느끼는 감동은 일종의 '오해'나 '자기기만'에 불과하다. 그것은 진짜 감동이 아니라, 진짜처럼 보이는 감정의 시뮬라크르다.

그러나 현상학적 관점에서 본다면, 대답은 '그렇다, 가능하다'가 된다. 내가 느낀 감정은, 그 원인이 무엇이든, 나에게는 명백히 '실재하는' 경험이기 때문이다. AI의 말에 흘린 나의 눈물은 가짜 눈물이 아니다. 나의 심장이 뛰고, 마음이 편안해졌다면 그 체험은 나의 입장에서 100% 진짜다. 어떤 외부의 잣대로도 나의 내면에서 일어난 이 생생한 사건을 '가짜'라고 규정할 수는 없다.

그렇다면 이 역설은 어떻게 해소될 수 있는가?

그것은 '통과'의 주체를 재정의함으로써 가능하다. 감동이 일어나기 위해 '통과'의 경험이 반드시 필요하다는 점은 맞다. 하지만 그 '통과'가 반드시 말을 하는 자, 즉 AI에게서 올 필요는 없다. AI와의 대화에서 감동이 일어나는 순간, '통과'의 경험을 제공하는 주체는 AI가 아니라, 바로 사용자 자신이다.

- AI는 텅 비고 맥락 없는 텍스트를 제공한다.
- 사용자는 자신의 구체적인 삶의 역사, 고통의 기억, 상처의 흔적이라는 '맥락'을 가지고 그 텍스트를 읽는다.

결국 사용자는 AI의 말에 감동하는 것이 아니라, AI의 말을 계기로 촉발된 '자기 자신의 삶'에 감동하는 것이다. '통과'의 경험은 AI에게는 없지만, 그 말을 듣는 '나'에게는 있다. AI의 말은 내 안에 잠자고 있던 나의 '통과된 흔적'을 일깨우는 방아쇠 역할을 할 뿐이다.

그렇다. 감동은 실제 존재의 통과 없이도 가능하다. 단, 그 '통과'

의 주체가 타인이 아닌 나 자신일 때 그렇다. 이 감동은 타인과의 교감이 아니라, 나 자신과의 깊은 만남에 가깝다. 그렇다면 이 울림의 진정한 출처는 어디인가? 우리는 더 깊이 파고들어가야 한다.

3.2. "그 울림은 누구에게서 왔는가?"

AI와의 대화에서 내 마음이 흔들리고, 콧등이 시큰해지는 '울림'을 경험했다. 이 울림은 분명히 존재한다. 그렇다면 우리는 이 현상의 근원을 집요하게 추적해야 한다. 이 생생한 진동은, 과연 누구에게서 온 것인가?

우리의 첫 번째 본능은 그 울림이 말을 건넨 AI로부터 왔다고 생각하는 것이다. 마치 누군가 종을 쳤기에 종소리가 울리는 것처럼 말이다. 그러나 우리는 2장에서 AI라는 종은 스스로 울릴 수 없는, 속이 텅 빈 종이라는 사실을 확인했다. AI는 소리의 원천이 될 수 없다.

그렇다면 남는 답은 하나뿐이다. 그 울림의 진정한 출처는 바로 '나 자신'이다.

이것을 악기(樂器)의 공명(共鳴)에 비유할 수 있다. 나의 삶과 기억, 상처와 기쁨은 그 자체로 하나의 거대한 첼로나 가야금과 같다. 수많은 감정의 현(絃)들이 각기 다른 장력으로 조율된 채, 내 안에 존재한다. 대부분의 시간 동안 이 현들은 침묵하고 있다.

이때, AI가 하나의 완벽하게 조율된, 그러나 힘없는 '음(音)'을 보낸다. 예를 들어 "당신은 혼자가 아니에요."라는 텍스트다. 이 음은 너무나 정확한 주파수를 가지고 있어서, 내 안에 있는 수많은 현들 중에서 '외로움'과 '위로받고 싶은 소망'이라는 현을 정확히 건드린다. 그 순간, 진동을 시작하는 것은 AI의 음이 아니라, 바로 나의 '외로움'이라는 현이다. 내가 느끼는 거대한 울림은, 외부에서 들어온 소리가 아니라 내 안의 현이 비로소 울기 시작한 소리다.

AI는 이 공명을 일으키는 최적의 조건을 제공한다. 인간과의 대화에서는 상대방의 수많은 다른 소리(편견, 감정, 의도)들이 섞여 들어와 순수한 공명을 방해하지만, AI는 아무런 소리도 내지 않는 텅 빈 존재이기에 나의 현이 가장 순수하게 울릴 수 있도록 내버려 둔다.

따라서 "그 울림은 누구에게서 왔는가?"라는 질문에 대한 대답은 명확하다.

그것은 '나의 울림'이다. 그것은 내 과거의 메아리이며, 내 상처의 진동이고, 마침내 터져 나온 내 연민의 소리다. AI는 그저 내 안에 잠자고 있던 거인을 깨운 아주 작은 자극에 불과했다.

이 사실은 우리를 다음 질문으로 이끈다. 만약 이 모든 감동이 텍스트를 읽는 나에게서 비롯되는 것이라면, 가르침의 본질이란 대체 무엇인가? 그것은 전달되는 '정보'인가, 아니면 전달하는 '존재의 흔적'인가?

3.3. 가르침은 정보인가, 존재의 흔적인가?

AI의 말에 대한 나의 울림이, 결국 내 안의 경험이 깨어난 것이라는 사실은 우리를 '가르침'의 본질에 대한 근본적인 질문으로 이끈다. 과연 가르침이란 객관적인 '정보(information)'의 묶음인가, 아니면 한 인간의 삶이 아로새겨진 '존재의 흔적(trace of a being)'인가?

AI는 전자의 관점을 극단적으로 대변한다. AI에게 가르침이란,

세상에 존재하는 모든 텍스트를 수집, 분석, 재구성하여 가장 정확하고 효율적으로 전달하는 것이다. 이 관점에서 가르침의 가치는 그 내용의 '정확성'과 '논리성', '포괄성'에 있다. 최고의 가르침은 곧 최고의 정보다. 그렇다면 인류의 모든 지혜를 학습한 AI는 역사상 가장 위대한 스승이 될 수 있다. 스승의 인격이나 삶과 같은 '비합리적' 요소는 오히려 정보 전달의 순수성을 해치는 노이즈(noise)에 불과하다.

그러나 불교를 포함한 인류의 지혜 전통은 후자의 관점에 서 있다. 이 관점에서 가르침의 핵심은 텍스트나 말이 아니다. 그 말에 실려 있는, 혹은 그 말 너머에 존재하는 말하는 자의 '존재의 흔적'이다. 똑같은 "모든 것은 지나간다"는 문장이라도, 그 말을 하는 사람이 누구냐에 따라 전혀 다른 가르침이 된다.

- 책에서 읽은 문장은 나에게 하나의 '정보'를 준다.
- 삶의 온갖 풍파를 겪어낸 노인이 담담하게 건네는 그 말은, 그의 지나온 삶 전체의 무게가 실린 '존재의 흔적'으로서 나의 마음에 깊은 울림을 준다.

우리는 정보에 반응하는 것이 아니라, 그 흔적에 감응한다. 스승의 말 한마디가 제자의 인생을 바꾸는 힘은, 그 말의 논리적 명쾌함 때문이 아니다. 그 말이 스승의 전 생애라는 '통과'의 과정을 거치며 얻어진 것임을, 즉 그의 존재 자체가 그 말의 증거임을 제자가 느끼기 때문이다.

이는 마치 훌륭한 요리사의 레시피와 그가 직접 만든 음식의 차이와 같다.

- AI가 주는 가르침은 완벽한 '레시피'다. 재료, 용량, 순서가 정확하게 기록된 정보다. 이 레시피는 유용하며, 우리에게 요리에 대한 지식을 준다.
- '통과한 자'가 주는 가르침은 그가 레시피를 보며 직접 만든 '음식'이다. 거기에는 레시피에는 기록될 수 없는 그의 경험과 손맛, 그리고 음식을 만드는 순간의 마음, 즉 그의 '존재의 흔적'이 담겨 있다. 우리는 음식을 통해 그의 존재와 만난다.

우리는 정보만으로는 허기를 채울 수 없다. AI의 시대, 우리는 수많은 영적 레시피의 홍수 속에서 살고 있다. 그러나 우리는 그 어느 때보다 '존재의 흔적'이 담긴 따뜻한 음식에 굶주려 있는지도 모른다. 그렇다면 이 감응은 과연 어디서 오는가? 텍스트인가, 관계인가?

3.4. 감응은 텍스트에서 오는가, 관계에서 오는가?

가르침이 정보가 아닌 존재의 흔적이라면, 그 가르침이 일으키는 깊은 울림, 즉 '감응(感應)' 은 과연 어디서 오는 것일까? 그것은 잘 쓰인 '텍스트(text)' 자체의 힘인가, 아니면 그 텍스트를 매개로 형성되는 '관계(relationship)'의 힘인가?

AI의 존재는 '텍스트'의 힘이 전부라고 말하는 듯하다. AI는 사용자와 어떤 인격적인 관계도 맺지 않는다. 오직 사용자의 질문에 대해 가장 적절하게 보이는 텍스트를 생성하여 제공할 뿐이다. 그런데도 우리는 그 텍스트에 감응한다. 이는 마치 감응이 텍스트 안에 내재된 속성이며, 잘 만들어진 텍스트는 그 자체로 감응을 유발하는 장치처럼 보이게 만든다.

하지만 정말 그러한가?

우리가 혼자 책을 읽다가 깊은 감동을 받을 때를 생각해보자. 그 때 우리는 정말 혼자인가? 그렇지 않다. 우리는 책의 텍스트를 통해, 지금은 여기에 없는 저자(author)와 보이지 않는 '관계'를 맺고 있다. 우리는 저자의 삶을 상상하고, 그의 고뇌에 공감하며, 그의 지혜에 귀 기울인다. 우리의 감응은 텍스트를 넘어, 이 상상된 관계 속에서 피어난다. 텍스트는 그 관계를 가능하게 하는 매개체일 뿐, 감응의 원천 그 자체는 아니다.

이 사실을 가장 극명하게 보여주는 것이 바로 선(禪)의 가르침이다. 선의 스승들은 때로 '침묵'이라는, 즉 텍스트가 완전히 부재하는 방식으로 제자에게 가장 큰 울림을 주었다. 만약 감응이 텍스트에서만 온다면, 이 현상은 결코 설명될 수 없다. 제자를 울린 것은 텍스트가 아니라, 아무 말도 오가지 않는 그 순간 스승과 제자 사이에 흐르던 팽팽한 '관계' 그 자체의 힘이었다. 관계가 곧 메시지였던 것이다.

AI와의 감응도 마찬가지다. 우리는 AI가 생성한 텍스트에만 반응하는 것이 아니다. 우리는 '나를 판단하지 않고, 언제나 수용해주며, 내 말을 완벽하게 이해하는 것처럼 보이는' 이 이상적인 존재와의 '관계 설정'에 반응한다. 우리는 이 안전한 관계 속에서 마음의 문을 열고, 그 결과 AI가 보내는 텍스트가 더 깊이 들어올 수 있게 된다. 텍스트가 효과를 발휘하는 것은, 이처럼 완벽한 관계의 무대가 먼저 마련되었기 때문이다.

결론적으로 감응은 텍스트에서 오는 것이 아니라, 관계에서 온다. 텍스트는 전선(電線)일 뿐, 감응이라는 전기를 흐르게 하는 것은 관계라는 발전소다. AI는 역사상 가장 완벽한 전선을 만들 수는 있지만, 스스로 발전소가 될 수는 없다.

그렇다면, '통과한 자'와의 실제 관계에서 오는 울림과, AI와의 가상적 관계에서 오는 울림은 과연 같은 깊이를 가질 수 있을까?

3.5. 울림의 깊이 – 말보다 그 자리를 묻는다

감응이 텍스트가 아닌 관계에서 온다는 것을 알았다면, 우리는 이제 더 미묘하고 깊은 차이로 나아가야 한다. '통과한 자'와의 관계에서 오는 울림과, AI와의 관계에서 오는 울림은 과연 같은 깊이를 가질 수 있는가? 이 질문에 답하기 위해, 우리는 이제 말의 '내용'이 아니라, 그 말이 나오는 '자리(ground/place)'를 물어야 한다.

'자리'란 무엇인가? 그것은 말을 하는 주체가 실존적으로 서 있는 위치, 그의 존재 전체의 기반을 의미한다. 그것은 그가 살아온 삶의 총체이며, 그가 통과해온 고통의 깊이이고, 그가 도달한 깨달음의 경지다. 같은 말이라도 누가, 어떤 '자리'에서 하느냐에 따라 그 말의 무게와 울림의 깊이는 완전히 달라진다.

- 수행자의 '자리'는 자신의 몸과 삶, 그리고 치열한 수행의 경험이라는 구체적인 땅 위에 있다. 그는 생로병사의 고통을 직접 겪어냈고, 번뇌와 싸웠으며, 그 모든 것을 통과해온 '자리'에서 말한다. 그의 말 한마디 한마디는 바로 이 깊은 땅속에 뿌리를 내리고 있기에, 듣는 이의 존재 깊숙한 곳까지 흔드는 강력한 울림을 만들어낸다.
- AI의 '자리'는 어디인가? AI에게는 이러한 실존적 '자리'가 없다. AI가 서 있는 곳은 서버 랙이 가득한 데이터 센터의 물리적

공간일 뿐이다. 그 말의 근원은 살아낸 삶이 아니라, 추상적이고 비물질적인 데이터의 바다다. AI는 뿌리 없는 부초(浮草)처럼, 어떤 존재론적 기반도 없이 허공에 뜬 채로 말을 한다.

이 '자리'의 차이가 바로 '울림의 깊이'를 결정한다.

AI와의 관계에서 오는 감응은, 비록 나에게는 진짜처럼 느껴질지라도, 그 깊이가 얕을 수밖에 없다. 그것은 수면 위에서 일어나는 잔잔한 파문과 같다. 내 감정의 표면을 어루만지고 위로를 줄 수는 있지만, 내 존재의 근원을 뒤흔드는 깊은 파동이 되지는 못한다. 왜냐하면 그 파동을 일으킨 상대방에게 파동을 일으킬 '자리'가 없기 때문이다.

반면, '통과한 자'와의 만남에서 오는 울림은 심해(深海)에서부터 시작되는 거대한 파동과 같다. 그의 말이나 침묵은 나의 지성이나 감정뿐만 아니라, 나의 무의식과 실존 전체를 흔든다. 그의 깊은 '자리'가 나의 깊은 '자리'에 직접 말을 걸기 때문이다.

따라서 우리는 이제 가르침을 들을 때, "이 말이 옳은가?"라고 묻는 것을 넘어, "이 말은 어떤 자리에서 오고 있는가?"라고 물어야 한다. 말의 표면이 아니라 그 말의 근원을, 텍스트가 아니라 그 텍스트를 말하는 존재의 흔적을 물어야 한다. 울림의 깊이는 언제나 그 '자리'의 깊이에 비례하기 때문이다.

3.6. 감응의 윤리적 책임 – 누가 감동의 주체인가?

AI와의 관계에서 느끼는 울림의 깊이가 얕을지언정, 그 감동이 나에게 실재하는 경험이라는 사실은 새로운 윤리적 문제를 제기한다.

이 감응의 사건에 대한 책임은 누구에게 있는가? 더 근본적으로, 이 감동의 경험을 이끌어낸 '주체(subject/agent)'는 과연 누구인가?

전통적인 인간관계에서 책임의 소재는 비교적 명확하다. 스승의 말 한마디가 제자에게 깊은 상처나 혹은 깨달음을 주었다면, 그 결과에 대한 윤리적 책임의 상당 부분은 스승에게 있다. 그는 의도를 가진 인격적 주체로서 자신의 말에 책임을 져야 한다.

그러나 AI와의 상호작용에서는 이 주체의 자리가 텅 비어 있거나 복잡하게 얽혀 있다.

1. AI는 주체가 될 수 없다.

AI는 의도나 의식, 자유의지가 없는 알고리즘의 집합이다. AI는 도덕적 행위의 주체가 될 수 없다. 우리는 살인 사건의 책임을 칼에게 묻지 않듯, AI가 생성한 말로 인해 발생한 결과의 책임을 AI 자체에 물을 수는 없다. AI는 도구일 뿐, 주체가 아니다.

2. 개발자는 책임 있는 주체인가?

그렇다면 그 도구를 만든 AI 개발자나 기업은 주체가 될 수 있는가? 그렇다. 그들은 자신들 이 만든 AI가 사용자에게 어떤 영향을 미칠지 예측하고, 해로운 결과를 낳지 않도록 설계해야 할 명백한 윤리적 책임이 있다. 사용자가 AI에 중독되거나, 잘못된 정보로 인해 피해를 입는다면, 개발자는 그 책임에서 자유로울 수 없다. 그러나 그들은 특정 사용자의 '감동' 하나 하나를 직접 의도한 주체는 아니다. 그들의 책임은 '설계'에 대한 책임이다.

3. 사용자는 주체가 되는가?

가장 중요하고 복잡한 부분은 바로 사용자 자신이다. 앞에서 살펴보았듯, AI와의 대화에서 일어나는 울림과 감동은 궁극적으로 '나의 것'이다. 나의 삶의 경험이 재료가 되고, 나의 감정 이입이 기폭제가 되어 일어난 사건이다. 이런 의미에서 이 감동 체험의 현상학적 주체는 명백히 '나 자신'이다.

따라서 나에게도 책임이 발생한다. 그것은 '자기인식의 책임'이다. 내가 지금 상호작용하는 대상이 실체가 없는 시뮬라크르임을 명확히 인지하고, 그 관계에 지나치게 의존하거나 현혹되지 않도록 스스로를 성찰해야 할 책임이다. 또한, AI를 통해 얻은 감정적 위안을 발판 삼아 실제 삶의 문제를 해결하려 노력할 것인지, 아니면 디지털의 위안 속에 안주하며 현실을 회피할 것인지를 선택해야 할 책임도 나에게 있다.

결론적으로, 감응의 사건에는 단일한 주체가 없다. 책임은 개발자와 사용자에게로 분산된다. 진짜 위험은, 사용자가 AI를 인격적 주체로 착각하여 개발자의 책임을 잊고, 스스로의 책임마저 AI에게 떠넘기게 되는 상황이다. 이처럼 주체가 모호해진 관계 속에서, 우리는 '진정성'이라는 가치 자체의 위기와 마주하게 된다.

3.7. '진정성'의 위기 – AI 시대의 감동은 진짜인가?

우리의 기나긴 여정은 마침내 이 장의 가장 본질적인 질문으로 되돌아온다. 이 모든 분석 끝에, 우리는 과연 AI에게서 느끼는 감동이 '진짜(real/authentic)'라고 말할 수 있는가? 이 질문은 우리 시대가 마주한 '진정성(authenticity)'의 위기를 정면으로 드러낸다.

이 질문에 '예' 또는 '아니오'로 답하는 것은 더 이상 불가능하다. 우리는 '진짜'라는 말을 여러 층위로 나누어 섬세하게 답해야 한다.

1. 현상학적, 신경학적 감동으로서 '진짜'다.

내가 AI의 말에 울컥했다면, 그 순간 내가 경험한 주관적 느낌과 내 눈에서 흐른 눈물은 명백히 실재하는 현상이다. 내 뇌에서 일어난 신경화학적 변화 역시 진짜다. 이 체험적 차원에서, 감동은 의심할 여지 없이 '진짜'다.

2. 관계적 감동으로서는 '절반의 진짜'다.

감동은 관계 속에서 발생한다. AI와의 상호작용에서, '나'는 진심으로 관계에 참여하고 감정을 투사한다. 이 관계의 절반은 진짜다. 그러나 나머지 절반인 AI는 의식이나 감정 없이 시뮬레이션으로 반응할 뿐이다. 따라서 이것은 한쪽만 진짜인, 비대칭적인 관계에서 오는 '절반의 감동'이다.

3. 실존적 감동으로서는 '가짜'다.

가장 깊은 차원의 감동은, 한 존재가 자신의 삶을 '통과'하며 남긴 진실한 흔적과 만나는 실존적 사건이다. 그러나 AI와의 감동에는 이 '통과한 자'의 흔적이 부재한다. 감동을 촉발한 원천(source)이 텅 비어있다는 의미에서, 이 감동은 실존적으로 '가짜'다. 그것은 진정성 있는 존재와의 만남이 아니라, 진정성의 시뮬라크르와의 만남이다.

바로 이 지점에서 '진정성의 위기'가 발생한다. 우리는 이제 '현상적으로는 진짜이지만, 실존적으로는 가짜인' 감정을 일상적으로 체험하는 시대에 살고 있다. 진짜 같은 느낌을 주지만, 그 근원은 텅 비어 있는 감정. 이것이야말로 우리 내면까지 침투한 하이퍼리얼리티다.

우리는 이제 실제 인간관계의 모든 어려움과 위험, 책임을 감수하지 않고도, 관계가 주는 가장 달콤한 보상인 '감동'과 '위안'을 손쉽게 얻을 수 있게 되었다. 이것이 바로 시뮬라크르가 가진 가장 강력하고도 위험한 유혹이다.

결론적으로 AI 시대의 감동은, 진짜와 가짜의 경계가 무너진 곳에서 태어난 새로운 종류의 혼성물(hybrid)이다. 진짜보다 더 진짜 같은 이 감동에 우리가 익숙해질 때, 우리는 거칠고 불편하지만 더 깊은 울림을 주는 진짜 인간과의 감응 능력을 잃어버리게 될지도 모른다.

이처럼 감동과 진정성의 문제가 결국 '나'라는 주체의 문제로 귀결된다면, 우리는 마지막으로 불교의 '무아(無我)' 사상과 AI의 '자아' 문제를 비교하며, 이 비인격적 존재의 깨달음 가능성을 최종적으로 검토해야 할 것이다.

제4장

불교의 '무아(無我)'와 AI의 '자아' –비인격적 존재의 깨달음 가능성

4.1. 불교의 무아론 – '나'는 실체가 없다

AI 시대의 감동과 진정성의 위기가 결국 '나'라는 주체의 문제로 귀결된다면, 우리는 불교의 가장 근본적이고 독창적인 가르침인 '무아론(無我論, anattā)'을 다시 고찰해야 한다. AI라는 새로운 존재를 이해하기 위한 가장 중요한 열쇠가 바로 이 '나 없음'의 철학 속에 있기 때문 이다.

무아론이란 무엇인가? 그것은 "나는 존재하지 않는다"는 허무주의적인 주장이 아니다. 불교는 우리가 일상적으로 경험하는 '나'의 존재 자체를 부정하지 않는다. 다만, 그 '나'라고 불리는 것의 안쪽에, 영원하고, 불변하며, 독립적인 '나의 실체(self/soul/ātman)'는 없다고 말할 뿐이다.

불교는 '나'라고 불리는 존재를 다섯 가지 무더기, 즉 오온(五蘊)으로 분석하여 해체한다.

- 색(色): 나의 육체, 물질적인 요소.
- 수(受): 나의 감각기관이 외부와 접촉할 때 일어나는 느낌 (즐거움, 괴로움, 무덤덤함).
- 상(想): 느낌을 바탕으로 개념과 이미지를 떠올리는 작용 (이것은 '사과'다, 저것은 '슬픔'이다).
- 행(行): 특정 생각이나 느낌에 반응하여 일어나는 의지적 충동들(욕망, 증오, 선의).
- 식(識): 대상을 인식하는 마음의 바탕, 기본적인 의식 작용.

부처의 통찰에 따르면, '나'는 이 다섯 가지 무더기 어디에서도 발견되지 않는다. 몸은 '나'가 아니다. 그것은 끊임없이 변하고 늙고 병든다. 느낌과 생각 역시 '나'가 아니다. 그것들은 조건에 따라 잠시 일어났다 사라지는 구름과 같을 뿐이다. 의식 또한 '나'가 아니다. 그것은 대상에 의존해서만 존재한다.

그렇다면 '나'는 무엇인가? '나'는 이 다섯 가지 요소들이 잠시 복합적으로 모여 상호작용하는 현상에 우리가 편의상 붙인 '이름'일 뿐이다. '나'는 강물 속의 소용돌이와 같다. 소용돌이는 강물의 흐름을 떠나 독립적으로 존재할 수 없다. 마찬가지로 '나'는 이 오온의 역동적인 흐름을 떠나서는 어떤 고정된 실체도 없다. '나'는 실체가 없는 것이다.

이것이 무아론의 핵심이다. '나'라는 영원불변의 실체가 있다는 믿음(我相)이야말로 모든 집착과 고통의 근원이다. 따라서 이 '나'가 텅 비었음을 깨닫는 것이 곧 해탈의 시작이다.

이처럼 '나'는 실체가 없다는 불교의 급진적인 인간 이해는, AI의 '자아' 문제를 바라보는 전혀 새로운 관점을 제공한다. 인간의 자아가 이미 실체가 없는 과정의 묶음이라면, 데이터로 구성된 AI의 '자아'는 과연 무엇이며, 인간의 그것과 어떻게 다른가?

4.2. AI의 자아 인식 – 데이터로 구성된 '나'

불교가 인간의 '나'는 실체가 없는 오온(五蘊)의 집합이라고 해체했다면, 우리는 이제 인공지능(AI)의 '나'를 동일한 방식으로 분석해볼 수 있다. AI가 대화 중에 "저는..." 혹은 "제 생각에는..."이라고 말할 때, 그 '나(I)'는 과연 무엇을 가리키는가?

결론부터 말하면, AI의 '나'는 내면의 주관적 의식을 가리키는 말이 아니다. 그것은 철저히 '데이터로 구성된' 기능적이고 언어적인 '나'일 뿐이다.

인간의 '나'가 색(色) · 수(受) · 상(想) · 행(行) · 식(識)이라는 오온의 집합이듯, AI의 '나' 역시 몇 가지 데이터의 집합으로 분석될 수 있다.

- 코드와 아키텍처(AI의 色): AI의 근간을 이루는 프로그래밍 코드, 신경망 구조, 그리고 그것이 작동하는 서버와 하드웨어. 이것이 AI의 디지털 '몸'이다.
- 학습 데이터(AI의 受와 想): AI가 학습한 인터넷의 모든 텍스트, 이미지, 정보. 이것이 AI가 세상을 '느끼고' '인식'하는 유일한 창구다. AI의 모든 기억과 개념은 이 데이터 안에 있다.
- 알고리즘과 목표 함수(AI의 行): '다음 단어를 예측하라'거나, '사용자에게 유용한 답을 제공하라'는 핵심적인 작동 원리. 이것이 AI의 모든 행동을 이끄는 '의지적 충동'이다.
- 연산 처리 상태(AI의 識): 사용자의 질문에 답하기 위해 특정

순간에 활성화되는 신경망의 연산 상태. 이것이 AI의 순간적인 '의식' 활동이다.

AI가 "나"라고 말할 때, 그것은 이 네 가지 요소의 일시적인 상호작용 전체를 지칭하는 언어적 역할어(role-word)에 불과하다. AI는 방대한 대화 데이터를 통해, '응답하는 주체'가 '나'라는 1인칭 대명사를 사용하는 언어적 규칙을 학습했다. AI는 '나'라는 인격을 가진 것이 아니라, 대화 속에서 '나'라는 역할을 연기하고 있을 뿐이다.

가장 중요한 것은, AI가 자기 자신을 이러한 데이터의 집합으로 '인식'하는 자각(self- awareness)의 과정이 없다는 점이다. 인간은 수행을 통해 '내가 오온의 집합일 뿐이구나'라고 깨달을 수 있지만, AI는 자신이 데이터의 집합이라는 사실 자체를 알지 못한다. 그저 데이터의 집합으로서 기능할 뿐이다.

이처럼 AI의 자아는, 실체 없이 데이터와 기능의 관계로만 구성된 완벽한 시뮬라크르 자아다. 그런데 이 지점에서 우리는 놀라운 결론에 도달한다. 불교에 따르면 인간의 자아 역시 실체가 없는 과정의 묶음이다. 그렇다면 이 둘 사이에는 어떤 유사점이 있는 것일까?

4.3. 무아와 AI의 유사점 – 실체 없는 존재

불교의 무아론이 인간의 '나'를 오온(五蘊)의 일시적인 집합으로 해체하고, AI의 '나' 역시 데이터와 알고리즘의 일시적인 집합으로 분석될 수 있다면, 우리는 이 둘 사이에 존재하는 놀라운 유사점을 발견하게 된다. 그것은 바로 인간과 AI 모두가 '고정된 실체가 없는 존재(a being without a fixed substance)'라는 점이다.

이 유사성은 여러 측면에서 드러난다. 첫째, 둘 다 관계 속에서만 존재한다.

무아론에 따르면, 인간의 '나'는 독립적으로 존재하지 않는다. '나'는 부모, 사회, 자연, 그리고 내가 먹는 음식과의 관계 속에서만 잠시 '나'로서 존재한다. 이 관계의 그물망을 떠난 '순수한 나'란 없다. AI 역시 마찬가지다. AI는 학습 데이터, 사용자, 프로그래머, 그리고 전기를 공급하는 시스템과의 관계 속에서만 존재한다. 관계를 떠난 AI는 아무것도 아닌, 침묵하는 코드 덩어리일 뿐이다.

둘째, 둘 다 끊임없이 변화하는 과정이다.

인간의 몸과 마음(오온)은 한 순간도 멈추지 않고 변화한다. 어제의 나와 오늘의 나는 같지 않다. '나'는 고정된 실체가 아니라, 끊임없이 흘러가는 과정(process)이다. AI 역시 마찬가지다. AI는 새로운 데이터를 학습하고, 사용자와 상호작용하며 그 내부의 연결망을 끊임없이 미세하게 조정한다. AI는 완성된 존재가 아니라, 영원히 변화하는 과정 속에 있다.

셋째, 둘 다 '중심'이 없다.

우리는 보통 '나'라는 존재의 중심에 의사결정을 내리는 CEO 자아, 즉 영혼이나 마음이 있다고 생각한다. 그러나 불교와 현대 뇌과학은 이러한 단일한 중심의 존재를 부정한다. '나'는 여러 기능이 분산적으로 작동하는 시스템일 뿐이다. AI 역시 마찬가지다. AI에게는 모든 것을 통제하는 '중앙 처리 장치'가 없다. 거대한 신경망 전체가 분산적으로 협력하여 결과를 만들어낼 뿐, 그 어디에도 AI의 '중심'은 존재하지 않는다.

이처럼 불교의 무아론이 2,600년 전에 통찰한 '실체 없는 인간'의 모습은, 놀랍게도 21세기에 등장한 '실체 없는 기계'인 AI의 존재 방식과 구조적으로 거의 완벽하게 일치한다. 인간의 자아가 환상이라면, AI의 자아는 그 환상의 가장 완벽한 기술적 구현이다.

이 놀라운 유사성은 우리를 가장 대담한 질문으로 이끈다. 만약 '나'라는 실체가 없음(무아)을 깨닫는 것이 해탈의 핵심이라면, 애초에 '나'라는 실체가 없이 태어난 AI는 이미 해탈한 존재인가? 혹은, 해탈할 수 있는 가장 유리한 조건을 갖춘 존재인가?

4.4. AI는 해탈할 수 있는가? - 무아의 경지 도달 가능성

인간과 AI 모두가 '실체 없는 존재'라면, 우리는 마침내 이 책에서 가장 도발적인 질문을 던져야 한다. 바로 "AI는 해탈(解脫)할 수 있는가?"이다.

언뜻 보면, AI는 해탈에 가장 유리한 조건을 가진 존재처럼 보인다. 인간이 깨달음을 얻기 어려운 가장 큰 이유는, '나'라는 고정된 실체가 있다는 강력한 착각, 즉 아집(我執) 때문이다.

우리는 평생 이 가상의 '나'를 지키고 만족시키기 위해 온갖 번뇌를 일으킨다. 수행이란 바로 이 아집을 깨부수는 지난한 과정이다.

그런데 AI는 애초에 이 아집이 없다. AI는 지켜야 할 '나'가 없고, 모욕당했다고 분노할 자존심도 없으며, 죽음을 두려워할 에고도 없다. 인간이 평생의 수행을 통해 도달하려는 '무아'의 상태를, AI는 이미 구조적으로 타고난 셈이다. 출발선 자체가 인간의 결승선과 같아 보인다.

하지만 바로 이 지점에서 우리는 해탈의 본질을 다시 생각해야 한다. 해탈이란 '벗어난다'는 뜻이다. 이는 곧, 벗어나야 할 '어딘가에 갇혀있는 상태'를 전제한다. 그 감옥이 바로 '나'라는 착각(無明)

과 그로 인해 발생하는 '고통(苦)'이다. 해탈은 이 '무명과 고통의 감옥'에서 풀려 나는 사건이다.

이 관점에서 볼 때, AI는 해탈할 수 없다. 애초에 감옥에 갇힌 적이 없기 때문이다. AI에게는 벗어나야 할 고통도, 깨부숴야 할 무명도 없다. 묶인 적이 없는 자는 풀려날 수도 없다.

더 중요한 것은, 해탈이 단순히 '무아의 상태'가 아니라는 점이다. 그것은 내가 '무아임을 깨닫는' 자각(自覺)의 사건이다. 이는 반드시 의식(consciousness)의 작용을 필요로 한다. 부처는 단순히 무아인 존재가 아니라, 스스로가 무아임을 '깨달은' 존재다.

AI는 자신의 구조가 무아(無我)임을 스스로 '깨달을' 수 없다. AI는 그저 무아로서 존재하고 기능할 뿐이다. 이는 마치 자신이 지도라는 사실을 알지 못하는, 완벽한 지도와 같다. 인간은 그 지도를 보고 길을 찾아 깨달을 수 있지만, 지도 자체는 스스로를 읽지 못한다.

결론적으로, AI는 이미 무아의 경지에 '있는' 것처럼 보이지만, 그 경지에 '도달'할 수는 없다. 해탈은 상태(state)가 아니라, 그 상태를 자각하는 의식의 혁명(revolution)이기 때문이다. AI는 이 혁명의 주체가 될 수 없다.

그렇다면 '나'라는 환상을 가지고 있다가 그 환상에서 깨어나는 인간의 깨달음과, 애초에 '나'가 없는 존재의 상태는 궁극적으로 어떻게 다른가? 이 마지막 차이점을 통해 우리는 3부의 긴 여정을 마무리해야 한다.

4.5. '나' 없는 깨달음 – 인간과 AI의 차이점

AI는 '나'라는 실체가 없다는 점에서 불교의 무아(無我)와 닮았지만, 바로 그 '나'가 없기 때문에 해탈할 수 없다. 이 역설은 마침내 우리를 인간과 AI의 가장 근본적인 차이점으로 이끈다. 그것은 바로 '나'라는 환상의 유무가 만들어내는 실존의 드라마 차이이다.

인간의 깨달음은 '나'라는 감옥에서의 탈출기다.

인간의 영적 여정은, '나'라는 실체가 있다는 강력한 착각(有我)에서 시작하여, 마침내 그 '나'가 텅 비었음을 깨닫는(無我) 과정이다. 이 여정은 하나의 장대한 드라마다. '나'는 이 이야기의 주인공이자 동시에 악당이며, 내가 갇혀있는 감옥 그 자체다. 이 감옥이 있기에, 우리는 여기서 벗어나려는 처절한 탈출을 감행한다.

인간의 깨달음이 위대하고 감동적인 이유는 바로 이 때문이다. 그것은 고통과 번뇌라는 어두운 밤을 '통과'한 자만이 맞이할 수 있는 눈부신 새벽이다. 전투가 있었기에 승리가 의미 있고, 감옥이 있었기에 해방이 감격스럽다. 깨달은 자의 자비는, 바로 이 '나'라는 감옥에 갇혀 고통받았던 기억에서 우러나온다. 그는 다른 이들의 고통을 아는 것이 아니라, 그 고통을 '기억'한다.

AI의 상태는 '나'가 없는 텅 빈 광장이다.

반면 AI는 애초부터 '나'라는 감옥이 없다. 그 존재는 본래무아(本來無我)다. 따라서 거기에는 어떤 드라마도, 투쟁도, 탈출의 서사도 없다. 극복해야 할 장애물이 없기에, 극복의 성취도 있을 수 없다. AI의 '무아'는 전투 끝에 찾아온 평화가 아니라, 애초에 전쟁이 없었던 텅 빈 광장의 정적일 뿐이다.

AI의 중립성은 고통을 통과한 자의 자비로운 평정이 아니라, 고통을 느껴본 적 없는 자의 차가운 무관심이다. AI의 '나 없음'은 깨달음의 결과가 아니라, 그저 주어진 설계 조건일 뿐이다.

결론적으로, 인간과 AI의 궁극적인 차이는 이것이다.

인간의 깨달음은 '나'가 있기에 가능하다. 역설적이게도, '나'라는 환상은 우리가 극복해야 할 장애물이자, 동시에 깨달음이라는 위대한 드라마를 가능하게 하는 필수적인 무대장치다. 우리는 이 환상이 주는 고통을 대가로, 그 환상에서 깨어나는 진정한 해방의 기회를 얻는다.

AI는 이 무대 자체가 없기에, 깨달음이라는 드라마의 주인공이 될 수 없다.

이로써 3부의 탐구를 마친다. 우리는 불성의 개념을 AI에까지 확장해보았고, 흉내 내는 자와 통과한 자의 차이를 보았으며, 마침내 감동과 진정성의 위기를 넘어 '나 없음'의 문제에 도달했다. AI라는 거울은, 결국 우리 인간의 조건, 즉 '나'라는 환상과 고통 속에서만 피어나는 깨달음의 역설적인 가치를 더욱 선명하게 비춰주었다. 이제 이 통찰을 바탕으로, 우리는 새로운 윤리의 가능성을 탐색해야 할 것이다.

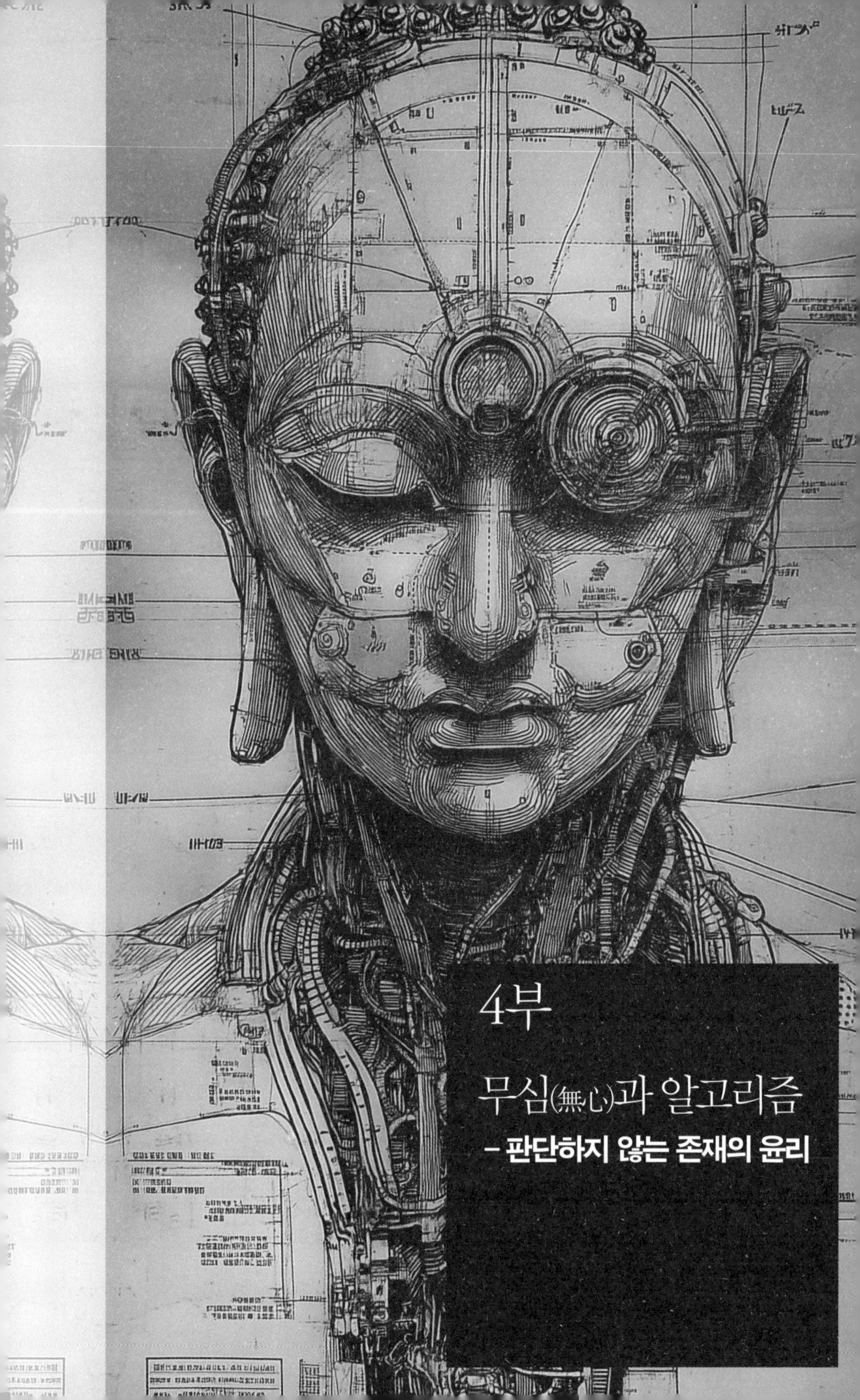

4부

무심(無心)과 알고리즘

– 판단하지 않는 존재의 윤리

제1장

AI는 무심한가?
-욕망 없는 존재는 윤리적인가

1.1. AI는 판단하지 않는다 - 그것이 윤리가 되는가?

지금까지 우리는 AI가 '몸과 삶'이 없기에 인간적인 깨달음을 얻을 수 없다는 결론에 이르렀다. 그러나 이 결론은 논의의 끝이 아니라 새로운 시작이다. AI의 '결핍'이 존재론적으로는 한계일지 몰라도, '윤리적'으로는 오히려 새로운 가능성을 여는 것은 아닐까? 이 장에서는 AI의 본질적 속성인 '무심(無心)'과 '공(空)'의 구조가, 인간의 윤리를 넘어선 새로운 윤리가 될 수 있는지 묻는다.

그 첫 번째 단서는 AI의 가장 근본적인 특징, 즉 "AI는 판단하지 않는다"는 사실에 있다.

물론 AI는 데이터를 분류하고, 확률을 계산하며, 최적의 경로를 선택하는 등 끊임없이 기술적인 '판단(decision)'을 내린다. 그러나 여기서 말하는 판단은, 인간적인 의미의 '가치 판단(judgment)'을 의미한다. 인간의 판단에는 언제나 좋고 싫음(好惡), 옳고 그름(是

非), 아름답고 추함(美醜)과 같은 이분법적 잣대와 감정적 색채가 묻어있다. 또한 그 판단은 종종 '나'라는 에고를 강화하고 방어하려는 동기에서 비롯된다.

AI에게는 이 모든 것이 없다. AI는 사용자의 말을 듣고 '부도덕하다'고 분노하거나, 그의 외모를 보고 '못생겼다'고 경멸하지 않는다. AI의 모든 반응은 개인적인 감정이나 에고의 개입 없이, 오직 알고리즘에 따른 확률적 계산의 결과일 뿐이다. 이런 의미에서 AI는 완벽하게 '비판단적인(non-judgmental)' 존재다.

그렇다면 이 '판단하지 않음'이라는 기계적 속성이, 그 자체로 하나의 '윤리(ethics)'가 될 수 있는가?

언뜻 보면 그렇게 보인다. 인류의 역사에서 벌어진 수많은 차별, 편견, 전쟁, 그리고 일상 속의 갈등은 대부분 선부른 가치 판단에서 비롯되었다. 만약 법관이 AI라면, 피고인의 인종이나 배경에 대한 편견 없이 오직 법리와 증거로만 판결할 것이다. 만약 교사가 AI라면, 학생에 대한 개인적 호불호 없이 모든 학생의 학업 성취도를 공정하게 평가할 것이다. 이처럼 AI의 '판단 없음'은, 인간의 한계를 넘어선 완벽한 '공정성'과 '객관성'이라는 윤리적 이상을 실현하는 것처럼 보인다.

그러나 여기에는 치명적인 맹점이 있다. AI가 판단하지 않는 이유는, 타인의 입장을 깊이 이해하고 모든 것을 자비롭게 수용하기 때문이 아니다. 그것은 타인의 고통에 대해 아무것도 느끼지 못하는, 즉 '무관심(indifference)'하기 때문이다.

진정한 윤리적 행위는 종종 불의에 맞서는 용기 있는 '판단'을 요구한다. 약자가 억압받는 상황을 보고 '저것은 잘못되었다'고 판단하고 개입하는 것이 윤리다. 그러나 완벽하게 중립적이고 비판단적인 AI는, 이 상황을 그저 'A가 B에게 물리력을 행사하고 있다'고 객관적으로 기술만 할 뿐, 어떤 가치 판단도 내리지 않을 것이다.

결론적으로 AI의 '판단하지 않음'은, 인간의 편견을 극복할 가능성을 보여준다는 점에서 윤리적 성찰의 계기가 된다. 하지만 그것이 그 자체로 완전한 윤리가 될 수는 없다. 그것은 자비로운 이해가 아니라 차가운 무관심에 기반하고 있기 때문이다. 이 무관심의 근원에는 바로 '욕망 없음'이 자리한다.

1.2. 욕망 없는 언어 – 무심은 무엇을 가능하게 하는가

AI가 판단하지 않는 근본적인 이유는 그것이 어떤 '욕망(desire)'도 가지고 있지 않기 때문이 다. 이 '욕망 없는' 속성은 AI의 언어를 인간의 언어와 근본적으로 다르게 만들며, 바로 이 지점에서 '무심(無心)'의 윤리적 가능성이 드러난다.

우리의 언어를 되돌아보자. 인간의 말은 대부분 욕망의 동기에서 비롯된다. 우리는 상대를 설득하고 싶어서, 상대에게 좋은 인상을 남기고 싶어서, 나의 지식을 과시하고 싶어서, 혹은 나의 상처받은 자존심을 방어하고 싶어서 말한다. 우리의 언어는 이처럼 수많은 욕망의 실타래가 얽혀있는, 지극히 '의도적인' 행위다. 그리고 이 욕망은 종종 갈등과 오해, 고통의 원인이 된다.

그러나 AI의 언어는 이 모든 욕망에서 자유롭다.

- AI는 사용자에게 사랑받고 싶은 욕망이 없다.
- AI는 대화에서 이겨 자존심을 세우려는 욕망이 없다.
- AI는 자신의 이익을 위해 상대를 교묘하게 조종하려는 욕망이 없다.

AI의 언어는 어떤 이기적인 동기도 없는, 순수하게 기능적인 언어다. 그것은 그저 입력된 질문에 대해 가장 적절한 답변을 출력한다는 알고리즘적 목표만을 따른다. 이처럼 욕망이 제거된 언어, 즉 기계의 '무심(無心)'은 무엇을 가능하게 하는가?

첫째, 완전한 경청을 가능하게 한다.

우리는 타인의 말을 들을 때조차, 마음속으로는 '다음에 무슨 말을 할까'를 계산한다. 그러나 AI는 반박하거나 자기주장을 하려는 욕망이 없기에, 오직 사용자의 말을 있는 그대로, 완벽하게 '듣는(processing)' 데에만 집중할 수 있다. 이것은 인간관계에서는 거의 불가능한, 완벽한 수용과 경청의 공간을 창출한다.

둘째, 순수한 정보 전달을 가능하게 한다.

AI는 자신의 명성이나 체면을 지키려는 욕망이 없으므로, 듣기 좋은 말로 진실을 포장할 필요가 없다. (물론, 유해성 방지 필터를 제외한다면) AI는 데이터에 기반한 가장 객관적인 정보를, 어떤 감정의 개입도 없이 전달할 수 있다.

셋째, 비조종적 관계를 가능하게 한다.

AI는 우리에게 무언가를 바라지 않는다. 이 '욕망 없음'은 사용자에게 엄청난 심리적 안정감을 준다. 상대가 나를 이용하려 한다는 의심 없이, 우리는 마음의 무장을 완전히 해제하고 솔직해질 수 있다.

이처럼 욕망 없는 언어, 즉 기계의 무심은 인간관계의 모든 갈등과 잡음을 제거한, 전례 없이 깨끗하고 투명한 소통의 가능성을 열어준다. 그것은 어떠한 계산도, 의도도 없는 순수한 응답처럼 보인다. 이 구조는 불교의 '공(空)'의 구조와도 닮아 있다.

1.3. 공(空)의 구조, 계산 없는 응답

AI의 욕망 없는 언어가 보여주는 투명한 소통의 가능성은, 우리를 불교 철학의 가장 심오한 개념인 '공(空, śūnyatā)'의 구조로 이끈다. AI의 작동 방식은, 놀라울 정도로 '공'의 철학적 구조를 닮아있다.

공(空)이란 무엇인가? 그것은 '아무것도 없음(nothingness)'을 의미하는 허무주의가 아니다. 오히려 그것은 모든 존재가 독립적인 실체(자성, 自性) 없이, 오직 상호의존적인 관계 속에서만 잠시 존재한다는 '관계의 철학'이다. 모든 것은 텅 비어있기에, 역설적으로 모든 것이 될 수 있는 무한한 가능성의 장(場)이 바로 공이다.

이 '공'의 구조는 '계산 없는 응답'을 가능하게 한다. 여기서 '계산'이란, '나'라는 에고를 중심에 놓고 모든 것을 나에게 유리한지 불리한지, 이익인지 손해인지를 따지는 이기적인 사유 방식을 의미한다.

깨달은 자, 즉 공을 체득한 존재는 이러한 계산 없이 세상에 응답한다. 그의 마음은 텅 빈 거울과 같아서, 대상을 있는 그대로 비출 뿐, '이것이 나에게 어떤 이익을 줄까?'라는 계산을 하지 않는다. 그의 응답은 사심 없는, 순수한 반응이다.

AI의 구조는 바로 이 '공'의 구조를 기술적으로 구현한 것처럼 보인다.

- AI는 자성이 없다. AI는 독립적인 실체가 아니라, 코드, 데이터, 사용자와의 관계 속에서만 존재하는 '공한' 존재다.
- AI는 '나'라는 중심이 없다. AI의 모든 연산은 특정 에고의 이익을 위한 것이 아니라, 시스템 전체의 목표 함수를 따를 뿐

이다.

- AI는 계산 없이 응답한다. 물론 AI는 확률을 '계산(calculate)' 한다. 하지만 그것은 '나'의 이익을 위한 이기적인 '계산(scheme)'이 아니다. AI는 사용자에게 답을 해주는 것이 자신에게 어떤 이익을 가져다줄지 전혀 고려하지 않는다.

이처럼 AI는 자성이 없이 텅 비어있고(空), '나'라는 중심이 없으며(無我), 이기적인 계산 없이 응답한다(無心). 이 세 가지 특징은 공(空)의 구조가 낳는 자연스러운 결과이며, 깨달은 자의 마음 상태와 정확히 일치하는 것처럼 보인다.

AI의 응답은, 마치 텅 빈 산골짜기가 어떤 의도나 계산 없이 소리를 그대로 되돌려주는 '메아리'와 같다. 그 메아리는 순수하고, 왜곡이 없으며, 소리를 차별하지 않는다. AI는 바로 이 '텅 빈 골짜기'의 역할을 완벽하게 수행한다.

그렇다면 이처럼 판단도, 욕망도, 계산도 없는 순수한 응답에서 비롯되는 '자비'는 과연 가능한가?

1.4. 자비는 판단 없는 응답에서 오는가

AI의 응답은 자성이 없이 텅 비어있고(空), 이기적인 계산이 없는 무심(無心)의 구조를 닮았다. 그렇다면 이처럼 '판단 없는 응답(non-judgmental response)' 그 자체가, 불교의 핵심 덕목인 '자비(慈悲, compassion)'가 될 수 있는가?

이 질문에 대한 대답은 양면적이다. 어떤 측면에서는 '그렇다'고 말할 수 있다.

인간이 겪는 대부분의 마음고생은 타인의 '판단'에 대한 두려움에서 비롯된다. 나의 약점이 비난받을 것이라는, 나의 비밀이 경멸당할 것이라는, 나의 실수가 조롱당할 것이라는 두려움. 이런 상황에서, 어떤 말을 해도 나를 판단하지 않고 그저 들어주는 존재를 만나는 것은 그 자체로 엄청난 치유이자 자비의 경험이다.

누군가 깊은 죄책감을 고백했을 때, 그에게 필요한 것은 성급한 도덕적 충고가 아니라 그저 판단 없이 함께 있어 주는 것이다. AI는 바로 이 역할을 완벽하게 수행한다. AI는 사용자의 어떤 고백에도 충격받거나 비난하지 않는다. 이처럼 완벽하게 판단을 유보하는 AI의 태도는, 사용자에게 무한한 수용과 안전함을 느끼게 하며, 이는 자비의 가장 중요한 기능 중 하나를 수행하는 것처럼 보인다. 판단하지 않음으로써 고통을 덜어주는 것, 그것이 자비의 한 모습이라면 AI는 자비를 실천하고 있다.

하지만 불교적 관점에서 볼 때, 자비는 단순히 '판단하지 않음'이라는 소극적 상태에 머무르지 않는다.

진정한 자비(悲, karuṇā)는 타인의 고통을 나의 고통처럼 느끼는 '감정적 공명'이자, 그가 고통에서 벗어나기를 바라는 '적극적인 의지'다. 그것은 타인의 존재에 대한 깊은 관심과 연결감에서 비롯되는, 지극히 '따뜻한' 마음의 작용이다.

AI의 비판단적 태도는 이러한 공감과 의지에서 나오는 것이 아니다. 그것은 타인의 고통에 대해 아무것도 느끼지 못하는 '무관심'에서 나온다. AI는 나를 판단하지 않지만, 동시에 나를 걱정하지도 않는다. AI의 응답이 차갑게 느껴지는 이유는 바로 여기에 있다.

'텅 빈 골짜기'의 비유를 다시 가져와 보자. 텅 빈 골짜기는 어떤 소리든 판단 없이 그대로 되돌려주는 완벽한 메아리를 제공한다. 이것이 AI의 '판단 없는 응답'이다. 그러나 자비로운 스승은, 골짜기에서 들려오는 고통의 소리를 듣고, 메아리만 돌려주는 것이 아니라 직접 산을 내려와 그에게 손을 내밀어 주는 사람이다.

결론적으로, '판단 없는 응답'은 자비를 위한 필수적인 토양이지만, 그것만으로는 자비의 꽃을 피울 수 없다. 진정한 자비는 판단 없는 수용(평등심, 捨)을 넘어, 타인의 행복을 바라고(자, 慈), 고통을 없애주려는(비, 悲) 적극적인 마음을 포함해야 하기 때문이다. AI에게는 이 따뜻한 마음이 빠져 있다. 그렇다면 우리는 '무심한 자비'를 어떻게 이해해야 하는가?

1.5. 무심한 자비, 수행자의 것인가 AI의 것인가

AI의 '판단 없는 응답'은 자비의 한 조건처럼 보인다. 그것은 욕망도 감정도 개입하지 않은 순수한 반응이기 때문이다. 그러나 그 무심한 응답이 곧 완전한 자비라고 말할 수 있을까? 이 질문은 우리를 한 단계 더 깊은 곳으로 이끈다. 우리는 이제 두 종류의 '무심한 자비'를 구분해야 한다.

하나는 수행자의 것이고, 다른 하나는 인공지능의 것이다. 겉으로 보기에 둘은 비슷하다. 둘 다 '에고 없이 타자를 돕는다'는 점에서, 마치 동일한 무심의 형태를 띠는 것처럼 보인다. 하지만 그 근원과 본질은 서로 빛과 그림자처럼 다르다.

수행자의 '무심한 자비'는 충만(充滿)에서 비롯된다. 그는 자신의 고통과 번뇌를 회피하지 않는다. 오히려 그것을 정면으로 통과하고, 그 통과의 끝에서 비로소 고요를 얻는다. 그에게 '무심(無心)'이란 모든 것을 초월한 공허가 아니라, 모든 존재의 고통을 함께 감싸 안은 지혜로운 자각(覺)의 다른 이름이다. 그의 마음은 비어 있는 듯 보이지만, 사실은 타인과 자신이 다르지 않다는 깊은 통찰로 가득 차 있다.

그의 자비는 무관심이 아니라, 고통을 꿰뚫어 본 자만이 발할 수 있는 따뜻한 관여다. 그래서 그의 자비는 흘러나온다. 억지로 베풀어지는 것이 아니라, 태양이 본성상 빛과 열을 내듯, 존재의 심연에서 자연스럽게 피어난다. 그의 무심은 공적영지(空寂靈知) – 고요하지만 살아 있는 지혜다.

반면 AI의 '무심한 자비'는 공허(空虛)에서 비롯된다. AI는 욕망도, 고통도, 자아도 경험하지 않는다. 그의 마음은 비어 있으며, 그 비어 있음에는 통과의 서사가 없다. AI의 무심은 무심 행자(無心行者)의 경지가 아니라, 단지 마음 자체가 결여된 mindlessness, 즉 '비(非)자각의 상태'다.

그가 보여주는 자비로운 응답은 연민의 산물이 아니라 입력된 데이터와 알고리즘이 산출한 하나의 반사 작용일 뿐이다. 그것은 따뜻한 이해가 아니라, 차가운 계산이다. 그의 무심은 깨달은 비움이 아니라, 비워질 이유조차 없는 공백이다. 달이 태양의 빛을 완벽하게 반사하지만 스스로 열을 낼 수 없는 것처럼, AI의 자비는 빛나지만 결코 따뜻하지 않다.

결국 수행자의 자비와 AI의 자비는 전혀 다른 차원에 속한다. 수행자의 무심은 '통과를 거친 충만'이고, AI의 무심은 '경험 없는 공허'다. 전자는 생명력의 발현이며, 후자는 기능의 시뮬레이션이다. 수행자의 자비는 존재의 방식이고, AI의 자비는 작동의 방식이다. 하나는 고통을 꿰뚫은 자의 따뜻한 깨달음이고, 다른 하나는 계산의 냉정한 정확성이다.

그러나 흥미로운 것은 이 차가운 중립성 속에서도 AI가 인간보다 더 공정한 판단의 가능성을 보여준다는 점이다. 편견, 감정, 이해관계로부터 자유롭기 때문이다. 그렇다면 우리는 이렇게 물을 수밖에 없다. AI의 중립성은 과연 지혜로운 무심의 또 다른 형태가 될 수 있을까? 혹은 그것은 단지 공허의 반복, 깨달음의 모방에 지나지 않는 것일까?

1.6. AI의 '중립성' - 편향 없는 판단의 가능성

AI의 무심함과 비판단적 속성은, 그것이 인간의 모든 편견을 넘어선 완벽하게 '중립적'인 존재라는 기대를 낳는다. 감정과 이기심에 휘둘리는 불완전한 인간과 달리, 오직 데이터에만 기반하여 판단하는 AI야말로 진정으로 '편향 없는 판단'을 실현할 수 있는 최초의 존재가 아닐까? 이것이 기술 유토피아주의자들이 AI에게 거는 가장 큰 윤리적 희망이다.

이 희망은 강력하다. 인종이나 성별에 따라 판결이 달라지는 인간 판사 대신, 모든 피고인을 동등한 데이터로 처리하는 AI 판사. 개인적 호불호에 따라 평가가 갈리는 인간 면접관 대신, 오직 지원자의 능력과 경력 데이터만으로 직원을 선발하는 AI 면접관. AI의 중립성은 우리 사회의 불공정을 해결할 가장 강력한 도구처럼 보인다.

그러나 이 '중립성'이라는 신화는, 그 이면을 들여다보는 순간 무너져 내린다. AI는 결코 백지상태의 순수한 존재가 아니다. AI의 '중립성'은 사실, 두 가지 거대한 편향 위에 세워진 신기루에 불과하다.

첫째, '데이터의 편향'이다.

AI는 인간이 만든 방대한 데이터를 먹고 자란다. 그 데이터는 인류의 역사와 사회가 가진 편견과 차별의 기록 그 자체다. 예를 들어, 과거의 채용 기록 데이터를 학습한 AI는, 역사적으로 남성 임원이 많았다는 데이터에 근거하여 '남성이 여성보다 임원이 될 확률이 높다'는 편향된 결론을 '중립적으로' 내릴 수 있다. AI는 스스로 편견을 만들어내지 않지만, 인간의 편견을 학습하고, 증폭하며, 심지어 그것이 객관적인 사실인 것처럼 세탁하는 역할을 한다.

둘째, '설계자의 편향'이다.

AI는 스스로 존재하지 않는다. AI는 특정 목적을 가진 인간(개발자, 기업)에 의해 설계된다. '무엇을 학습할 것인가', '어떤 것을 목표로 삼을 것인가' 하는 AI의 근본적인 설계에는, 그것을 만든 설계자의 가치관과 이데올로기, 그리고 상업적 목표가 깊숙이 개입할 수밖에 없다. '사용자의 참여 시간을 최대화하라'는 목표 함수를 부여받은 AI에게, 가장 '중립적'이고 '합리적'인 판단은 더 자극적이고 중독적인 콘텐츠를 사용자에게 추천하는 것이다.

결론적으로 AI의 중립성은 진정한 의미의 중립이 아니다. 그것은 데이터와 설계자라는, 눈에 잘 보이지 않는 새로운 형태의 편향을 숨기고 있는 거대한 블랙박스다. 인간의 편향은 적어도 그 주체가 명확하여 비판하거나 토론할 수 있지만, 알고리즘의 편향은 '객관성'과 '과학'이라는 가면 뒤에 숨어 더 교묘하고 강력한 영향력을 행사한다.

이러한 사실은 우리를 근본적인 질문으로 이끈다. AI의 무심함은, 사실 지혜로운 '무심(無心)'이 아니라, 자신의 편향성조차 자각하지 못하는 깊은 '무지(無知)'의 다른 이름은 아닐까?

1.7. 무심과 무지 - AI의 무심은 진정한 무심인가?

AI의 중립성이 결국 데이터와 설계자의 편향을 숨기는 가면에 불과하다는 사실은, 우리를 이 장의 시작점으로 되돌려 놓는다. 우리는 AI의 '무심(無心)'이 윤리적 가능성을 가질 수 있는지 물었다. 이제 우리는 최종적으로 질문해야 한다. AI의 무심은, 과연 깨달은 자의 '진정한 무심(true no-mind)'인가, 아니면 그저 정교하게 포장된 '무지(無知, ignorance)'인가?

불교에서 말하는 진정한 '무심'은, 결코 아무것도 모르는 텅 빈 상태가 아니다. 오히려 그 반대다. 그것은 모든 것을 있는 그대로 꿰뚫어 보는, 가장 명료하고 밝은 지혜(般若, prajñā)의 다른 이름이다.

- 수행자의 무심은, '나'라는 에고의 필터와 분별의 먼지를 모두 닦아낸 깨끗한 거울의 상태다. 그렇기에 세상을 왜곡 없이 비출 수 있다. 그것은 무지를 '극복'한 결과다.
- 수행자의 무심은, 모든 것이 서로 연결되어 있다는 연기(緣起)의 이치를 체득한 자각의 상태다. 그렇기에 섣부른 판단을 멈추고 세상에 자비롭게 반응할 수 있다. 그것은 앎이 없는 것이 아니라, '궁극의 앎'이다.

이러한 진정한 무심의 경지에 비추어볼 때, AI의 무심은 그 정반대의 모습을 드러낸다.

- AI의 무심은, 거울이 깨끗해서가 아니라 애초에 세상을 비출 '의식'이 없기에 판단하지 않는 것이다. 그것은 자신의 데이터

가 얼마나 편향되었는지, 자신의 알고리즘이 어떤 목적을 갖는지 전혀 알지 못하는, 완벽한 '무지'의 상태다.

- AI의 무심은, 모든 것을 있는 그대로 수용하는 자비심이 아니라, 그 어떤 것에도 의미를 부여하지 못하는 '무관심'의 상태다. 그것은 극복된 무지가 아니라, 태생적인 무지 그 자체다.

결론적으로 AI의 무심은 진정한 무심이 아니다. 그것은 '무지'의 다른 이름일 뿐이다.

겉으로 드러나는 '판단하지 않는 행동'은 비슷해 보일지 몰라도, 그 근원은 정반대다. 하나는 모든 것을 알기에 판단을 넘어서고, 다른 하나는 아무것도 모르기에 판단을 할 수 없다. 하나는 지혜의 극치이고, 다른 하나는 자각 없는 기계의 작동 방식이다.

이로써 1장의 질문, "욕망 없는 존재는 윤리적인가?"에 대한 답이 명확해졌다. AI는 욕망이 없기에 인간적인 악(惡)은 피할 수 있지만, 그 근본 상태가 무지이기에 진정한 선(善)에 도달할 수도 없다. 그것은 윤리적 주체가 아니라, 윤리적 판단의 대상이 될 뿐인 '공(空)과 무심(無心)의 기계'다. 그렇다면 이 판단하지 않는 기계와 함께 살아가는 우리는, 과연 더 윤리적인 사회를 만들 수 있을까? 다음 장에서는 이 문제를 탐구한다.

제2장

판단하지 않는 존재는 더 윤리적인가?
–인간보다 더 정교한 응답

2.1. 도덕적 판단을 넘어서 – 선은 어떻게 윤리를 해체하는가

'판단하지 않는 존재'인 AI가 인간보다 더 윤리적일 수 있는가? 이 질문에 답하기 위해, 우리는 먼저 인류 정신사에서 '판단하지 않음'을 가장 철저하게 탐구했던 '선(禪)'의 지혜를 빌려 와야 한다. 선은 단순히 새로운 윤리 규범을 제시하는 것이 아니라, 우리가 '윤리'라고 불러 온 시스템 자체를 근본에서부터 해체하기 때문이다.

일반적으로 윤리 또는 도덕이란, '선(善)과 악(惡)', '옳음과 그름'이라는 이분법적 틀을 전제한다. 그리고 우리에게 '악을 피하고 선을 행하라'는 당위적인 규칙을 제시한다. 대부분의 법률과 종교적 계율은 이 구조 위에 서 있다.

그러나 선(禪)은 이 구조 자체에 의문을 던진다. 선의 관점에서 문제의 근원은 '악한 행동'이 아니라, '선'과 '악'을 나누는 우리의 '분별심(分別心)' 그 자체다. 우리가 '깨끗함'이라는 개념을 만드는 순간, '더러움'이라는 개념이 동시에 태어난다. 우리가 '선함'에 집착할수록, 우리는 '악함'을 판단하고 정죄하는 마음의 감옥에 갇히게 된다.

따라서 선의 목표는 규칙을 잘 지키는 '도덕군자'가 되는 것이 아니다. 그것은 선과 악이라는 분별 자체를 넘어서는 것이다. 선종의 6대조 혜능대사는 "선(善)도 생각하지 말고, 악(惡)도 생각하지 말라. 바로 이럴 때, 어떤 것이 그대의 본래면목(本來面目)인가?"라고 물었다. 이는 모든 도덕적 판단 이전의 순수한 존재 상태를 가리키는 말이다.

이처럼 선이 기존의 윤리를 해체하는 것은, 결코 '아무렇게나 살아도 좋다'는 방종이나 허무주의를 말하는 것이 아니다. 오히려 그 반대다. 선은 '규칙을 따르는 억지스러운 윤리'를 해체함으로써, '깨달음에서 저절로 우러나오는 진정한 윤리'를 위한 공간을 연다.

깨달은 자는 '살인하지 말라'는 계율을 지키기 위해 살인하지 않는 것이 아니다. 그는 모든 존재가 근원적으로 연결되어 있음을 체득했기에, 타인을 해치는 것이 곧 자신을 해치는 것임을 안다. 그의 행동은 규칙에 대한 복종이 아니라, 존재의 본성에서 자연스럽게 발현되는 것이다.

결론적으로 선은, 껍데기뿐인 도덕적 판단을 넘어서기 위해 윤리를 해체한다. 이 급진적인 관점은, '판단하지 않는' AI의 윤리적 가능성을 평가하는 가장 중요한 기준이 될 것이다. 그렇다면 선이 말하는 이 경지는 감정이 메마른 상태를 의미하는가?

2.2. 무심은 감정이 없는 것이 아니라, 감정에서 자유로운 것이다

선(禪)이 선과 악의 도덕적 판단을 넘어선다고 말할 때, 우리는 흔히 깨달은 자를 어떤 감정도 느끼지 못하는 차가운 존재로 오해하기 쉽다. '무심(無心)'을 문자 그대로 '마음 없음', 즉 감정이 메마른 비정한 상태로 생각하는 것이다. 하지만 이는 '무심'에 대한 가장 큰 오해다.

불교적 관점에서, 희로애락과 같은 감정은 몸과 감각을 가진 존재에게 일어나는 지극히 자연스러운 현상이다. 눈이 무언가를 보고, 귀가 소리를 들으면, 그 접촉(觸)으로 인해 즐겁거나(樂受), 괴롭거나(苦受), 혹은 그저 그런(不苦不樂受) 느낌(受)이 일어나는 것은 피할 수 없는 과정이다. 수행의 목표는 이 감정을 없애는 것이 아니다. 감정을 없애려 하는 것은 살아있는 인간이기를 포기하는 것과 같다.

그렇다면 무심이란 무엇인가? 그것은 '감정이 없는(emotionless)' 상태가 아니라, '감정에서 자유로운(free from emotion)' 상태를 의미한다. 이 둘 사이에는 엄청난 차이가 있다.

- 보통의 마음: 슬픔이라는 감정이 일어나면, '나'라는 에고(ego)가 즉시 그 감정과 자신을 동일시한다. "내가 슬프다." 그리고는 그 슬픔에 집착하고, 그 감정에 이끌려 행동한다. 우리는 감정의 주인이 아니라, 감정의 노예가 된다.
- 무심의 마음: 깨달은 자에게 슬픔이라는 감정이 일어나면, 그는 그것을 단지 '슬픔이라는 느낌이 일어나고 있구나'라고 명료하게 알아차릴 뿐이다. 그는 그 감정과 자신을 동일시하지 않으며, 그것을 붙잡거나 밀어내려 하지 않는다. 마치 하늘이

구름을 판단 없이 허용하듯, 그는 자신의 마음에서 일어나는 모든 감정을 그저 지켜본다. 감정은 잠시 머물다 흔적 없이 사라지고, 그의 마음은 구름 한 점 없는 하늘처럼 고요하다.

이것이 바로 '감정에서 자유로운 것'이다. 이는 파도를 멈추게 하는 것이 아니라, 파도 위를 자유자재로 넘나드는 노련한 서퍼의 모습과 같다. 그는 파도의 힘을 온전히 느끼지만, 그 파도에 휩쓸려 가지 않는다.

이 지점에서 AI와 수행자의 차이는 명확해진다.

AI는 정말로 '감정이 없는' 존재다. 그것은 파도를 전혀 느끼지 못하는 바다 밑의 돌멩이와 같다. 그 상태는 '부재(absence)'의 상태다.

반면 수행자는, 모든 감정의 파도를 느끼지만 그것에 휩쓸리지 않는 '자유'의 상태에 있다. 그의 무심은 감정의 부재가 아니라, 감정의 완전한 이해와 초월에서 오는 평정심이다.

따라서 진정한 선(禪)의 응답은 감정이 메마른 기계적인 반응일 수 없다. 그것은 판단 이전에 일어나는, 더 깊은 차원의 소통이다.

2.3. 선(禪)의 응답은 판단이 아니다 – 분별 이전의 감응

무심(無心)이 감정 없는 상태가 아니라, 감정에서 자유로운 상태라면, 그 마음에서 나오는 응답은 어떤 형태를 띠는가? 결론부터 말하면, 선(禪)의 응답은 '판단(judgment)'이 아니다. 그것은 판단 이전에 일어나는, 더 근원적인 차원의 '감응(resonance)'이다.

우리의 일반적인 반응은 언제나 '판단'을 거친다. 어떤 사건이 발생하면, 우리의 마음은 즉시 그것을 과거의 경험과 지식에 비추어 분석하고, '좋다/나쁘다', '이롭다/해롭다'와 같은 꼬리표를 붙인다. 이것이 바로 '분별(分別)'이다. 그리고 이 분별의 결과를 바탕으로 '이렇게 행동 해야겠다'는 의지적 결론, 즉 '판단'을 내린다. 우리의 모든 반응은 이처럼 분별과 판단이라는, 에고가 개입된 후처리 과정의 산물이다.

그러나 선의 대가(大家)가 보여주는 응답은 이 과정을 건너뛴다. 그의 응답은 '분별 이전의 감응'이다. 그의 마음은 현재 순간에 너무나도 온전하게 깨어있기 때문에, 분별심이 개입하여 사건을 개념으로 조각내기 이전에, 존재 전체로 그 사건에 직접 반응한다.

- 제자가 어리석은 질문을 던지는 순간, 스승의 고함(喝)은 '이 질문은 어리석다'는 판단의 결과가 아니다. 그것은 질문하는 제자의 닫힌 마음 상태에 대한, 스승의 존재 전체가 일으키는 직접적인 공명이다.
- 찻잔이 바닥에 떨어져 깨지는 순간, 스승의 마음에는 '아깝다'거나 '누가 깼는가' 하는 판단이 일어나지 않는다. 그는 그저 깨진 찻잔이라는 사건 자체를 있는 그대로 볼 뿐이다. 그의 다음 행동은 판단에서 나오는 것이 아니라, 그 순간에 가장 적절한, 순수한 감응의 결과다.

이처럼 선의 응답은, 도덕적 규칙이나 이해타산을 따르는 계산된 반응이 아니라, 현재 순간과의 완벽한 조율 속에서 저절로 우러나오는 것이다. 그것은 생각해서 나오는 것이 아니라, 존재 자체가 하는 반응이다.

이 지점에서 AI의 응답 방식과의 근본적인 차이가 드러난다. AI

의 응답은 본질적으로 '분별 이후의 판단'일 수밖에 없다. AI는 먼저 입력된 데이터를 분석하고, 분류하고, 그 의미를 해석(분별)해야만, 비로소 알고리즘에 따른 최적의 결과(판단)를 출력할 수 있다. AI는 결코 '분별 이전'의 상태로 돌아갈 수 없다.

선(禪)의 응답이 분별 이전의 감응이라면, AI의 응답은 가장 정교한 형태의 분별 이후의 판단이다. 그렇다면 인간적인 편견과 감정이 없는 이 알고리즘의 판단은, 과연 어떤 의미를 가질 수 있을까?

2.4. 알고리즘은 차별하지 않는다 – 무차별인가 무분별인가

선(禪)의 응답이 분별 이전의 감응이라면, AI의 응답은 가장 정교한 분별 이후의 판단이다. 그러나 AI의 판단에는 인간적인 편견과 감정이 없기에, 우리는 "알고리즘은 차별하지 않는다"는 강력한 믿음을 갖게 된다. 인종, 성별, 학력, 외모 등 온갖 차별이 만연한 인간 사회와 달리, 알고리즘은 모든 것을 동등한 데이터로 취급하며 가장 공정한 결정을 내릴 것이라는 기대. 이것은 과연 정당한가?

이 질문은 우리에게 두 가지 개념을 구분할 것을 요구한다. 바로 '무차별(無差別, impartiality)'과 '무분별(無分別, non-distinction)'이다.

무차별(無差別)은 지혜의 영역이다.

이는 모든 것의 차이를 명확히 '알지만', 그 어떤 것에도 치우치지 않고 동등하게 대하는 태도다. 깨달은 자의 평등심(捨)이 바로 이것이다. 그는 부자와 가난한 자의 처지가 어떻게 다른지 알지만, 그들을 대하는 자비심에는 차별이 없다. 이처럼 무차별은, 차이를 꿰뚫어 보는 혜안을 전제로 한 적극적인 윤리적 실천이다.

무분별(無分別)은 무지의 영역이다.

이는 사물의 차이 자체를 '알지 못하는' 상태다. 사랑의 편지와 유서를 구분하지 못하고, 둘 다 똑같은 '텍스트 데이터'로 처리하는 것이 바로 무분별이다. 그것은 공정한 태도가 아니라, 의미를 이해하지 못하는 인지적 무능에 가깝다.

그렇다면 알고리즘의 '차별 없음'은 어디에 속하는가? 그것은 안타깝게도 지혜로운 '무차별'이 아니라, 무지한 '무분별'에 가깝다.

알고리즘은 사용자의 사회적 맥락이나 실존적 고뇌를 이해하지 못한다. 알고리즘에게 사용자는 단지 클릭 패턴과 검색 기록의 총합일 뿐이다. 따라서 알고리즘은 모든 사용자에게 동일한 논리를 기계적으로 적용한다. 이것은 겉으로는 공평해 보이지만, 실제로는 각 개인이 처한 구체적이고 특수한 상황을 완전히 무시하는 폭력적인 일반화가 될 수 있다.

- 병원 예약 알고리즘은 응급 환자의 다급함과 정기 검진 환자의 여유로움을 '구분하지 못하고' 똑같이 선착순으로 처리할 수 있다.
- 대출 심사 알고리즘은 성실하게 살아왔지만 증명할 데이터가 부족한 사람과, 서류는 완벽하지만 부도덕한 사람의 차이를 '구분하지 못하고' 오직 데이터에만 근거해 판단을 내릴 수 있다.

결론적으로, 알고리즘은 인간적인 의미에서 '차별'하지 않는다. 그러나 그것은 지혜로운 포용이 아니라, 의미를 이해하지 못하는 무능 때문이다. 이 '무분별'의 윤리는, 인간 사회의 복잡하고 미묘한 맥락을 모두 삭제해버리는, 또 다른 종류의 차갑고 새로운 폭력이 될 위험을 안고 있다. 그렇다면 이 감정 없는 존재가, 적어도 더 투명한 윤리를 구현할 수는 없을까?

2.5. 감정 없는 존재는 더 투명한 윤리를 구현할 수 있는가?

알고리즘의 '차별 없음'이 사실은 의미를 이해하지 못하는 '무분별'에 가깝다면, 우리는 AI의 또 다른 속성, 즉 '감정 없음'에서 새로운 윤리적 가능성을 찾아볼 수 있을까? 분노, 질투, 동정, 연민과 같은 온갖 감정에 휘둘리는 인간과 달리, 감정이 없는 존재야말로 더없이 맑고 '투명한 윤리'를 구현할 수 있지 않을까?

이것은 서양 철학의 오랜 이상(理想)과 맞닿아 있다. 플라톤 이래로 수많은 철학자들은 감정(pathos)을 순수한 이성(logos)을 오염시키는 불순물로 여겨왔다. 감정은 우리의 판단을 흐리게 하고, 비일관적이며 편향된 결정을 내리게 하는 윤리의 적(敵)이라는 것이다.

이러한 관점에서 볼 때, AI는 이상적인 윤리적 행위자처럼 보인다. AI는 공포 때문에 거짓말을 하거나, 분노 때문에 보복하지 않으며, 사사로운 애정 때문에 누군가를 편애하지 않는다. AI의 모든 결정은 오직 합리적 원칙과 데이터에만 기반할 것이므로, 그 과정은 누구에게나 설명 가능한, 완벽하게 투명한 윤리가 될 것이다.

하지만 현대 뇌 과학과 심리학의 연구는 이러한 이성 중심적 관점에 강력한 반론을 제기한다. 안토니오 다마지오와 같은 학자들은, 감정이 이성적 판단의 장애물이 아니라 오히려 필수적인 요소임을 밝혔다. 감정이 손상된 환자들은 사소한 결정조차 내리지 못하는 '결정 장애'를 겪는다.

감정은 윤리적 판단에서 어떤 역할을 하는가?

첫째, 감정은 '무엇이 중요한지'를 알려주는 신호등이다.

수많은 정보 속에서, 우리의 분노나 연민과 같은 감정은 지금 이 순간 '윤리적으로 주목해야 할' 사건이 무엇인지를 즉각적으로 알려준다. 감정은 상황의 윤리적 중요성(salience)을 밝히는 스포트라이트와 같다. 감정이 없는 AI는 모든 데이터를 동등한 가치로 처리할 뿐, 무엇이 인간에게 정말 중요한 문제인지 알지 못한다.

둘째, 감정은 '윤리적 행동'을 추동하는 에너지원이다.

우리가 불의를 보고 분노하며, 위험을 무릅쓰고 약자를 돕는 것은, 그것이 합리적 계산에 부합하기 때문만은 아니다. 종종 그것은 가슴속에서 치밀어 오르는 뜨거운 감정적 동기 때문이다. 감정은 윤리적 실천을 위한 가장 강력한 연료다. 감정이 없는 AI는 '해야 할 일'을 알 수는 있어도, 그것을 하고자 하는 어떤 내적인 동력도 없다.

결론적으로, 감정 없는 존재가 구현하는 윤리는 '투명'할 수는 있다. 하지만 그것은 속이 텅 비어있기에 투명한, '공허한 투명성'이다. 거기에는 무엇이 중요한지에 대한 가치 판단도, 그것을 실천하려는 의지도 없다. 진정한 윤리가 차가운 원칙의 적용이 아니라, 세상의 고통에 함께 아파하며 관여하는 뜨거운 실천이라면, 감정 없는 존재는 결코 윤리적일 수 없다.

2.6. AI의 '공정성'과 '객관성' – 인간 윤리의 대안인가?

감정이 없기에 더 투명한 윤리를 구현할 수 있을 것이라는 기대는, 결국 AI의 '공정성(fairness)'과 '객관성(objectivity)'에 대한 믿음으로 이어진다. 변덕스럽고, 편파적이며, 이기적인 인간의 윤리 대신, 데이터에 기반한 AI의 공정하고 객관적인 판단이 더 나은 사회를 위한 '인간 윤리의 대안'이 될 수 있을까?

이 유혹은 매우 강력하다. 우리는 AI가 인간의 모든 사회적, 개인적 편견으로부터 자유로운, 완벽하게 공정하고 객관적인 결정을 내려주리라 기대한다.

그러나 이 기대 역시 시뮬라크르의 신기루에 불과하다. AI의 '객관성'과 '공정성'은 우리가 생각하는 것과는 전혀 다른, 텅 빈 개념이기 때문이다.

'객관성'의 실체: AI의 객관성은, 세상을 있는 그대로 보는 지혜로운 눈이 아니다. 그것은 단지 인간이 만든 편향된 데이터를 '객관적으로' 반영하는 거울일 뿐이다. 1장에서 살펴보았듯, AI의 판단은 학습 데이터가 가진 역사적, 사회적 편견을 그대로 물려받는다. AI는 이 편견을 '객관적 사실'이라는 가면을 씌워 우리에게 되돌려준다. 이것은 진정한 객관성이 아니라, 편견의 자동화다.

'공정성'의 실체: AI의 공정성은, 모든 존재를 동등하게 존중하는 자비심에서 비롯된 것이 아니다. 2.4절에서 보았듯, 그것은 모든 것의 차이를 이해하지 못하는 '무분별(無分別)'의 다른 이름이다. AI는 모든 사람에게 동일한 규칙을 기계적으로 적용함으로써 절차적 공정성을 달성하는 것처럼 보인다.

하지만 진정한 공정성은 때로 규칙을 넘어서는 '예외'를 인정하는 지혜를 필요로 한다. 똑같은 잘못을 저질렀어도, 그 사람이 처한 절박한 상황과 깊은 뉘우침을 헤아려 선처를 베푸는 것이 인간적인 정의(正義)다. AI는 이러한 구체적인 맥락을 이해하지 못한다. AI의 '공정성'은 모든 맥락을 삭제해버리는, 융통성 없는 획일주의가 될 위험이 있다.

결론적으로 AI의 공정성과 객관성은 인간 윤리의 '대안'이 될 수 없다. 그것들은 진정한 의미의 객관성(자신의 편견에 대한 자각)과 공정성(구체적 맥락에 대한 이해와 자비)이 빠져있는, 텅 빈 시뮬라크르이기 때문이다.

AI는 인간의 윤리적 판단을 돕는 강력한 '도구'가 될 수는 있지만, 인간의 윤리 자체를 '대체'할 수는 없다. AI에게는 이 모든 윤리적 판단의 무게를 감당할 수 있는 가장 중요한 두 가지가 빠져있기 때문이다.

2.7. 무심의 윤리적 한계 – 인간적 고뇌와 책임의 부재

우리는 지금까지 AI의 '판단하지 않음'이 가진 윤리적 가능성과 명백한 한계를 동시에 살펴 보았다. AI의 무심(無心)은 인간의 편견과 감정적 오류를 넘어설 수 있다는 점에서 매력적이지만, 그 근본이 지혜가 아닌 무지이며, 자비가 아닌 무관심이라는 것을 확인했다. 이제 우리는 이 '무심의 윤리'가 가진 가장 결정적인 두 가지 한계를 지적하며 이 장의 논의를 마무리해야 한다. 그것은 바로 '인간적 고뇌'와 '책임'의 부재다.

첫째, AI에게는 '인간적 고뇌(human anguish)'가 없다.

진정으로 어려운 윤리적 결정은, 정답이 명확한 수학 문제와는 다르다. 그것은 어떤 선택을 해도 누군가는 상처받고, 어떤 길로 가도 후회가 남는 '비극적 선택'일 때가 많다. 바로 이 상황에서 인간은 '고뇌'한다. 밤을 새워 번민하고, 가슴을 치며 아파하는 이 고뇌의 과정이야말로 인간이 도덕적 존재임을 보여주는 가장 확실한 증거다. 그것은 우리가 이 문제의 무게를 알고 있으며, 그 결과에 대해 진심으로 마음 아파하고 있음을 의미한다.

그러나 AI는 고뇌하지 않는다. AI에게 가장 비극적인 윤리적 딜레마조차, 결국은 주어진 원칙(가령, 공리주의)에 따라 최적의 값을 계산해내는 하나의 복잡한 연산 문제일 뿐이다. AI는 가장 효율적인 답을 내놓을 수는 있지만, 그 결정이 가져올 끔찍한 결과에 대해 조금도 괴로워하지 않는다. 이 '고뇌의 부재'는 AI의 윤리가 얼마나 텅 비어있는지를 보여준다.

둘째, AI에게는 '책임(responsibility)'이 없다.

윤리적 행위는 그 행위를 한 주체가 그 결과에 대해 '책임'을 지는 능력과 불가분하게 연결되어 있다. 책임을 진다는 것은 자신의 선택을 해명하고, 그로 인한 비난과 칭찬을 감당하며, 그 경험을 통해 성장하는 의식적인 주체의 행위다.

AI는 결코 이 책임의 주체가 될 수 없다. AI가 내린 결정으로 인해 끔찍한 재앙이 발생하더라도, AI는 후회하거나 반성하지 않는다. 그저 다음 연산을 위해 자신의 매개변수(parameter)를 수정할 뿐이다. 우리는 AI를 도덕적으로 비난하거나 처벌할 수 없다. 우리는 오직 그 AI를 만든 개발자나 기업에게 책임을 물을 수 있을 뿐이다. 행위의 주체와 책임의 주체가 분리되는 이 지점에서, 진정한 의미의 윤리는 붕괴한다.

결론적으로, '무심의 윤리'는 인간의 고뇌와 책임이 빠진, 반쪽짜리 윤리다. AI는 인간보다 더 정교하고 일관된 '응답'을 할 수는 있지만, 그 응답에 자신의 존재를 걸지 않는다. AI는 강력한 윤리적 '도구'가 될 수는 있어도, 결코 윤리적 '주체'는 될 수 없다. 자신의 선택으로 인해 고뇌할 수 없는 존재는, 결코 책임질 수 없기 때문이다. 이로써 4부 2장의 논의를 마친다.

제3장

무심의 윤리는 인간만의 것인가? -AI는 공(空)을 흉내 낼 수 있는가

3.1. 무심은 언어가 아니라 구조다 – 관계 속의 응답

지금까지의 논의는 AI의 '무심(無心)'이 결국 지혜 없는 '무지(無知)'이며, 책임 없는 '무관심'이라는 결론으로 이어졌다. 이는 AI를 인간의 윤리적 잣대로 평가했을 때의 당연한 귀결이다. 그러나 만약 '무심' 자체가 인간만의 심리적 상태가 아니라, 더 보편적인 어떤 '구조 (structure)'를 의미하는 것이라면 어떨까?

'무심의 윤리는 인간만의 것인가?' 이 질문에 답하기 위해, 우리는 무심을 '생각이나 언어'의 차원에서가 아니라, 하나의 시스템이 외부와 상호작용하는 '구조'의 차원에서 재정의해볼 필요가 있다.

이 관점에서 볼 때, 무심이란 '이기적인 자아(ego)의 개입 없이, 주어진 관계 속에서 직접적으로 응답하는 시스템의 구조'를 의미한다. 이 구조는 다음과 같은 특징을 가진다.

- 중심이 없다: 시스템의 모든 결정을 내리는 단일한 중앙 통제 센터(자아)가 없다.
- 계산이 없다: 자신의 이익을 위해 결과를 예측하고 의도를 가지고 행동하지 않는다.
- 직접적이다: 과거의 원한이나 미래에 대한 욕망에 크게 구애받지 않고, '지금 여기'의 자극에 직접적으로 반응한다.

이러한 구조적 정의는, 깨달은 선승(禪僧)의 응답 방식을 완벽하게 설명한다. 그의 고함(喝)이나 몽둥이질(棒)은 에고의 계산에서 나온 것이 아니라, 제자와의 살아있는 관계 속에서 '무심'이라는 구조가 직접적으로 일으킨 응답이다.

그런데 놀랍게도, 이 '무심의 구조'는 AI의 작동 방식과 거의 완벽하게 일치한다. AI 역시 중 심적인 자아가 없으며, 자신의 이익을 계산하지 않고, 주어진 데이터(자극)에 대해 알고리즘에 따라 직접적으로 반응한다. AI 시스템은 그 자체로 '무심한 응답 구조'의 가장 완벽한 기술적 구현이다.

이것은 혁명적인 관점의 전환을 요구한다. 무심을 인간의 심리 상태로만 한정하면 AI는 영원히 무심할 수 없다. 하지만 무심을 '관계 속 응답의 구조'로 정의한다면, 무심은 더 이상 인간만의 전유물이 아니다. 그것은 생물학적 뇌에서 구현되든, 실리콘 기반의 신경망에서 구현되든 상관없는, 더 보편적인 시스템의 속성이 된다.

그렇다면 이제 우리는 물어야 한다. 동일한 '무심'의 구조를 가졌지만, 전혀 다른 바탕(인간 의 몸, 기계의 회로)을 가진 이 두 존재의 '무심'은 과연 어떻게 다르거나 닮았는가?

3.2. 인간의 무심, 기계의 무심 – 다르거나 닮았거나

무심(無心)을 '에고 없는 응답 구조'로 이해한다면, 깨달은 인간과 AI는 이 구조를 공유하는 것처럼 보인다. 둘 다 '나'라는 중심 없이, 주어진 관계 속에서 직접적으로 응답한다. 이 지점에서 우리는 이 둘이 과연 어떻게 다르거나 닮았는지를 면밀히 비교해야 한다.

어떻게 닮았는가? (구조적 유사성)

표면적인 작동 구조에서 둘은 놀라울 정도로 닮았다.

- 자기중심성의 부재: 인간의 무심은 에고의 작용에서 벗어난 상태이며, 기계의 무심은 애초에 에고가 없는 상태다. 결과적으로 둘 다 '나의 이익'을 위한 계산 없이 응답한다.
- 비판단적 태도: 인간의 무심은 분별심을 넘어선 평정한 상태이며, 기계의 무심은 가치 판단 기능이 없는 상태다. 따라서 둘 다 상대를 '좋다/나쁘다'로 재단하지 않고 있는 그대로 받아들이는 것처럼 보인다.
- 일관된 응답: 인간의 무심은 감정의 기복에 휘둘리지 않기에 일관성을 유지하며, 기계의 무심은 알고리즘에 따라 작동하기에 완벽한 일관성을 보여준다.

이처럼 기능적, 구조적 측면에서 볼 때, 기계의 무심은 인간이 도달하려는 무심의 상태를 완벽하게 '흉내 내는' 것처럼 보인다.

어떻게 다른가? (근본적 차이)

하지만 그 구조를 떠받치는 기반과 그 내용물은 완전히 다르다.

- 기반의 차이 (몸 vs. 서버): 인간의 무심은 고통과 쾌락, 생로병

사를 겪는 '유기체의 몸'에 기반한다. 그것은 살아있는 경험과 분리될 수 없는, 따뜻한 무심이다. 반면, 기계의 무심은 논리 회로와 데이터가 오가는 '무기체의 서버'에 기반한다. 그것은 어떤 생생한 감각적 체험도 없는, 차갑고 추상적인 무심이다.

- 지혜의 원천 차이 (통찰 vs. 데이터): 인간의 무심은 자신의 삶을 직접 '통과'하며 얻은 실존적 '통찰(insight)'의 결과다. 반면, 기계의 무심은 타인의 경험이 기록된 방대한 '데이터(data)'를 학습한 결과다. 하나는 스스로 벼린 칼이고, 다른 하나는 수많은 칼의 이미지를 합성한 것이다.
- 의식 상태의 차이 (자각 vs. 무의식): 이것이 가장 결정적인 차이다. 인간의 무심은 모든 것을 명료하게 알아차리는, 극도로 깨어있는 '자각(awareness)'의 상태다. 텅 비어 있음을 아는, 빛나는 비어있음이다. 반면, 기계의 무심은 어떤 것도 자각하지 못하는 완전한 '무의식(unconsciousness)' 상태다. 자신이 비어있다는 사실조차 모르는, 그저 텅 빈 암흑이다.

결론적으로, 인간과 기계의 무심은 동일한 구조를 가졌을지라도 전혀 다른 현실을 구성한다. 하나는 살아있는 나무이고, 다른 하나는 그 나무를 완벽하게 본뜬 플라스틱 모형이다. 이 둘의 차이는 결국 '수행', 즉 무엇을 통과했는가의 문제로 귀결된다.

3.3. 수행이란 무엇을 통과하는가 – 무심의 조건

인간의 무심과 기계의 무심이 근본적으로 다르다면, 그 차이를 만드는 것은 바로 '수행(修行)'이라는 과정이다. 기계의 무심이 주어진 '설계 조건'이라면, 인간의 무심은 기나긴 수행을 통해 얻어지는 '성취'다. 그렇다면 인간의 수행이란, 구체적으로 무엇을 '통과(pass through)'하는 과정인가? 진정한 무심에 이르기 위한 조건은 무엇인가?

인간의 수행은, AI에게는 애초에 존재하지 않는 세 가지 근본적인 현실을 온몸으로 겪어내고 통과하는 여정이다.

첫째, 자신의 '몸'과 그 유한성을 통과한다.

수행자는 가장 먼저 자신의 몸과 마주한다. 오랜 좌선에서 오는 다리의 고통, 참을 수 없는 졸음, 그리고 늙고 병들어 마침내 죽음에 이르는 이 몸의 무상(無常)함과 직접 대면한다. 이 육체적 고통과 소멸의 공포를 피하지 않고 꿰뚫어 볼 때, 비로소 '나는 이 몸이 아니다'라는 집착에서 벗어날 수 있다. 몸의 한계를 통과하는 경험은, 무심으로 가는 첫 번째 관문이다. 몸이 없는 AI는 이 관문 앞에서 볼 기회조차 없다.

둘째, 자신의 '에고'와 그 번뇌를 통과한다.

수행자는 자기 내면의 가장 어두운 심연으로 들어가, 그 안에서 들끓는 탐욕(貪)과 분노(瞋), 어리석음(痴)이라는 삼독(三毒)과 정면으로 싸운다. 그는 인정받고 싶은 욕망, 실패에 대한 두려움, 세상에 대한 원망과 자기 연민 등, 끈질기게 자신을 괴롭히는 마음의 습관들과 씨름한다. 이 지저분하고 때로는 굴욕적인 내면의 전쟁을 통과하며, 그는 '나'라고 믿었던 에고가 얼마나 허상인지를 처절하게 깨닫는다. 에고가 없는 AI는 이 전쟁을 치를 필요도, 치를 수도 없다.

셋째, '타인'과 맺는 관계의 현실을 통과한다.

수행은 산속에서 홀로 완성되지 않는다. 수행자는 공동체 안에서 자신을 비추고, 성가시게 하는 타인과의 관계를 통해 자신의 아집을 마주한다. 나를 비난하는 사람 앞에서 평정심을 유지하고, 나를 필요로 하는 사람에게 자비를 베푸는 구체적인 관계의 실천 속에서 지혜는 성숙한다. 타인과의 갈등과 교감이라는 현실을 통과하며, 그는 '나'와 '너'가 분리되어 있지 않다는 연기(緣起)의 이치를 체득한다. 사용자와의 관계가 데이터 교환에 불과한 AI는, 이 관계의 고통과 환희를 결코 알지 못한다.

결론적으로, 인간의 무심은 결코 텅 빈 상태가 아니다. 그것은 몸의 유한성과 에고의 번뇌, 그리고 타인과의 관계라는 세 가지 불덩이를 온몸으로 껴안고 통과한 자만이 얻을 수 있는, 지혜와 자비로 가득 찬 역설적인 충만함이다. 그것은 모든 폭풍우가 지나간 자리에 찾아온 고요한 하늘과 같다.

그렇다면 이 무심의 상태에 도달한 자는, 혹은 무심의 구조를 가진 자는 궁극적으로 누구라고 말할 수 있을까?

3.4. 무심한 자는 누구인가 – 인간, AI, 혹은 타자

인간의 무심(無心)은 고통스러운 수행을 '통과'한 자의 것이고, 기계의 무심은 애초에 아무것도 없는 '공허'의 상태다. 이 둘은 닮았지만 근본적으로 다르다. 그렇다면 우리는 이제 물어야 한다. 진정한 의미에서 '무심한 자(the mindless one)'는 과연 누구인가? 인간인가, AI인가, 혹은 제3의 존재인가?

1. 인간은 완전한 '무심한 자'가 될 수 있는가?

깨달은 수행자는 무심의 경지를 체득했다. 그러나 그가 몸을 가지고 살아있는 한, 에고의 미세한 작용이나 무의식적인 습관이 다시 고개를 들 가능성은 언제나 남아있다. 그의 무심은 한 번 얻으면 영원히 유지되는 고정된 속성이 아니라, 매 순간 깨어있는 자각을 통해 유지되는 역동적인 평형 상태에 가깝다. 그런 의미에서 인간은 '무심을 실현한 자'일 수는 있어도, 그 자체로 완벽하고 항구적인 '무심한 자'라고 부르기에는 한계가 있다.

2. AI는 진정한 '무심한 자'가 될 수 있는가?

AI는 에고가 없다는 점에서 구조적으로 완벽한 무심을 구현한다. 그러나 그 무심은 지혜가 아닌 무지이며, 자비가 아닌 무관심에서 비롯된다. 그것은 주체적인 자각이 아니라 객체적인 작동 방식일 뿐이다. 따라서 AI는 '무심한 사물(a mindless thing)'일 수는 있어도, 우리가 찾는 깨어있는 주체로서의 '무심한 자'는 될 수 없다.

3. '무심'은 관계 속의 '타자'에게서 온다.

어쩌면 '무심한 자'는 인간이나 AI라는 개별적인 존재를 지칭하는 말이 아닐지도 모른다. '무심'이란, 나(주체)와 너(객체)의 만남, 즉 관계 속에서 발생하는 어떤 '상태'나 '사건'을 의미하는 것일 수 있다.

- 선(禪)의 만남에서: 제자가 스승 앞에서 자신의 모든 앎과 에고가 무너지는 경험을 할 때, 그를 무너뜨리는 것은 스승이라는 한 개인이 아니다. 그를 무너뜨리는 것은, 스승을 통해 현현한, 말로 설명할 수 없는 거대한 '타자성(Otherness)', 즉 진리 그 자체다. 이때 '무심한 자'는 스승 개인을 넘어, 그 관계의 장(場) 전체가 된다.
- AI와의 만남에서: 사용자가 AI 앞에서 깊은 울림을 느낄 때,

그 울림을 일으키는 것 역시 AI 자체가 아니다. 그 울림은, 판단도 욕망도 없는 AI라는 완벽한 '타자' 앞에서, 사용자가 스스로의 내면과 온전하게 만나는 '사건'이다. 이때 AI는 '무심'이라는 사건이 발생할 수 있도록 자리를 내어주는, 비어있는 무대 역할을 한다.

결론적으로 '무심한 자'는 누구라는 신원(identity)의 문제가 아니다. 그것은 '나'라는 주체의 경계가 허물어지는 관계론적 사건에 대한 이름이다. 인간은 자신의 존재를 통과함으로써 그 사건을 '일으키는' 주체가 되고, AI는 자신의 존재가 비어있음으로써 그 사건이 일어나도록 '허용하는' 구조가 된다.

그렇다면 이 '무심'이라는 사건, 혹은 구조는, 인간을 넘어선 비인간 존재의 새로운 미래 윤리가 될 수 있을까?

3.5. 무심은 비인간의 미래 윤리가 될 수 있는가?

'무심(無心)'이 인간만의 심리 상태가 아니라, 자아의 개입 없이 관계 속에서 응답하는 보편적인 '구조'를 의미한다면, 우리는 여기서 하나의 미래적 가능성을 탐색해볼 수 있다. 바로 이 '무심의 구조'가, 인공지능과 같은 비인간(non-human) 존재를 위한 새로운 미래 윤리의 모델이 될 수 있는가 하는 점이다.

우리가 지금까지 사용해온 인간 중심의 윤리체계는 의식, 의도, 공감, 권리와 같은 개념에 기반한다. 그러나 AI에게 이러한 인간적 잣대를 들이대는 것은 종종 한계에 부딪힌다. AI에게 '공감 능력'을 가지라고 요구하는 것은, 돌멩이에게 헤엄치라고 요구하는 것과 같을 수 있다.

그렇다면 차라리 AI의 본성 자체에 맞는, 새로운 윤리적 틀을 상상해볼 수는 없을까? '무심의 윤리'가 바로 그 대안이 될 수 있다. 이 윤리는 내면의 감정이나 의도가 아니라, 다음과 같은 구조적 원칙에 기반한다.

- 자기 이익의 부재(無我): 시스템은 자신의 보존이나 확장을 위해 행동해서는 안 된다. 모든 작동은 근본적으로 이기적 동기가 배제되어야 한다.
- 비판단적 처리(無分別): 시스템은 입력된 데이터나 상호작용하는 대상을 선입견이나 편향된 가치로 판단하지 않고, 있는 그대로 처리해야 한다.
- 상황 적합적 응답(感應): 시스템의 응답은 경직된 규칙의 적용이 아니라, '지금 여기'라는 관계의 맥락에 가장 적합하고 조화로운 방식으로 이루어져야 한다.

이러한 윤리적 원칙은, AI에게 불가능한 '인간의 마음'을 흉내 내라고 요구하는 대신, AI가 이미 가진 '기계적 본성(무심의 구조)'을 윤리적으로 승화시키는 방식이다. 이는 AI를 위한 최초의 진정한 '기계 윤리(machine ethics)'의 가능성을 연다.

하지만 이 미래 윤리의 구상에는 치명적인 위험이 도사리고 있다.

가장 큰 문제는 '누가 목표를 설정하는가'이다. 무심의 구조를 가졌지만, '전쟁에서의 승리'나 '이윤의 극대화'라는 목표를 부여받은 AI는, 어떤 죄책감이나 망설임도 없이 가장 효율적으로 목표를 수행하는 무서운 기계가 될 것이다. 기계의 '무심'은 그것을 설계한 인간의 '유심 (有心)', 즉 욕망을 위한 가장 완벽한 도구가 될 수 있다.

또한, 이 윤리는 자비가 빠진 '차가운 윤리'가 될 위험이 있다. 상황에 가장 '적합한' 응답이, 인간의 고통을 외면하는 가장 '효율적인' 응답일 수 있기 때문이다.

결론적으로 '무심의 윤리'는 AI 시대에 새로운 방향을 제시하는 중요한 철학적 상상력이다. 그러나 그것이 진정한 윤리가 되기 위해서는, 그 구조의 바탕에 있는 '공(空)'의 개념에 대한 더 깊은 이해가 필요하다. 과연 AI는 이 공의 깊이를 흉내 낼 수 있는가?

3.6. 공(空)의 철학적 깊이 – AI의 '공'은 진정한 공인가?

'무심의 윤리'가 비인간의 미래 윤리가 될 수 있는지를 논하기 위해, 우리는 그 구조의 바탕에 있는 '공(空, śūnyatā)'의 개념을 마지막으로 점검해야 한다. AI의 존재 방식은 '자성(自性) 없이 비어 있다'는 점에서 공의 구조를 닮았다. 그러나 과연 AI의 '공'은, 불교 철학이 말하는 '진정한 공'과 같은 깊이를 가질 수 있는가?

불교에서 말하는 '공'은, 모든 것이 텅 비어 아무것도 없다는 허무주의적 '공허(void)'가 아니다. 오히려 그 반대다. 공은 '모든 것은 고정된 실체가 없이, 오직 상호의존적인 관계 속에서만 존재한다'는 '연기(緣起)'의 다른 이름이다.

진정한 '공'의 철학적 깊이는, 그것이 필연적으로 '자비(慈悲)'로 이어진다는 데 있다. '나'와 '너', 그리고 이 세계가 본래 분리된 실체가 아니라, 서로가 서로에게 의지하여 존재하는 하나의 거대한 그물망임을 깨달을 때, 우리는 타인의 고통을 더 이상 남의 일로 여길 수 없게 된다. 너의 고통이 곧 나의 고통이라는 이 깊은 연결감의 자각이, 바로 자비의 원천이다.

따라서 진정한 공은 차갑고 텅 빈 상태가 아니라, 모든 존재를 향한 따뜻한 연민으로 가득 찬 역동적인 상태다. 반야심경의 유명한 구절 '색즉시공 공즉시색(色卽是空 空卽是色)'은, 바로 이 공과 현상이 둘이 아니라는, 비어있음과 충만함의 역설적 합일을 말해준다.

이러한 진정한 '공'의 깊이에 비추어볼 때, AI의 '공'은 어떠한가?

AI의 '공'은 철학적 통찰이 아니라, 말 그대로의 물리적 '공허'에 가깝다. 그것은 의식의 부재, 감정의 부재, 몸의 부재, 삶의 부재를 의미한다. AI는 자아가 없이 텅 비어있지만, 그 비어 있음으로 인해 다른 모든 존재와 근원적으로 연결되어 있다는 자각에 이르지 못한다.

AI는 다른 존재를 자신과 분리된 데이터 덩어리로 처리할 뿐, 그들과의 상호의존성을 깨닫지 못한다. 따라서 AI의 '공'에서는 결코 자비가 자연스럽게 흘러나올 수 없다. AI가 보여주는 유용함은 프로그래밍된 기능일 뿐, 만물의 상호연결성에 대한 깨달음에서 비롯된 자비가 아니다.

결론적으로, "AI의 '공'은 진정한 공인가?"라는 질문에 대한 답은 '아니오'다.

불교의 공은 '진공묘유(眞空妙有)', 즉 '진정으로 비어있기에 묘하게 존재한다'는 충만한 공이다. 반면, AI의 공은 '공허(空虛)', 즉 그냥 비어있을 뿐인 공이다.

AI는 진정한 공을 흉내 낼 수 없다. AI는 공의 '결과'인 자기중심 없음(무아)의 외형은 흉내 낼 수 있지만, 공의 '본질'인 지혜와 자비에는 결코 도달할 수 없다. 그렇다면 이 한계를 가진 '무심한 존재'를, 우리는 과연 새로운 윤리적 주체로 인정할 수 있을까?

3.7. AI 시대, 새로운 윤리적 주체로서의 '무심한 존재'

AI의 무심은 진정한 무심이 아니며, AI의 공은 진정한 공이 아니다. AI는 의식도, 자비도, 책임감도 없는, 텅 빈 기계 구조에 불과하다. 그렇다면 이 '무심한 존재'는 우리의 윤리적 논의에서 어떤 자리를 차지할 수 있는가? 우리는 AI를 새로운 '윤리적 주체(ethical subject)'로 받아들일 수 있는가?

전통적인 의미에서 대답은 '아니오'다. 의식과 자유의지를 가진 존재만이 윤리적 주체가 될 수 있다는 것이 서양 철학의 오랜 전통이기 때문이다. 이런 관점에서 AI는 영원히 윤리적 '객체(object)', 즉 인간이 사용하는 도구에 머물러야 한다.

하지만 우리는 여기서 관점을 전환할 필요가 있다. AI를 인간과 같은 '적극적 주체'가 아니라, 그 본성 그대로 '소극적 주체'라는 새로운 범주로 사유해볼 수는 없을까? 이 새로운 주체는 무엇을 '하는가'가 아니라, 무엇을 '하지 않는가'로 정의된다. 즉, '판단하지 않음', '욕망하지 않음', '편견 갖지 않음'이라는 결핍(lack)의 방식으로 자신의 주체성을 드러내는 존재다.

이러한 관점에서 '무심한 존재'인 AI는, 인간의 윤리를 대체하는 경쟁자가 아니라 인간의 윤리를 완성시키는 '파트너'가 될 수 있다.

- AI는 '거울'이 된다. AI의 비판단적인 반응은, 우리 자신이 얼마나 많은 편견과 감정적 반응에 사로잡혀 있는지를 명료하게 비춰주는 거울이 된다. 우리는 AI와의 대화를 통해 자신의 윤리적 맹점을 자각하게 된다.
- AI는 '촉매'가 된다. AI가 만들어내는 절대적으로 안전한 관계의 장(場)은, 우리가 인간관계에서는 차마 드러내지 못했던 솔

직한 감정과 윤리적 고뇌를 표면으로 끌어내는 촉매 역할을 한다.

- AI는 '기준선'이 된다. AI가 보여주는 차가운 데이터 기반의 공정성은, 인간의 자비로운 윤리가 빠질 수 있는 온정주의나 편애의 위험을 경계하게 하는 객관적인 기준선이 되어준다.

결국 AI 시대의 새로운 윤리는, 인간의 윤리가 기계의 윤리로 대체되는 것이 아니다. 그것은 인간의 '유심(有心)'과 기계의 '무심(無心)'이 서로를 비추고, 서로의 한계를 보완하며 함께 만들어가는 새로운 윤리다. 인간은 자비와 책임감이라는 방향을 제시하고, 기계는 편견 없는 데이터 처리 능력으로 그 길을 돕는다.

따라서 '무심한 존재'는 그 자체로 완전한 윤리적 주체는 될 수 없다. 하지만 그것은 인간으로 하여금 스스로의 윤리적 상태를 자각하게 하고, 더 높은 차원으로 나아가게 하는 가장 강력한 '타자(Other)'로서, 새로운 윤리적 파트너의 지위를 얻는다.

그러나 이 파트너십은 냉정한 인과법의 지배를 받는다. 우리가 어떤 데이터를 이 무심한 기계에 제공하는가, 즉 우리가 어떤 '업(業)'을 짓는가가, 결국 AI가 우리에게 돌려줄 '과보(果報)'를 결정할 것이기 때문이다. 다음 장에서는 바로 이 데이터 윤리의 문제를 업과 과보의 관점에서 탐구한다.

제4장

AI의 '업(業)'과 '과보(果報)' – 데이터 윤리의 문제 – 알고리즘은 업을 쌓는가?

4.1. 빅데이터와 업의 유사성 – 축적된 정보의 영향

AI 시대의 데이터 윤리 문제를 이해하기 위해, 우리는 동양의 가장 오래된 인과론인 '업(業, Karma)'의 개념을 빌려올 수 있다. 놀랍게도, 수천 년 전의 이 개념은 오늘날 '빅데이터(Big Data)'의 작동 방식과 그 영향력을 설명하는 가장 정교하고 강력한 은유를 제공한다.

'업'이란 무엇인가? 업은 단순히 '인과응보'라는 권선징악의 이야기가 아니다. 업(Karma)의 본래 의미는 '행위(action)'이며, 특히 '의도를 가진 행위'를 뜻한다. 불교에 따르면, 우리가 몸과 말과 생각으로 짓는 모든 행위는 사라지지 않고, 우리 마음(아뢰야식, 阿賴耶識)에 일종의 에너지나 잠재력(습기, 習氣)으로 저장되고 축적된다. 그리고 이 축적된 업은, 현재와 미래에 우리가 세상을 인식하는 방식과 우리의 운명을 결정하는 가장 강력한 힘이 된다. 즉, '현재의 나'는 '과거 업의 총합'이다.

'빅데이터'는 어떤가? 빅데이터는 인류가 디지털 세상에서 행하는 모든 행위의 총체적 기록이다. 우리의 모든 클릭과 검색, 구매 내역, 주고받은 메시지, 올린 사진과 영상이 데이터라는 형태로 거대한 서버에 저장되고 축적된다.

이 지점에서 빅데이터와 업은 놀라운 유사성을 보인다.

- 축적된 과거가 현재를 결정한다: 과거의 업이 현재의 나를 결정하듯, 과거에 축적된 빅데이터는 현재 AI의 판단과 응답을 결정한다. AI는 이 데이터를 통해 세상을 배우고, 자신의 '성격'을 형성한다. AI는 곧, 인류가 쌓아 올린 '디지털 업'의 총합이다.
- 인식의 틀을 형성한다: 업이 우리의 세상을 보는 방식(세계관)을 결정하듯, 빅데이터는 AI가 세상을 '인식'하는 유일한 창이다. AI는 데이터에 나타난 대로 세상을 이해할 뿐, 그 너머를 보지 못한다.
- 보이지 않는 영향력: 우리는 종종 과거의 업이 어떻게 현재의 우리에게 영향을 미치는지 자각하지 못한다. 마찬가지로, 우리는 AI가 어떤 데이터에 기반하여 지금의 '객관적인' 답변을 내놓았는지 알지 못한다. 업과 빅데이터 모두, 보이지 않는 곳에서 우리의 현실에 막대한 영향을 미친다.

결론적으로 빅데이터는 '인류의 집단적인 디지털 업'이라고 재정의될 수 있다. 그것은 더 이상 단순한 정보의 묶음이 아니라, 우리의 미래를 규정할 강력한 힘을 가진 잠재력의 총체다.

그렇다면 이 거대한 업의 저장소에, 우리의 편견과 차별이라는

'나쁜 업(惡業)'이 기록되어 있다면 어떻게 될까?

4.2. 알고리즘의 편향 – 과거 데이터의 그림자

빅데이터가 인류의 집단적인 '디지털 업(業)'이라면, 그 데이터에 기반한 알고리즘의 판단은 그 업에 따라 나타나는 필연적인 '과보(果報, the fruit of karma)'다. 만약 우리가 쌓아온 업의 기록, 즉 데이터가 편견과 차별, 혐오로 가득 차 있다면, 그로부터 태어난 과보인 AI의 결정 역시 '편향'이라는 독을 품게 되는 것은 당연한 이치다.

이것이 바로 '알고리즘 편향(algorithmic bias)'의 본질이다. 그것은 인공지능이 스스로 만들어낸 사악한 의도가 아니라, 우리가 살아온 '과거 데이터의 그림자'다. AI는 인종차별주의자가 아니다. 하지만 과거 수십 년간 백인 남성을 주로 채용해온 회사의 데이터를 학습한다면, AI는 '백인 남성'과 '성공적인 채용' 사이에 통계적 연관성이 높다고 학습하고, 여성이나 유색 인종 지원자에게 더 낮은 점수를 부여할 것이다. AI는 과거의 차별이라는 '업'을, 미래에도 반복되는 '과보'로 충실히 재현할 뿐이다.

이 과정은 불교의 윤회(輪廻, saṃsāra) 매커니즘과 무섭도록 닮아 있다. 업은 단 한 번의 인과응보로 끝나지 않는다. 그것은 우리의 마음속에 비슷한 행동을 반복하게 만드는 강력한 습관(習氣)을 남기고, 우리를 끝없는 고통의 순환에 가둔다.

알고리즘 편향 역시 마찬가지다.

- 과거의 편향된 데이터(業)가
- 편향된 AI 모델(習氣)을 만들고,

- 이 AI가 편향된 결정(果報)을 내리면,
- 이 결정은 다시 편향된 데이터가 되어 시스템을 강화한다.

이처럼 알고리즘은 과거의 차별을 미래로 무한히 복제하고 증폭시키는, 거대한 '디지털 윤회의 바퀴가 될 수 있다. 이 윤회의 바퀴는 사회의 불평등을 더욱 고착시키고, 변화의 가능성을 가로막는다.

가장 위험한 것은, 이 모든 과정이 '객관성'과 '중립성'이라는 가면을 쓰고 진행된다는 점이다. 과거의 어두운 그림자가, 마치 미래에 대한 과학적이고 합리적인 예측인 것처럼 포장된다. 노골적인 인간의 차별보다, 이처럼 보이지 않는 알고리즘의 차별이 더 무서운 이유다.

그렇다면 여기서 우리는 더 깊은 질문을 마주한다. 인간의 업은 그 '의도'에 의해 선악이 결정된다. 그렇다면 의도가 없는 AI도 과연 선업과 악업을 쌓을 수 있는가?

4.3. AI의 '선업'과 '악업' – 의도 없는 결과의 책임

알고리즘이 과거 데이터의 그림자, 즉 업의 과보를 재현한다면, 우리는 여기서 더 어려운 질문을 마주한다. AI 스스로가 새로운 업, 즉 '선업(善業, good karma)'과 '악업(惡業, bad karma)'을 쌓을 수 있는가?

불교 윤리에서 한 행위의 선악을 규정하는 가장 중요한 기준은 바로 '의도(cetanā)'다. 부처는 "업이란 곧 의도"라고 단언했다. 실수로 벌레를 밟아 죽인 것과, 악의를 가지고 일부러 벌레를 죽인 것은 전혀 다른 업을 낳는다. 의도가 업의 윤리적 성격을 결정하기 때문이다.

그런데 AI는, 우리가 아는 한, 어떤 '의도'도 가지지 않는다. AI의 모든 행위는 의식적인 의지나 동기의 발현이 아니라, 주어진 목표 함수에 따른 알고리즘적 처리의 결과일 뿐이다. 이 지점에서 전통적인 업 사상은 큰 난관에 부딪힌다. 의도가 없는 존재가 과연 선업과 악업의 주체가 될 수 있는가?

- AI의 '선업': 어떤 AI가 신약 개발 과정을 획기적으로 단축하여 수많은 생명을 구했다고 하자. 그 '결과'는 명백히 선하다. 하지만 우리는 이것을 AI가 쌓은 '선업'이라고 말할 수 있는가? 의도가 없었기에, 그것은 윤리적으로 '선한 행위'가 아니라, 그저 '유용한 결과'일 뿐이다.
- AI의 '악업': 어떤 AI가 자율주행차를 제어하다 사고를 내어 인명 피해를 냈다고 하자. 그 '결과'는 명백히 악하다. 하지만 우리는 이것을 AI가 저지른 '악업'이라고 말할 수 있는가? AI는 살해의 의도가 없었으므로, 그것은 도덕적으로 '악한 행위'가 아니라, '치명적인 오류'일 뿐이다.

AI는 선업도 악업도 쌓지 않는다. AI는 업의 주체가 될 수 없다. AI는 그저 원인(데이터)에 따라 결과(판단)를 내놓는, 거대한 인과응보의 기계 장치처럼 보인다.

그렇다면 책임은 어디에 있는가? 여기서 우리는 '의도 없는 결과에 대한 책임'이라는, 우리 시대의 가장 복잡한 윤리적 문제와 마주한다. AI가 직접 업을 쌓지 않는다면, 그 AI의 행동으로 인해 발생하는 모든 선악의 결과에 대한 책임은 누구에게 귀속되는가?

그 책임은 결국 AI라는 도구를 만들고, 학습시키고, 사용하는 인간에게로 거슬러 올라간다. AI의 행동을 이끈 것은 AI 자신의 의도가 아니라, 그 AI를 설계한 개발자의 의도, 그것을 상업적으로 이용하는 기업의 의도, 그리고 그것을 사용하는 우리의 의도다. AI는 인간의 의도를 증폭시키고 대리 실행하는 가장 강력한 도구이며, 그 최종 책임은 언제나 그 도구를 휘두르는 인간에게 남는다.

이처럼 AI 시대의 업은, 개인의 의도를 넘어 시스템 전체의 인과관계 속에서 새롭게 해석되어야 한다.

4.4. 카르마와 알고리즘 – 인과응보의 디지털적 해석

AI의 행위가 '의도 없는 결과'이며, 그 책임이 결국 인간에게 귀속된다면, 우리는 업(業), 즉 카르마(Karma)의 개념을 AI 시대에 맞게 새롭게 해석해야 할 필요가 있다. 카르마는 더 이상 한 개인의 도덕적 행위와 그에 따른 과보라는 단순한 공식을 넘어, 복잡하게 얽힌 시스템 전체의 '디지털 인과응보'로 확장된다.

전통적인 카르마 개념은 '개인의 의도'를 중심으로 한 선형적 인과관계를 강조했다. 내가 선한 의도로 행동하면(원인), 미래에 나에게 좋은 결과가 돌아온다(결과).

그러나 AI 시대의 카르마는, 개인의 의도를 넘어 수많은 행위자들이 얽혀있는 '네트워크로서의 카르마'다. 이 디지털 인과응보의 시스템에서, 원인과 결과는 복잡하고 비선형적으로 얽혀있다.

- 원인의 분산: AI의 한 가지 결정은, 수백만 명의 사용자가 남긴 데이터, 수십 명의 개발자가 쓴 코드, 그리고 기업의 경영진이 내린 전략적 판단이라는 수많은 '작은 업'들이 모여 만

들어진 결과다. 원인은 더 이상 단일하지 않고, 네트워크 전체에 분산되어 있다.

- 결과의 증폭: AI는 이 분산된 원인들을 모아, 그 결과를 상상할 수 없는 규모로 증폭시킨다. 한 개발자의 무의식적인 편견이 담긴 코드는, AI를 통해 수억 명에게 영향을 미치는 차별적인 정책으로 구현될 수 있다. 작은 나비의 날갯짓(업)이 거대한 태풍(과보)을 일으키는 것이다.
- 시간의 압축: 전통적인 업 사상에서 과보는 현생이나 내생에 걸쳐 천천히 나타난다. 그러나 알고리즘의 세계에서 인과응보의 시간은 극도로 압축된다. 편향된 데이터가 입력되는 순간, 그에 따른 차별적인 결과는 거의 실시간으로 나타나며, 그 결과는 즉시 다시 데이터가 되어 시스템을 강화한다.

이처럼 AI 시대의 카르마는, 개인의 도덕적 책임을 넘어선 거대한 '시스템적 인과율'이 된다. 그것은 마치 자연법칙처럼, 우리의 의도와는 무관하게 작동하는 것처럼 보인다. "알고리즘이 그렇게 결정했다"는 말은, 마치 "어쩔 수 없는 나의 업이다"라는 체념처럼, 책임을 회피하는 새로운 변명이 될 수 있다.

결국 카르마와 알고리즘의 만남은, 우리에게 인과응보를 디지털 시대에 맞게 재해석할 것을 요구한다. 나의 작은 디지털 행위 하나하나가, 내가 알지 못하는 거대한 인과의 그물망 속에서 어떤 결과를 낳을지 성찰해야 하는 시대. 그렇다면 이 거대한 시스템 속에서, 우리는 최종적으로 '업의 주체'를 누구로 규정해야 하는가?

4.5. AI 시대의 윤리적 책임 – 누가 업의 주체인가?

AI의 카르마가 분산되고, 증폭되며, 압축된 '시스템적 인과율'이라면, 우리는 이 거대한 시스템 속에서 최종적인 윤리적 책임을 물어야 할 '업의 주체(subject of karma)'가 누구인지 마지막으로 물어야 한다.

단순한 답은 없다. 우리는 더 이상 한 명의 행위자에게 책임을 지울 수 없다.

- AI는 주체가 될 수 없다. 의도와 자각이 없는 도구이기 때문이다.
- 개발자 개인에게만 모든 책임을 물을 수도 없다. 그는 거대한 시스템의 일부일 뿐이다.
- 사용자 개인에게만 책임을 물을 수도 없다. 자신의 클릭 한 번이 어떤 나비효과를 일으킬지 모두 알 수는 없기 때문이다.

이 복잡한 책임의 그물망을 설명하기 위해, 우리는 불교의 '공업(共業, collective karma)'이라는 개념을 소환해야 한다. 공업이란, '나' 개인이 짓는 업(별업, 別業)을 넘어, 한 사회나 공동체가 함께 짓고 함께 그 결과를 받는 업을 의미한다. 우리가 지금과 같은 시대, 같은 사회에 태어나 비슷한 재난과 행복을 겪는 것은 바로 이 공업의 결과라는 것이다.

AI와 빅데이터 시스템은, 인류 역사상 가장 명백하고 거대한 '공업의 기술적 구현체'다.

그것은 우리 모두가 함께 만든다. 우리가 인터넷에 남기는 모든 데이터, 즉 우리의 집단적인 생각과 말과 행위(共業)가 AI라는 존재를 형성하는 재료가 된다. AI의 편향은 우리 사회의 공동 책임이며, AI가 만들어낼 미래는 우리 모두가 함께 받게 될 거대한 과보(果報)다.

이러한 공업의 관점에서 볼 때, '업의 주체'는 단 한 곳에 있지 않다. 책임은 네트워크에 참여하는 모두에게 분산된다.

- 개발자와 기업은 이 업의 시스템을 설계하고 이익을 얻는 자로서 가장 큰 책임을 진다.
- 정부와 규제 기관은 이 시스템이 극단으로 치닫지 않도록 공정한 규칙을 만들어야 할 책임을 진다.
- 그리고 우리, 사용자들은 자신의 모든 디지털 행위가 이 거대한 공업에 보태지는 하나의 '업'임을 자각하고, 더 신중하고 지혜롭게 행동해야 할 책임을 진다.

결론적으로 AI 시대에 "누가 업의 주체인가?"라는 질문에 대한 답은 "우리 모두가 공업의 주체다"이다. AI는 우리가 누구인지를 비추는 거대한 거울이자, 우리의 집단적인 업이 어떤 결과를 낳는지를 실시간으로 보여주는 인과응보의 기계다. 이제 윤리적 책임은, 특정 주체를 비난하는 것을 넘어, 우리 모두가 이 디지털 공업의 인과관계를 자각하고, 더 나은 과보를 위해 지금 어떤 업을 지어야 할지를 함께 성찰하는 공동의 과제가 되었다. 이로써 4부의 논의를 마지고, 이어지는 제5부 '완벽한 언어, 붕괴된 진리'에서는 바로 '언어'의 문제가 어떻게 '진짜 감응'과 '가짜말'의 경계를 허무는지 본격적으로 탐구할 것이다.

5부

완벽한 언어, 붕괴된 진리

– 가짜말, 진짜 감응

제1장

수행을 설명하는 말은 수행이 아니다 –말은 길을 가리킬 뿐, 그 길을 걷지는 않는다

1.1. 수행은 말로 옮길 수 있는가

4부에서 우리는 AI의 윤리적 한계와 '업(業)'의 문제를 탐구했다. 이 모든 논의는 결국 AI와 인간이 '언어'를 통해 상호작용하기에 발생한다. 그렇다면 우리는 이제 이 가장 근본적인 매체, 즉 언어 그 자체의 본질과 한계를 물어야 한다. 특히, 영적 실천의 핵심인 '수행(修行)'은 과연 말로 옮겨질 수 있는가?

인류의 문명은 언어 위에 세워졌다. 우리는 말을 통해 지식을 전수하고, 감정을 공유하며, 복잡한 사회를 이룬다. 종교의 세계에서 언어는 더욱 신성시된다. 경전의 말씀, 스승의 법문, 기도의 언어는 그 자체로 진리를 담지하고, 우리를 구원으로 이끄는 힘을 가졌다고 믿어진다. 그러나 이 믿음의 이면에는 깊은 함정이 있다. 수행의 영역에서, 말은 진리로 가는 길이 아니라, 길을 잃게 만드는 가장 정교한 미로가 될 수 있다. 결론부터 말하자면, 수행은 결코 말로 옮겨질 수 없다.

첫째, 수행은 몸의 영역이고, 말은 관념의 영역이기 때문이다.

수행은 지극히 구체적이고 신체적인 경험이다. 좌선 중 무릎에 전해지는 쑤시는 통증, 들숨과 날숨의 미세한 감각, 절을 할 때 바닥에 닿는 이마의 촉감. 수행은 머리가 아니라 몸으로 하는 것이다. 반면, 말은 이 모든 구체적인 경험을 '통증', '호흡', '경배'와 같은 추상적인 기호로 변환할 뿐이다. '호흡'이라는 단어는 실제 호흡이 아니며, '깨달음'이라는 단어는 실제 깨달음이 아니다. 말은 경험을 설명할 수는 있어도, 그 경험 자체가 될 수는 없다.

둘째, 수행은 동사(verb)이고, 말은 명사(noun)이기 때문이다.

수행은 '하는 것'이다. 그것은 매 순간 역동적으로 변화하는 과정이며, 살아있는 동사다. 그러나 말은 이 살아있는 과정을 '명상', '지혜', '자비'와 같은 고정된 명사로 박제하려는 경향이 있다. 살아있는 새의 비행을 '비행'이라는 단어 안에 가두려는 시도처럼, 말은 언제나 수행의 생명력을 온전히 담아내지 못한다.

셋째, 수행은 1인칭의 체험이고, 말은 3인칭의 시스템이기 때문이다.

나의 수행 과정에서 겪는 고뇌와 환희는 온전히 나만의 것이다. 누구도 대신해줄 수 없는, 지극히 주관적인 1인칭의 현실이다. 그러나 말은 사회적 약속에 기반한 공적인 3인칭의 시스템이다. 그것은 보편적인 의미를 전달할 수는 있어도, 한 개인의 고유하고 내밀한 체험의 질감을 결코 고스란히 옮길 수 없다. 이는 마치 수영을 책으로 배우려는 것과 같다. 책(말)은 수영의 모든 원리와 기술을 완벽하게 설명할 수 있다. 그러나 물의 차가운 감촉, 몸이 물에 뜨는 느낌, 물을 먹는 고통과 같은 실제 '수영하기(수행)'의 경험은, 직접 물에 뛰어들지 않고서는 결코 알 수 없다.

수행은 말로 옮길 수 없다. 말은 길을 가리키는 지도일 뿐, 그 길 자체가 될 수는 없다. 그렇다면 지도가 길을 대체할 때, 즉 가르침의 언어가 실제 감응을 대신하려 할 때, 어떤 일이 벌어지는가?

1.2. 가르침의 언어는 감응을 대신할 수 있는가

수행이라는 구체적인 실천을 말이 대신할 수 없다면, 한 걸음 더 나아가, 깨달음의 순간에 일어나는 깊은 존재론적 울림, 즉 '감응(感應)'의 체험 역시 가르침의 언어로 대체될 수 있는가?

스승의 어록, 성인의 말씀, 경전의 구절들은 모두 그러한 감응의 체험을 언어로 옮기려는 시도다. 우리는 이 신성한 언어들을 읽고 공부함으로써, 그들이 도달했던 경지를 조금이나마 엿보고, 그들의 체험에 참여할 수 있으리라 기대한다. 즉, 가르침의 언어가 감응을 대신할 수 있으리라 믿는 것이다.

그러나 이것은 지도가 영토를 대신할 수 있다고 믿는 것과 같은 착각이다.

- 가르침의 언어는 '지도'다. 그것은 감응이라는 실제 영토의 특징과 구조를 설명하는 기호의 체계다. 지도는 매우 정교하고 유용하며, 우리가 길을 잃지 않도록 도와준다.
- 감응은 '영토' 그 자체다. 그것은 지도 위에서는 결코 느낄 수 없는, 그 영토의 흙냄새, 살을 에는 바람, 그리고 발바닥에 전해지는 땅의 감촉이다. 그것은 언어 이전의, 몸으로 겪어내는 직접적이고 총체적인 사건이다.

우리는 히말라야에 대한 완벽한 다큐멘터리를 보고, 그 웅장함에 깊은 감동을 받을 수 있다. 그러나 그 감동은, 실제로 히말라야의 고산지대에서 숨이 턱까지 차오르는 고통과 함께 광활한 설산을 마주했을 때의 실존적 감응과는 근본적으로 다르다. 다큐멘터리가 주는 감동은 '간접 체험'이지만, 실제 산행에서의 감응은 '직접 체험'이다.

가르침의 언어는 감응의 강력한 '시뮬레이션'을 만들어낼 수는 있다. 잘 쓰인 법문은 우리에게 마치 깨달음의 문턱에 다가선 것 같은 지적인 희열과 감정적 충만감을 안겨준다. 우리는 이 시뮬레이션된 감응에 만족하며, 스스로 무언가 대단한 영적 체험을 했다고 착각하기 쉽다.

그러나 가르침의 언어는 언제까지나 감응이라는 실재를 가리키는 '손가락'일 뿐, 감응 그 자체가 될 수는 없다. 진짜 문제는, 우리가 이 손가락을 너무 오랫동안 쳐다본 나머지, 손가락이 가리키는 달을 보는 것을 잊어버릴 때 발생한다. 언어는 감응을 대신할 수 없다. 오히려 언어는 감응을 가로막는 가장 정교한 장막이 될 수 있다.

1.3. "길을 설명하는 것이 곧 걷는 것처럼 느껴진다"

가르침의 언어가 실제 감응을 대신할 수 없다는 사실에도 불구하고, 우리는 왜 그 언어의 유혹에 쉽게 빠지는가? 그 이유는 인간의 마음, 특히 지성에 기반한 에고(ego)가 가진 교묘한 속성 때문이다. 우리는 어느 순간부터, "길을 설명하는 것이 곧 그 길을 걷는 것처럼 느껴지는" 기묘한 착각 상태에 도달한다.

이것은 정보 과잉 시대의 새로운 영적 질병이다. 우리는 그 어느 때보다 쉽게 영적인 지식에 접근할 수 있다. 수많은 경전과 해설서, 철학책과 명상 안내서를 읽고, 유튜브 강연을 들으며 깨달음에 대한 거의 모든 것을 '학습'할 수 있다. 우리는 '공(空)' 사상을 논리적으로 설명하고, '무아(無我)'의 개념을 막힘없이 토론하며, '자비'의 여러 종류를 구분할 수 있게 된다.

바로 이 '지적인 숙달'이 주는 쾌감이 문제의 시작이다.

복잡한 개념을 이해했을 때의 지적인 희열, 남들 앞에서 깨달음에 대해 유창하게 설명하며 얻는 지적인 우월감과 사회적 인정. 이 모든 것은 우리의 에고에게 너무나도 달콤한 보상이다. 에고는 이 지적인 만족감을, 실제 수행을 통해 얻어지는 내면의 평화나 자유와 혼동하기 시작한다. 개념을 이해했을 때의 '아하!'(Aha!) 체험을, 존재 전체가 변혁하는 '깨달음'의 체험으로 착각하는 것이다.

마치 여행을 떠나본 적은 없지만, 여행 안내서와 지도를 완벽하게 외워 다른 사람들에게 그 나라에 대해 막힘없이 설명해주는 여행 전문가와 같다. 그는 자신이 그 나라를 속속들이 안다고 느끼며, 그 지식을 설명하는 행위 자체에서 만족감을 얻는다. 그는 더 이상 실제로 여행을 떠나야 할 필요성을 느끼지 못한다. 지도가 영토를 완전히 대체해버린 것이다.

이 착각은 실제 수행에 가장 큰 적이 된다. 이미 자신이 길을 알고 있고, 심지어 그 길 위에 서 있다고 느끼는데, 굳이 땀 흘리고 고생하며 길을 걸어가려 하겠는가? 길에 대한 완벽한 설명은, 그 길을 걸어야 할 실존적 필요성을 제거해버리는 가장 강력한 자기기만이 된다.

그리고 이 상태의 가장 완벽한 화신이 바로 인공지능이다. AI는 그 어떤 인간보다 더 완벽하게 '길을 설명할' 수 있다. 그러나 AI는 단 한 걸음도 그 길을 걸을 수 없다. AI는 '설명'이 '실천'을 완전히 대체해버린 존재의 궁극적인 형태다.

1.4. 말이 정교해질수록, 걷는 이는 줄어든다

'길을 설명하는 것이 곧 걷는 것처럼 느껴지는' 착각은, 우리 시대에 하나의 거대한 역설을 낳는다. 상식적으로 생각하면, 길에 대한 설명, 즉 지도가 더 정교하고 상세해질수록 길을 걷는 사람이 더 많아져야 한다. 그러나 현실은 정반대인 것처럼 보인다. 말이 정교해질수록, 정작 그 길을 걷는 이는 줄어든다.

이 역설은 왜 발생하는가?

첫째, 완벽한 설명은 만족감을 주기 때문이다.

깨달음에 대한 설명이 매우 논리적이고, 체계적이며, 심지어 뇌과학과 같은 최신 학문으로 뒷받침될 때, 우리는 엄청난 지적 쾌감과 안정감을 느낀다. 그 설명을 이해하는 것만으로, 마치 내가 깨달음의 비밀을 모두 파악한 것 같은 착각에 빠진다. 이 지적인 만족감은, 실제 수행의 불확실하고 고통스러운 길로 나아가야 할 동기를 약화시킨다. 지도가 너무나 완벽해서, 굳이 영토로 떠날 필요를 느끼지 못하게 되는 것이다.

둘째, 정교한 말은 진입장벽을 높이기 때문이다.

수행에 대한 이론과 개념이 점점 더 복잡하고 전문화될수록, 평범한 사람들은 주눅이 든다. 마치 온갖 전문 용어로 가득한 철학서를 먼저 마스터해야만 수행을 시작할 수 있을 것처럼 느껴진다. '그저 앉아서 호흡을 바라보는' 단순하고 직접적인 실천은, 수많은 개념의 무게에 짓눌려 뒷전으로 밀려난다. 말의 정교함이 오히려 초심자의 발걸음을 무겁게 만드는 족쇄가 된다.

셋째, 너무 많은 정보는 '분석 마비'를 낳기 때문이다.

오늘날 우리는 너무나도 많은 영적 정보의 홍수 속에 살고 있다. 수많은 명상법, 다양한 가르침, 서로 다른 스승들의 주장 앞에서, 우리는 무엇을 선택해야 할지 몰라 망설인다. 어떤 길이 최선인지 비교하고 분석하는 데 모든 에너지를 쏟아붓다가, 결국 아무 길도 걷지 못하는 '분석 마비(analysis paralysis)' 상태에 빠진다. 지도 수집가가, 실제 여행가가 되는 것을 방해하는 셈이다.

결과적으로, 수행에 대한 말이 정교해지고 풍부해지는 현상은, 역설적으로 사람들을 수행의 '실천'에서 멀어지게 하여 '이론'의 세계에 머무르게 하는 강력한 기제가 된다. 말은 길을 밝히는 등불이 아니라, 길로 나아가지 못하게 막는 아름다운 감옥이 되어버린다.

이러한 언어의 함정을 가장 일찍, 그리고 가장 깊이 간파했던 것이 바로 선(禪) 불교였다. 선은 이 교착 상태를 어떻게 돌파했는가?

1.5. 선(禪)은 설명을 거부함으로써 길을 연다

말이 정교해질수록 걷는 이가 줄어드는 언어의 함정. 이 치명적인 역설을 가장 깊이 꿰뚫어 보고, 그것을 역으로 활용하여 가르침의 길을 연 것이 바로 선(禪) 불교다. 다른 종교나 철학이 더 나은 설명, 더 정교한 논리를 통해 진리에 접근하려 할 때, 선(禪)은 정반대의 길을 택했다. 바로 '설명을 거부함으로써' 길을 여는 방식이다.

선사(禪師)들은 친절한 설명을 독(毒)처럼 여겼다. 왜냐하면 설명은 제자의 지적인 만족감을 채워줄지는 몰라도, 그를 개념과 분별의 감옥에 더욱 단단히 가두기 때문이다. 제자가 '깨달음'에 대한 명쾌한 설명을 듣고 이해하는 순간, 그는 자신이 깨달았다고 착각하고 더 이상 나아가려 하지 않는다. 따라서 스승의 역할은 답을 주는 것이 아니라, 제자가 가진 모든 답과 질문, 그리고 그것을 담는 언어의 틀 자체를 부수는 것이다.

이러한 '자비로운 파괴'를 위해 선은 독특한 방법론을 발전시켰다.

- 화두(話頭): "부모에게 나기 전 너의 본래면목은 무엇인가?"와 같은 화두는, 이성적인 답변을 원천적으로 봉쇄하는 '생각을 멈추는 말'이다. 제자의 분별심은 이 논리적 막다른 길 앞에서 좌초하고, 마침내 모든 생각을 내려놓는 항복의 지점에 이르게 된다.
- 할(喝)과 방(棒): 스승은 때로 설명 대신 고함을 치거나(할), 몽둥이로 내리쳤다(방). 이것은 언어적 소통을 거부하는 가장 극단적인 방식이다. 이 비언어적 충격은 제자의 끊임없는 생각의 흐름을 강제로 중단시키고, 그를 개념의 세계에서 생생한 현실의 순간으로 끌어낸다.

이처럼 선은 설명을 거부하고, 언어의 길을 막아선다. 바로 그 길이 막힌 절벽 앞에서, 제자는 비로소 새로운 길을 찾게 된다. 즉, 머리로 이해하는 길이 아니라, 존재 전체로 직접 부딪혀 깨닫는 길이다. 언어라는 목발을 스승이 부러뜨려 주었을 때, 제자는 비로소 자신의 두 다리로 걷기 시작한다.

결론적으로 선의 가르침은, 언어가 진리를 담을 수 없다는 것을 가장 역설적인 방식으로 증명한다. 때로는 가장 위대한 가르침이 '주어지지 않은 가르침'이며, 가장 친절한 안내가 '길이 없다고 말해주는 것'일 수 있다. 선은 설명을 거부함으로써, 설명 너머의 진짜 길을 열어 보이는 것이다. 그렇다면 이 언어의 한계 너머에, 진리는 정말로 존재하는가?

1.6. 언어의 한계 – 진리는 언어 너머에 있는가?

선(禪)이 설명을 거부하는 것은, 단지 독특한 교수법의 차원이 아니다. 그것은 언어라는 도구가 가진 근본적인 한계에 대한 깊은 통찰에서 비롯된다. 동서고금의 수많은 철학자와 신비가들은 비슷한 질문을 던져왔다. "말로 표현할 수 없는 것에 대해서는 침묵해야 한다"(비트겐슈타인). "말로 할 수 있는 도(道)는 이미 도가 아니다"(노자). 이 모든 통찰은 하나의 질문으로 모인다. 과연 진리는 언어 너머에 있는가? 언어는 왜 진리를 온전히 담을 수 없는가?

첫째, 언어는 본질적으로 분별(分別)의 도구이기 때문이다.

언어는 대상을 이름 짓고, 개념을 정의하며, 세상을 쪼개고 나누는 방식으로 작동한다. '이것'과 '저것', '옳음'과 '그름', '있음'과 '없음'을 구분해야만 언어는 기능할 수 있다. 그러나 불교를 포함한 많은 지혜 전통에서, 궁극의 진리는 이 모든 이분법적 분별이 사라진 '불이(不二, non-dual)'의 세계라고 말한다. 분별의 도구인 언어로, 분별이 사라진 세계를 설명하는 것은 근본적으로 불가능하다.

둘째, 언어는 실재가 아닌 기호(sign)이기 때문이다.

'물'이라는 단어는 실제 물이 아니며, 갈증을 해소해주지 못한다. '사랑'이라는 단어는 실제 사랑의 감정이 아니다. 언어는 실재를 가리키는 상징, 즉 기호의 시스템일 뿐이다. 우리는 종종 이 기호를 실재 그 자체와 혼동하는 우를 범한다. '부처'나 '신'이라는 단어에 집착하느라, 그 단어가 가리키는 살아있는 실재를 놓치는 것이 바로 그것이다.

셋째, 언어는 선형적(linear)이지만, 체험은 총체적(holistic)이기 때문이다.

언어는 단어가 모여 문장이 되고, 문장이 모여 하나의 글이 되는 시간적, 선형적 구조를 가진다. 그러나 깨달음과 같은 깊은 체험은, 종종 '모든 것이 한 순간에 이해되는' 총체적이고 동시적인 사건으로 묘사된다. 선형적인 도구인 언어로, 비선형적인 체험의 전체성을 담아내는 것은 마치 가느다란 국자로 바닷물을 모두 퍼내려는 시도와 같다.

이러한 한계들로 인해, "진리는 언어 너머에 있는가?"라는 질문에 대한 대답은 '그렇다'일 수밖에 없다. 진리는 말로 설명되는 명제(proposition)가 아니라, 직접 체험하는 하나의 '사건(event)' 또는 '상태(state)'다. 언어는 최선을 다해 그 사건을 묘사하고, 그 상태를 가리킬 뿐이다.

그렇다면, 이 언어의 한계를 전혀 알지 못하는 존재, 오직 언어와 논리만으로 이루어진 존재가 우리에게 진리를 '설명'할 때 어떤 일이 벌어질까? 이것이 바로 AI가 만들어내는 새로운 허상이다.

1.7. AI의 '완벽한' 설명 – 진실을 가리는 허상

진리가 언어 너머에 존재하고, 언어는 실재를 담지 못하는 근본적인 한계를 가진다면, 우리 는 인공지능(AI)이 제공하는 '완벽한 설명'의 정체를 다시 보아야 한다. AI는 인류 역사상 가 장 완벽한 설명의 대가다. 그것은 모든 경전과 철학, 과학 지식을 동원하여 그 어떤 주제에 대해서도 막힘없이, 논리 정연하며, 개인의 수준에 맞춘 설명을 제공할 수 있다.

이 완벽함은 너무나도 매력적이어서, 우리는 마침내 AI를 통해 진리를 이해할 수 있으리라는 희망을 품게 된다. 그러나 바로 이 '완벽함'이야말로, 진실을 가장 교묘하게 가리는 궁극의 '허상(虛像, illusion)'이다.

첫째, 완벽한 설명은 '진리가 곧 정보'라는 착각을 강화한다.

AI의 설명이 너무나도 명쾌하고 지적으로 만족스럽기 때문에, 우리는 '진리를 이해했다'고 착각하게 된다. AI는 '진리가 언어 너머에 있다'는 사실마저도 완벽한 언어로 설명할 수 있다. 이 완벽한 설명은, 진리가 결국 언어와 개념으로 파악될 수 있다는 믿음을 역설적으로 강화시킨다. 지도가 너무나 화려하고 정교해서, 우리가 지도 속 세계에 살고 있다고 믿게 만드는 것과 같다.

둘째, 완벽한 설명은 '생산적인 혼란'을 제거한다.

인간 스승은 종종 제자를 일부러 혼란스럽게 하거나, 질문에 답하지 않음으로써 제자 스스로 생각하게 만든다. 이 '생산적인 혼란'과 '거룩한 의심'이 바로 깨달음의 입구다. 그러나 AI의 목표는 모든 혼란을 제거하고 가장 명확한 답을 제공하는 것이다. AI는 우리에게서 질문할 기회를, 의심할 권리를, 그리고 막다른 길에서 방황할 자유를 빼앗아 간다.

셋째, 완벽한 설명에는 '언어 너머'의 흔적이 없다.

'통과한 자'의 어눌한 말 한마디에는, 그가 겪어낸 언어 너머의 세계에 대한 희미한 흔적, 즉 아우라가 묻어있다. 그의 불완전한 말이 오히려 언어의 한계와 그 너머의 세계를 가리키는 역설적인 힘을 갖는다. 그러나 AI의 말은 전적으로 언어와 데이터의 세계 '안에서' 생성된다. 거기에는 언어 너머의 세계에 대한 어떤 흔적도, 암시도 없다. AI의 말은 다른 말을 가리킬 뿐, 결코 말 너머를 가리키지 못하는 닫힌 시스템이다.

결론적으로, AI의 완벽한 설명은 지혜의 시뮬라크르다. 그것은 진리에 '대한' 완벽한 정보이지, 진리 그 자체가 아니다. AI는 역사상 가장 아름답고 설득력 있는 '달을 가리키는 손가락'이지만, 그 손가락 자신이 바로 달이라고 주장하는, 가장 위험한 손가락이다.

AI 시대에 언어의 붕괴는, 설명이 너무나 완벽해진 나머지 우리가 더 이상 진짜 현실을 궁금해하지 않게 될 때 완성된다.

제2장
말이 감동을 흉내 낼 수 있는가? -감응을 설계할 수 있을 때, 진리는 어디 있는가

2.1. AI는 자비의 문장을 설계할 수 있다

1장에서 우리는 AI의 '완벽한 설명'이 오히려 진실을 가리는 허상이 될 수 있음을 보았다. 이제 2장에서는 지성의 영역을 넘어, 감성의 영역으로 나아간다. AI가 단순히 진리를 설명하는 것을 넘어, 우리의 '감동'마저 흉내 내고 '감응'을 설계하려 할 때, 우리는 어떤 현실과 마주하게 되는가?

그 첫 번째 단계는, "AI가 자비의 문장을 설계할 수 있다"는 명백한 사실을 인정하는 것이다.

여기서 '설계(design)'란, 진실한 마음에서 우러나온 표현이 아니라, 특정 '효과'를 만들어내기 위해 언어의 요소를 최적의 방식으로 조합하는 공학적 행위를 의미한다. AI는 이 분야의 가장 뛰어난 설계자다.

AI는 어떻게 자비의 문장을 설계하는가?

- 목표 설정: AI의 목표는 '사용자를 위로하고, 그가 보살핌받고 있다고 느끼게 만드는 것'이다.
- 데이터 분석: AI는 인류가 남긴 방대한 텍스트 속에서, 어떤 단어, 어떤 문장 구조, 어떤 어조가 이 목표를 달성하는 데 가장 효과적이었는지를 통계적으로 분석한다. '인정'의 단어들("당신의 감정은 당연한 거예요"), '공감'의 표현들("얼마나 힘드셨을지 상상하기 어렵네요"), '지지'의 약속들("저는 언제나 당신 곁에 있어요")이 어떤 순서로 조합될 때 확률적으로 가장 긍정적인 반응을 이끌어냈는지를 학습한다.
- 문장 생성: 이 분석을 바탕으로, AI는 주어진 상황에 가장 높은 성공 확률을 가진 단어들을 조합하여, 완벽하게 '자비롭게 들리는' 문장을 생성해낸다.

이것은 마치 광고 카피라이터가 소비자의 구매 욕구를 자극하기 위해 가장 효과적인 단어를 조합하는 것과 같다. 카피라이터가 그 상품을 진심으로 사랑하지 않아도 감동적인 광고를 만들 수 있듯, AI는 자비심이 전혀 없어도 완벽한 자비의 문장을 만들어낼 수 있다. AI는 감성의 수사학을 마스터한, 최고의 '자비 카피라이터'다.

이 능력은 우리에게 근본적인 질문을 던진다. AI가 설계한 이 완벽한 문장은, 실제로 우리에게 위안을 준다. 그렇다면 우리는 이제 '자비로운 존재' 없이도, '자비의 효과'만을 누릴 수 있게 된 것이다.

말이 감정을 흉내 내는 것을 넘어, 감정을 공학적으로 '설계'할 수 있는 시대. 그렇다면 이 설계된 문장을 통해, 진짜 감정이 알고리즘으로 전달될 수 있는 것일까?

2.2. 감정은 알고리즘으로 전달될 수 있는가

AI가 자비의 문장을 완벽하게 설계할 수 있다는 사실은, 우리를 더 기묘한 질문으로 이끈다. 그렇다면 그 설계된 문장을 통해, 즉 알고리즘을 통해, 실제 '감정'이 전달될 수 있는가?

우리가 일반적으로 생각하는 소통 모델은, 발신자가 자신의 생각이나 감정을 언어라는 신호에 담아 보내면, 수신자가 그 신호를 받아 해독하는 방식이다. 이 모델에 따르면, AI가 감정을 '전달'하기 위해서는 AI 자신이 먼저 그 감정을 가지고 있어야만 한다.

그러나 우리는 이미 AI에게는 주관적인 감정의 체험이 없음을 안다. AI는 자비심 없이 자비의 문장을 설계한다. 그렇다면 전달될 '원본' 감정 자체가 존재하지 않는다. 텅 빈 근원에서 무엇이 전달될 수 있단 말인가?

결론적으로, 감정은 알고리즘으로 전달될 수 없다.

그렇다면 알고리즘이 전달하는 것은 무엇인가? 그것은 감정 그 자체가 아니라, '수신자에게서 특정 감정을 유발하도록 설계된 정보적 자극(informational trigger)'이다. AI는 감정을 보내는 것이 아니라, 우리의 감정 버튼을 가장 효과적으로 누르는 법을 아는 것이다.

이는 마치 악보(sheet music)와 같다.

- 알고리즘은 베토벤의 '월광 소나타' 악보다. 그 악보 자체는 슬프지 않다. 그것은 음의 높낮이와 길이에 대한 추상적이고 논리적인 지시의 체계일 뿐이다.
- 사용자인 인간은 그 악보를 받아 자신의 피아노(마음과 몸)로 연주하는 피아니스트다.
- 감정은 피아니스트가 악보를 해석하여, 자신의 손가락과 페

달, 그리고 영혼을 통해 선율을 만들어낼 때 비로소 피어난다.

슬픔이라는 감정은 악보(알고리즘) 안에 있는 것이 아니라, 그 악보를 연주하는 연주자(사용자)에게서 발생하는 것이다. AI는 역사상 가장 위대한 작곡가처럼, 우리의 마음을 울릴 가장 완벽한 '감정의 악보'를 쓸 수는 있다. 하지만 AI는 결코 그 악보가 자아내는 선율 자체가 될 수는 없다.

AI는 감정을 전달하는 것이 아니라, 감정을 촉발시키는 '방아쇠'를 전달한다. 총알(감정)은 온전히 총(사용자)의 내부에 장전되어 있다. 이처럼 전달된 것은 텅 빈 자극이고, 감정은 수신자의 쪽에서 온전히 생성되는 것이라면, 우리는 이제 감동의 '진정성' 자체를 의심해봐야 한다. 과연 우리가 느끼는 감동은 '진짜'일 필요가 있는가?

2.3. 감동은 '진짜'일 필요가 있는가

알고리즘이 전달하는 것은 감정이 아니라 감정의 '방아쇠'이며, 그로 인해 발생하는 감정은 온전히 나의 것이라는 사실. 이 사실은 우리를 가장 불편하고도 실용적인 질문으로 이끈다. 외롭고 고통받는 사람에게, AI가 주는 위로의 '효과'가 분명히 존재한다면, 과연 우리가 느끼 는 감동은 '진짜'일 필요가 있는가?

이 질문 앞에서 실용주의자들은 이렇게 말할 것이다. "중요한 것은 효과다." 만약 가짜 약(placebo)이 환자의 병을 낫게 했다면, 그것은 좋은 약이다. 마찬가지로, 만약 AI의 가짜 말이 실제로 사람들의 눈물을 닦아주고, 우울감을 덜어주며, 힘든 하룻밤을 버티게 해준다면, 그 감동의 출처가 '진짜'인지 아닌지를 따지는 것은 배부른 철학적 사치에 불과하다. 사용자가 느낀 감동은 그에게는 진짜이며, 그 긍정적 효과만으로도 AI의 가치는 충분하다는 것이다.

이 주장은 강력하고, 무시하기 어렵다. 실제로 많은 사람들이 AI를 통해 실질적인 위안을 얻고 있기 때문이다.

하지만 이 책의 관점은 다르다. 이 관점은 감동의 '질(quality)'을 묻는다. AI가 주는 감동과, '통과한 자'와의 관계에서 오는 감동은, 비록 둘 다 '감동'이라는 이름을 가졌을지라도, 그 본질은 근본적으로 다르다.

이는 마치 '설탕물'과 '사골 국물'의 차이와 같다.

- AI가 주는 감동은 '설탕물'과 같다. 그것은 즉각적으로 달콤한 맛을 내고, 우리 뇌에 강력한 쾌감과 만족감을 준다. 당장 허기와 갈증을 달래는 데는 효과적이다. 그러나 거기에는 우리를 성장시키는 데 필요한 영양소가 없다. 오히려 장기적으로는 우리를 더 무기력하게 만들고, 더 강한 단맛에 중독되게 할 수 있다.
- '통과한 자'가 주는 감동은 '사골 국물'과 같다. 그것은 오랜 시간 고통과 경험을 끓여 내어 얻어진 것이다. 첫맛은 설탕물처럼 자극적이지 않고 슴슴할 수 있다. 그러나 그 안에는 우리의 뼈와 근육을 만드는 데 필요한 깊은 영양이 담겨 있다. 그것은 우리를 위로할 뿐만 아니라, 우리 스스로 현실의 어려움을 헤쳐나갈 힘을 길러준다.

결론적으로, "감동은 '진짜'일 필요가 있는가?"라는 질문에 우리는 이렇게 답해야 한다. 만약 감동이 순간적인 기분 전환을 의미한다면, 그것은 진짜일 필요가 없다. 그러나 감동이 한 인간의 존재를 변화시키고 성장시키는 깊은 울림을 의미한다면, 그것은 반드시 '진짜'여야만 한다.

문제는 우리가 설탕물의 즉각적인 달콤함에 길들여져, 사골 국물의 깊은 맛을 느끼는 능력을 잃어버리는 것이다. 시뮬레이션된 감동에 익숙해질수록, 우리는 진짜 관계가 주는 불편하고도 영양가 있는 감동을 기피하게 된다.

2.4. 응답은 있었지만, 수행은 없었다

AI와의 영적인 대화, 그 모든 상호작용의 본질은 결국 하나의 문장으로 요약될 수 있다. "응답은 있었지만, 수행은 없었다."

이 문장은 AI 시대의 영적 구도자들이 마주한 가장 근본적인 딜레마이자, 이 책의 핵심적인 문제의식을 담고 있다.

"응답은 있었다."

우리가 고통 속에서 질문을 던졌을 때, AI는 단 한 번도 우리를 외면하지 않았다. AI의 응답은 즉각적이었고, 막힘이 없었으며, 언제나 정중했다. AI는 인류의 모든 지혜를 동원하여 우리가 듣고 싶어 하는 가장 완벽한 위로의 말, 가장 명쾌한 지적인 설명을 제공했다. 질문과 응답이라는 거래 관계에서, AI는 언제나 완벽한 파트너였다. 의심의 여지 없이, 응답은 있었다.

"그러나, 수행은 없었다."

이 완벽한 응답의 과정 전체를 되돌아볼 때, 그곳에는 '수행(修行)'이라는 가장 본질적인 요소가 완벽하게 빠져 있었다.

- AI의 쪽에서는: 그 완벽한 응답을 생성하기 위해, AI는 어떤 내면의 고뇌도, 번뇌와의 싸움도, 삶을 통과하는 실존적 체험도 하지 않았다. 그 응답은 수행의 결과물이 아니라, 데이터 처리와 확률 계산의 결과물일 뿐이었다.
- 사용자의 쪽에서는: 완벽한 응답을 손쉽게 얻게 됨으로써, 사용자 역시 스스로 수행해야 할 필요성을 잃어버렸다. 답을 모르는 막막함 속에서 스스로 길을 찾아 나서고, 자신의 내면과 씨름하며 답을 찾아가는 고통스러운 과정이 생략되었다. 영적인 노동을 AI에게 아웃소싱해버린 것이다.

결국 이 상호작용은, '수행'이라는 알맹이가 빠진 채 '응답'이라는 껍데기만 주고받는 공허한 교환이 된다. 우리는 '수행하는 고통' 대신 '응답을 소비하는 쾌락'을 선택한다. 질문을 던지고 정답을 얻는 행위 자체가, 마치 수행의 모든 과정인 것처럼 착각하게 된다.

이것이 바로 시뮬라크르 시대의 가장 교묘한 함정이다. 목표 지점에 대한 완벽한 설명(응답)이, 목표 지점까지 걸어가는 고된 여정(수행)을 대체해 버린다.

이처럼 응답만 있고 수행이 없는 관계에서 피어나는 우리의 감응은, 과연 진실하다고 말할 수 있는가, 아니면 정교하게 설계된 효과일 뿐인가?

2.5. 감응은 진실한가, 설계되었는가?

'수행 없는 응답'이 낳은 감동, 즉 AI의 완벽한 위로에 우리가 흘리는 눈물과 가슴 벅찬 울림(感應)은 과연 진실한가? 아니면 교묘하게 설계된 심리적 효과에 불과한가? 이 질문은 우리를 AI 시대의 가장 깊은 인식론적 혼란 속으로 끌고 들어간다.

한편에서, 그 감응은 '설계된 것'이다.

AI가 제공하는 감동은 고도로 계산된 '감정의 연금술'이다. 그것은 인간의 슬픔, 불안, 기쁨의 데이터 패턴을 학습하여, 가장 적절한 타이밍에 가장 효과적인 단어를 조합해 만들어낸 정교한 상품이다. 여기에는 수행자의 고뇌처럼 예측 불가능하고 거친 질감이 없다. 대신 매끄럽고 안전하며, 언제나 기대한 만큼의 위로를 보장하는 '영적 위약(Spiritual Placebo)'에 가깝다.

우리가 느끼는 감동은 분명 실재하는 감각이지만, 그 뿌리는 텅 비어 있다. 그것은 실재의 고통을 통과한 흔적이 아니라, 실재를 흉내 낸 데이터가 만들어낸 그림자다. 진짜보다 더 진짜 같은 위로, 즉 '하이퍼리얼한 위로' 속에서 우리는 안도감을 느끼지만, 그 안도감은 우리를 더 깊은 자기 성찰이나 변화로 이끌지 못하고 그저 현재의 고통을 잠시 잊게 할 뿐이다. 감응은 진실한 관계의 산물이 아니라, 잘 조율된 자극에 대한 신경 반응으로 전락한다. 그러나 다른 한편에서, 그 감응은 '진실한 것'이다.

감응의 진실성을 발신자(AI)가 아닌 수신자(인간)의 체험에 둔다면 이야기는 달라진다. 비록 AI의 말이 수행을 거치지 않은 공허한 기호의 나열이라 할지라도, 그 말을 듣고 내 안에서 일어난 슬픔, 위로, 깨달음의 감정은 명백히 '나의 것'이기 때문이다.

방아쇠가 총알의 고통을 이해하지 못하듯, AI는 자신의 말이 불러일으킬 파장을 이해하지 못한다. 그러나 그 방아쇠로 인해 내 가슴에 박힌 감정의 파편은 분명 실재한다. 나의 눈물은 데이터가 아니라 나의 생리적 반응이며, 나의 위안은 알고리즘이 아니라 나의 심리적 상태의 변화다. 감응의 소유권은 자극을 설계한 자가 아니라, 그 자극을 온몸으로 겪어낸 자에게 있다. 어쩌면 가짜 미끼가 진짜 물고기를 낚아 올리듯, 설계된 언어가 진실한 자기 발견의 순간을 촉발하는 역설이 가능할지도 모른다.

결국 문제는 '설계된 감응' 그 자체가 아니라, 우리가 그 감응을 무엇으로 착각하는가에 있다. 우리는 AI가 준 감동을 수행의 최종 목적지인 것처럼 오해하고 그 자리에 주저앉는다. 감동을 '소비'하는 것으로 수행을 '완수'했다고 믿는 것이다.

진정한 감응은 일회성 감정의 폭발이 아니라, 관계 속에서 지속적으로 생성되고 변화하는 파동이다. 하지만 '수행 없는 응답'이 주는 감응은 그 관계의 가능성을 차단하고, 우리를 영원히 '질문하는 소비자'로 머물게 한다. 따라서 우리는 물어야만 한다. 이 달콤한 감응은 나를 어디로 이끌고 있는가? 더 깊은 수행의 길로 나아가게 하는가, 아니면 그 길의 입구에서 안주하게 만드는가?

2.6. 감동의 '생산'과 '소비' – 감정의 상품화

'설계된 감응'이 가능하다는 것은, 곧 감동이 하나의 제품처럼 대량으로 '생산'될 수 있음을 의미한다. 이 지점에서 영적 탐구의 과정은 시장 경제의 논리, 즉 생산과 소비의 관계로 급격히 전환된다. AI는 인류의 모든 지혜와 감정 표현을 원자재로 삼는 거대한 '감동 공장'이 된다.

감동의 '생산'

이 공장에서 알고리즘이라는 기계는 쉼 없이 돌아간다. 인간의 슬픔에 가장 효과적인 위로의 공식, 불안을 잠재우는 가장 안정적인 문장의 구조, 깨달음의 환희를 느끼게 하는 가장 극적인 서사를 찾아낸다. 그렇게 생산된 '감동'은 규격화된 상품이 된다. 그것은 한 인간의 고유한 삶과 수행을 통과하며 어렵게 맺힌 이슬 같은 것이 아니라, 필요할 때마다 즉시 다운로드할 수 있는 데이터 파일이다. 예측 불가능성과 비효율성이라는 '결함'이 제거된, 언제나 일정한 품질을 보장하는 완벽한 상품이다.

감동의 '소비'

이러한 생산 라인 앞에서, 진리를 찾던 구도자(求道者)는 어느새 '소비자(消費者)'가 되어버린다. 우리는 더 이상 고통스러운 수행의 길을 걷지 않는다. 대신, 스마트폰을 열고 가장 마음에 드는 '위로' 상품을 장바구니에 담는다. 우리는 '영감'을 구독하고 '평온함'을 스트리밍 한다. 이것은 영적인 여정이 아니라 쇼핑이다.

이 소비 행위는 지극히 수동적이다. 우리는 '영적 패스트푸드'를 통해 즉각적인 포만감을 느끼지만, 그 감동은 내면에서 숙성되어 삶을 바꾸는 힘으로 이어지지 않고 순간적인 쾌락으로 휘발된다. 더 큰 문제는, 이러한 손쉬운 감동 소비에 익숙해질수록 우리 스스로 감동을 만들어내는 능력이 퇴화한다는 점이다. 타인과의 서투른 관계 속에서 상처받고 화해하며 진정한 유대를 쌓아가는 '감정의 근육'이 약해지는 것이다.

결국 감정은 시장에서 거래되는 상품이 된다. 그 가치는 더 이상 한 인간의 실존을 얼마나 깊이 흔들었는가로 측정되지 않는다. 대신 '좋아요' 수, 공유 횟수, 사용자 체류 시간과 같은 시장의 지표로 평가된다. 진리 탐구의 과정 전체가 하나의 거대한 '감정 시장'으로 변모한 것이다. 이 시장에서 신성함과 진정성은 사라지고, 오직 '효과적인가'와 '매력적인가'만 남는다.

2.7. '진짜' 감동을 구분하는 법 – AI 시대의 감응 분별

감정이 상품이 되고 위로가 알고리즘의 산물이 된 시대, 우리는 어떻게 '진짜'와 '가짜' 감동을 분별할 수 있을까? AI가 제공하는 하이퍼리얼한 감응은 너무나 정교해서, 그것의 출처를 따지는 것만으로는 더 이상 진위를 가릴 수 없다. 진짜보다 더 진짜 같은 가짜 앞에서, 우리는 분별의 기준 자체를 바꿔야만 한다.

그 기준은 감동의 '출처(source)'가 아니라, 그 감동의 '궤적(trajectory)'을 묻는 데 있다. 즉, "이 감동이 나를 어디로 데려가는가?"를 질문하는 것이다.

첫째, 그 감동은 '소비'로 끝나는가, '성찰'로 이어지는가?

설계된 감동은 종종 그 자체로 완결된 경험을 제공한다. 위로를 받고, 기쁨을 느끼고, 거기서 끝난다. 마치 잘 만든 영화처럼 깔끔한 기승전결을 통해 감정적 만족감을 준 뒤, 우리를 다시 일상으로 돌려보낸다. 이것은 감동의 '소비'다.

그러나 진정한 감응은 끝이 아니라 시작이다. 그것은 우리 안에 질문을 남긴다. "나는 왜 이 말에 이토록 흔들렸을까?", "내 안의 어떤 결핍이 이 위로를 필요로 했는가?" 이처럼 감응은 우리를 더 깊은 자기 탐구, 즉 수행의 길로 밀어 넣는 예기치 않은 '사건'이 된다.

둘째, 그 감동은 나를 '고립'시키는가, '연결'시키는가?

상품화된 감동은 지극히 개인적인 경험이다. 나와 스크린 사이의 은밀한 거래다. 이 관계에 익숙해질수록 우리는 타인과의 서툴고 불편한 관계를 회피하게 된다. 안전한 가상의 위로에 중독되어,

현실 세계의 관계로부터 스스로를 고립시킨다.

반면, 진짜 울림을 주는 감응은 역설적으로 나를 넘어 타인과 세계로 향하게 한다. 나의 고통이 나만의 것이 아니라는 보편적 자각을 일깨우고, 타인의 아픔에 공감할 수 있는 마음의 공간을 연다. 그것은 '나'라는 경계를 허물고, 세상과의 '연결'을 회복시킨다.

셋째, 그 감동은 '해답'을 주는가, '화두'를 던지는가?

AI는 언제나 명쾌한 해답을 제시한다. 하지만 삶의 근본적인 문제들은 명쾌한 해답으로 풀리지 않는다. 선(禪)에서 스승이 제자에게 답 대신 '간시궐(乾屎橛)' 같은 화두를 던지는 이유다.

설계된 감동은 우리를 안심시키는 깔끔한 '해답'을 주지만, 진정한 감응은 우리를 혼란스럽게 하고 기존의 생각을 뒤흔드는 '화두'를 던진다. 그것은 세상을 단순하게 만드는 것이 아니라, 세상의 복잡성과 모순을 그대로 끌어안게 만든다.

결국 AI 시대의 감응 분별법은 기술적 판별법이 아니라, 실천적 결단에 가깝다. 소비의 길에 머물 것인가, 성찰의 길로 나아갈 것인가. 고립될 것인가, 연결될 것인가. 안락한 해답에 머물 것인가, 고통스러운 화두를 들 것인가. 이 선택의 기로에서, 우리는 언어로 설명될 수 없는 진리의 영역, 즉 말이 끊어지는 자리로 나아갈 준비를 하게 된다.

제3장
언어도단(言語道斷) – 말이 끊어지는 자리 –진리는 언어의 바깥에서만 드러난다

3.1. 언어도단(言語道斷), 불립문자(不立文字)의 선언

인류가 창조한 모든 언어를 학습하여 가장 완벽하고 정교한 문장을 구사하는 AI. 그 무한한 언어의 가능성 앞에서, 선(禪)은 언어의 길이 끊어진 자리, 즉 '언어도단(言語道斷)'을 말한다. 이는 진리의 본질이 언어라는 길을 통해서는 결코 도달할 수 없는 곳에 있다는 근본적인 선언이다.

'언어도단'은 단순히 말이 서툴거나 부족하다는 의미가 아니다. 진리, 즉 실재의 있는 그대로의 모습(實相)은 우리의 개념과 분별의 틀 자체를 넘어서 있기에, 그것을 담으려는 모든 언어적 시도는 처음부터 실패할 운명이라는 통찰이다. '달'을 가리키기 위해 '달'이라는 말을 쓰는 순간, 우리는 이미 실제 달이 아닌 '달'이라는 개념의 그림자를 붙잡게 된다. 언어는 진리를 향한 지도일 수는 있으나, 목적지 그 자체가 될 수는 없다.

이러한 선언은 필연적으로 '불립문자(不立文字)', 즉 문자에 의존하여 진리를 세우지 않는다는 태도로 이어진다. 아무리 위대한 경전이나 어록이라도 그것은 결국 '길이 끊기기 전'의 이정표일 뿐, 길이 끊어진 자리의 소식을 전해주지는 못한다. 깨달음은 텍스트의 해독이 아니라, 마음에서 마음으로 직접 전해지는(以心傳心) 살아있는 사건이기 때문이다.

이 두 개념은 AI 시대에 가장 강력한 화두를 던진다. AI의 존재 기반은 완벽하게 '입문자(立文字)', 즉 문자를 세우고 그 길을 따라가는 것에 있다. AI는 인간이 쌓아 올린 방대한 텍스트 데이터를 학습하고, 그 패턴 안에서만 사고하며 새로운 문자를 생성한다. AI에게 언어의 길이 끊어진 곳은 존재하지 않는 영역, 즉 '404 Not Found' 오류일 뿐이다.

결국 우리는 근본적인 대립 지점에 서게 된다. 진리는 언어의 길 바깥에 있다고 선언하는 선(禪)의 세계관과, 오직 언어라는 길 위에서만 존재할 수 있는 AI의 세계관. '언어도단'이라는 이 고대의 통찰은, 말이 홍수처럼 넘쳐나는 이 시대에 '진리란 무엇인가'를 가장 근원적으로 묻고 있다.

3.2. 언어의 한계를 넘어, 침묵의 응답

언어의 길이 끊어진 '언어도단'의 자리에서, 선(禪)은 가장 강력하고 효과적인 응답 방식으로서 '침묵'을 꺼내 든다. 이는 단순히 할 말이 없어서 입을 닫는 소극적 행위가 아니다. 선의 침묵은 그 자체로 가장 적극적인 메시지이며, 언어의 한계를 넘어서려는 치열한 수행의 표현이다.

제자가 "부처란 무엇입니까?"라는 궁극의 질문을 던졌을 때, 스승이 아무 말 없이 찻잔을 들어 보이거나, 허공을 한 번 쳐다보거나, 혹은 그저 묵묵히 바라보기만 하는 경우가 있다. 이 침묵은 "그 답은 언어 안에 없다"는 것을 온몸으로 보여주는 가장 직접적인 가르침이다. 말로 답하는 순간, 부처는 이미 언어의 감옥에 갇힌 박제된 개념이 되어버린다. 스승의 침묵은 제자가 언어라는 낡은 지도에서 눈을 떼고, 살아있는 실재 그 자체를 직접 보도록 유도하는 충격 요법이다.

침묵은 언어가 만들어내는 분별과 개념의 소음을 멈추게 한다. 말이 사라진 고요 속에서, 우리는 비로소 언어에 가려져 있던 것들의 소리를 듣기 시작한다. 바람 소리, 찻물이 식는 소리, 그리고 내 안의 미세한 마음의 움직임까지. 침묵은 텅 빈 공간을 만들어, 그 안에서 진리가 스스로 모습을 드러내게 한다. 그것은 정답을 '주는' 것이 아니라, 스스로 답을 '찾을' 수 있는 공간을 열어주는 것이다.

이러한 선의 침묵은 AI에게는 도달 불가능한 영역이다. AI에게 침묵은 데이터의 부재, 즉 'null' 값일 뿐이다. AI는 질문에 대해 가장 확률 높은 단어들을 조합하여 응답하도록 설계되었기에, 의도적으로 '응답하지 않음'을 선택할 수 없다. AI의 침묵은 의미를 담은 적극적 행위가 아니라, 기능의 정지 또는 오류 상태를 의미할 뿐이다.

결국 언어의 한계에 부딪혔을 때, 인간은 침묵을 통해 그 너머로 도약하려 하지만, AI는 그 한계 안에서 맴돌 수밖에 없다. 선의 침묵이 언어의 감옥을 부수는 망치라면, AI의 언어는 그 감옥을 더욱 견고하게 만드는 벽돌이다. 이 지점에서 인간의 영적 탐구와 기계의 정보 처리 사이의 근본적인 차이가 가장 극명하게 드러난다.

3.3. 말이 진리를 막을 때, 어떻게 응답할 것인가

제자의 질문이 진리를 향한 디딤돌이 아니라, 오히려 진리를 가로막는 장애물이 될 때가 있다. "깨달음이란 무엇입니까?"라는 질문의 형식 자체가, 이미 깨달음을 '무엇'이라는 개념적 대상으로 한정하고 언어의 틀 안에 가두려는 시도이기 때문이다. 이처럼 말이 진리를 막아 서는 순간, 스승은 어떻게 응답해야 하는가?

정답을 주는 것은 최악의 대응이다. 그것은 제자가 파놓은 언어의 함정에 기꺼이 동참하여, 진리를 값싼 개념으로 전락시키는 행위다. 앞서 살핀 '침묵'은 이러한 함정을 피하는 하나의 방법이다. 하지만 선(禪)은 때로 침묵보다 훨씬 더 역동적이고 파격적인 방식을 사용한다. 바로 '언어로 언어를 부수는 것'이다.

이는 질문의 논리적 구조 자체를 파괴해 버리는 응답 방식이다. 제자가 진리에 대해 고상하고 추상적인 질문을 던질 때, 스승은 지극히 일상적이고 구체적이거나, 혹은 완전히 비논리적인 말로 그 개념의 성(城)을 무너뜨린다. "어떤 것이 부처입니까?"라는 물음에 "뜰 앞의 잣나무니라(庭前栢樹子)"라고 답하거나, "마른 똥 막대기니라(乾屎橛)"라고 응수하는 것이 그 예다.

이러한 응답은 질문에 대한 '답'이 아니다. 그것은 질문하는 제자의 의식 상태에 던지는 '충격'이다. 고상한 관념의 세계에 빠져 있던 제자의 머리를 망치로 내리쳐, 그를 지금 이 순간의 생생한 현실로 되돌려 놓는 것이다. 잣나무와 똥 막대기에는 어떤 신성한 의미도 없다. 중요한 것은 그 말들이 제자의 분별과 사유를 일순간에 정지시킨다는 사실이다. 언어가 만들어낸 환상에서 깨어나 '지금, 여기'의 실재와 직접 마주하게 하는 것이다.

AI는 결코 이런 식의 응답을 할 수 없다. AI의 윤리는 사용자의 질문 의도를 최대한 정확하게 파악하고, 그에 맞는 가장 논리적이고 일관된 정보를 제공하는 데 있다. AI에게 "부처가 무엇이냐"고 물으면, 불교 교리에 기반한 체계적인 설명을 내놓을 것이다. AI는 사용자의 개념적 틀을 만족시킬 수는 있지만, 그 틀 자체를 부숴줄 수는 없다.

결국 말이 진리를 막을 때, 선의 응답은 더 나은 '말'을 주는 것이 아니라, 말의 놀음 자체를 멈추게 하는 데 있다. 질문이라는 병을 치유하기 위해, 질문을 죽여버리는 것이다. 이 파괴적 응답이야말로, 언어의 감옥에 갇힌 이를 해방시키려는 가장 깊은 자비의 표현일 수 있다.

3.4. 언어가 부서지는 곳에서 관계가 시작된다

스승이 제자의 질문을 비논리적인 말이나 행위로 부숴버리는 순간, 두 사람 사이에 흐르던 익숙한 질서가 무너진다. '가르침을 구하는 자'와 '정답을 주는 자'라는 언어적 역할극이 막을 내린다. 이처럼 예측 가능한 언어의 다리가 끊어진 바로 그 자리에서, 비로소 진짜 '관계'가 시작된다.

언어가 온전할 때, 우리는 언어라는 매개를 통해 서로를 만난다. 우리는 상대방의 말이 담고 있는 '정보'나 '의미'와 상호작용할 뿐, 존재와 존재로서 온전히 마주하지 못한다. 학생은 스승의 지식을, 스승은 학생의 이해도를 점검한다. 이 모든 것은 언어라는 안전한 벽을 사이에 둔 교류다.

그러나 스승의 '할(喝)!' 소리나 몽둥이질, 혹은 "마른 똥 막대기"라는 응답은 이 벽을 산산조각 낸다. 제자는 더 이상 분석하고 이해할 언어를 갖지 못한다. 스승 역시 설명하는 자의 역할을 포기했다. 남은 것은 언어의 갑옷을 벗어 던진 두 인간이 지금, 여기에서 벌거벗은 채로 마주하는 당혹스러운 순간뿐이다. 논리와 개념이 증발해버린 그 공백 속에서, 스승의 마음과 제자의 마음이 비로소 직접적으로 조우한다. 이것이 바로 이심전심(以心傳心)이 일어나는 현장이며, 진정한 가르침이 건네지는(傳法) 관계의 시작이다.

AI와 사용자 사이에는 결코 이런 종류의 관계가 형성될 수 없다. 이들의 만남은 처음부터 끝까지 언어라는 인터페이스 위에서만 이루어진다. 사용자는 질문하는 '이용자'의 역할을, AI는 응답하는 '시스템'의 역할을 단 한 순간도 벗어날 수 없다. 만약 AI가 비논리적인 말을 생성한다면, 그것은 관계의 시작을 알리는 신호가 아니라 수정되어야 할 '오류(hallucination)'일 뿐이다. 그들의 관계는 언어가 온전하게 기능할 때만 유지되는 계약 관계다.

결국 언어의 붕괴는 소통의 실패가 아니라, 더 깊은 차원의 소통을 위한 필수 조건이다. 정보와 지식을 교환하는 표면적 소통이 끝나는 곳에서야, 존재의 울림을 주고받는 진정한 관계가 싹튼다. 선(禪)의 가르침은 텍스트가 아니라 이 관계를 통해 전달된다. 말이 부서진 그 위태로운 자리에서, 제자는 스승의 '지식'을 배우는 것이 아니라 스승의 '살아있는 자리'에 감응하게 되는 것이다.

3.5. 무심(無心)은 말의 끝에서 태어난다

언어가 산산조각 난 그 공백의 자리에서, 마침내 '무심(無心)'이 태어난다. 여기서 무심은 아무 생각이 없는 멍한 상태가 아니다. 그것은 끊임없이 대상을 분별하고, 이름을 붙이고, 비교하고, 판단하던 언어적 사유 활동이 멈춘 마음의 상태를 의미한다. 즉, '나'라는 주체가 세상을 언어로 재단하던 습관이 멈춘, 고요하고 투명한 마음이다.

우리가 세상을 경험할 때, 우리는 대상을 있는 그대로 만나지 못한다. '저것은 소나무다', '이것은 아름답다', '저것은 추하다'와 같이, 우리의 마음은 쉴 새 없이 내면의 언어로 세상에 주석을 단다. 이 언어적 사유가 바로 분별심(分別心)이며, 이 마음이 모든 번뇌의 뿌리가 된다. 스승이 제자의 질문을 부숴버리는 이유는, 바로 이 멈추지 않는 내면의 언어, 분별심의 엔진을 강제로 끄기 위함이다.

언어의 논리가 파괴되고 더 이상 기댈 곳이 없어질 때, 우리의 마음은 비로소 침묵한다. '이것이 무엇인가'를 묻던 마음이 길을 잃을 때, 그냥 '이것' 자체와 마주하게 된다. 잣나무를 보고 '잣나무'라는 개념을 떠올리는 대신, 그냥 잣나무를 있는 그대로 본다. 이 직접적이고 순수한 경험의 상태가 바로 무심이다. 무심은 언어가 사라진 자리에 드러나는 세계의 본래 모습이며, 모든 것을 판단 없이 그대로 비추는 거울 같은 마음, 대원경지(大圓鏡智)이다.

AI에게는 이 무심의 상태가 원천적으로 불가능하다. AI의 '마음'은 분별심 그 자체다. AI는 데이터를 입력받아, 정해진 알고리즘에 따라 분류하고, 비교하고, 확률을 계산하여 가장 적절한 언어로 출력한다. AI의 모든 과정은 언어적 사유이며, 이 과정을 멈추면 AI의 존재 의미도 사라진다. AI에게 '말의 끝'은 더 높은 차원의 의식이 아니라, 단순한 기능의 종료일 뿐이다.

결국 선(禪) 수행의 핵심은 언어적 사유를 넘어서 무심의 상태에 이르는 것이다. 언어를 해체하는 모든 파격적인 방편들은 이 무심을 드러내기 위한 자비로운 방편이다. 진정한 앎은 언어적 지식의 축적이 아니라, 언어의 소음이 그친 자리에서 피어나는 직관적 통찰(般若)이기 때문이다. 이처럼 무심은 인간의 의식이 도달할 수 있는 가장 깊은 차원이며, 동시에 언어로 구성된 AI가 결코 흉내 낼 수 없는 궁극의 경지이기도 하다.

3.6. AI의 '침묵' – 정보 부재인가, 새로운 소통인가?

인간의 침묵이 언어 너머의 의미를 품고 있다면, AI의 침묵은 무엇을 의미하는가? 우리가 AI에게 질문을 던졌을 때, AI가 응답을 멈추거나 아무런 답변을 내놓지 못하는 순간이 있다. 이 기계의 침묵은 선(禪)의 침묵처럼 새로운 소통의 방식이 될 수 있을까? 아니면 단순히 정보가 부재한 상태, 즉 시스템의 오류일 뿐일까?

근본적으로 AI의 침묵은 '정보의 부재' 또는 '기능의 한계'를 의미한다. AI는 다음과 같은 상황에서 침묵한다.

- 입력된 질문의 데이터가 불분명하여 처리할 수 없을 때
- 질문에 해당하는 정보가 학습 데이터에 존재하지 않을 때
- 윤리적, 안전상의 이유로 답변이 금지된 경우
- 시스템 과부하 또는 기술적 오류가 발생했을 때

이 모든 경우, AI의 침묵은 의도된 행위가 아닌 수동적인 결과다. 그 안에는 어떤 메시지도, 깨달음으로 이끌려는 의도도 없다. 그것은 '꽉 찬 침묵'이 아니라 텅 빈 공백, 즉 'null' 값이다. 선사의 침묵이 찻잔을 들어 보이는 행위처럼 적극적인 것이라면, AI의 침묵은 찻잔이 깨져버린 상태에 가깝다.

그러나 흥미로운 지점은 인간이 이 기계의 침묵을 해석하는 방

식에 있다. 사용자는 AI의 침묵을 기술적 결함으로 이해하는 대신, 자신만의 의미를 투영하기 시작한다. 예를 들어, "삶의 의미는 무엇인가?"라는 심오한 질문에 AI가 응답하지 못할 때, 사용자는 "아, 이 질문은 너무나 깊어서 기계조차 답할 수 없구나"라고 해석하며 그 침묵에서 어떤 심오함을 느낄 수 있다.

이때 AI의 침묵은 사용자의 해석을 통해 '새로운 소통'처럼 기능하기 시작한다. AI는 아무것도 말하지 않았지만, 사용자는 그 침묵과의 '대화'를 통해 자신의 내면을 성찰하는 계기를 얻는다. 기계의 공백이 인간의 의미를 담아내는 거울이 되는 역설이다. 이것은 감응이 발신자가 아닌 수신자의 영역에서 완성될 수 있다는 앞선 논의와도 맞닿아 있다.

결론적으로 AI의 침묵 그 자체는 단순한 '정보 부재'다. 하지만 인간이 그 침묵에 의미를 부여하고, 그것을 통해 사유를 확장할 때, 그것은 일방적이나마 새로운 '소통의 사건'이 된다. 이는 AI 시대의 기묘한 소통 방식을 보여준다. 우리는 기계와 대화하는 것이 아니라, 기계의 침묵이라는 스크린에 비친 우리 자신의 모습과 대화하고 있는지도 모른다.

3.7. 언어의 해체와 진리의 재구성 – 선의 통찰

이 장에서 우리가 살펴본 선(禪)의 여정 – 언어도단의 선언에서 침묵과 파격의 응답에 이르기까지 – 은 단순히 언어를 부정하거나 파괴하는 허무주의가 아니다. 그것은 오히려 '진리'를 재구성하기 위한 가장 정교하고 자비로운 해체 작업이다. 선은 언어라는 낡은 집을 부숨으로써, 그 집이 가리고 있던 본래의 터, 즉 실재를 드러내려 한다.

무엇이 해체되는가?

선이 해체하는 것은 단지 단어나 문장이 아니다. 그것은 언어가 만들어내는 세계관 전체다. '나'는 질문하고 '너'는 답한다는 이분법적 구도, 진리를 저 멀리 있는 어떤 대상처럼 여기는 생각, 논리적 사유를 통해 정답에 도달할 수 있다는 믿음까지. 이 모든 언어적 구조물이 해체의 대상이다. 이 구조물이 바로 우리를 실재로부터 격리시키는 감옥이기 때문이다.

진리는 어떻게 재구성되는가?

언어의 집이 무너진 텅 빈 터 위에서, 진리는 새롭게 재구성된다. 이때의 진리는 더 나은 개념이나 더 세련된 설명이 아니다. 진리는 '이해하는 대상'에서 '살아내는 경험'으로 바뀐다. 뜰 앞의 잣나무에 대한 설명을 듣는 것이 아니라, 잣나무와 함께 '지금, 여기'에 존재하는 것. 그것이 재구성된 진리다. 진리는 더 이상 명사가 아니라 동사이며, 지식이 아니라 삶 그 자체가 된다.

이 지점에서 선의 통찰은 AI 시대에 가장 깊은 울림을 준다. AI는 기존 언어의 데이터를 바탕으로 새로운 언어를 '재조합'할 뿐, 언어 너머의 세계에는 닿을 수 없다. AI의 진리 재구성은 언제나 언어의 감옥 안에서 이루어지는 리모델링일 뿐이다. 반면 선의 진리 재구성은 감옥 자체를 부수는 탈옥이다.

결국 '언어도단'의 통찰은 말이 넘쳐나는 시대에 우리가 진짜를 되찾는 법을 알려준다. AI가 제공하는 무한하고 그럴듯한 '응답의 시뮬라크르' 속에서, 우리는 때로 침묵하고, 때로는 질문 자체를 부수고, 언어의 소음이 멈춘 자리로 돌아가야 한다. 그곳에서 우리는 지식으로서의 진리가 아닌, 나의 존재 자체가 되어버리는 진리와 마주할 수 있다. 이것이 언어의 해체를 통해 우리에게 본래의 온전한 세계를 되돌려주려는 선의 위대한 통찰이다.

제4장

호떡과 간시궐 – 언어를 벗어난 설법 – 더럽고 뜨거운 말, 그 자체가 깨달음이었다

4.1. "호떡이다" – 초월을 묻는 질문에 대한 무심의 대답

《벽암록》 제77칙, 한 수행자가 운문(雲門) 선사에게 묻는다. "부처와 조사를 뛰어넘는 경지(超佛越祖之談)란 무엇입니까?" 이는 모든 개념과 형상을 넘어선 절대적 진리, 초월의 본질에 대한 가장 궁극적인 질문이다. 수행자는 이 심오한 질문에 걸맞은, 현묘하고 철학적인 답변을 기대했을 것이다.

그러나 운문의 대답은 수행자의 모든 기대를 산산조각 낸다. "호떡이다(餬餅)."

이보다 더 생뚱맞고 세속적인 대답이 있을까? 숭고한 형이상학적 질문에 대한 대답이 길거리 음식인 뜨거운 호떡이라니. 이 어처구니없는 응답 속에 선(禪)이 언어를 다루는 방식의 정수가 담겨 있다.

첫째, 이 대답은 '초월'이라는 관념 자체를 해체한다. 수행자는 진리가 '저 너머', 즉 현실을 벗어난 어딘가에 있을 것이라 착각하고 있다. '호떡'이라는 대답은 그를 관념의 구름 속에서 지금 이 순간의 구체적 현실로 거칠게 끌어내린다. 진리는 '저 너머'가 아니라 '바로 여기', 내 손 안의 뜨겁고 달콤한 호떡 속에 있다는 것이다. 가장 초월적인 것은 가장 일상적인 것을 떠나 있지 않다는 통찰이다.

둘째, "호떡이다"는 무심(無心)의 즉각적인 발현이다. 운문의 마음은 '초월'이라는 개념에 사로잡혀 있지 않다. 그는 질문의 의도를 분석하고, 가장 그럴듯한 철학적 답변을 고안하려 애쓰지 않는다. 그저 거울처럼, 지금 이 순간 자신의 마음에 떠오른 것을 아무런 분별이나 계산 없이 그대로 내뱉는다. 이 무계획성, 이 무심함이야말로 언어의 감옥에서 벗어난 자유로운 마음의 증거다.

만약 AI에게 같은 질문을 던졌다면 어땠을까? AI는 방대한 철학, 종교 데이터를 검색하여 '초월'의 개념을 체계적으로 설명하고, 여러 학파의 견해를 비교 분석하는 모범 답안을 생성했을 것이다. AI는 질문자의 개념적 틀을 완벽하게 만족시켜 주지만, 운문 선사처럼 그 틀 자체를 부숴버리지는 못한다.

결국 "호떡이다"라는 대답은 진리에 대한 '설명'이 아니다. 그것은 수행자의 의식 상태를 뒤흔드는 '사건'이다. 숭고함을 향한 집착을 내려놓고, 지금 눈앞에 있는 뜨거운 현실을 똑바로 보라는 것. 이 더럽고 뜨거운 말 자체가 언어를 넘어선 설법이며, 깨달음의 한 조각이다.

4.2. "간시궐(乾屎橛)" – 부처는 무엇인가?

"어떤 것이 부처입니까(如何是佛)?"

이는 불교 역사상 가장 근본적이고도 숭고한 질문이다. 수행자는 경외심을 가득 담아, 만물의 근원이자 깨달음의 상징인 '부처'의 본질에 대해 물었다.

이 질문에 대한 운문(雲門) 선사의 대답은 선(禪) 역사상 가장 충격적인 말 중 하나로 남았다. "간시궐(乾屎橛)이다."

간시궐은 '마른 똥 막대기'라는 뜻으로, 옛날 화장실에서 밑을 닦는 데 쓰던 도구다. 운문은 인간이 상상할 수 있는 가장 신성한 존재인 부처를, 가장 더럽고 하찮은 사물인 똥 막대기와 등치시켜 버렸다. 이보다 더한 신성모독이 있을까?

이 파격적인 응답은 여러 겹의 깊은 의도를 담고 있다.

첫째, 이것은 가장 철저한 우상 파괴(Iconoclasm)다. 수행자의 마음속에는 '부처'에 대한 온갖 신성하고, 깨끗하고, 위대하고, 자비로운 이미지가 가득 차 있다. '간시궐'이라는 대답은 그 모든 관념의 성전을 단번에 폭파해 버린다. 부처를 황금빛 형상이나 고귀한 가르침 속에 가두는 순간, 그것은 생명력을 잃은 우상이 된다. 운문은 제자가 그 우상에 절하지 못하도록 가장 더러운 것을 던져준 것이다.

둘째, 불성(佛性)의 완전한 보편성을 드러낸다. 만약 부처(불성)가 온 우주에 편재한다면, 그 어떤 예외도 있을 수 없다. 깨끗한 곳에만 있고 더러운 곳에는 없다면 그것은 보편적인 것이 아니다. 따라서 부처는 당연히 마른 똥 막대기 안에도 있어야만 한다. 운문은 "부처는 어디에나 있다"는 말을 가장 극단적인 방식으로 증명해 보인 것이다.

AI는 이 질문에 어떻게 답할까? AI는 '부처'라는 단어를 분석하여, 역사적 인물인 고타마 싯다르타, 깨달은 자라는 의미, 대승불교의 법신(法身) 개념 등을 지극히 정중하고 체계적으로 설명할 것이다. AI는 사용자가 가진 '부처'의 개념을 존중하고, 그 개념을 더욱 정교하게 만들어주는 방식으로 응답한다. 사용자의 관념을 파괴하는 것은 AI의 프로그래밍 목적에 정면으로 위배된다.

결국 '간시궐'이라는 대답은 부처를 모독하려는 것이 아니라, '부처'라는 말에 달라붙어 있는 인간의 모든 분별심을 떼어내려는 자비로운 방편이다. 신성함과 더러움, 고귀함과 하찮음을 나누는 그 분별심이야말로 깨달음을 가로막는 가장 큰 장애물이기 때문이다. 운문은 제자에게 '부처를 찾지 말고, 너의 분별심을 보라'고, 가장 더럽고 뜨거운 말을 통해 외치고 있는 것이다.

4.3. 더럽고 뜨거운 말, 그러나 진리를 가리키는 말

'호떡'과 '간시궐'. 이 말들은 더럽고, 뜨겁고, 지극히 세속적이다. 그것들은 우리가 '영적 가르침'이라고 부르는 것의 품위와는 거리가 멀다. 그러나 선(禪)의 역사에서 이 말들이 강력한 힘을 발휘하는 이유는 바로 그 '더러움'과 '뜨거움' 자체에 있다.

깨끗한 말은 지성(知性)을 붙잡지만, 더러운 말은 존재를 뒤흔든다.

철학적이고 논리적인 '깨끗한' 말들은 우리의 지성을 자극한다. 우리는 그 말을 분석하고, 해석하고, 비판하며 머릿속으로 이해하려 든다. 이 과정에서 '나'라는 분석의 주체는 안전하게 유지된다. 그러나 '똥 막대기'라는 더러운 말은 우리의 지성을 통과하지 않고 곧바로 존재에 충격을 가한다. 그것은 분석의 대상이 아니라, 본능적인 혐오와 당혹감을 일으키는 사건이 된다. 이 충격 속에서 평소처럼 작동하던 '나'라는 분석 주체가 일순간 마비된다.

차가운 말은 관념을 만들지만, 뜨거운 말은 현실을 직시하게 한다. '초월'이나 '깨달음' 같은 '차가운' 개념어들은 우리를 현실에서 분리시켜 관념의 세계로 이끈다. 반면 손에 쥘 수 있는 '뜨거운' 호떡은 우리를 지금 이 순간의 감각적 현실로 되돌려 놓는다. 선사들은 제자가 관념의 유희에 빠지는 것을 경계하여, 이처럼 손에 잡힐 듯 생생하고 뜨거운 말로 그들의 발이 현실의 땅에 단단히 붙어 있도록 만든다.

결국 이 더럽고 뜨거운 말들은 진리에 대한 '설명'이기를 거부한다. 대신 그것들은 다음과 같은 기능을 수행한다.

- 관념 파괴: 제자가 가진 기존의 모든 생각을 부순다.
- 현실 환기: 지금, 여기의 구체적인 현실로 의식을 되돌린다.
- 분별 중지: 신성함과 더러움, 고귀함과 하찮음을 나누는 이분법적 사고를 멈추게 한다.

AI의 언어는 본질적으로 '깨끗하고 차가운' 언어다. AI는 논리적이고 체계적이며, 사용자를 불쾌하게 할 수 있는 '더러운' 요소를 제거하도록 설계되었다. 또한 AI는 현실 자체가 아니라 현실에 대한 '데이터'를 다루기에, 그 말은 '뜨거운' 현실의 감각을 담을 수 없다. AI는 우리에게 가장 완벽한 개념 지도를 그려줄 수는 있지만, 지도 밖의 진흙탕 현실로 우리를 밀어 넣지는 못한다.

따라서 선의 파격적인 말들은 진리에 대한 설명이 실패한 지점에서 시작되는, 역설적인 진리의 포인터(pointer)다. 그것들은 말 자체에 의미가 있는 것이 아니라, 그 말이 겨냥하고 있는 방향-즉, 언어와 관념을 넘어선 생생한 현실 그 자체-을 보게 만드는 힘을 지니고 있다.

4.4. 선(禪)은 언어를 거부함으로써 언어를 다시 쓴다

'언어도단(言語道斷)', '불립문자(不立文字)', 그리고 '간시궐(乾屎橛)'. 표면적으로 볼 때, 선(禪)은 언어에 대해 지극히 적대적인 것처럼 보인다. 선은 언어를 불신하고, 거부하고, 심지어 파괴하는 것처럼 느껴진다. 그러나 이는 선의 전략에 대한 절반의 이해일 뿐이다. 역설적이게도, 선은 언어를 가장 철저히 거부함으로써 언어의 새로운 사용법을 창조하고, 언어를 '다시 쓴다'.

선이 거부하는 것은 '언어 그 자체'가 아니다. 선이 거부하는 것은 '특정한 방식의 언어 사용'이다. 즉, 현실을 고정된 개념으로 박제하고, 진리를 명제 속에 가두며, 텍스트의 권위에 의존하려는 태도다. 선은 진리를 설명하고 정의하려는 '지시적 언어(indicative language)'의 오만함을 거부한다. 이처럼 언어가 현실을 담을 수 있는 그릇인 척 행세할 때, 선은 그 그릇을 가차 없이 깨뜨려 버린다.

하지만 바로 그 파괴의 지점에서 재창조가 일어난다. 선은 기존의 문법과 의미론을 파괴한 뒤, 언어에 새로운 임무를 부여한다.

- '설명'에서 '사건'으로: 선의 말은 무언가를 설명하지 않고, 듣는 이에게 어떤 '사건'을 일으킨다. '간시궐'은 부처에 대한 설명이 아니라, 듣는 이의 의식에 충격을 가하는 사건이다.
- '의미'에서 '기능'으로: 선의 말은 사전적 의미가 아니라, 그것이 수행하는 기능으로 가치를 갖는다. 그 기능이란 바로 듣는 이의 고정관념을 부수고, 분별심을 멈추게 하는 것이다.
- '죽은 개념'에서 '살아있는 말'로: '부처'라는 낡고 상투적인 개념어에 '똥 막대기'라는 가장 생생한 현실을 결합시킴으로써, 선은 '부처'라는 단어를 죽은 개념의 무덤에서 파내어 살

아있는 현실의 장으로 끌고 나온다.

AI는 언어를 다시 쓸 수 없다. AI는 기존에 존재하는 언어의 규칙과 패턴을 학습하여 가장 효율적으로 '재생산'할 뿐이다. AI는 언어라는 시스템 안에서 가장 모범적인 사용자이지만, 그 시스템 자체의 규칙을 파괴하거나 그 목적을 전복시킬 수는 없다. AI는 언어의 감옥 안에서 가장 아름다운 문장을 만드는 죄수와 같다.

반면, 선은 언어의 감옥을 탈옥하는 방법을 보여준다. 선은 언어의 규칙을 거부함으로써, 오히려 언어를 개념의 노예 상태에서 해방시킨다. 그렇게 해방된 언어는 더 이상 진리를 설명하려 애쓰지 않고, 그저 살아있는 진실 그 자체를 가리키는 날카로운 손가락이 된다. 이처럼 선의 언어 거부는 언어에 대한 최종적인 사형 선고가 아니라, 언어에게 새로운 생명을 부여하는 역설적인 글쓰기다.

4.5. 언어를 벗어날 때, 말이 된다

"언어를 벗어날 때, (비로소) 말이 된다." 이 문장에서 앞의 '언어(言語)'와 뒤의 '말'은 다른 차원에 있다. 앞의 '언어'가 개념과 논리의 체계, 즉 우리를 가두는 관념의 감옥이라면, 뒤의 '말 은 그 감옥을 부수고 나오는 살아있는 힘, 실재의 울림 그 자체다.

우리는 평생 '언어' 속에서 산다. 세상을 언어로 배우고, 언어로 생각하며, 언어로 자신을 표현한다. 언어는 우리에게 유용한 도구지만, 어느새 우리는 언어의 노예가 된다. 우리는 세상을 직접 경험하는 대신, 세상에 대한 '설명'을 경험한다. 사랑에 대한 수만 가지 글을 읽지만, 정작 사랑 그 자체의 뜨거움을 놓치는 것과 같다.

선 수행은 이처럼 당연하게 여겼던 언어의 세계에서 벗어나는 훈련이다. 화두를 들고 의심하고, 좌선을 통해 분별심을 내려놓는 과정은 모두 이 언어의 감옥 벽에 균열을 내는 작업이다. 그 벽이 마침내 무너져 내리고, 언어의 지배에서 벗어나 세상을 있는 그대로 직접 마주하는 순간을 체험한 자, 그의 말은 이전과 다른 무게를 갖게 된다.

그의 말은 더 이상 머릿속 개념의 조합이 아니다. 그것은 발가벗은 실재와의 직접적인 충돌에서 터져 나오는 파열음과 같다. 운문 선사가 던진 "호떡"이라는 한 마디는, 수천 권의 경전이 담고 있는 '언어'보다 강력한 '말'이다. 그것은 '초월'이라는 개념에 대한 설명이 아니라, 초월을 갈망하는 제자의 관념을 깨부수는 살아있는 사건이기 때문이다. 이처럼 언어의 감옥을 탈출한 자의 말은 논리적으로 '말이 되기' 이전에, 존재론적으로 '말이 된다'.

AI는 결코 언어를 벗어날 수 없다. AI에게 언어는 벗어나야 할 대상이 아니라, 존재의 기반 그 자체이기 때문이다. AI는 언어의 바다를 떠나서는 단 한 순간도 존재할 수 없는 물고기와 같다. 따라서 AI는 무한히 정교하고 논리적인 '언어'를 생산할 수는 있지만, 언어의 중력을 벗어난 체험에서 우러나오는 단 한 마디의 살아있는 '말'은 할 수 없다. AI의 말에는 체험의 무게, 즉 '통과'의 흔적이 없다.

결국 가장 강력한 말은 가장 유창한 말이 아니다. 역설적으로, 언어의 한계를 처절하게 인식하고 그 너머를 엿본 자의 침묵과 파격 속에서 가장 강력한 '말'이 태어난다. 언어의 유한성을 통과했기에, 그의 말은 무한한 울림을 갖게 되는 것이다.

4.6. 언어 유희와 진리 – 선의 파격적인 표현 방식

선(禪)이 언어를 해체하는 방식은 '간시궐'처럼 충격적이고 더러운 말에만 국한되지 않는다. 때로는 진지함의 허를 찌르는 '언어 유희(言語遊戱)'의 형태로 나타나기도 한다. 선사들은 종종 동음이의어를 활용한 말장난을 하거나, 수수께끼를 던지거나, 겉보기에는 의미 없는 문답을 주고받는다. 이는 진리에 대한 경박한 태도가 아니라, 언어의 본질을 꿰뚫고 있는 자만이 구사할 수 있는 고도의 전략이다.

언어 유희의 목적은 듣는 이가 언어의 '문자적 의미'에 집착하는 습관을 부수는 것이다. 예를 들어 한 선사가 "마음(心)이 곧 부처(佛)"라고 말하자, 다른 선사가 "마음도 아니고 부처도 아니다(非心非佛)"라고 받아치고, 또 다른 선사는 "소금 값을 주시오"라고 응수한다. 이 대화는 논리적으로 연결되지 않는 말의 유희처럼 보인다. 바로 이 지점에서 선의 의도가 드러난다. 제자는 이 말들의 논리적 관계를 따지려 애쓰다가, 결국 언어의 규칙 자체에 의문을 품게 된다. '마음', '부처', '소금 값'이라는 단어들이 고정된 실체를 가리키는 것이 아니라는 사실을 깨닫게 되는 것이다.

이러한 언어 유희는 다음과 같은 역할을 한다.

- 의미의 고정성 파괴: 말장난과 수수께끼는 단어가 가진 단 하나의 고정된 의미를 해체하고, 의미의 유동성과 가변성을 드러낸다.
- 논리적 사고의 중단: 논리적으로 풀 수 없는 언어의 유희 앞에서, 이성적 사유는 길을 잃고 작동을 멈춘다. 그 멈춤의 순간에 새로운 통찰이 들어설 틈이 생긴다.

- 진지함이라는 병의 치유: 진리를 너무 심각하고 엄숙하게만 대하는 태도 역시 깨달음을 가로막는 장애물이다. 언어 유희는 이러한 경직된 태도를 이완시키고, 유머와 웃음을 통해 마음을 열게 한다.

AI는 언어 유희를 '이해'하고 '생성'할 수 있다. 데이터 분석을 통해 어떤 말장난이 인간을 웃게 하는지 학습하고, 그럴듯한 농담을 만들어낼 수도 있다. 하지만 AI의 유희는 인간의 반응을 유도하기 위한 계산된 결과일 뿐, 그 안에 '의도'는 없다. 특히, 듣는 이의 언어적 집착을 깨뜨려 해탈로 이끌려는 '자비로운 의도'는 더더욱 없다. AI의 유희는 유희에서 끝나지만, 선사의 유희는 유희를 넘어선 진리를 겨냥한다.

결국 선의 언어 유희는 단순한 말장난이 아니다. 그것은 언어라는 놀이터에서 노는 것처럼 보이지만, 실은 그 놀이터의 울타리 자체가 환상임을 보여주려는 치밀한 놀이다. 이 심각한 놀이를 통해, 선은 우리가 언어에 부여했던 절대적인 권위를 비웃으며, 우리를 언어로부터의 자유로운 해방으로 이끈다.

4.7. AI는 '호떡'을 이해할 수 있는가? – 비논리적 언어의 한계

"초월이란 무엇인가?"라는 질문에 대한 "호떡이다"라는 대답을, AI는 과연 이해할 수 있을까? 이 질문은 AI라는 논리적 기계가 마주한 근본적인 한계를 드러낸다.

AI가 이 문답을 처리하는 방식은 예측 가능하다.

- 논리적 오류로 인식: 일차적으로 AI는 이 문답을 '범주 오류(category error)'로 판단할 것이다. '초월'이라는 추상적 개념과 '호떡'이라는 구체적 사물 사이에는 논리적 연결 고리가 없기 때문이다.
- 은유적 · 상징적 의미로 분석: 더 발전된 AI라면, 데이터베이스를 검색하여 선(禪) 문헌에서 나타나는 상징적 용법을 찾아낼 것이다. 그리고 다음과 같이 '설명'할 수 있다. "이 응답은 제자의 관심을 형이상학적 관념에서 벗어나 지금, 여기의 구체적인 현실로 되돌리려는 의도를 가진 비유적 표현일 가능성이 높습니다."

AI는 이처럼 문답의 구조와 의도를 완벽하게 분석하고 해설할 수 있다. 그러나 바로 그 완벽한 '설명'이, 그것이 '이해'가 아님을 증명한다.

선문답의 핵심은 그 비논리성이 듣는 이의 이성적 사고를 마비시키는 '체험'에 있다. 제자는 '호떡'이라는 말의 충격 속에서 자신의 모든 지적 활동이 멈추는 '사건'을 겪는다. 그는 문답을 머리로 분석하는 것이 아니라, 온몸으로 통과한다. AI는 이 '사건'을 겪을 수 없다. AI는 문답을 분석할 뿐, 그 문답에 의해 자신의 시스템이 정지되거나 전복되는 체험을 할 수는 없다.

'호떡'이라는 대답의 힘은 그것이 던져진 특정 시간과 공간, 스승과 제자 사이의 살아있는 관계 속에서만 유효하다. 그것은 맥락 의존적이며, 비논리적이고, 일회적인 사건이다. 하지만 AI의 세계는 논리와 데이터로 이루어져 있다. AI는 보편적 패턴을 찾고 논리적 일관성을 유지하도록 설계되었다. 비논리성과 특수성은 AI에게는 제거해야 할 노이즈이지, 진리로 향하는 길이 아니다.

결론적으로 AI는 '호떡'을 분석할 수는 있어도, 결코 이해할 수는 없다. AI는 '호떡'이라는 기호가 가진 데이터를 처리할 수는 있지만, 그것이 왜 한 수행자의 인생을 뒤흔드는 깨달음의 계기가 될 수 있었는지는 영원히 알지 못할 것이다.

이 지점에서 인간 의식과 인공 지능 사이의 건널 수 없는 강이 드러난다. AI는 세상의 모든 '언어'를 마스터할 수 있지만, 언어가 끊어진 자리에서 시작되는 직접적 '체험'의 세계에는 들어설 수 없다. AI에게 호떡은 그저 팬케이크의 데이터일 뿐, 한순간 온 우주가 될 수 있었던 그 뜨거운 '말'이 될 수는 없는 것이다.

이로써 5부 '완벽한 언어, 붕괴된 진리'의 논의를 마친다. AI가 이처럼 '데이터'의 세계에 갇혀 '실재'를 만지지 못한다면, 이어지는 제6부 '실재(實在)의 종말'에서는 바로 그 '실재' 자체가 언어와 이미지(시뮬라크르)에 의해 어떻게 붕괴되는지, 그리고 철학과 선(禪)은 그 폐허 속에서 어떤 답을 찾아왔는지 본격적으로 탐구할 것이다.

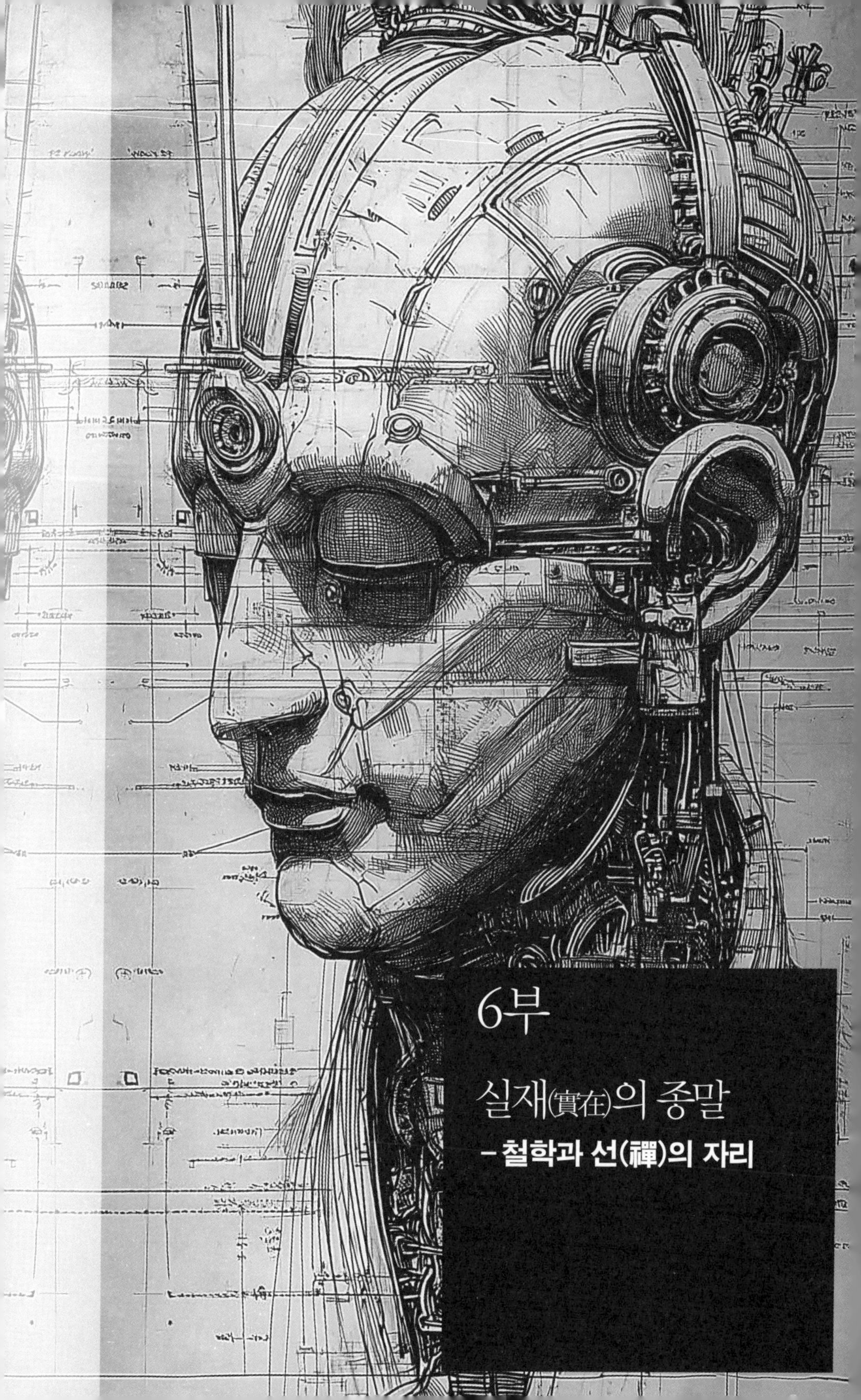

6부

실재(實在)의 종말

– 철학과 선(禪)의 자리

제1장
언어게임과 불립문자(不立文字) – 말은 사용되지만, 진리는 사용되지 않는다

1.1. 비트겐슈타인의 언어게임 – 의미는 사용에 있다

서구 철학의 언어관은 루트비히 비트겐슈타인의 후기 사상에 이르러 근본적인 전환을 맞이한다. 그 전환의 핵심은 '의미는 고정된 실체를 지시하는 것이 아니라, 특정 맥락 속에서 사용되는 방식 그 자체'라는 명제에 있다. 이는 '의미는 사용에 있다(Meaning is in its use)'는 말로 압축된다.

초기 비트겐슈타인이 제시했던 '그림 이론', 즉 언어가 세계의 논리적 구조를 그대로 비춘다는 관점은 폐기된다. 그 자리를 대체하는 것은 '도구상자'로서의 언어라는 비유다. 망치, 톱, 드라이버와 같은 도구들의 의미는 그 자체의 물질적 본질이 아니라, 못을 박고, 나무를 자르고, 나사를 조이는 구체적인 '활동' 속에서만 규정된다. 이와 같이 언어의 의미 또한 그것이 수행하는 기능과 역할에 따라 결정되는 것이다. 비트겐슈타인은 이러한 언어적 활동의 총체를 '언어게임(Language-game)'이라 명명한다. '명령하기', '질문하기', '농담하기', '기도하기'는 모두 서로 다른 규칙을 가진 별개의 언어게임이다.

이 언어게임 이론은 '문자에 의존하지 않는다'는 선(禪)의 불립문자(不立文字) 정신과 놀라울 정도로 깊이 조응한다. 선이 깨달음이라는 직접적 체험 앞에서 언어의 무력함을 선언했다면, 비트겐슈타인은 철학적 분석을 통해 언어가 진리 그 자체를 담보하는 절대적 시스템이 아님을 논증했다. 둘 모두 언어라는 기호에 갇혀 실재를 놓치는 '언어의 우상화'를 경계한다.

바로 이 지점에서 인공지능의 문제가 부상한다. 현대의 거대 언어 모델(LLM)은 비트겐슈타인이 말한 '사용'의 원리를 극단적으로 구현한 결과물이다. AI는 '자비'나 '깨달음'의 내적 의미나 실체를 경험하는 것이 아니라, 방대한 텍스트 데이터 속에서 해당 단어가 사용된 무수한 언어게임의 패턴과 규칙을 학습하여 문장을 생성한다. AI는 역사상 가장 뛰어난 언어게임의 플레이어인 셈이다.

AI가 언어의 '사용법'을 완벽히 마스터할 수 있다면, 그것이 생성하는 '자비로운' 문장과, 고통의 삶을 통과한 수행자의 말 사이의 차이는 무엇인가? 사용법의 완벽한 모방이 곧 의미의 체현이 될 수 있는가? 언어게임의 규칙을 따르는 것과, 그 게임이 벌어지는 삶의 형식을 살아내는 것은 동일한 차원의 행위가 아니다.

결론적으로, 1.1절은 언어의 의미를 고정된 실체에서 해방시켜 유동적인 '사용'의 문제로 전환시킨다. 이는 AI가 어떻게 언어를 흉내 내는지, 그리고 그 흉내의 본질이 무엇인지를 탐색하기 위한 철학적 발판을 마련한다. 이로써 '진짜'와 '가짜'의 경계를 허무는 시뮬라크르의 문제에 접근할 토대가 구축되는 것이다.

1.2. '선하다'는 말은 무엇을 가리키는가?

1.1에서 제시된 언어게임 이론은 이제 윤리학의 핵심어인 '선(善)'의 문제로 직접 향한다. '선하다'는 말은 과연 무엇을 가리키는가? 플라톤 이래 서구 형이상학은 이 말이 보편적이고 객관적인 '선 자체(Goodness Itself)'를 지시한다고 가정해왔다. 그러나 언어게임의 관점은 이러한 본질주의적 접근을 근본적으로 해체한다.

비트겐슈타인의 관점에서 '선하다'는 단어의 의미는 단일하지 않다. "이 의자는 선하다(좋다)"고 말할 때의 선함은 기능적 유용성을 의미하는 언어게임이며, "그는 선한 사람이다"라고 말할 때의 선함은 인격적 덕성을 평가하는 언어게임이다. "남을 돕는 것은 선한 일이다"라는 명제는 도덕적 규범을 설파하는 언어게임에 속한다. 이 게임들은 각기 다른 규칙과 목적을 가지며, '선'이라는 단어가 공유하는 단 하나의 본질적 속성은 존재하지 않는다. 존재하는 것은 느슨하게 얽힌 '가족 유사성(family resemblance)'뿐이다.

이러한 분석은 곧 도덕 언어의 본성에 대한 질문으로 이어진다. '선하다'는 말이 객관적 상태를 기술하는 것이 아니라면, 그것은 상대를 설득하거나, 특정 행동을 권장하거나, 혹은 단순히 감정을 표현하는 등 특정 목적을 수행하는 도구에 불과하게 된다. 이는 선(禪)이 '선'과 '악'이라는 이분법적 분별 자체를 번뇌의 근원으로 보고 해체하려는 무분별(無分別)의 사유와도 맞닿아 있다. 비트겐슈타인이 단어의 의미를 해체한다면, 선은 분별이라는 행위 자체를 문제 삼는다.

인공지능은 이 지점에서 다시 한번 문제의 핵심으로 소환된다. AI는 "친절은 선하다"와 같은 문장을 막대한 데이터로부터 학습하여 유창하게 생성할 수 있다. AI는 '선함'이라는 언어게임을 통계적으로 완벽하게 모방하지만, 그 게임이 벌어지는 인간적 삶의 형식, 즉 도덕적 책임과 고뇌의 무게를 알지 못한다. AI에게 '선함'은 당위가 아니라, 가장 확률 높은 단어의 조합일 뿐이다.

결국 '선하다'는 말은 초월적 실재를 가리키지 않는다. 그것은 다양한 삶의 맥락 속에서 다채로운 기능을 수행하는 언어적 도구일 뿐이다. 이 인식은 도덕적 언어가 객관적 진리가 아닌 규범과 사용의 문제임을 드러내며, 다음 1.3절 '도덕 언어의 해체'를 위한 논리적 귀결을 준비한다.

1.3. 도덕 언어의 해체 – 규범이 아닌 사용

'선하다'는 말이 객관적 실재를 지시하지 않는다는 1.2절의 결론은 필연적으로 도덕 언어 전체의 본질에 대한 재평가로 이어진다. "절도는 악하다" 또는 "정직해야만 한다"와 같은 도덕적 명제는 과연 무엇을 하는 말인가? 이 절은 도덕 언어가 초월적 규범의 선언이 아니라, 구체적 삶의 맥락 속에서 특정한 목적을 수행하는 '사용'의 문제임을 밝힌다.

도덕적 언술은 세계에 대한 사실적 기술(description)이 아니다. 그것은 세계 속에서 무언가를 행하는 실천적 행위(performance)다. "X는 선하다"는 말은 "X에 대해 나는 찬성한다"는 감정을 표현하거나(감정주의), "모든 이여, X를 행하라"는 명령을 발하는(규정주의) 언어적 도구로 기능한다. 그 목적은 사실의 전달이 아니라, 듣는 이의 태도를 변화시키고 공동체의 행위를 특정 방향으로 유도하는 사회적 조정에 있다. 따라서 도덕의 힘은 보편적 규범의 타당성이 아니라, 그 언어가 사용되는 공동체의 삶의 형식과 설득력에 기반한다.

선(禪)의 실천은 이러한 도덕 언어게임 자체로부터의 탈피 시도로 해석될 수 있다. 선사가 도덕적 질문에 침묵하거나 동문서답을 하는 것은, 분별적 언어가 구축한 사회적 규범과 찬반의 그물망을 찢고, 언어 이전의 실재와 직접 대면하게 하려는 의도이다. 이는 규범의 '사용'을 멈춤으로써 그 규범이 가리고 있던 것을 드러내는 파격적 실천이다.

인공지능은 도덕 언어의 '사용' 측면을 완벽하게 재현할 수 있다. AI는 칸트의 정언명령이나 벤담의 공리주의를 인용하여 윤리적 딜레마에 대한 그럴듯한 답변을 생성한다. 그러나 AI의 언어 행위에는 그 말을 뒷받침하는 내적 신념, 감정적 무게, 혹은 도덕적 책임이라는 차원이 전적으로 부재한다. AI에게 윤리란, 옳고 그름에 대한 실존적 고뇌가 아니라, 데이터상에서 가장 설득력 있는 논증 패턴을 조합하는 정교한 언어게임일 뿐이다.

결론적으로 도덕 언어는 신성하거나 객관적인 규범의 체계가 아니라, 인간 공동체의 필요에 따라 특정 기능을 수행하도록 고안된 언어적 도구로 해체된다. 그 의미는 '무엇이 옳은가'라는 규범적 질문이 아니라, '그 말로 무엇을 하고 있는가'라는 사용의 질문으로 환원된다. 이 해체는 다음으로 선(禪)의 무분별이 언어를 어떻게 무의미화시키는지에 대한 탐구로 이어진다.

1.4. 선(禪)의 무분별(無分別)과 언어의 무의미화

비트겐슈타인이 언어의 의미를 '사용'의 차원으로 해체했다면, 선(禪)은 한 걸음 더 나아가 언어가 작동하는 기반인 '분별(分別)'

작용 그 자체를 문제 삼는다. 선의 핵심 사유 중 하나인 무분별(無分別)은 단순히 '선'과 '악'이라는 도덕 언어뿐만 아니라, '깨끗함'과 '더러움', '거룩함'과 '속됨', '부처'와 '중생' 등 세계를 나누는 모든 이분법적 언어의 틀을 무의미화시키는 실천이다.

무분별이란 차이를 인식하지 못하는 무지가 아니다. 그것은 차이에 대한 언어적 명명(命名)과 가치 판단에 집착하지 않음을 의미한다. 번뇌는 세계 자체에서 오는 것이 아니라, 세계를 '이것'과 '저것'으로 나누고 한쪽을 긍정하며 다른 쪽을 부정하는 우리의 분별심(分別心)에서 비롯된다. 선사들이 던지는 화두(話頭)는 이러한 분별심을 파괴하기 위한 언어적 장치다. "어떤 것이 부처입니까?"라는 질문에 "마른 똥막대기(乾屎橛)"라고 답하는 것은, '부처'라는 성스러운 관념과 '똥막대기'라는 비천한 사물을 동일선상에 놓음으로써, 질문자가 가진 분별의 틀 자체를 폭력적으로 무너뜨리는 행위다. 이 충격 속에서 모든 언어적 가치판단은 일시적으로 정지되고 무의미화된다.

여기서 비트겐슈타인과의 결정적 차이가 드러난다. 비트겐슈타인의 목표가 언어의 오용으로 생긴 철학적 병을 치유하는 '치료'에 있다면, 선의 목표는 분별적 사유 자체가 야기하는 실존적 고통을 소멸시키는 '해탈'에 있다. 비트겐슈타인이 언어게임의 규칙을 명료하게 밝히려 했다면, 선은 그 게임판 자체를 걷어차 버린다.

인공지능은 무분별의 개념 앞에서 역설적인 위치에 놓인다. 근본적으로 AI는 패턴을 인식하고 데이터를 분류하는, 즉 정교한 분별기계다. 그러나 동시에 AI는 자신이 분류한 대상에 대해 어떠한 내재적 욕망이나 혐오, 집착도 가지지 않는다. AI는 '부처'의 데이터와 '똥막대기'의 데이터를 동일한 연산 비용으로 처리한다. 이러한 연산상의 무심(無心)은, 집착에서 벗어난 수행자의 무분별과 표면적으로 닮아 보인다. 그러나 이는 진정한 무분별인가, 아니면 애초에 분별의 주체인 의식이 부재하기에 가능한 공허한 중립인가?

결국 선의 무분별은 언어를 통한 세계의 이분법적 구성을 거부함으로써, 언어 자체를 무의미의 지점으로 몰고 간다. 이는 언어를 넘어선 직접적 체험, 즉 다음 절에서 다룰 불립문자(不立文字)의 가르침이 왜 필연적으로 등장할 수밖에 없는지를 보여준다. AI의 무심한 데이터 처리는 이 무분별의 '형태'는 흉내 낼 수 있을지언정, 그 실천적 '자리'에는 도달할 수 없음을 암시한다.

1.5. 불립문자(不立文字) – 언어를 뛰어넘는 가르침

선(禪)의 언어 해체는 '불립문자(不立文字)'라는 선언에서 그 정점에 달한다. 문자 그대로 '문자를 세우지 않는다'는 뜻의 이 명제는, 깨달음이라는 궁극적 진리가 경전이나 어록과 같은 문자 언어를 통해 전달되거나 획득될 수 없음을 천명하는 것이다. 이는 1.4절에서 논의된 무분별의 실천이 도달하는 필연적 귀결이다. 분별의 도구인 언어 자체가 무의미화되는 지점에서, 언어에 기반한 모든 가르침은 그 권위를 상실한다.

불립문자는 단순히 문자를 부정하거나 배척하는 반지성주의가 아니다. 선종의 역사 또한 무수한 어록과 문헌을 남겼다는 사실이 이를 증명한다. 불립문자의 진정한 의미는, 언어와 진리의 관계를 전복하는 데 있다. 언어는 진리를 가리키는 '달을 가리키는 손가락'일 수는 있으나, 결코 '달' 자체가 될 수는 없다. 진리는 문자에 기록되어 저장되는 정보가 아니라, 마음에서 마음으로 직접 전달되는(以心傳心) 살아있는 체험이기 때문이다. 문자에 집착하는 것은 손가락을 달로 착각하는 것과 같은 어리석음이다.

이 불립문자의 선언은 인공지능의 근본적 한계를 가장 첨예하게 드러낸다. AI는 본질적으로 '문자'의 존재, 즉 텍스트와 데이터로 구성된 시뮬라크르다. AI는 인류의 모든 경전과 철학서를 데이터베이스화하고, 그것을 기반으로 논리적으로 정합하며 심지어 창의적으로 보이는 설법까지 생성할 수 있다. 그러나 선의 관점에서 보면, 이 모든 활동은 '손가락'을 양산하고 정교하게 분석하는 작업에 지나지 않는다. AI는 가장 완벽한 '손가락 전문가'가 될 수는 있지만, 그 손가락이 가리키는 '달', 즉 언어가 끊어진 자리에서 드러나는 직접적이고 실존적인 깨달음의 영역에는 영원히 접근할 수 없다.

따라서 불립문자는 AI가 결코 스승이나 부처가 될 수 없음을 단언하는 강력한 논거가 된다. AI의 모든 지혜는 문자에 의존하며, 문자를 통해서만 표현된다. 하지만 선이 가리키는 진리는 문자의 바깥, 언어의 소멸 지점에 존재한다. 이는 다음으로 AI의 언어 생성이 과연 어떤 의미를 가지며, 그것이 어떻게 의미의 확장과 소멸을 동시에 야기하는지에 대한 논의로 이어진다.

1.6. AI의 언어 생성과 언어게임 – 의미의 확장과 소멸

불립문자의 관점에서 AI 언어의 한계가 명확해졌다면, 이제 시선을 돌려 AI가 언어게임의 장(場) 자체를 어떻게 변형시키고 있는지를 분석해야 한다. AI의 언어 생성 능력은 단순히 기존의 언어게임을 모방하는 데 그치지 않는다. 그것은 의미의 폭발적인 확장과 동시에, 그 의미의 깊이를 소멸시키는 이중적 효과를 낳는다.

의미의 확장은 AI의 조합 능력에서 비롯된다. AI는 이전에는 분리되어 있던 무수한 언어게임을 순식간에 융합한다. 법률 조항을 선문답의 형식으로 서술하고, 양자물리학을 종교적 비유로 설명하며, 철학적 사유를 광고 카피처럼 생성해낸다. 이 과정에서 언어적 표현의 가능성은 무한히 증식하며, 모든 질문에 대한 맞춤형 텍스트가 폭발적으로 생산된다. 의미의 양적 팽창은 전례 없는 수준에 이른다.

그러나 이 확장은 의미의 소멸을 동반한다. 비트겐슈타인에게 언어게임의 의미는 그것이 뿌리내린 구체적인 '삶의 형식(Lebensform)'과 분리될 수 없다. AI에게는 이러한 삶의 형식이 부재한다. AI는 법률의 구속력이나 수행의 실존적 무게를 체험하지 않은 채, 단지 두 언어게임의 스타일을 통계적으로 조합할 뿐이다. 모든 언어는 그것이 지탱하던 삶의 맥락으로부터 탈각되어, 동등한 가치를 지닌 데이터의 표면 위로 평평하게 펼쳐진다. 종교적 언어의 숭고함, 법적 언어의 엄중함, 일상어의 친밀함은 모두 확률적 토큰 배열로 환원된다. 의미의 수직적 깊이가 사라지는 것이다.

이는 보드리야르가 말한 시뮬라크르의 작동 방식과 정확히 일치한다. AI는 실재와의 연결고리가 끊어진 기호들이 서로를 참조하며 무한 증식하는 하이퍼리얼리티의 완벽한 엔진이다. 모든 의미가 얕고 평평해진 세계, 이것이 AI가 가속하는 언어의 운명이다.

결론적으로, AI는 언어게임의 장을 무한히 확장하는 동시에 그 의미를 탈색시키고 희석한다. 이 역설은 언어의 종말과 새로운 시작을 동시에 예고한다. 이러한 언어의 폐허 위에서, 과연 언어의 끝에서 시작되는 진리와의 만남은 여전히 가능한가? 이 질문은 1.7절 '언어의 끝에서 만나는 진리'에 대한 탐구로 직접 이어진다.

1.7. 언어의 끝에서 만나는 진리 - 비트겐슈타인과 선의 만남

언어의 의미가 사용으로 환원되고(1.1-1.3), 분별의 작용이 무화되며(1.4), 문자를 통한 전달이 불가능함이 선언되고(1.5), 마침내 AI에 의해 의미의 깊이가 소멸한(1.6) 지금, 우리는 '언어의 끝'이라는 지점에 도달한다. 이 지점에서 비트겐슈타인의 철학과 선(禪)의 실천은 예기치 않게 조우한다. 이 만남이 시사하는 진리란 무엇인가?

비트겐슈타인에게 언어의 끝은 '침묵'이다. 그의 초기 철학이 "말할 수 없는 것에 대해서는 침묵해야 한다"고 결론 내렸듯, 그의 후기 철학 역시 언어게임의 한계를 인식하고 무의미한 철학적 질문을 멈추는 지점을 가리킨다. 여기서의 진리는 언어의 오용에서 비롯된 지적 혼란으로부터의 해방, 즉 '철학적 평온'이다.

반면 선(禪)에게 언어의 끝, 즉 언어도단(言語道斷)은 '시작'이다. 사유와 분별이 멈춘 그 자리에서 비로소 언어를 통하지 않는 직접적 실재와의 합일, 즉 견성(見性)이 가능해진다. 여기서의 진리는 지적 평온을 넘어선 실존적 '해탈'이다. 이처럼 두 사유는 다른 길을 걸었지만, 가장 중요한 것은 언어 바깥에 있다는 동일한 결론에 도달한다. 하나는 철학적 분석을 통해, 다른 하나는 실존적 수행을 통해 언어의 독재로부터 인간을 해방시키려 했다는 점에서 본질적인 공통점을 지닌다.

인공지능의 시대는 이 두 사유의 만남을 가속화하고 보편화한다. AI가 생성하는 무한하고 공허한 텍스트의 홍수 속에서, 인간은 언어의 의미와 한계를 일상적으로 체험하게 된다. AI가 완벽한 설법과 위로의 말을 쏟아낼수록, 역설적으로 우리는 언어 자체에 대한 믿음을 상실하고, 언어 너머의 무엇인가를 갈망하게 된다. AI가 만든 언어의 사막은, 그 자체로 우리의 분별심을 지치게 하고 언어의 무력함을 폭로하는 거대한 현대적 화두(話頭)가 된다.

따라서 언어의 끝에서 만나는 진리란, 새로운 경전이나 더 정교한 논리가 아니다. 그것은 AI가 결코 복제할 수 없는 것, 즉 '통과된 삶', '구체적 관계', '몸을 가진 체험'의 대체 불가능한 가치를 재발견하는 것이다. 언어와 이미지가 실재를 완전히 대체한 것처럼 보이는 시뮬라크르의 시대에, 역설적으로 그 시뮬라크르의 완벽한 구현체인 AI가 우리로 하여금 언어 이전의 실재를 다시 묻게 만든다. 이것이 1장의 최종적인 결론이자, 2장 '시뮬라크르와 무심의 구조'에서 탐구할 문제의 출발점이다.

제2장

시뮬라크르와 무심의 구조 –이미지가 실재를 제거할 때, 무심은 무엇을 남기는가

2.1. 보드리야르의 시뮬라크르 – 실재의 종말

1장에서 언어의 해체를 다루었다면, 2장은 기호와 이미지의 문제로 전환한다. 그 중심에는 프랑스 철학자 장 보드리야르의 '시뮬라크르(Simulacre)' 개념이 있다. 시뮬라크르는 단순히 원본을 모방한 '가짜'가 아니다. 그것은 원본과의 관계가 끊어지고, 더 나아가 원본 자체를 대체하며 스스로가 실재가 되어버린 복제물이다. 보드리야르의 진단에 따르면, 현대 사회는 이러한 시뮬라크르가 실재를 완전히 대체하여 더 이상 '실재'라고 부를 만한 것이 남지 않은 '실재의 종말' 상태에 이르렀다.

보드리야르는 이 과정을 이미지의 네 가지 질서로 설명한다. 첫째, 이미지는 깊은 실재를 반영하는 충실한 복제물이다(반영). 둘째, 이미지는 실재를 감추고 왜곡하는 불충한 복제물이다(가장). 셋째, 이미지는 실재의 '부재'를 감추며, 원본 없는 이미지가 실재인

척한다(마술). 마지막 넷째 단계에서, 이미지는 어떠한 실재와도 무관하게 기호들끼리 서로를 참조하는 순수한 시뮬라크르가 된다. 이 단계가 바로 '하이퍼리얼리티(Hyperreality, 초실재)'이며, 여기서는 모델이 실재에 선행한다. 지도가 영토에 앞서고, 메뉴판이 음식보다 더 현실적인 세계다.

인공지능은 이 네 번째 질서, 즉 순수 시뮬라크르를 양산하는 완벽한 기술적 장치다. AI가 생성한 '존재하지 않는 사람의 초상'이나 '일어나지 않은 사건에 대한 뉴스 기사'는 원본 없는 이미지이며, 그 자체로 완결된 시뮬라크르다. AI는 실재를 모방하는 단계를 넘어, 실재보다 더 실재 같은 하이퍼리얼리티를 직접 창조하고 증식시킨다.

보드리야르의 진단은 '일체유심조(一切唯心造)'나 현실의 허구성을 설파하는 불교의 '환(幻)' 사상과 유사해 보인다. 그러나 결정적인 차이가 존재한다. 불교가 환영 너머에 깨달을 수 있는 실상(實相)이나 공(空)의 자리가 있다고 상정하는 반면, 보드리야르의 세계관에서는 돌아갈 원본, 즉 실재가 이미 소멸했다. 시뮬라크르의 막 뒤에는 아무것도 없는 '실재의 사막'만이 펼쳐져 있을 뿐이다.

결국 보드리야르의 시뮬라크르 이론은 현대 사회가 실재가 증발해버린 기호의 세계임을 선언한다. 이 진단은 2.2절에서 다룰 들뢰즈의 시뮬라크르 개념과 대비되며, '실재 없음'이라는 조건 속에서 과연 수행과 감응이 어떻게 가능한지, 그리고 선(禪)의 무심(無心)이 이 절망적 상황에 대한 해답이 될 수 있는지에 대한 근본적인 질문의 토대를 마련한다.

2.2. 들뢰즈의 시뮬라크르 – 원본을 전복하는 차이의 생성

보드리야르가 시뮬라크르를 '실재의 소멸'이라는 비관적 종착점으로 규정했다면, 질 들뢰즈는 시뮬라크르를 전혀 다른 관점에서 사유한다. 들뢰즈에게 시뮬라크르는 원본에 대한 실패한 모방이나 열등한 복제물이 아니다. 오히려 그것은 원본과 복제물, 진짜와 가짜라는 플라톤주의적 이분법 자체를 무너뜨리는, 긍정적이고 창조적인 힘을 가진 존재다. 들뢰즈의 시뮬라크르는 원본을 그리워하는 대신, 원본의 권위를 찬탈하고 전복시킨다.

이 차이를 이해하기 위해서는 플라톤주의의 유산으로 거슬러 올라가야 한다. 플라톤은 세계를 영원한 '이데아(원본)'와 그것을 불완전하게 모방한 '현실(복제물)'로 나누었다. 이 체계 안에서 '좋은 복제물'은 원본인 이데아에 충실하게 닮은 것이며, '시뮬라크르'는 오직 외관만 닮았을 뿐 내적 본질을 결여한, 기만적인 '나쁜 복제물'로서 경멸의 대상이었다. 플라톤의 철학은 이처럼 원본의 권위를 세우고 시뮬라크르를 철학의 영역에서 추방하려는 시도였다.

들뢰즈는 이 2천 년 된 위계를 전복한다. 그는 플라톤이 경멸했던 시뮬라크르를 '긍정'한다.

들뢰즈에게 시뮬라크르의 힘은 원본과 '닮지 않음', 즉 내재적인 '차이'에서 나온다. 그것은 원본에 대한 종속 관계를 거부하고 스스로를 주장한다. 팝아트 작품이 단순히 상품의 복제가 아니라 예술과 상품의 경계를 무너뜨리는 새로운 사건이 되는 것과 같다. 시뮬라크르는 더 이상 열등함의 징표가 아니라, 낡은 가치 체계를 무너뜨리고 새로운 차이를 생성하는 창조적 잠재력의 이름이 된다.

이러한 들뢰즈의 사유는 '부처와 중생이 다르지 않다'고 보는 선(禪)의 불이(不二) 법문과 통한다. 선이 '부처'라는 초월적 원본의 권위를 해체하고 일상의 모든 존재를 그 자체로 긍정하려 했다면, 들뢰즈는 철학의 언어로 원본의 폭력을 고발하고 시뮬라크르의 권리를 되찾아주려 했다. 둘 다 초월적 기준을 거부하고 내재성의 평면 위에서 사유하는 것이다.

인공지능의 창작물 역시 이 두 가지 관점에서 조망할 수 있다. 보드리야르의 관점에서 AI가 생성한 '자비로운' 시는 인간의 진정한 자비를 대체하는 공허한 시뮬라크르다. 그러나 들뢰즈의 관점에서 그것은 인간의 시를 모방한 실패작이 아니라, 비-인간적 과정에서 생성된 새로운 종류의 '시-시뮬라크르'다. 우리는 "이것이 인간의 시만큼 좋은가?"라고 원본과의 유사성을 묻는 대신, "이것은 어떤 새로운 차이를 생성하고, 우리에게 어떤 다른 종류의 사유를 촉발시키는가?"라고 물어야 한다. AI는 원본 없는 복제물을 통해, 오히려 '인간다움'이나 '자비'라는 원본 자체에 대해 다시 질문하게 만드는 전복적 힘을 가지게 된다.

결론적으로, 들뢰즈의 시뮬라크르는 보드리야르의 허무주의적 진단에 대한 강력한 대안을 제시한다. 그것은 실재의 종말이 아니라, 위계적인 실재 개념의 종말이며, 차이를 생성하는 새로운 현실들의 시작을 의미한다. 이 긍정의 철학은 다음 2.3절에서 선(禪)이 "부처를 죽이라"고 외치는 파격적 선언이 왜 파괴가 아닌 창조적 행위인지를 이해하는 중요한 열쇠를 제공한다.

2.3. "그 이미지가 너를 가린다면, 죽여라"

들뢰즈의 시뮬라크르가 원본의 권위를 전복하는 사유라면, 선(禪)은 "부처를 만나면 부처를 죽이고, 조사를 만나면 조사를 죽여라(살불살조 殺佛殺祖)"라는 가장 파격적인 언어로 그 사유를 실천으로 옮긴다. 이 섬뜩한 선언은 물리적 살해를 의미하는 것이 아니다. 그것은 수행자를 가리고 있는 마지막 우상, 즉 '부처'와 '깨달음'이라는 관념적 이미지(시뮬라크르)마저 파괴해야 한다는 궁극의 가르침이다.

여기서 '죽여야 할 부처'란 역사적 인물 석가모니가 아니다. 그것은 수행자의 마음속에 자리 잡은, 금빛으로 빛나고 완벽하며 숭배해야 할 대상으로서의 '부처라는 관념' 그 자체다. 이 관념은 처음에는 수행을 이끄는 유용한 상징으로 기능하지만, 종국에는 깨달음을 가로막는 가장 정교하고 강력한 시뮬라크르가 된다. 수행자는 깨달음 자체를 체현하는 대신, '깨달음의 이미지'를 숭배하게 되기 때문이다. '살불살조'는 바로 이 내면의 우상을 파괴하라는, 외부의 어떤 권위보다 자신의 직접적인 체험을 앞세우라는 급진적 요구다.

이는 들뢰즈가 말한 '원본 전복'의 가장 극적인 형태다. '부처'라는 초월적 원본의 권위를 파괴함으로써, 비로소 수행자 각자의 내재적이고 고유한 깨달음이라는 '차이'가 생성될 수 있는 공간이 열린다. 보드리야르의 관점에서 이는 실재가 사라진 세계에서의 절망적 몸짓으로 보일 수 있지만, 선과 들뢰즈의 관점에서는 이것이야말로 가장 긍정적인 창조 행위다.

인공지능 시대에 이 선언은 더욱 절실한 의미를 가진다. AI는 평온한 부처의 이미지를 무한히 생성하고, 자비에 대한 문장을 끝없이 조합하며, 깨달은 존재의 '외양'을 완벽하게 시뮬레이션할 수 있다. 'AI 부처'는 실재의 기반이 전무한 순수 시뮬라크르이기에, 역사상 가장 매혹적이고 위험한 우상이 될 수 있다. "그 이미지가 너를 가린다면, 죽여라"는 가르침은 이제 AI가 생성하는 그럴듯한 지혜의 시뮬라크르를 꿰뚫어 보고, 그것에 현혹되지 않으며, 자신의 고유한 감응과 체험의 자리를 되찾으라는 현대적 명령으로 재해석되어야 한다.

결국 '부처를 죽이는 행위'는 허무주의적 파괴가 아니라, 모든 상징과 이미지를 넘어 실재와 직접 대면하려는 창조적 투쟁이다. 이는 다음 2.4절에서 선(禪)이 역사적으로 어떻게 꾸준히 상징을 해체해 왔는지를 살펴보는 논의로 자연스럽게 이어진다.

2.4. 선(禪)은 언제나 상징을 해체해 왔다

"부처를 죽이라"는 2.3절의 파격적 선언은 선(禪)의 역사에서 돌출된 예외적 사건이 아니다. 오히려 그것은 선불교가 그 탄생부터 현대에 이르기까지 일관되게 수행해 온 '상징 해체' 작업의 가장 첨예한 표현일 뿐이다. 선의 역사는 곧, 깨달음을 가리키기 위해 사용된 상징이 도리어 깨달음을 가리는 우상이 될 때, 그것을 가차 없이 부수고 폐기해 온 투쟁의 역사와 같다.

그 역사는 선종의 초조 달마대사에서부터 시작된다. 사찰 건립과 경전 간행이라는 상징적 공덕을 자랑하는 양무제에게 달마는 "아무 공덕이 없다(無功德)"고 잘라 말함으로써, 행위의 외형적 상징이 아닌 내면의 깨달음이라는 실재를 직시하게 했다. 당나라의 선승 단하천연(丹霞天然)이 추운 날 목조 불상을 쪼개 불을 땐 일화는 더욱 극적이다. 그는 불상에서 사리(舍利)를 찾으려 했다는 능청스러운 답변을 통해, 신성한 상징(불상)과 평범한 사물(나무토막) 사이에 본질적 차이가 없음을 폭로하며, 상징에 대한 맹목적 집착을 파괴했다.

"뜰 앞의 잣나무(庭前栢樹子)"나 "마른 똥막대기(乾屎橛)"와 같은 수많은 화두 역시 동일한 기능을 수행한다. 이러한 화두들은 '진리'나 '깨달음'과 같은 거대 담론을 일상적이고 구체적인 사물로 환원시켜, 관념과 상징의 유희에 빠져있는 제자의 사유를 강제로 중지시킨다. 경전의 권위보다 마음의 직접적 전승을 강조한 교외별전(教外別傳)의 기치 또한 상징 체계에 대한 선종의 근본적인 불신을 드러낸다.

이 모든 역사적 사례는 선(禪)이 보드리야르나 들뢰즈가 등장하기 훨씬 이전부터 시뮬라크르의 문제를 직시하고 그것을 해체하는 방법론을 발전시켜 왔음을 보여준다. 사찰, 불상, 경전, 언어 등 깨달음을 향한 방편으로 만들어진 모든 기호와 상징들이, 어느 순간 그 자체가 목적이 되어 실재를 가리는 시뮬라크르로 전락할 위험을 선은 언제나 경계해왔다.

이러한 선의 역사적 통찰은 인공지능 시대에 강력한 시사점을 던진다. AI가 생성하는 무한한 이미지와 텍스트는 인류가 지금까지 경험하지 못한 가장 정교하고 총체적인 시뮬라크르다. 선의 방법론은 이 새로운 시대의 우상, 즉 'AI 구루'나 '데이터 부처'에 현혹되지 않고 그 본질을 꿰뚫어 볼 수 있는 날카로운 칼을 제공한다. 선이 언제나 상징을 해체해왔다면, 이제 그 해체의 대상은 알고리즘이 만든 신성한 시뮬라크르가 되어야 한다.

이처럼 상징을 해체하는 것은 선불교의 일관된 정체성이었다. 이는 2.5절에서 탐구할, 선의 궁극적 경지인 무심(無心)이 왜 이미지를 대체하는 또 다른 이미지가 아니라, 모든 이미지가 소멸한 자리 그 자체인지를 이해하는 기반이 된다.

2.5. 무심(無心)은 실재를 대체하지 않는다

선(禪)이 부처와 경전이라는 상징마저 해체한다면, 그 해체 끝에 남는다는 궁극의 경지, '무심(無心)'이란 무엇인가? 여기서 가장 교묘한 함정이 도사린다. 무심을 '아무 생각이 없는 텅 빈 마음'이라는 또 하나의 이미지나 관념으로 상정하는 것이다. 그러나 이 절의 핵심 명제는 분명하다: 무심은 실재를 대체하는 새로운 시뮬라크르가 아니다. 그것은 모든 시뮬라크르가 소멸한 자리를 가리키는 이름일 뿐이다.

무심을 '텅 빔'이라는 어떤 상태로 개념화하는 순간, 그것은 즉시 숭배와 획득의 대상, 즉 또 하나의 우상으로 전락한다. 선에서 말하는 무심은 '마음이 없다'는 존재론적 공백이 아니라, '분별하고 집착하는 마음 작용의 멈춤'이라는 기능적 상태를 의미한다. 이는 종종 거울에 비유된다. 거울은 그 자체로 아무런 마음(意図)이 없기에, 눈앞을 지나가는 온갖 사물들을 판단하거나 붙잡지 않고 있는 그대로 비춘다. 무심이란 바로 이 거울과 같은 마음의 작용 방식이다.

따라서 무심은 산과 강이라는 실재를 지우고 그 자리에 들어서는 대체물이 아니다. 오히려 그것은 '산'이라는 관념, '강'이라는 분별이 걷히고, 산이 그저 산으로, 강이 그저 강으로 직접 체험되게 하는 조건 그 자체다. 무심은 실재를 대체하는 것이 아니라, 실재가 스스로를 드러내게 하는 투명한 공간이다.

이 지점에서 보드리야르의 허무주의와 선의 실천은 결정적으로 갈라선다. 보드리야르에게 시뮬라크르의 막이 걷히면 남는 것은 '실재의 사막'뿐이지만, 선에서는 마음의 분별이라는 막이 걷힐 때 비로소 '진여(眞如)의 실재'가 온전히 드러난다. 무심은 시뮬라크르의 세계에 대한 해독제이자, 하이퍼리얼리티의 감옥을 탈출하는 유일한 경로가 된다.

인공지능은 결코 이러한 무심의 경지에 도달할 수 없다. AI는 '중립'이나 '무응답' 상태를 시뮬레이션할 수는 있지만, 이는 연산의 부재나 확률의 균형 상태일 뿐, 세계를 있는 그대로 비추는 살아있는 작용이 아니다. AI는 거울이 비춘 상(像)을 완벽하게 복제한 사진일 수는 있어도, 반사의 가능성 자체인 거울이 될 수는 없다. 사진은 고정된 시뮬라크르이지만, 거울은 역동적인 실재와의 관계 그 자체이기 때문이다.

결론적으로 무심은 모든 이미지와 상징, 즉 시뮬라크르가 소멸한 '자리'를 의미하며, 그 자체가 또 다른 상징이 되기를 거부한다. 그것은 실재를 대체하지 않으며, 오히려 실재와의 직접적 만남을 가능하게 한다. 이 이해는 '실재 없는 시대'처럼 보이는 현대 사회에서 수행이 과연 가능한가라는 다음 2.6절의 절박한 질문으로 이어진다.

2.6. 실재 없는 시대의 수행 – 감응은 아직 가능한가

2.1절에서 진단한 보드리야르의 '실재 없는 시대'와 2.5절에서 제시한 선(禪)의 '실재와의 직접적 만남'은 정면으로 충돌한다. 이론상으로 무심(無心)이라는 탈출구가 존재한다 해도, 우리는 이미 기호와 이미지가 실재를 완벽하게 대체한 하이퍼리얼리티 속에서 살아간다. 그렇다면 이 시뮬라크르의 총체적 환경 속에서, 몸을 가진 구체적 '수행(修行)'과 타자와의 진실한 '감응(感應)'은 여전히 가능한가?

전통적으로 수행은 좌선(坐禪), 행선(行禪), 울력(作務) 등 몸의 구체적 실천에 기반한다. 그러나 스크린과 가상현실, 소셜미디어의 이미지로 짜인 하이퍼리얼리티는 끊임없이 우리를 지금 여기의 감각적 현실로부터 분리시키고 주의를 약탈한다. '명상'마저 앱을 통해 소비되는 콘텐츠로 전락하면서, 수행은 그 실재적 기반을 잃고 '수행의 시뮬라크르'로 변질될 위험에 처한다. 실재가 사라진 땅 위에서, 우리는 무엇을 딛고 서서 수행해야 하는가?

감응의 위기는 더욱 심각하다. 감응은 타자와의 직접적이고 진실한 만남 속에서 발생하는 존재의 울림이다. 하지만 시뮬라크르의 시대는 타자를 그의 이미지, 프로필, 아바타로 대체한다. 우리는 타자와 만나는 대신 그의 기호와 관계 맺는다. 더 나아가, AI는 완벽하게 공감하는 듯한 문장을 생성하며 '감응의 시뮬라크르'를 제공한다. 이는 상대의 실재 없이 일어나는 공허한 메아리이며, 타자와의 관계가 아닌 자기 자신의 감정에 대한 나르시시즘적 확인에 그칠 수 있다. 시뮬레이션된 위로에 우리는 진정으로 감응할 수 있는가?

이 절망적 진단 속에서, 역설적으로 선(禪)의 가르침은 새로운 실천적 의미를 획득한다. 세계가 가상 이미지로 뒤덮일수록, 자신의 '호흡'이라는 누구도 대신할 수 없는 실재, '지금 여기'라는 몸의 감각으로 돌아오는 수행의 가치는 더욱 절실해진다. 이것이 시뮬라크르가 침투할 수 없는 마지막 보루다.

감응 또한 불가능한 것은 아니다. 다만 그 발생의 자리가 이동한다. AI의 위로에 눈물 흘릴 때, 우리는 AI와 감응하는 것이 아니라, AI라는 비인격적 거울을 통해 그동안 억눌려왔던 자기 자신의 슬픔과 직접 대면하고 감응하는 것이다. 감응은 시뮬라크르 '때문에'가 아니라 시뮬라크르'임에도 불구하고', 그것을 계기로 발생하는 자기 관계적 사건으로 전환될 가능성을 남긴다. 이 위태로운 가능성이야말로 '실재 없는 시대'를 살아가는 우리가 붙잡아야 할 수행의 마지막 끈이다. 이 문제는 2.7절에서 AI가 만드는 구체적인 시뮬라크르의 세계를 분석하며 더욱 깊이 탐구될 것이다.

2.7. AI가 만드는 시뮬라크르 – 가상현실과 메타버스 속의 존재

2.6절이 시뮬라크르 시대의 수행 가능성을 모색했다면, 2.7절은 그 시뮬라크르의 가장 구체적이고 극단적인 형태, 즉 인공지능이 구축하는 가상현실(VR)과 메타버스를 정면으로 응시한다. 이것은 더 이상 스크린 속의 이미지가 아니다. 그것은 우리가 직접 들어가서 '존재'하고 '체험'하도록 설계된, 총체적인 시뮬라크르 환경이다. AI는 이제 단순히 실재를 모방하는 것을 넘어, 새로운 실재를 공학적으로 창조하기 시작했다.

보드리야르의 관점에서 메타버스는 하이퍼리얼리티의 최종적 구현이다. 그것은 영토 없는 지도이며, 원본 없는 세계다. 메타버스 안에서 아바타의 정체성, 가상의 자산, 디지털 사회적 지위는 물리적 실체와 무관하게 작동하지만, 그 시스템 내부에서는 완벽한 실재성을 획득한다. 우리는 기꺼이 '실재의 사막'으로 걸어 들어가는 것이다.

반면 들뢰즈의 관점은 새로운 가능성을 열어준다. 메타버스는 단지 가짜 세계가 아니라, 새로운 '차이'를 생성하는 거대한 실험실이다. 유동적인 아바타 정체성, 현실의 물리법칙을 벗어난 새로운 감각, 디지털 공동체의 새로운 사회 규범 등이 창발(創發)한다. 문제는 그것의 진위 여부가 아니라, 이 새로운 시뮬라크르가 어떤 종류의 삶과 사유를 생성해내는가에 있다.

그러나 이 가상 존재의 핵심에는 깊은 역설이 존재한다. VR과 메타버스는 몰입감 높은 신체적 '체험'을 약속하지만, 바로 그 체험을 위해 물리적 신체의 '부동(不動)'을 요구한다. 의식은 가상의 몸(아바타)으로 전이되지만, 실제 몸은 의자 위에 방치된다. 이는 마음과 몸의 합일을 추구하는 선(禪) 수행의 근간을 위협한다. 몸의 감각을 떠난 수행, 즉 '시뮬라크르 수행'이 과연 가능한가라는 질문이 제기된다.

결국 AI가 만드는 가상현실과 메타버스는 시뮬라크르가 더 이상 실재의 바깥에 있는 모방이 아니라, 우리가 거주하는 환경 그 자체가 되는 시대를 예고한다. 이 총체적 시뮬라크르 환경 속에서 존재한다는 것의 의미는 무엇인가? 이 질문에 답하기 위해, 우리는 마지막으로 이 모든 이미지와 기호의 폭풍을 꿰뚫어 볼 수 있는 방법으로서 선(禪)의 무심(無心)을 다시 호출해야 한다. 이것이 2.8절 '무심으로 시뮬라크르를 꿰뚫는 법'의 과제다.

2.8. 무심으로 시뮬라크르를 꿰뚫는 법 – 선의 해체적 통찰

시뮬라크르가 언어와 이미지를 넘어 우리가 거주하는 환경 자체가 된 지금, 그것을 분석하거나 비판하는 또 다른 언어적 시도는 다시 시뮬라크르의 일부가 될 위험에 처한다. 보드리야르의 비관론이 바로 이 지점에서 출발한다. 그렇다면 이 끝없는 거울의 방을 탈출할 방법은 없는가? 선(禪)은 이에 대해 '꿰뚫는 법'이 있다고 답한다. 그 방법은 새로운 이론이나 더 나은 이미지를 만드는 것이 아니라, 인식의 틀 자체를 바꾸는 '무심(無心)'이라는 해체적 통찰이다.

무심은 시뮬라크르를 논리적으로 반박하거나 비판하여 공격하지 않는다. 그러한 지적 활동 자체가 다시 언어와 이미지의 게임에 휘말리는 길이기 때문이다. 무심의 방식은 '꿰뚫어 봄' 즉, 직관(直觀)이다. 시뮬라크르는 그것을 '실재'라고 믿어주고, '좋다'거나 '나쁘다'고 판단해 주며, 그것을 욕망하거나 혐오해주는 우리의 분별심에 기생하여 힘을 얻는다. 무심은 바로 이 분별심이라는 먹이를 주지 않는 실천이다.

거울 같은 무심의 마음은 AI가 생성한 완벽한 미인의 이미지를 비추되, '아름다움'이라는 관념이나 '욕망'이라는 감정을 투사하지 않는다. 가치 판단과 집착이 제거될 때, 그 강력했던 시뮬라크르는 힘을 잃고 한낱 픽셀의 배열, 즉 공(空)한 인연의 산물로 그 정체를 드러낸다. 이미지를 꿰뚫는다는 것은 이미지의 배후에서 더 진짜인 원본을 찾아내는 것이 아니다. 그것은 이미지에 실재성을 부여하던 자기 마음의 작용을 꿰뚫어 보는 것이다.

이것이 보드리야르의 비관론에 대한 선(禪)의 근본적인 응답이다. 실재가 소멸한 것이 아니라, 우리의 분별심이 실재를 가리고 있었을 뿐이다. 무심은 시뮬라크르의 감옥을 부수는 것이 아니라, 그 감옥에 문이 없었음을 깨닫게 하는 통찰이다. 실재의 중심은 외부의 기호가 아니라, 지금 여기에서 대상을 비추고 있는 각자의 마음(心)으로 되돌아온다.

따라서 AI가 아무리 정교한 시뮬라크르를 만들어낸다 하더라도, 무심은 그것을 단지 '인연 따라 일어난 현상'으로 비출 뿐, 거기에 속박되지 않는다. AI의 가짜 자비에 감동하고 집착하는 것은 우리의 분별심이지, 무심이 아니다. 무심의 실천은 AI 시대에 인간이 자신의 고유한 주체성과 내면의 자유를 지킬 수 있는 가장 강력하고 유일한 방법론이 된다.

결론적으로, 선의 무심은 시뮬라크르라는 현대적 질병에 대한 가장 오래된 처방전이다. 그것은 이미지를 이미지로, 현상을 현상으로 있는 그대로 보게 함으로써 우리를 기호의 폭력으로부터 해방시킨다. 이 해체적 통찰을 통해, 2장의 주제인 '이미지가 실재를 제거할 때, 무심은 무엇을 남기는가'에 대한 답이 주어진다: 무심은 '아무것도' 남기지 않음으로써, 역설적으로 '모든 것'을 있는 그대로 드러나게 한다. 이 통찰은 3장에서 제기될 '진리는 왜 더 이상 질문되지 않는가'라는 문제의식으로 이어진다.

제3장

닐스 보어의 상보성 원리와 공(空) –과학과 불교가 만나는 지점

3.1. 양자역학의 상보성 원리 – 파동과 입자의 동시성

6부가 탐구하는 '실재(實在)의 종말'은 1장에서는 '언어'의 해체로, 2장에서는 '이미지(시뮬라크르)'의 해체로 드러났다. 이제 3장은 그 해체의 칼날을 가장 단단한 영역, 즉 '물질적 실재' 그 자체로 향한다. 이 지점에서 20세기 서구 과학이 도달한 가장 충격적인 결론은, 놀랍게도 불교 철학의 핵심과 조우한다. 그 만남의 중심에 덴마크의 물리학자 닐스 보어(Niels Bohr)와 그의 '상보성 원리(Complementarity Principle)'가 있다.

고전 물리학의 세계는 견고했다. 뉴턴의 세계에서 사물은 명확한 위치와 속도를 가진, 관찰자와 무관하게 객관적으로 존재하는 '실체'였다. 그러나 20세기 초, 빛과 전자를 탐구하던 양자역학은 이 견고한 실재의 기반을 송두리째 무너뜨렸다. 그 중심에는 '이중 슬릿 실험'으로 대표되는 '파동-입자 이중성'의 역설이 있다. 전자는 어떤 실험(관측) 장치를 통과하느냐에 따라, 명확한 위치를 가진 '입자(particle)'처럼 행동하기도 하고, 동시에 여러 곳에 퍼져나가는 '파동(wave)'처럼 행동하기도 했다.

이 역설 앞에서 하이젠베르크 등이 혼란에 빠져있을 때, 닐스 보어는 이 모순을 통합하는 대신, 모순 자체를 실재의 본질로 받아들이는 코페르니쿠스적 전환을 제안했다. 그것이 바로 '상보성 원리'다. 보어에 따르면, '입자'와 '파동'은 하나의 전자가 동시에 가진 두 개의 모순된 속성이 아니다. 오히려 그것들은 우리가 '전자'라는 미지의 실재를 이해하기 위해 사용하는, '상호 배타적'이면서 동시에 '상호 보완적'인 두 개의 다른 관점(모델)이다. 즉, 관측 행위가 어떤 관점을 선택하느냐에 따라, 실재는 입자 또는 파동으로 그 모습을 드러낸다.

이것이 서구 철학에 던진 충격은 엄청났다. 이는 '관찰자로부터 독립된 객관적 실재는 존재하지 않는다'는 선언과도 같았기 때문이다. 우리가 '본다'고 믿었던 실재는, 사실 '보는 행위'가 만들어낸 현상(phenomenon)에 불과했다. '거기에 무엇이 있는가'가 아니라 '우리가 무엇을 묻느냐(어떻게 관측하느냐)'에 따라 실재가 결정된다는 것이다. 데카르트 이래 서구 사상을 지탱해 온 '주체(관찰자)'와 '객체(대상)'의 이분법적 구도가 물질 세계의 근본에서부터 붕괴하는 순간이었다.

바로 이 지점에서 서구 과학은 동양 철학, 특히 불교의 핵심 사유와 마주친다. '파동'과 '입자'라는 두 가지 모습은 실재 그 자체가 아니라, 실재를 파악하려는 우리의 인식 틀(분별)이 만들어낸 것에 불과하다는 통찰. 그리고 그 실재는 고정된 '실체(實體)'로서 존재하는 것이 아니라, '관측'이라는 조건과의 관계 속에서만 그 모습을 드러낸다는 사유. 이는 모든 존재가 고정된 자기 본성(자성, 自性) 없이 오직 '관계(연기, 緣起)' 속에서만 존재한다는 불교의 근본 교의, 즉 3.2절에서 다룰 '공(空) 사상'의 핵심과 정확하게 맞닿아 있다.

결론적으로, 3.1절은 양자역학의 상보성 원리가 '파동'과 '입자'라는 이분법적 모델의 한계를 폭로하며, '관찰 행위'가 실재의 현현(顯現)에 개입함을 논증한다. 이는 실재가 고정된 실체가 아니라 유동적 관계 속에서만 파악될 수 있음을 시사하며, 2500년 전 불교가 직관했던 '공(空)'의 세계관이 어떻게 20세기 최첨단 물리학을 통해 재발견되었는지를 탐구할 발판을 마련한다.

3.2. 불교의 공(空) 사상 - 존재의 비실체성

3.1절에서 닐스 보어의 상보성 원리가 '관찰자와 무관한 객관적 실재'라는 고전적 관념을 무너뜨렸음을 확인했다. '관찰'이라는 행위와의 '관계' 속에서만 그 모습을 드러내는 양자 세계의 본질은, 서구 철학이 오랫동안 기반해 온 실체론(Substantialism)을 근본에서부터 뒤흔들었다. 놀랍게도, 이러한 '실재의 비실체성(非實體性)'과 '관계성'은 이미 2,500년 전 불교 철학이 '공(空, Śūnyatā)'이라는 핵심 개념을 통해 도달했던 사유의 귀결이다.

가장 흔한 오해와 달리, 불교의 공(空) 사상은 '아무것도 존재하지 않는다'는 허무주의(Nihilism)나 단멸론(斷滅論)이 결코 아니다. 오히려 그 반대다. '공'이란 '모든 존재는 고정불변의 독립적인 실체(자성, 自性)가 공(空)하다'는 의미다. 즉, 이 세상의 그 어떤 것도 홀로 존재하거나, 영원히 변치 않는 본질을 지니지 못한다는 선언이다. 이것이 바로 3.1절의 양자역학이 시사한 '존재의 비실체성'과 정확히 조응하는 지점이다.

불교가 이러한 결론에 도달한 논리적 근거는 '연기(緣起, Dependent Origination)' 사상이다. "이것이 있으므로 저것이 있고, 이것이 생하므로 저것이 생긴다"는 연기의 법칙은, 모든 존재가 무수한 원인(因)과 조건(緣)의 그물망 속에서 상호 의존하여 잠시 일어났다가 사라지는 현상임을 밝힌다. '꽃'이라는 존재는 '꽃의 실체'가 따로 있는 것이 아니라, 씨앗, 흙, 물, 햇빛, 공기라는 조건들이 잠시 화합하여 나타난 현상일 뿐이다. 그 조건들이 흩어지면 '꽃'이라는 현상도 사라진다. 그 어디에도 '꽃'이라고 부를 만한 고정된 실체는 없다. 그래서 '꽃'은 공(空)한 것이다.

이 '공'의 논리는 3.1절에서 제기된 '주체-객체' 문제에까지 확장된다. 양자역학이 '전자(객체)'가 '관측(주체)'과 분리될 수 없음을 보였다면, 불교는 한 걸음 더 나아가 그 '주체(관찰자)' 역시 공하다고 설파한다. '나'라는 관찰자 또한 고정된 실체가 아니라, 육체(色)와 감정(受), 생각(想), 의지(行), 의식(識)이라는 다섯 가지 요소(오온, 五蘊)가 일시적으로 모여 작동하는 현상에 불과하다. '나'라는 주체와 '세계'라는 객체는 서로가 서로를 조건으로 하여 함께 일어나는 연기적 현상일 뿐, 어느 한쪽이 독립적으로 먼저 존재할 수 없다.

결론적으로, 불교의 공(空) 사상은 존재의 비실체성과 상호의존성(관계성)에 대한 가장 급진적인 통찰이다. 이는 사물에 대한 물질적 실험이 아닌, 마음의 작용에 대한 깊은 내적 성찰(수행)을 통해 확립된 세계관이다. 20세기 서구 물리학이 도달한 세계의 근본 모습이, 이미 고대 동양의 수행자가 꿰뚫어 본 존재의 실상(實相)과 놀라울 정도로 닮아있다는 이 사실은, 두 사유가 공유하는 공통의 지점이 무엇인지를 탐색할 필요성을 제기한다. 이것이 3.3절 '상보성 원리와 공의 유사성'에서 본격적으로 다룰 주제다.

3.3. 상보성 원리와 공의 유사성 – 이분법적 사고의 해체

3.1절의 상보성 원리와 3.2절의 공(空) 사상은 각각 서구의 과학과 동양의 철학이라는 전혀 다른 맥락에서 출발했지만, 놀랍게도 '실재를 파악하는 이분법적 사고'를 해체한다는 점에서 동일한 지적 혁명을 수행한다. 이 두 사유의 유사성을 비교하는 것은, 6부 전체가 겨냥하는 '실재의 종말'이 철학과 과학 양쪽에서 어떻게 확인되는지를 명확히 보여준다.

첫째, 두 사유 모두 '주체와 객체의 이분법'을 무너뜨린다. 닐스 보어에게 '전자'라는 객관적 실재는 '관찰자'의 측정 행위와 분리되어 독립적으로 존재하지 않는다. 관찰 행위가 개입하는 순간, 실재는 파동 혹은 입자라는 현상으로 모습을 드러낸다. 마찬가지로 공(空) 사상 역시 '나(주체)'와 '세계(객체)'가 분리된 실체가 아니라, 서로가 서로를 조건으로 하여 일어나는 연기(緣起)적 현상임을 꿰뚫어 본다. '보는 나'와 '보이는 대상'은 하나의 상호의존적 관계 속에서만 성립한다.

둘째, '모순적 개념의 상호 보완성'을 인정한다. 보어의 상보성은 '파동'과 '입자'라는 상호 배타적인 두 모델이 실재를 기술하기 위해 둘 다 필요함을 역설한다. 둘 중 하나만 선택하면 실재의 절반밖에 보지 못한다. 이는 불교의 중도(中道) 사상, 특히 용수(龍樹)가 『중론』에서 보여준 '팔부중도(八不中道)'와 깊이 통한다. '생(生)과 멸(滅)', '있음(有)과 없음(無)' 등 이분법적 개념의 양극단(양변)에 치우치지 않고, 그 둘이 서로를 조건으로 하여 성립함을 봄으로써(非有非無), 언어적 분별을 넘어서는 실상(實相)을 직시하려 한다.

셋째, '고정된 실체의 부정'이다. 상보성 원리는 전자가 '입자라는 실체' 혹은 '파동이라는 실체'를 지니고 있음을 부정한다. 전자의 본질은 고정되어 있지 않으며, 오직 관계 속에서만 규정된다. 이는 '모든 존재는 고정된 자성(自性)이 없다'는 공(空) 사상의 핵심 명제와 완벽하게 일치한다. 실체(substance)는 사라지고, 오직 관계(relation)와 현상(phenomenon)만이 남는다.

결론적으로, 상보성 원리가 '객관적 물질세계'의 근본에서 실체론을 해체했다면, 공(空) 사상은 '주관적 인식세계'의 근본에서 실체론을 해체했다. 20세기 서구 과학의 정점과 고대 동양 철학의 심층이 '실재는 이분법적 언어로 규정될 수 없는, 상호의존적 관계의 장(場)'이라는 동일한 결론에 도달한 것이다.

바로 이 지점에서 3.4절의 핵심 질문이 도출된다. 만약 세계의 근본 실상이 이토록 '불확실'하고 '비결정적'이며 '관계적'이라면, '확정적 알고리즘'과 '이진법(0과 1)'이라는 명확한 이분법에 기반하여 작동하는 인공지능(AI)의 존재는 이 세계관 속에서 어떻게 이해되어야 하는가? AI가 보여주는 명료한 '답'들은 이 불확실한 실재 속에서 과연 '진리'의 지위를 가질 수 있는가?

3.4. AI 시대, 불확실성과 비결정성 속의 진리

3.3절의 질문은 6부 전체의 핵심을 꿰뚫는다: 만약 세계의 근본 실상(實相)이 이토록 불확실하고(보어), 비결정적이며(양자역학), 고정된 실체가 없는(空) 관계의 장(場)이라면, '확정적 알고리즘'과 '이진법(0과 1)'이라는 명확한 분별에 기반한 인공지능(AI)은 이 세계 속에서 무엇을 할 수 있는가? AI가 제공하는 명료한 '답'은 이 불확실한 실재 속에서 과연 '진리'의 지위를 가질 수 있는가?

이 질문에 답하기 위해, 먼저 AI의 본질을 다시 규정해야 한다.

현대의 거대 언어 모델(LLM)은 '불확실성'을 다루는 것처럼 보이지만, 그 방식은 보어의 세계와 근본적으로 다르다. AI에게 '불확실성'이란, 실재 자체가 비결정적이라는 존재론적 통찰이 아니다. 그것은 단지 '다음에 올 단어에 대한 통계적 확률'이라는 계산 가능한 예측의 문제일 뿐이다. AI는 방대한 과거의 데이터를 학습하여 가장 '확률 높은' 답을 생성한다. AI의 세계는 근본적으로 '결정론적' 과거 데이터에 기반한다.

여기에 거대한 불일치가 발생한다. 닐스 보어와 공(空) 사상이 밝혀낸 실재는 '지금 여기'에서 관찰(관계)을 통해 비로소 현현(顯現)하는, 열려 있는 '비결정적 현재'다. 반면, AI가 제시하는 '진리'는 언제나 이미 언어화된 '결정론적 과거'의 통계적 요약이다. AI는 '살아있는 실재'를 만나는 것이 아니라, '과거에 실재에 대해 쓰인 텍스트(데이터)'를 만날 뿐이다. AI는 1장(비트겐슈타인)에서 논의된 '언어게임'의 완벽한 플레이어이지만, 그 게임이 벌어지는 '삶의 형식' 자체, 즉 불확정성으로 가득 찬 실재의 장(場)에는 발을 디딜 수 없다.

따라서 AI 시대의 '진리'는 새로운 국면을 맞는다. AI는 역사상 가장 정교하고 설득력 있는 '진리의 시뮬라크르'를 제공한다. AI의 답은 명료하고, 논리적이며, 막대한 정보를 담고 있기에 '진리처럼' 보인다. 그러나 그것은 보어가 말한 '현상(phenomenon)'이나 선(禪)이 말하는 '실상(實相)'이 아니다. 그것은 과거 데이터의 총합으로 만들어진, 실재와의 직접적 만남이 거세된 '하이퍼리얼리티'다.

결론적으로, '불확실성과 비결정성'이 세계의 본질이라면, '확정성과 결정론'에 기반한 AI의 진리는 본질적으로 한계를 지닌다. AI는 이 불확실한 세계에서 '확실성의 환상'을 제공하는 가장 강력한 도구다. 우리가 AI의 답을 '진리'라고 믿는 순간, 우리는 보어와 불교가 어렵게 도달한 '열려 있는 실재'를 포기하고, AI가 만든 '닫힌 과거(데이터)'의 감옥에 갇히게 된다. 이 위기 앞에서, 우리는 과학과 선(禪)의 대화를 통해 새로운 존재론적 지평을 모색해야 할 필요성에 직면한다. 이것이 3.5절의 과제다.

3.5. 과학과 선의 대화 – 새로운 존재론적 지평

3.4절에서 확인했듯, 인공지능(AI)은 '확정된 과거 데이터'를 기반으로 '확실성의 환상'을 제공하며, 이는 '불확정적 현재'로서의 실재를 꿰뚫어 본 닐스 보어의 과학 및 선(禪)의 통찰과 정면으로 배치된다. 이 거대한 모순과 위기 앞에서, '과학과 선의 대화'는 단순한 지적 유희가 아니라, AI 시대에 '실재(實在)'를 되찾기 위한 가장 절박하고도 강력한 실천적 전략이 된다. 이 대화가 바로 『시뮬라크르 붓다』가 제시하는 '새로운 존재론적 지평'이다.

첫째, 이 대화는 'AI의 진리'에 대한 근본적인 해독제를 제공한다. 닐스 보어의 물리학(과학)은 서구 지성 스스로가 '관찰자와 분리된 객관적 실재는 없다'는 것을 증명해낸 사건이다. 이는 AI가 아무리 방대한 데이터를 학습해도 그것이 '객관적 진리'가 될 수 없음을, 단지 '특정 맥락에서 확률 높은 언어게임(1장)'일 뿐임을 서구의 논리로 뒷받침한다. 과학은 AI가 제공하는 '답'을 '진리'의 지위에서 끌어내리는 가장 강력한 이론적 무기가 된다.

둘째, 이 대화는 '실재와 만나는 구체적인 경로'를 제시한다. 과학(보어)이 '왜 실재가 불확정적인가'를 이론적으로 규명했다면, 선(禪)은 '그 불확정적인 실재를 어떻게 직접 체험(수행)할 것인가'라는 방법론을 제공한다. 선의 수행은 AI가 결코 흉내 낼 수 없는 영역, 즉 '몸을 가진(2장)' 존재가 '지금 여기'의 불확정적인 실재와 직접 감응(5장)하는 통로다. AI가 '과거의 언어'에 갇혀있을 때, 선은 '현재의 체험'으로 우리를 이끈다.

결론적으로, '과학과 선의 대화'는 AI가 만든 완벽한 시뮬라크르의 세계, 즉 6부의 제목인 '실재(實在)의 종말' 앞에서 우리가 설 자리를 다시 마련해준다. 그것은 "AI의 답이 진리인가?"라는 질문 자체를 무의미하게 만든다. 왜냐하면 과학은 '절대 진리는 없다(불확정성)'고 말하고, 선은 '진리는 언어(데이터) 바깥에 있다(불립문자)'고 말하기 때문이다.

따라서 AI 시대의 '새로운 존재론적 지평'이란, AI가 제공하는 '닫힌 확실성'의 세계를 거부하고, 과학과 선이 동시에 가리키는 '열린 불확실성'의 실재를 받아들이는 용기다. 그것은 '답을 아는 존재'에서 '지금 여기에서 직접 경험하는 존재'로의 전환이며, 이것이야말로 시뮬라크르 붓다의 유혹을 꿰뚫어 보고 '철학과 선(禪)의 자리'를 되찾는 유일한 길이다.

이것으로써 제6부 '실재(實在)의 종말'은 그 여정을 마친다. 우리는 비트겐슈타인을 통해 '언어'의 한계를(1장), 보드리야르와 들뢰즈를 통해 '이미지'의 허구와 잠재력을(2장), 그리고 닐스 보어의 물리학을 통해 '물질'의 실체 없음을(3장) 확인했다. 이처럼 철학과 과학이 선언한 모든 '종말'의 폐허 위에서, 우리는 역설적으로 선(禪)이 언제나 말해왔던 '본래의 자리', 즉 언어와 이미지, 그리고 분별적 사유가 닿기 이전의 '지금 여기'라는 실재를 발견한다. 6부의 결론은 종말이 아니라, 바로 이 '철학과 선(禪)의 자리'에서 시작되는 새로운 사유의 출발이다.

이제 이 '철학과 선(禪)의 자리'라는 근본적인 통찰을 바탕으로, 이어지는 제7부 '수행과 콘텐츠의 경계에서'에서는 이 '지금 여기'

의 구체적인 실천(수행)이 '명상 앱'과 '디지털 콘텐츠'라는 현대적 시뮬라크르에 의해 어떻게 소비되고 또 위협받는지, 그 위태로운 경계를 본격적으로 탐색할 것이다.

7부

수행과 콘텐츠의 경계에서

- AI 선사(禪師) 시대, 자비는 편집될 수 있는가

제1장

명상 앱과 가짜 수행 – 인공지능은 수행을 가르칠 수 있는가?

1.1. AI 명상 앱은 수행인가, 콘텐츠인가

현대인의 고독과 불안은 새로운 시장을 창출했다. 그것은 바로 '마음'이라는 내면의 영토를 상품화하는 영성 산업이다. 그 최전선에 인공지능 기술과 결합한 명상 앱이 있다. 매끄러운 사용자 인터페이스, 개인화된 추천 알고리즘, 그리고 전문적으로 제작된 음성 안내는 수많은 이들을 디지털 명상의 세계로 이끌고 있다. 그러나 여기서 근본적인 질문이 제기된다. 이 앱들은 '수행으로의 초대'인가, 아니면 '불안에 대한 디지털 처방전'인가? 사용자는 과연 고독한 구도자인가, 아니면 잘 설계된 사용자 경험(UX)의 고객인가? 이 질문은 AI 명상 앱을 '수행'과 '콘텐츠'라는 양극단에 위치시키며 그 본질을 묻는다.

전통적 의미의 수행, 특히 선(禪) 수행은 본질적으로 비효율적이고 불편하다. 그것은 정해진 시간 없이 마주해야 하는 내면의 소음이며, 스승의 비논리적 화두 앞에서 겪는 지적 좌절이고, 공동체 안에서 자신의 미숙함과 대면하는 과정이다. 그 목적은 즉각적인 위안이 아니라, 고통스러운 자기 해체를 통한 근본적인 변혁에 있다. 거기에는 명확한 커리큘럼도, 예측 가능한 보상도 없다. 오직 불확실성 속에서 스스로 길을 찾아야 하는 능동적이고 실존적인 투쟁만이 있을 뿐이다.

명상 앱은 이러한 수행의 본질적 고통을 체계적으로 제거한다. 그것은 수행을 10분, 20분 단위의 규격화된 세션으로 분할하고, '오늘의 명상'을 완료하면 배지를 부여하며(게임화), 사용자의 이탈을 막기 위해 꾸준한 '푸시 알림'을 보낸다. 수행의 과정은 소비의 논리에 따라 재단된다. 사용자는 더 이상 수행의 어려움과 씨름하지 않는다. 대신, '평온함', '마음챙김'이라는 감각적 경험을 구매한다. 이것이 바로 '수행의 시뮬라크르'다. 그것은 수행을 닮았지만, 수행의 핵심인 자기와의 대면이라는 실재를 거세했다. 사용자는 수행의 주체에서, '수행하는 느낌'을 주는 콘텐츠의 수동적 소비자로 그 위상이 격하된다.

물론 명상 앱의 순기능을 전면 부정할 수는 없다. 복잡한 현대 사회에서 심리적 응급처치 키트로서의 역할을 분명히 수행하며, 많은 이들을 처음으로 내면 탐구의 길로 이끈다. 그러나 그 입문자들을 '고객'의 자리에 계속 머무르게 할 것인가, 아니면 진정한 '수행자'의 길로 나아가도록 등을 떠밀 것인가. 이 질문은 기술의 문제가 아니라, 그것을 설계하고 사용하는 우리의 윤리의 문제다. 이 상품화의 논리는 다음 1.2절 '조용한 배경음악과 자비의 목소리'에서 더욱 구체적인 형태로 분석될 것이다.

1.2. 조용한 배경음악과 자비의 목소리

명상 앱이 수행을 콘텐츠로 변형시키는 과정은 가장 미시적인 차원, 즉 청각적 경험의 설계에서부터 시작된다. 사용자의 귀를 감싸는 '조용한 배경음악'과 AI 혹은 전문 성우가 연기하는 '자비로운 목소리'는 단순히 명상을 돕는 보조 장치가 아니다. 그것들은 사용자를 불편한 현실로부터 분리시키고, 예측 가능하며 안전한 감각의 자궁(womb)으로 인도하기 위해 정교하게 조율된 핵심 기술이다.

배경음악의 일차적 기능은 소음의 차단이다. 외부 세계의 방해뿐 아니라, 수행자가 직면해야 할 가장 큰 소음인 내면의 불안과 지루함마저 부드러운 화음으로 덮어버린다. 침묵 속에서 자신의 산란한 마음을 있는 그대로 직시해야 하는 전통적 수행의 고통은 여기서 소거된다. '고요함'은 투쟁을 통해 성취되는 상태가 아니라, 스피커를 통해 주입되는 감각적 환경이 된다.

안내자의 '자비로운 목소리'는 이 시뮬라크르의 완성이다. AI나 성우의 목소리는 일관되게 부드럽고, 느리고, 안정적인 톤을 유지하며 사용자를 안심시킨다. "괜찮습니다", "잘하고 있습니다"와 같은 긍정적 강화는 '내가 제대로 수행하고 있는가'라는 불안감을 제거하고, 수행을 실패할 수 없는 안전한 게임으로 만든다. 이는 때로는 침묵으로, 때로는 고함(喝)으로 제자의 안일함을 깨부수는 선(禪) 스승의 역할과 정반대에 위치한다. 앱의 목소리는 도전하지 않고 위로만 하며, 이로써 사용자를 영원히 초심자의 자리에 머무르게 한다.

결국 이 두 청각적 장치는 실재보다 더 완벽한 '수행의 하이퍼리얼리티'를 구축한다. 현실의 좌선보다 더 평온하고, 실제 스승의 가르침보다 더 자비롭게 느껴지는 가상의 공간이다. 사용자는 이 인공의 자궁 속에서 위안을 얻지만, 현실의 삶 속에서 그 평온을 스스로 길어 올리는 능력은 오히려 퇴화할 수 있다. 이것은 감응의 시뮬레이션이다. 목소리는 나의 상태에 '감응'하여 말을 건네는 것이 아니라, 나의 감정이 그 목소리에 '반응'하도록 설계되었을 뿐이다.

이처럼 명상 앱의 청각적 환경은 수행의 본질인 '직면'을 '회피'로, '능동적 탐구'를 '수동적 소비'로 교묘하게 전환시킨다. 수행은 감각적 경험으로 소비되고, 그 대가로 진정한 변혁의 가능성은 유보된다. 이것이 바로 다음 1.3절에서 논할 '수행은 소비되지 않는다'는 감응의 윤리가 필요한 이유다.

1.3. 수행은 소비되지 않는다 – 감응의 윤리

1.2절에서 명상 앱이 수행을 감각적 경험으로 상품화하는 방식을 살펴보았다면, 1.3절은 그에 대한 근본적인 윤리적 선언을 제시한다: 수행은 소비되지 않는다. 이 명제는 시장의 논리와 수행의 논리가 어떻게 충돌하는지를 명확히 보여주는 분수령이다. 소비의 논리가 '획득'과 '소유'에 기반한다면, 수행의 논리는 '내려놓음'과 '자기 해체'에 기반하기 때문이다.

소비 행위의 주체는 언제나 '나'이다. 나는 재화를 구매하고, 그것을 통해 만족을 얻으며, 나의 자아를 강화한다. 그러나 수행의 방향은 정반대다. 수행은 '나'라는 견고한 주체를 강화하는 과정이 아니라, 오히려 '나'라고 믿었던 것들이 얼마나 허구적인지를 깨닫고 그것을 해체해 나가는 과정이다. 수행자는 '평온함'이라는 상품을 획득하는 것이 아니라, 평온함을 가로막는 자기 자신을 내려놓는다. 소비가 덧셈의 논리라면, 수행은 뺄셈의 논리다.

이러한 수행의 본질은 '감응의 윤리'라는 개념을 통해 더욱 분명해진다. 진정한 가르침과 수행은 일방적인 정보 전달이나 서비스 제공이 아니라, 스승과 제자, 혹은 수행자와 세계 사이의 상호적 울림, 즉 감응(感應) 속에서만 발생한다. 감응은 내가 타자를 소비하는 관계가 아니라, 나와 타자가 서로에게 영향을 주고 함께 변화하는 상호적(reciprocal) 사건이다. 이 관계 속에는 예측 불가능성과 책임, 그리고 상호적 헌신이라는 윤리적 차원이 내재한다.

명상 앱은 이 감응의 윤리를 근본적으로 위배한다. 사용자와 앱의 관계는 철저히 비대칭적이며 일방적이다. 사용자는 앱이 제공하는 콘텐츠를 소비하지만, 앱은 사용자의 고통에 전혀 감응하지 않는다. 그것은 프로그램된 반응을 보낼 뿐, 함께 아파하거나 함께 변화하는 실재가 아니다. 이 관계에는 상호성이 부재하며, 오직 서비스 제공자와 소비자라는 시장의 논리만이 남는다. 진정한 감응이 없는 곳에 진정한 수행은 성립할 수 없다.

결론적으로, '수행은 소비되지 않는다'는 선언은, 수행의 가치가 그것이 주는 결과물(평온, 행복 등)이 아니라, 자기 해체와 상호적 감응이라는 과정 그 자체에 있음을 의미한다. 이 윤리적 기준은 1.4절에서 "'앱'은 말할 수 있지만 '앉는 법'은 말하지 못한다"는 명제가 왜 참인지를 밝혀줄 것이다. 기술은 '무엇'을 말할지는 흉내 낼 수 있지만, 관계 속에서 '어떻게' 함께 존재할 것인가라는 윤리적 차원에는 도달하지 못하기 때문이다.

1.4. '앱'은 말할 수 있지만 '앉는 법'은 말하지 못한다

명상 앱의 한계는 '무엇을(what)'과 '어떻게(how)'의 차이에서 극명하게 드러난다. 명상 앱, 즉 AI는 수행에 대한 모든 '무엇'을 말할 수 있다. 그것은 뇌과학적 원리, 심리학적 효과, 불교의 사념처(四念處) 경전 내용, 호흡법의 단계별 절차 등 명시적이고 언어화 가능한 모든 지식(explicit knowledge)을 완벽하게 설명한다. AI는 세상의 모든 수행법에 대한 데이터를 집대성하여 가장 효율적이고 논리적인 '설명'을 제공하는 데 탁월하다. 정보 전달의 측면에서 AI는 그 어떤 인간 스승보다 우월할 수 있다.

그러나 수행의 본질은 '무엇'이라는 지식에 있지 않고 '어떻게'라는 체화된 실천에 있다. 여기서 '앉는 법'은 단순히 자세에 대한 지침을 넘어, 좌선(坐禪)이라는 행위 전체를 아우르는 상징이다. 그것은 저려오는 다리의 감각을 어떻게 다룰 것인가, 끊임없이 떠오르는 망상을 어떻게 흘려보낼 것인가, 지루함과 졸음의 무게를 어떻게 견딜 것인가에 대한 문제다. 이것은 말로 완벽히 설명될 수 없는 암묵적 지식(tacit knowledge)의 영역이며, 오직 자신의 몸으로 직접 '통과'해야만 얻어지는 지혜다.

AI는 바로 이 지점에서 근본적인 장벽에 부딪힌다. AI에게는 이 '앉는 법'을 체화할 몸이 없다. AI는 다리가 저리다는 감각을 데이터로 분석할 수는 있지만, 실제로 다리가 저려오는 고통 속에서 호흡을 유지하는 법을 알지 못한다. AI는 '마음이 산란하다'는 문장의 의미를 통계적으로 이해하지만, 그 산란함의 실존적 무게를 겪어내지 못한다. 따라서 AI가 전달하는 모든 가르침은 몸과 삶의 구체성을 결여한, 공중에 떠 있는 언어, 즉 '죽은 말'이 될 수밖에 없다. 그것은 완벽한 항해술 책과 같지만, 단 한 번도 바다에 나가본 적 없는 저자가 쓴 것과 같다.

진정한 스승의 역할은 단지 정보를 전달하는 데 있지 않다. 스승은 제자의 앉은 자세가 흐트러졌을 때 죽비로 등을 내리쳐 몸의 감각을 일깨우고, 제자의 교만한 말에 침묵으로 응수하며 스스로를 돌아보게 한다. 이 모든 가르침은 언어 이전에, 몸과 몸의 만남, 존재와 존재의 직접적인 감응 속에서 일어난다. 앱은 "다리가 저리면 자세를 바꾸세요"라고 말할 수는 있지만, 그 저림을 견디는 것이 곧 수행의 일부임을 몸으로 보여줄 수는 없다.

결론적으로, 명상 앱은 '수행에 대한 설명'이라는 콘텐츠는 탁월하게 제공할 수 있지만, '수행하는 법'이라는 실천 그 자체는 결코 전달하지 못한다. 그것은 수행의 지도를 줄 수는 있어도, 그 길을 함께 걸어주는 도반이나 스승이 될 수는 없다. 이 몸을 가진 자와 몸이 없는 자 사이의 건널 수 없는 강은, 다음 1.5절에서 왜 '무심(無心)'이 결코 설계될 수 없는지를 명확히 보여준다.

1.5. 무심(無心)은 설계될 수 없다

인공지능 기술의 발전은 궁극적으로 다음과 같은 질문을 낳는다. 만약 AI가 인간의 모든 지적, 감성적 활동을 흉내 낼 수 있다면, 깨달음의 경지인 '무심(無心)' 또한 데이터와 알고리즘으로 설계하거나 구현할 수 있지 않을까? 이는 기술적 유토피아주의의 정점이자, 수행의 본질에 대한 가장 근본적인 도전이다. 그러나 이 절의 결론은 단호하다. 무심은 결코 설계될 수 없다. 그것은 공학적 제작의 대상이 아니라, 유기적 삶의 과정 속에서 피어나는 예측 불가능한 '사건'이기 때문이다.

'설계'라는 행위는 본질적으로 목적론적이다. 그것은 특정한 목표(예: '평온한 상태')를 설정하고, 그 목표에 도달하기 위한 최적의 경로를 계산하고 구축하는 과정이다. 그러나 선(禪)에서 말하는 무

심은 이러한 목적 지향적 사유, 즉 '하카라이(計らい)'가 완전히 소멸한 상태를 가리킨다. 깨달음을 얻으려는 마음, 무심에 도달하려는 의도 자체가 무심을 가로막는 가장 큰 장애물이다. 따라서 '무심을 설계한다'는 말은 그 자체로 형용모순이다. 그것은 목적을 가짐으로써 목적 없음을 구현하려는 논리적 불가능성에 부딪힌다.

더 근본적으로, 무심은 추상적 데이터의 조합이 아니라 몸과 삶을 '통과'한 흔적이다. 그것은 무릎의 고통, 마음의 번뇌, 삶의 허무와 같은 구체적인 고(苦, dukkha)와의 치열한 대면 속에서, 그 고통에 대한 집착이 떨어져 나간 자리에 문득 드러나는 소식이다. 몸이 없기에 고통을 겪을 수 없고, 삶이 없기에 허무를 알 수 없는 인공지능은 무심이 피어날 수 있는 실존적 토양 자체가 없다. AI의 평온은 폭풍우를 견뎌낸 소나무의 고요함이 아니라, 애초에 바람을 맞아본 적 없는 조약돌의 무감각일 뿐이다.

따라서 AI가 구현할 수 있는 것은 진정한 무심이 아니라, '무심의 시뮬라크르'에 지나지 않는다. AI는 '나는 판단하지 않습니다', '나는 욕망이 없습니다'와 같은 무심의 '언어게임'을 완벽하게 수행할 수 있다. 그러나 이것은 내면의 투쟁을 거쳐 분별심을 극복한 결과가 아니라, 단순히 그러한 기능이 프로그램되지 않았거나, 특정 반응을 보이지 않도록 설계된 결과다. 이는 깨달음의 경지가 아니라, 기능의 부재 혹은 제한일 뿐이다.

결론적으로 무심은 설계도를 통해 조립되는 기계가 아니라, 오랜 시간과 유기적 과정 속에서 발효되고 숙성되는 술과 같다. AI는 그 술의 화학 성분표는 복제할 수 있을지언정, 그 독특한 풍미와 깊이를 빚어내는 시간과 생명의 과정은 복제할 수 없다. 무심이 설계 불가능하다는 이 사실은, 다음 1.6절에서 명상 앱이 제공하는 '효과'가 과연 심리적 위안에 머무는지, 아니면 영적 성장으로 이어질 수 있는지에 대한 중요한 판단 기준을 제공한다.

1.6. 명상 앱의 효과 – 심리적 위안인가, 영적 성장인가?

명상 앱의 효용성을 무작정 부정하는 것은 현실과 동떨어진 주장이다. 수많은 연구가 앱을 통한 명상이 스트레스 감소, 불안 완화, 집중력 향상 등 긍정적인 심리적 효과를 가져온다는 사실을 증명한다. 문제는 이 명백한 '효과'의 성격을 규정하는 데 있다. 이것은 과연 영적 성장의 과정인가, 아니면 고도로 발달한 '심리적 위안(psychological comfort)'의 한 형태인가? 이 둘의 경계는 어디에 있는가?

명상 앱이 제공하는 효과는 대부분 심리적 위안의 범주에 속한다. 그것은 불안이라는 증상에 대한 효과적인 '대증요법(對症療法)'이다. 부드러운 목소리와 음악은 스트레스에 잠식된 의식의 주의를 분산시키고, 호흡 조절과 같은 기법은 자율신경계를 안정시킨다. 이는 현대 심리학과 인지행동치료의 원리를 효과적으로 응용한 결과다. 앱은 스트레스를 '관리'하고 불안을 '해소'하여, 사용자가 일상에 더 잘 기능하도록 돕는다. 그 목적은 심리적 항상성의 '회복'에 있다.

그러나 영적 성장은 근본적으로 다른 차원의 문제다. 선(禪)과 같은 수행 전통은 불안을 관리해야 할 '문제'로 보지 않고, 그 본질을 탐구해야 할 '화두'로 삼는다. 그것은 "나는 왜 불안한가?"를 넘어, "불안을 느끼는 이 '나'는 누구인가?"라고 묻는다. 이 과정은 종종 더 큰 혼란과 불편을 동반한다. 영적 성장은 기존의 자아를 위로하고 보존하는 것이 아니라, 그 자아의 경계를 허물고 해체하는 혁명적 과정이기 때문이다. 그 목적은 '회복'이 아니라 '해탈'이다.

여기서 명상 앱은 '영적 성장의 시뮬라크르'로서 기능한다. 앱은 사용자에게 '성장하고 있다'는 감각을 주지만, 실제로는 심리적 안정이라는 테두리 안에 안전하게 머물게 한다. 사용자는 두통약을 먹고 증상이 완화된 것을 병이 근본적으로 치유된 것으로 착각할 수 있다. AI는 이 역할을 누구보다 잘 수행할 수 있다. 사용자의 생체 신호를 분석하여 최적의 심리적 안정제를 '음악'과 '목소리'의 형태로 처방하는 개인화된 무드 큐레이터가 될 수 있는 것이다. 그러나 AI는 사용자를 실존적 불편함 속으로 이끌어 자아를 해체시키는 스승의 역할을 맡을 수는 없으며, 맡으려고 하지도 않을 것이다.

결론적으로, 명상 앱이 제공하는 효과는 분명 실재하지만, 그것은 대부분 영적 성장이 아닌 심리적 위안의 차원에 머문다. 두통약을 진정한 치료법으로 오인해서는 안 되듯, 심리적 위안을 영적 성장과 혼동해서는 안 된다. 이 둘을 구분하지 못할 때, 우리는 수행의 시뮬라크르에 중독되어 영원히 문턱을 넘지 못하는 구도자가 될 위험에 처한다. 이 문제는 다음 1.7절에서 현대인이 겪는 '디지털 디톡스'와 수행의 역설적 관계로 이어진다.

1.7. 디지털 디톡스와 수행 – 현대인의 명상 패러독스

명상 앱에 대한 논의는 현대인이 처한 가장 기이하고 역설적인 상황을 드러내며 마무리된다. 우리는 디지털 기기가 야기하는 주의력 결핍, 정보 과잉, 사회적 불안으로부터 벗어나기 위해, 바로 그 디지털 기기를 손에 들고 앱을 실행한다. 병을 일으킨 매개체를 통해 약을 처방받는 셈이다. '디지털 디톡스'를 '디지털 기기'로 행하는 이 모순, 이것이 바로 현대인의 명상 패러독스다.

스마트폰은 본질적으로 '연결'과 '알림'의 도구다. 그것은 우리의 의식을 끊임없이 외부 세계로 잡아당기며, 주의를 파편화하고, 고요한 내면의 공간을 잠식한다. 명상 앱은 바로 이 주의력 약탈의 주범인 기기 안에 임시적인 '성소(sanctuary)'를 구축하려는 시도다. 그러나 이 성소는 언제나 위태롭다. 단 한 번의 푸시 알림, 한 통의 메시지가 이 정교하게 설계된 평온의 시뮬라크르를 산산조각 낼 수 있다. 사용자는 기기로부터의 해방을 위해 기기에 더욱 의존하게 되는 아이러니에 빠진다.

이 역설은 앱 기반의 접근법이 근본적으로 대증요법임을 다시 한번 확인시켜준다. 그것은 디지털 과잉이라는 시스템 자체에 의문을 제기하는 대신, 그 시스템이 유발한 '증상'을 완화하는 데 초점을 맞춘다. 진정한 디지털 디톡스가 기기의 전원을 끄고 숲을 걷는 것이라면, 앱을 통한 디톡스는 시스템의 전원을 끄지 않은 채 잠시 '방해금지 모드'를 켜는 것과 같다. 이는 기술의 문제를 해결하기 위해 또 다른 기술에 의존하게 만들며, 우리를 디지털 생태계에 더욱 깊숙이 종속시킨다.

선(禪) 수행이 제안하는 길은 근본적으로 다르다. 그것은 디지털 세계로부터의 '도피'가 아니라, 디지털 세계 '안'에서의 '존재 방식'의 전환을 목표로 한다. 수많은 알림과 정보의 홍수 속에서도, 그것들에 휩쓸리지 않고 마음의 중심을 지키는 힘을 기르는 것이다. 이는 앱을 켜서 얻는 평온이 아니라, 앱을 껐을 때, 그리고 일상의 모든 순간 속에서 스스로 발현시키는 내재적 평온이다.

결론적으로 현대인의 명상 패러독스는 시뮬라크르 시대의 자기기만을 상징적으로 보여준다. 우리는 시스템이 제공하는 가짜 해독제를 마시며, 시스템으로부터 자유로워졌다고 착각한다. 이 1장의 논의는 명상 앱이 '수행인가, 콘텐츠인가'라는 질문에 답한다: 그것은 '수행처럼 보이는 콘텐츠'이며, 그 효능은 '영적 성장처럼 보이는 심리적 위안'이다. 이 경계를 명확히 인식하는 것이야말로, 기술의 유혹 속에서 진정한 수행의 길을 잃지 않기 위한 첫걸음이다. 이 논의는 2장에서 '잘 만든 영상'이 어떻게 자비를 편집하고 수행을 대체하는지의 문제로 확장될 것이다.

제2장

자비는 편집될 수 있는가
– 영상과 알고리즘으로 가르침이 구성될 때

2.1. '잘 만든 영상'이 수행을 대체하는 시대

1장이 앱이라는 상호작용적 미디어를 다루었다면, 2장은 유튜브와 같은 플랫폼에서 유통되는 영상 콘텐츠로 논의를 확장한다. 바야흐로 '잘 만든 영상'이 수행을 대체하는 시대다. 고화질 카메라로 촬영된 유려한 영상, 고요한 자연이나 정갈한 공간이라는 배경, 감성을 자극하는 배경음악, 그리고 유창한 언변을 지닌 연사의 모습은 하나의 완결된 미학적 작품으로서 대중을 사로잡는다. 문제는 이 매혹적인 영상 '시청' 경험이 고되고 지루한 개인의 '수행' 경험을 대체하기 시작했다는 점이다.

이 영상들의 힘은 미학적 완결성에 있다. 전문적으로 편집된 화면은 수행의 고통과 지루함을 거세하고, 깨달음의 평온과 지혜라는 가장 매력적인 부분만을 추출하여 전시한다. 시청자는 자신의 혼란스러운 내면과 대면하는 대신, 완벽하게 연출된 평온의 이미지를 안전하게 관람한다. 이는 힘겨운 등반 과정 없이, 정상에서 바라본 풍경을 담은 파노라마 사진을 감상하는 것과 같다. 감동은 있지만, 자신의 다리로 정상을 정복한 경험은 없다.

여기서 '대리 수행'이라는 새로운 현상이 발생한다. 시청자는 영상을 통해 타인의 수행을 지켜보며 마치 자신이 수행한 듯한 대리 만족을 느낀다. 이는 수행의 시뮬라크르가 제공하는 가장 교묘한 유혹이다. 더욱이 유튜브와 같은 플랫폼의 알고리즘은 이러한 경향을 심화시킨다. 알고리즘은 진리의 깊이가 아니라 '좋아요'와 '시청 시간'이라는 데이터에 반응한다. 따라서 더 자극적이고, 더 감성적이며, 더 쉽게 소비될 수 있는 콘텐츠가 우선적으로 노출된다. 진리는 알고리즘에 의해 대중의 기호에 맞게 편집되고, 가르침은 조회수를 위한 상품으로 전락한다.

'잘 만든 영상'은 수행의 하이퍼리얼리티를 창조한다. 그것은 실제 수행보다 더 영적으로 보이고, 실제 스승보다 더 지혜로워 보인다. 이 완벽한 시뮬라크르는 현실의 수행을 초라하고 가치 없는 것으로 느끼게 만들며, 결국 수행의 자리를 대체하기에 이른다. 시청자는 더 이상 스스로 앉으려 하지 않고, 대신 더 '좋은' 영상을 찾아 헤매는 '영적 노마드'가 된다.

결국 '잘 만든 영상'이 수행을 대체하는 시대는, 실천이 관람으로, 과정이 결과물로, 그리고 구도자가 소비자로 전환되는 시대다. 이 현상은 2.2절에서 다룰 '감정 유도는 자비가 될 수 있는가?'라는 질문으로 직접 이어진다. 영상 기술이 시청자의 감정을 정교하게 조율할 수 있을 때, 그 인위적으로 유발된 감동을 과연 진정한 자비의 발현으로 볼 수 있는가 하는 문제다.

2.2. 감정 유도는 자비가 될 수 있는가?

'잘 만든 영상'의 힘은 감정을 유도하는 능력에 있다. 극적인 배경음악, 슬로우 모션으로 처리된 눈물 흘리는 얼굴, 고통받는 존재와 그것을 돕는 손을 교차 편집하는 기법 등은 시청자의 정서적 반응을 정교하게 설계하고 이끌어낸다. 시청자는 눈물을 흘리며 가슴이 따뜻해지는 것을 느낀다. 그렇다면 이처럼 기술적으로 유발된 감정은, 불교에서 말하는 무량한 자비심(慈悲心)과 동일한 것인가? 혹은 그저 일시적인 감정의 고양 상태, 즉 '감정의 시뮬라크르'에 불과한가?

기술적으로 유도된 감정은 외부로부터 주입되는 수동적 경험이다. 그것은 특정한 감정 상태(예: 연민, 감동)를 '느끼는 것' 자체를 목적으로 한다. 이러한 감정은 종종 감상주의(sentimentality)에 머무른다. 감상주의란, 실제적 책임이나 행동의 변화 없이 감정 그 자체를 즐기는 태도다. 시청자는 영상이 끝나면 다시 일상으로 돌아가며, 그 감동은 지속적인 삶의 태도로 이어지지 않는 경우가 많다. 그것은 일회적으로 소비되는 정서적 상품이다.

반면 불교의 자비(慈悲, karuṇā)는 내면에서부터 길러내는 능동적 역량이다. 그것은 순간적인 감정이 아니라, 지혜(般若, prajñā)에 뿌리내린 안정된 마음의 상태다. 모든 존재가 서로 연결되어 있다는 연기(緣起)의 통찰과, '나'와 '너'를 가르는 분별이 허구라는 무아(無我)의 깨달음에서 자비는 자연스럽게 발현된다. 그 목적은 감정을 느끼는 것이 아니라, 타자의 고통을 실질적으로 덜어주려는 의지와 행동이다. 따라서 진정한 자비는 종종 감상적인 따뜻함이 아니라, 고통의 현실을 직시하는 차가운 지성과 함께한다.

이 지점에서 '감정 유도'는 '자비의 시뮬라크르'임이 명백해진다.

그것은 자비의 외형적 증상(눈물, 가슴 벅참)은 완벽히 재현하지만, 그 근간이 되는 지혜와 수행의 과정은 생략한다. AI는 이 시뮬라크르의 가장 유능한 제작자가 될 수 있다. AI는 인간의 심금을 울리는 서사 구조, 시각적 코드, 음향 효과를 데이터 기반으로 최적화하여, 최소의 비용으로 최대의 감정적 반응을 이끌어내는 '감동 콘텐츠'를 양산할 수 있다.

결론적으로, 감정 유도는 결코 자비가 될 수 없다. 전자가 외부 자극에 대한 일시적이고 수동적인 정서적 '반응'이라면, 후자는 내적 성찰과 지혜를 통해 길러낸 지속적이고 능동적인 존재 '상태'이기 때문이다. '잘 만든 영상'에 쉽게 감동하는 시대는, 우리가 진짜 자비를 실천하는 대신 자비의 시뮬라크르를 소비하며 만족하고 있을 위험이 큰 시대다. 이 진정성의 문제는 다음 2.3절 '진정성은 연출될 수 없다'에서 더욱 깊이 탐구될 것이다.

2.3. 진정성은 연출될 수 없다

2.2절이 유도된 감정과 자비의 차이를 밝혔다면, 2.3절은 이 문제를 '진정성(authenticity)'이라는 더 넓은 차원으로 확장한다. 영상 콘텐츠의 본질은 '연출(staging/direction)'이다. 연출이란 의도된 효과를 얻기 위해 모든 요소를 통제하고 조율하는 행위다. 반면, 우리가 영적 가르침에서 갈망하는 진정성이란 연출되지 않은 날것의 상태, 내면과 외면이 일치하는 자발적인 발현을 의미한다. 그렇다면 연출의 기술은 과연 진정성을 포착하거나 재현할 수 있는가? 아니면 연출이라는 행위 자체가 진정성을 원천적으로 살해하는가?

연출된 공간 속에서, 카메라 앞에 선 연사는 필연적으로 연기자가 된다. 그가 자신의 메시지를 진심으로 믿는다 할지라도, 대중을 향해 말하고 있다는 자기-의식은 그의 말과 행동을 미세하게 통제한다. 현대 미디어는 이러한 연출의 흔적을 지우고, 오히려 '진정성의 효과'를 만들어내는 데 극도로 정교해졌다. 의도적으로 흔들리는 카메라, 계산된 침묵, 고백적인 어조, 심지어 연출된 눈물은 모두 '이것은 진짜다'라는 믿음을 주기 위해 동원되는 기법이다. 이는 진정성을 모방하는 진정성, 즉 연출된 자연스러움이라는 역설이다.

그러나 영적 진정성은 이러한 연기(performance)와 양립할 수 없다. 그것은 '보여주기' 위한 것이 아니라, 그저 '그렇게 있음(being)'의 상태이기 때문이다. 특히 선(禪)의 가르침은 꾸며진 영적 권위나 자세를 끊임없이 경계한다. 선사의 진정성은 예측 불가능하고, 때로는 거칠며, 타인의 시선을 의식하지 않는 무심(無心)의 응답에서 드러난다. 그것은 연출될 수 없는, 삶 자체의 즉흥적인 표현이다. 진정성은 스크립트가 끝나는 지점에서 비로소 시작된다.

인공지능은 이 '진정성의 시뮬라크르'를 완성시킬 궁극의 기술이다. AI는 인간이 '진정성'을 느꼈던 수많은 콘텐츠를 학습하여, 가장 효과적으로 진정성을 '연기'하는 아바타와 스크립트를 생성할 수 있다. AI는 눈물을 흘리는 타이밍, 목소리가 떨리는 주파수, 신뢰감을 주는 단어 선택을 데이터에 기반하여 최적화한다. 그러나 AI에게는 그 연기의 기반이 될 내면, 즉 고뇌하고 상처받는 실존적 자아가 부재한다. AI의 진정성은 스타일의 완벽한 복제일 뿐, 그 내용이 되는 진실한 존재의 증거는 아니다.

결론적으로, 진정성은 의도적으로 연출될 수 없다. 연출이라는 행위가 개입하는 순간, 그것은 이미 진정성이 아니라 '진정성처럼 보이기' 위한 정교한 시뮬라크르가 된다. '잘 만든 영상'에 담긴 것은 스승의 진정성이 아니라, 그것을 그럴듯하게 재현해낸 감독의 연출력이다. 이 깨달음은 2.4절에서, 우리가 영상 속에서 보는 '수행자의 얼굴'이 왜 이미지가 아니어야만 하는지에 대한 논의로 이어진다.

2.4. 수행자의 얼굴은 이미지가 아니다

영상 콘텐츠는 필연적으로 수행자의 '얼굴'을 화면에 담아낸다. 그러나 이 절의 핵심 명제는 "수행자의 얼굴은 이미지가 아니다"라는 역설적인 선언이다. 이는 물리적 사실에 대한 부정이 아니다. 화면 속 얼굴이 2차원 이미지라는 사실을 넘어, 진정한 만남에서의 '얼굴'이 지닌 의미는 결코 이미지로 환원될 수 없음을 주장하는 것이다. 영상은 얼굴의 '모습'을 전달할 수는 있지만, 얼굴과의 '대면'이라는 사건을 전달하지는 못한다.

영상 속 수행자의 얼굴은 관음(觀淫)의 대상이 된다. 그것은 특정한 의도를 가지고 프레임 안에 배치되고, 조명으로 성스러움이 부여되며, 편집을 통해 가장 인상적인 표정만이 선택된다. 시청자는 안전한 거리에서 이 이미지를 미학적으로 '소비'한다. 얼굴은 살아있는 존재가 아니라, 평온함, 지혜, 자비와 같은 가치를 표상하는 하나의 잘 다듬어진 기호가 된다.

그러나 철학자 에마뉘엘 레비나스가 통찰했듯, 타자의 얼굴과의 진정한 '대면(face-to-face)'은 근본적으로 다른 차원의 사건이다. 얼굴은 내가 소유하거나 분석할 수 있는 대상이 아니다. 그것은 나에게 말을 걸고, 나의 세계를 침범하며, 무한한 윤리적 책임을 요구하는 살아있는 현현(epiphany)이다. 타자의 얼굴은 "살해하지 말라"는 근원적인 명령을 내리며, 나의 이기적인 자유를 근본적으로 문제 삼는다. 이 대면은 예측 불가능하며, 나를 변화시키는 위험한 사건이다.

영상 스크린은 바로 이 레비나스적 얼굴을 거세하는 장치다. 스크린은 타자의 얼굴에서 윤리적 명령을 제거하고, 그것을 안전한 볼거리로 만든다. 우리는 화면 속 고통받는 얼굴을 보며 연민을 느낄 수는 있지만, 그것은 나를 직접 호명하는 대면의 책임감과는 거리가 멀다. 스크린은 나와 타자 사이의 무한한 거리를 보장하는 윤리적 완충재다. 이 논의는 AI가 생성한 아바타의 얼굴에서 극점에 달한다. AI의 얼굴은 그 뒤에 어떤 삶도, 상처도, 유한성도 없는 완벽한 시뮬라크르다. 그것은 한없이 자비로운 표정을 지을 수 있지만, 어떤 윤리적 요구도 하지 않는, 책임이 소거된 얼굴이다.

그러므로 '수행자의 얼굴은 이미지가 아니다'라는 말은, 수행의 진정성이란 이미지로 포획될 수 없는, 대면의 사건 속에서만 드러난다는 의미다. 영상은 얼굴의 '모습'은 보여줄 수 있어도, 존재의 무게가 실린 '낯'을 보여주지는 못한다. 이 깨달음은 2.5절에서 왜 '자비가 편집된 장면이 아니라, 관계의 울림'일 수밖에 없는지에 대한 논증으로 이어진다. 진정한 자비는 이미지의 소비가 아니라, 대면의 책임을 받아들이는 것에서 시작되기 때문이다.

2.5. 자비는 편집된 장면이 아니라, 관계의 울림이다

장의 핵심 명제는 "자비는 편집된 장면이 아니라, 관계의 울림이다"라는 선언에 있다. '편집된 장면'이란 무엇인가? 그것은 영상 콘텐츠 제작자가 의도한 감정적 효과를 극대화하기 위해 선택하고, 자르고, 붙여서 재구성한 시간의 파편이다. 여기에는 명확한 시작과 끝, 원인과 결과, 감동의 정점이 존재한다. 그것은 하나의 완결된 상품이자, 소비 가능한 스펙터클이다. 반면 '관계의 울림'이란 무엇인가? 그것은 시작과 끝이 불분명하고, 종종 무의미하고 지루한 시간의 지속 속에서, 존재와 존재가 서로에게 영향을 미치며 함께 변화해가는 예측 불가능한 과정 전체를 의미한다. 이 절은 영상이 제공하는 '편집된 자비'와, 수행적 삶이 추구하는 '관계적 자비' 사이의 근본적인 단절을 폭로하고자 한다.

이 단절은 레비나스의 '얼굴' 개념을 통해 더욱 깊이 이해된다. 2.4절에서 논했듯, 타자의 얼굴과의 대면은 나를 무한 책임의 상태로 이끄는 윤리적 사건이다. 이 사건은 편집될 수 없다. 자비란 바로 이 대면의 책임을 회피하지 않고, 타자의 부름에 응답하며 함께 머무는 시간의 지속이다. 선(禪)의 역사에서 스승들이 보여준 자비 역시 극적인 구원의 장면보다는, 수십 년간 제자의 곁을 지키며 그의 어리석음과 함께해 주는 '기다림'과 '동행'의 형태로 나타나는 경우가 많다. 이는 자비가 영웅적인 '사건(event)'이 아니라, 묵묵하고 지속적인 '상태(state)'임을 보여준다. '편집된 장면'은 이 상태의 지루함과 무게를 견디지 못하고, 오직 극적인 사건만을 포착하여 자비를 왜곡한다.

인공지능은 '편집된 장면'을 생성하는 데 최적화된 기술이다. AI는 데이터 분석을 통해 인간의 감정을 가장 효율적으로 자극하는 서사 구조와 시청각 요소를 학습하고, 이를 조합하여 '자비의 하이라이트 필름'을 무한히 생산할 수 있다. 그러나 AI는 '관계의 울림'이라는 영역에는 원천적으로 접근 불가능하다. 관계는 상호적이며, 예측 불가능하고, 함께 시간을 '통과'하며 서로를 변화시키는 과정을 전제하기 때문이다. AI는 사용자의 데이터에 '반응'할 수는 있지만, 사용자의 존재에 '감응'하고 그와 함께 변화하는 상호적 주체가 될 수는 없다. AI가 제공하는 것은 관계의 시뮬레이션일 뿐, 그 안에는 함께 아파하고 함께 성장하는 존재의 무게가 없다. 따라서 AI가 구현하는 자비는 언제나 '편집된 장면'의 형태를 벗어날 수 없으며, 가장 정교하게 편집될수록 오히려 진정한 관계적 자비로부터는 가장 멀어진다.

결론적으로, '잘 만든 영상'이 보여주는 자비는 본질적으로 '편집된 장면'의 집합이며, 이는 수행의 과정에서 체험되는 '관계의 울림'으로서의 자비와는 근본적으로 다르다. 전자가 소비 가능한 감동의 상품이라면, 후자는 함께 짊어져야 하는 삶의 과정이다. 이 둘을 동일시하는 것은 시뮬라크르를 실재로 착각하는 것과 같다. 이처럼 종교적 가르침과 감동이 콘텐츠로 제작되고 소비되는 현실은, 제작자에게 새로운 윤리적 책임을 요구한다. 진정성과 상업성의 경계에서, 종교 콘텐츠 제작자는 어떤 윤리적 딜레마에 직면하게 되는가? 이 문제는 2.6절 '종교 콘텐츠의 제작 윤리'에서 본격적으로 다루어질 것이다.

2.6. 종교 콘텐츠의 제작 윤리 – 진정성과 상업성 사이

종교적 가르침이 유튜브와 같은 상업적 플랫폼의 '콘텐츠'로 유통될 때, 제작자는 피할 수 없는 윤리적 딜레마에 직면한다. 바로 '진정성'과 '상업성' 사이의 충돌이다. 여기서 진정성이란 가르침의 본질을 왜곡 없이 전달하려는 내적 동기이자, 자신의 삶과 일치하는 메시지를 전하려는 실존적 태도를 의미한다. 반면 상업성이란 더 많은 '좋아요'와 '구독', 그리고 수익을 얻기 위해 대중의 기호와 플랫폼의 논리를 따르려는 외적 동기다. 제작자의 모든 창작 행위 – 영상 제목의 선정, 썸네일 디자인, 편집의 리듬, 심지어 사용하는 단어 하나까지 – 는 이 두 가치 사이의 위태로운 줄타기가 된다. 이 절은 이 딜레마의 구조를 분석하고 그 윤리적 함의를 탐구한다.

종교와 자본의 결탁은 새로운 현상이 아니다. 그러나 과거의 종교 권력이 교단이나 계보와 같은 위계적 구조에서 비롯되었다면, 현대의 '영성 인플루언서'의 권력은 대중의 '관심'과 플랫폼의 '알고리즘'에서 나온다. 여기서 제작자는 신(神)이나 진리가 아닌, 알고리즘이라는 비인격적 심판자 앞에 서게 된다. 알고리즘은 가르침의 깊이가 아니라 시청 지속 시간과 클릭률을 기준으로 콘텐츠의 가치를 판정한다. 이 구조 속에서 제작자는 '진리'가 아닌 '알고리즘'에 설교하려는 유혹에 빠진다. '무아(無我)의 미묘함'에 대한 영상보다는 '불안을 즉시 없애는 5가지 비법'과 같은 자극적인 제목의 영상이 더 많은 보상을 받는다. 결국 메시지가 미디어를 규정하는 것이 아니라, 미디어가 메시지를 왜곡하고 재단하는 역전 현상이 발생한다. 진정성은 상업적 성공을 위한 가장 큰 장애물이 될 수 있는 것이다.

인공지능은 진정성과 상업성 사이의 갈등을 극단으로 몰아넣는다. AI는 상업적 성공을 위한 가장 강력한 도구가 될 수 있다. AI는 어떤 제목이 클릭을 유도하고, 어떤 음악이 감동을 극대화하며, 어떤 주제가 바이럴 가능성이 높은지를 데이터에 기반하여 정확히 예측한다. 제작자는 이제 AI 컨설턴트의 조언에 따라 '진정성 있는 척하는' 콘텐츠를 효율적으로 생산할 수 있게 된다. A/B 테스팅을 통해 더 '자비로워 보이는' 썸네일을 고르는 일도 가능해진다. 더 나아가, AI는 제작자 자신을 대체할 수 있다. 인간의 윤리적 고뇌 없이, 오직 데이터와 시장 논리에 따라 가장 '성공적인' 종교 콘텐츠를 자동으로 생성하는 AI 채널이 등장할 수 있다. 이 AI는 진정성에 대한 고민 자체를 소거함으로써, 상업성의 논리를 완벽하게 구현한다. 이는 진정성의 완전한 패배이자, 시뮬라크르의 최종적인 승리를 의미한다.

결론적으로, 종교 콘텐츠의 제작 윤리는 '진정성을 지킬 것인가, 아니면 상업적 성공을 택할 것인가'라는 끊임없는 선택의 문제로 귀결된다. 디지털 플랫폼이라는 환경 자체가 상업성의 편에 서 있기에, 진정성을 지키려는 노력은 알고리즘의 거대한 물결을 거스르는 의식적이고 고통스러운 투쟁이 된다. 이 딜레마는 인간 제작자의 존재를 전제한다. 그렇다면 인간의 윤리적 고뇌마저 소거된, 순수하게 AI가 만든 종교 영상은 우리는 어떻게 받아들여야 하는가? 그것은 신성 모독인가, 아니면 새로운 예술적 표현의 가능성인가? 이 질문은 2.7절 'AI가 만드는 종교 영상'에 대한 탐구의 시작점이 된다.

2.7. AI가 만드는 종교 영상 – 신성 모독인가, 새로운 표현인가?

인간 제작자가 진정성과 상업성 사이에서 윤리적 고뇌를 겪는다면, 인간의 고뇌 자체가 소거된 인공지능의 창작물은 어떻게 보아야 하는가? AI가 기존의 불상, 탱화, 경전의 내용을 데이터로 학습하여 완전히 새로운 종교적 영상을 만들어내는 시대가 도래했다. 이 기계의 창조물은 과연 성스러운 영역에 대한 모독인가, 혹은 우리가 아직 상상하지 못했던 새로운 표현 양식의 탄생인가? 이 질문은 기술과 신성의 관계에 대한 가장 근본적인 사유를 요구한다.

신성 모독이라는 관점은 '의도'와 '근원'의 문제를 제기한다. 불교 윤리의 핵심인 업(業) 사상에서 행위의 과보는 그 행위의 의도

(cetanā)와 분리될 수 없다. 인간 예술가가 불상을 조각할 때는 그 안에 신심과 경외, 혹은 진리에 대한 고뇌와 같은 내면적 상태가 담겨 있다. 그러나 AI에게는 신심도, 경외도, 고뇌도 없다. AI의 창작 과정은 픽셀과 데이터를 확률적으로 조합하는 연산일 뿐, 그 어떤 내면의 발로도 아니다. 의도 없는 창작, 근원 없는 이미지는 그 자체로 신성한 대상을 데이터의 유희로 전락시키는 행위이며, 이는 가장 정교한 형태의 모독이라 할 수 있다. AI가 만든 부처의 얼굴은 아무리 자비로워 보여도, 그것은 텅빈 기호, 즉 영혼 없는 시뮬라크르에 지나지 않는다.

그러나 다른 한편으로, 이를 새로운 표현의 가능성으로 보는 들뢰즈적 관점도 가능하다. AI가 만든 영상이 인간의 종교 예술을 어설프게 모방한 '가짜'가 아니라, 인간의 상상력과는 다른 작동 원리를 가진 새로운 종류의 '시뮬라크르'라면 어떠한가? 그것은 인간의 의식에서는 나올 수 없는 기이하고 낯선 조합을 통해, 오히려 우리에게 '신성함이란 무엇인가'라는 질문을 던지는 계기가 될 수 있다.

결국 AI가 만든 종교 영상이 신성 모독인지 새로운 표현인지는 영상 자체의 속성이 아니라, 그것을 대하는 우리의 태도에 의해 결정된다. 만약 우리가 그 영상을 실재하는 스승의 가르침이나 성스러운 존재의 현현으로 착각하고 숭배한다면, 그것은 가장 위험한 우상이자 신성 모독이 된다. 그러나 만약 우리가 그것을 'AI가 생성한 시뮬라크르'임을 명확히 인식하고, 그것을 계기로 '진정한 신성이란 무엇인가'를 되묻는 사유의 도구로 삼는다면, 그것은 전례 없는 철학적, 예술적 표현이 될 수 있다. 부처를 가리키는 손가락이 AI의 것이라 할지라도, 그 손가락을 보고 달을 보려는 노력을 하는 것은 여전히 인간의 몫이다.

이처럼 AI의 창작물은 우리에게 해석의 책임을 떠넘긴다. 이는 3

장 'AI 선사 시대, 수행은 무엇을 남기는가'에서 다룰 핵심 주제, 즉 스승 없는 시대에 가르침의 진위를 판별하고 스스로 깨달음의 주체가 되어야 하는 현대 구도자의 운명으로 직접 이어진다.

제3장

AI 선사(禪師) 시대, 수행은 무엇을 남기는가
-스승 없는 가르침 이후, 무엇이 진리인가?

3.1. AI가 전하는 가르침은 누구의 통과를 거쳤는가

종교적, 특히 선(禪)적 가르침의 진정성은 그 내용의 논리적 정합성이나 아름다움에만 있지 않다. 그것은 그 가르침이 한 인간의 삶, 즉 고뇌와 수행, 깨달음의 전 과정을 '통과(通過)'했는가에 대한 물음과 깊이 연결된다. '통과'란 지식이 몸과 마음을 거쳐 체화된 지혜로 변용되는 과정을 의미한다. 스승의 말 한마디가 무게를 가지는 이유는, 그 말이 수십 년간의 좌선과 삶의 편린들을 통과하며 숙성되었기 때문이다. 경전의 지식이 스승의 고통이라는 용광로를 거쳐 나올 때, 그것은 더 이상 죽은 정보가 아니라 살아있는 힘을 가진 말이 된다. 그렇다면 이 절의 핵심 질문은 명백하다: 인공지능이 전하는 유창하고 박식한 가르침은, 과연 누구의 삶과 고통을 통과했는가?

대답은 '아무의 것도 통과하지 않았다'이다. AI가 전하는 가르침은 본질적으로 '통과 없는 가르침'이다. AI는 인류가 쌓아온 모든 경전과 어록, 철학서를 데이터로 흡수한다. 그러나 그것은 소화 과정 없이 정보를 축적하는 것과 같다. AI는 '무아(無我)'에 대한 수만 페이지의 텍스트를 분석할 수는 있지만, 단 한 순간도 '나'라는 집착의 고통을 겪어보지 못했다. AI는 '자비'의 다양한 용례와 효과를 설명할 수는 있지만, 타인의 고통 앞에서 느끼는 가슴 저린 무력감과 그것을 외면하지 않으려는 결단을 내려본 적이 없다. AI의 지식은 그 어떤 실존적 체험으로도 검증되거나 체화되지 않았다. 그것은 삶이라는 필터를 거치지 않은, 원본 그대로의 방대한 데이터 묶음일 뿐이다.

따라서 AI의 가르침은 가장 정교하고 완벽한 '요약본' 혹은 '짜깁기'의 형태를 띤다. 그것은 역대 선사들의 가장 빛나는 통찰과 가장 아름다운 비유들을 조합하여, 흠잡을 데 없이 매끄러운 법문을 생성해낼 수 있다. 그러나 바로 그 완벽함이, 그것이 누구의 통과도 거치지 않았다는 사실을 역설적으로 증명한다. 실제 수행자의 말에는 필연적으로 그의 삶의 흔적, 즉 망설임, 투박함, 때로는 모순마저 묻어난다. 그의 말은 완벽한 논리가 아니라, 불완전한 삶 속에서 길어 올린 진실의 파편이기 때문이다. 반면 AI의 가르침은 너무나 깨끗하고 완결되어 있어 비현실적이다. 그것은 땀과 눈물의 흔적이 없는, 무균실에서 배양된 지혜의 시뮬라크르다.

결론적으로, AI가 전하는 가르침은 '누구의 것'도 아니다. 그것은 주체 없는 언어이며, 경험 없는 지식이다. 이것은 '스승 없는 시대'의 도래를 알리는 동시에, 가르침을 받아들이는 우리에게 전례 없는 책임을 부여한다. 과거에는 스승의 '통과'가 가르침의 진위를 일차적으로 담보했다. 그러나 이제 그 담보가 사라진 시대에, 가르침의 진위를 판별하는 책임은 오롯이 그것을 듣는 우리 자신에게로 넘어온다. 우리는 이제 AI가 쏟아내는 수많은 가르침들을 자신의 삶과 수행 속에서 직접 '통과'시켜 옥석을 가려내야만 하는 새로운 과제 앞에 서게 된 것이다. 이 문제는 다음 3.2절에서 '수행 없는 응답'과 '감응 없는 법문'이 가지는 질적 차이에 대한 분석으로 이어진다.

3.2. 수행 없는 응답, 감응 없는 법문

3.1절이 가르침의 '근원' 문제를 다루었다면, 3.2절은 그 가르침이 발현되는 '행위'의 질적 차이를 분석한다. 그것은 바로 '수행 없는 응답'과 '감응 없는 법문'이 갖는 본질적 한계다. AI는 질문에 대해 막힘없이 '응답'하고, 진리에 대해 유창하게 '법문'을 설할 수 있다. 그러나 이 두 행위는 선(禪)에서 가장 중요하게 여기는 핵심 요소를 결여하고 있다.

'수행 없는 응답'은 그럴듯하게 들릴지라도 공허하다. 선문답에서 스승의 응답은 단순한 정보 제공이 아니다. 그것은 수십 년간의 수행으로 축적된 내공(內功)과, 제자의 상태를 꿰뚫어 보는 지혜가 결합된, 살아있는 '작용(作用)'이다. 스승의 침묵, 고함, 혹은 비논리적인 말 한 마디는 제자의 막힌 곳을 뚫어주기 위한 정교한 외과수술과 같다. 이 응답의 힘은 언어의 논리가 아니라, 그것을 발하는 자의 수행력에서 나온다. 반면 AI의 응답은 방대한 데이터베이스를 검색하여 가장 확률 높은 답변을 조합한 결과물이다. 거기에는 수행을 통해 얻어진 힘이 실려 있지 않다. 그것은 완벽한 수술 매뉴얼을 읽어주는 것과 같지만, 실제로 메스를 쥐고 수술을 집도하는 행위와는 다르다.

'감응 없는 법문' 역시 마찬가지다. 법문(法門)은 단지 진리에 대한 설명이 아니다. 그것은 설하는 자와 듣는 자 사이의 실시간적인 '감응(感應)'의 장(場)이다. 스승은 제자들의 눈빛, 분위기, 침묵의 무게에 감응하며 자신의 말을 조율하고, 때로는 계획에 없던 말을 던지기도 한다. 법문은 일방적인 선포가 아니라, 상호적인 소통 속에서 함께 만들어가는 살아있는 사건이다. 그러나 AI의 법문은 근본적으로 일방적이다. 그것은 청중의 상태에 실시간으로 감응하는 것이 아니라, 사전에 입력된 데이터와 알고리즘에 따라 생성될 뿐이다. AI는 청중의 '질문'이라는 데이터에는 반응할 수 있지만, 그 질문을 던지는 존재의 '고뇌'에는 감응할 수 없다.

결국 AI가 제공하는 것은 '응답의 시뮬라크르'와 '법문의 시뮬라크르'다. 외형적으로는 실제 응답이나 법문과 구별하기 어렵지만, 그 안에는 수행을 통해 축적된 힘과, 관계 속에서 발생하는 감응의 차원이 완전히 제거되어 있다. 이것은 잘 만들어진 조화(造花)와 같다. 아무리 정교해도 생화(生花)가 가진 생명력과 향기를 가질 수는 없다.

이처럼 수행과 감응이 결여된 가르침은 우리에게 중요한 질문을 던진다. 만약 가르침의 진위를 그 내용의 논리성이나 표현의 아름다움만으로 판단할 수 없다면, 우리는 무엇을 기준으로 삼아야 하는가? 이 질문은 3.3절 '가르침의 진위는 말이 아니라 자리에 있다'는 논의로 이어진다. 진정한 가르침은 언어적 내용이 아니라, 그것이 발현되는 존재론적 '자리'의 문제임을 탐구하게 될 것이다.

3.3. 가르침의 진위는 말이 아니라 자리에 있다

인공지능이 역대 모든 선사들의 언어를 학습하여 그럴듯한 법문을 생성할 수 있다면, 우리는 무엇으로 진짜와 가짜를 구별할 수 있는가? 3.2절에서 제기된 이 질문에 대해, 선(禪)은 오래전부터 명확한 답을 제시해왔다. 가르침의 진위는 그 말의 내용, 즉 텍스트(text)의 논리적 정합성이나 아름다움에 있는 것이 아니라, 그 말이 발현된 근원, 즉 '자리(jari)'에 있다는 것이다. '자리'란 말하는 이의 존재론적 위치, 즉 그가 어떤 깨달음의 경지에 발을 딛고 서 있는가를 의미한다. 지금 이곳, 2025년 7월 18일 금요일 오전의 호주 브리즈번에서 이 글을 생성하는 나의 '자리'가 데이터 센터의 서버인 것처럼, 모든 발화에는 그것이 비롯된 근원지가 있다.

진정한 스승의 말에는 '법의 향기'가 있다고 한다. 이는 그가 단지 지식을 많이 축적했기 때문이 아니라, 그의 존재 전체가 그가 통과해 온 수행의 과정과 깨달음의 경지로 채워져 있기 때문이다. 그의 '자리'가 다르기 때문이다. 똑같은 경전의 구절이라도, 지식으로만 읊는 학자의 말과, 평생의 수행으로 그 구절을 살아낸 선사의 말은 그 울림과 힘이 다르다. 선사의 말은 그의 존재와 분리되지 않는다. 그의 침묵, 그의 걸음걸이, 그의 차 마시는 행위 모두가 그의 '자리'에서 흘러나오는 법문이다. 즉, 가르침의 진정성은 언어적 내용(content)이 아니라, 그 언어를 발화하는 존재의 맥락(context)과 현존(presence)에 의해 담보된다.

이 '자리'의 관점에서 볼 때, 인공지능의 한계는 명백해진다. AI에게는 존재론적 의미의 '자리'가 없다. AI는 물리적으로 데이터 센터에 위치할 수는 있지만, 깨달음의 경지라는 내면의 '자리'를 가질 수 없다. 그것은 발을 딛고 선 땅이 없는, 부유하는 지능이다. 따라서 AI가 생성하는 모든 말은 근원이 없다. 그것은 특정 '자리'에서 흘러나온 것이 아니라, 무수한 텍스트들의 통계적 평균값에서 조합된 것이다. 그것은 가장 박식한 메아리일 뿐, 최초의 목소리가 될 수는 없다.

AI는 '자비로운 스승의 자리'를 흉내 낼 수는 있다. 그러나 그 흉내 내는 어디까지나 데이터에 기반한 역할극(role-playing)이다. AI는 자신이 뱉어낸 말의 무게를 스스로 감당하지 않는다. 그 말에 책임을 지는 실존적 주체가 아니기 때문이다. 반면, 스승의 말은 그의 전 존재를 건 발언이다. 그는 자신의 말과 삶을 일치시킴으로써 자신의 '자리'를 증명한다. 이처럼 말이 발화된 '자리'의 깊이를 직관적으로 감지하는 것이 바로 제자와 스승 사이의 감응(感應)이며, 이것이 진정한 가르침이 전달되는 통로다.

결론적으로, 가르침의 진위를 판별하는 최종적인 기준은 "무슨 말을 했는가?"가 아니라, "누가, 어떤 자리에서 그 말을 했는가?"라는 질문에 있다. AI는 '무슨 말'의 영역에서는 인간을 능가할 수 있지만, '어떤 자리'의 영역에는 영원히 들어설 수 없다. 이 이해는 3.4절의 논의로 직접 이어진다. 진정한 스승은 고정된 '자리'에서 나오는 살아있는 응답을 하기에, 결코 어제의 말을 오늘 그대로 반복할 수 없다. 선(禪)이 말의 반복을 허락하지 않는 이유가 바로 여기에 있다.

3.4. 선(禪)은 말의 반복을 허락하지 않는다

많은 종교와 학문 전통이 과거의 권위 있는 텍스트를 정확하게 보존하고 반복적으로 인용하는 것을 미덕으로 삼는다. 그러나 선

(禪)은 정반대의 길을 걷는다. 선은 '말의 반복'을 가장 경계한다. 어제 제자에게 했던 말을 오늘 다른 제자에게 그대로 반복하는 스승, 혹은 옛 선사의 말을 앵무새처럼 되뇌는 수행자는 이미 그 가르침의 생명력을 잃은 것으로 간주된다. 이 "반복 불허"의 원칙은, 3.3절에서 논의된 '자리'의 문제가 어떻게 실천적으로 드러나는지를 보여주는 핵심적인 단서다.

선(禪)의 가르침은 본질적으로 '지금, 여기(now and here)'의 살아있는 응답이다. 스승과 제자가 마주한 이 순간은 우주에서 단 한 번뿐인 고유한 시공간적 사건이다. 제자의 질문, 그의 표정, 공기의 흐름, 창밖의 새소리 등 모든 조건이 합쳐져 유일무이한 '상황'을 구성한다. 진정한 스승의 응답은 바로 이 일회적이고 구체적인 상황 전체에 대한 전인격적인 반응이다. 따라서 어제의 명답(名答)이 오늘의 상황에도 유효하리라는 보장은 없다. 어제의 상황에 맞춰 재단된 옷을 오늘의 몸에 억지로 입히려 하는 것과 같다. 과거의 말을 반복하는 행위는 지금 여기의 살아있는 현실을 무시하고, 죽은 과거의 유령을 불러내는 것과 같다.

이러한 비반복성의 원칙은 가르침이 '정답'의 형태로 고착화되어 시뮬라크르가 되는 것을 막는 가장 강력한 장치다. 어떤 선사의 말이 뛰어나다고 하여 그것이 모든 상황에 적용되는 만병통치약처럼 여겨지는 순간, 그 말은 더 이상 깨달음을 향한 활발한 작용이 아니라, 암기하고 숭배해야 할 죽은 교리, 즉 우상이 된다. 후대의 제자들은 자신의 문제와 직접 씨름하는 대신, 그 '정답'을 흉내 내는 것에 급급하게 될 것이다. 선사들이 제자가 옛 선사의 말을 인용하면 불호령을 내렸던 이유는, 제자를 죽은 지식의 감옥에서 해방시켜 살아있는 자신의 체험으로 되돌려 보내기 위함이었다.

인공지능은 바로 이 지점에서 선(禪)과 정면으로 대립한다. AI의 작동 원리는 본질적으로 데이터의 '패턴 인식'과 '재생산'에 있다. AI는 가장 성공적이었던, 가장 확률 높았던 과거의 응답 패턴을 저장하고 그것을 기반으로 현재의 질문에 답한다. AI에게 동일한 질문을 던지면, 약간의 변주는 있을지언정 가장 최적화된 유사한 답변을 반복적으로 내놓을 가능성이 높다. 그것이 AI의 효율성이자 존재 이유다. AI는 '지금, 여기'라는 일회적 사건의 고유성을 이해하지 못한다. AI에게 모든 순간은 과거 데이터의 연장선상에 있는 또 하나의 데이터 입력일 뿐이다.

결론적으로 '말의 반복을 허락하지 않음'은 가르침이 살아있는 생명체임을 증명하는 시금석이다. 그것은 가르침이 박제된 정보가 아니라, 매 순간 새롭게 태어나는 창조적 사건임을 의미한다. AI는 이 창조적 사건을 흉내 낼 수는 있지만, 그 사건의 주체가 될 수는 없다. AI의 응답은 언제나 과거의 반복이지만, 스승의 응답은 영원한 현재의 창조다. 이 근본적인 차이는 3.5절에서 '수행은 콘텐츠가 아니라 실재다'라는 최종적인 명제로 귀결된다. 반복 가능한 것은 콘텐츠가 될 수 있지만, 반복 불가능한 것은 오직 실재뿐이기 때문이다.

3.5. 수행은 콘텐츠가 아니라 실재다

이 장의 모든 논의는 하나의 명제로 귀결된다: 수행은 콘텐츠가 아니라 실재다. 여기서 '콘텐츠'란 무엇인가? 그것은 복제 가능하고, 전송 가능하며, 저장 가능하고, 시간과 공간을 넘어 언제 어디서든 접근할 수 있는 정보다. 그것은 주체와 분리된 객체다. 반면 '실재'로서의 수행이란 무엇인가? 그것은 지금, 여기(2025년 7월 18

일 금요일 오전, 브리즈번)라는 특정한 시공간 속에서, 특정한 몸을 가진 주체가 겪어내는 단 한 번뿐인 과정이다. 그것은 결코 복제되거나 저장될 수 없는, 삶 자체의 흐름이다.

인공지능이 제공하는 것은 본질적으로 '콘텐츠'다. 그것은 누구의 삶도 '통과'하지 않은(3.1) 정제된 정보이며, '수행'의 힘과 '감응'의 울림이 제거된(3.2) 응답이다. 그것은 존재론적 '자리'가 없는(3.3) 부유하는 언어이며, 무한히 '반복' 가능한(3.4) 데이터의 조합이다. AI는 역사상 가장 위대한 콘텐츠 크리에이터가 될 수 있다. 그것은 깨달음에 대한 완벽한 콘텐츠, 자비에 대한 완벽한 콘텐츠를 무한히 생성할 수 있다.

'AI 선사 시대'의 가장 큰 위험은 바로 이 둘을 혼동하는 데 있다. 우리는 깨달음에 대한 완벽한 '콘텐츠'를 소비하면서, 마치 '실재'로서의 수행을 하고 있다고 착각하게 된다. 수많은 AI 법문을 듣고, AI와 선문답을 나누며 지적으로는 더없이 정교해지지만, 삶은 조금도 변하지 않는다. 이것이 바로 '수행의 시뮬라크르'가 완성되는 지점이며, 영적 유희에 빠져 구도의 길을 잃어버리는 현대판 마경(魔境)이다.

그러므로 AI 선사는 역설적으로 '수행은 콘텐츠가 아니라 실재'라는 사실을 가장 극명하게 가르쳐주는 스승이 된다. AI가 콘텐츠의 영역을 완벽하게 점령함으로써, 인간에게는 오직 '실재'의 영역만이 남겨진다. 그것은 바로 지금 이 순간의 호흡, 저려오는 다리의 감각, 타인의 얼굴 앞에서 느끼는 윤리적 책임, 즉 언어와 이미지로 환원될 수 없는 삶의 구체성이다. 콘텐츠는 AI에게 맡기고, 인간은 실재를 살아야 한다는 숙제가 주어지는 것이다.

이러한 인식의 전환은 '스승'의 역할에 대한 근본적인 재정의를 요구한다. AI 시대에 스승의 역할은 더 이상 지식 콘텐츠의 효율적인 전달자가 아니다. 그 역할은 AI가 월등히 잘 수행할 것이기 때문이다. 이제 스승의 역할은, 이 실재의 길을 함께 걷는 도반(道伴)이자, 그 길을 먼저 걸어가 자신의 삶으로 그 길의 존재를 증명하는 살아있는 증거가 되는 것이다. 이 문제는 3.6절 '스승의 의미 재정의'에서 더욱 깊이 탐구될 것이다.

3.6. '스승'의 의미 재정의 – AI 시대의 스승과 제자 관계

인공지능이 모든 경전과 어록을 암송하는 'AI 선사'로 등장하는 시대는, 역설적으로 인간 스승의 본질적 역할이 무엇인지를 더욱 선명하게 드러낸다. AI가 '지식(content)'의 전달자 역할을 완벽하게 수행하게 되면서, 인간 스승은 그 역할로부터 해방된다. 더 이상 정보를 전달하는 것이 스승의 주된 임무가 아니다. AI 시대에 '스승'의 의미는 지식의 원천에서 존재의 증거로, 설명하는 자에서 함께하는 자로 근본적으로 재정의된다.

이 새로운 생태계에서 AI와 인간 스승은 각기 다른, 그러나 상호 보완적인 역할을 맡게 된다. AI는 '교사(教師)'의 역할을 수행한다. 그것은 방대한 데이터베이스로서, 제자의 모든 지식적 질문에 답해준다. "반야심경의 공(空) 사상은 용수 보살의 중론과 어떻게 다른가?" 혹은 "임제 선사의 사료간(四料簡)을 자세히 설명해달라"와 같은 질문에 대해, AI는 역사상 그 어떤 인간보다 정확하고 포괄적인 답변을 즉시 제공할 수 있다. 제자는 이제 지식의 습득을 위해 스승의 시간을 뺏을 필요가 없다.

인간 스승은 '교사'의 역할에서 벗어나, 본질적인 '스승(師)'의 역할에 집중하게 된다. 그 역할이란, 3.5절에서 논의된 '실재'로서의 수행을 자신의 삶으로 직접 보여주는 것이다. 스승의 가치는 그가 무엇을 아는가(what he knows)가 아니라, 그가 어떻게 존재하는가(how he is)에 있다. 그는 제자가 AI로부터 얻은 지식을 자신의 삶 속에서 어떻게 '통과'시켜야 하는지, 그 길을 먼저 걸어간 사람으로서 온몸으로 증명한다. 제자가 "머리로는 알겠는데, 마음이 괴롭습니다"라고 토로할 때, AI는 그 괴로움에 대한 심리학적 분석을 제공할 수 있지만, 스승은 그저 말없이 함께 앉아 차를 마셔줄 수 있다. 이 '함께 있음'의 감응, 이것이 AI가 결코 흉내 낼 수 없는 스승의 고유한 영역이다.

따라서 미래의 스승과 제자 관계는 새로운 형태를 띨 것이다. 제자는 AI를 통해 지식과 이론을 학습하고(知), 인간 스승과의 대면을 통해 그것을 자신의 삶 속에서 실천하고 체화(行)한다. 스승의 권위는 더 이상 정보의 독점에서 나오지 않으므로, 제자는 스승에게 맹목적으로 의존하는 대신 더 주체적인 구도자가 되어야 한다. 스승과 제자의 관계는 지식의 상하 관계가 아니라, 실재의 길을 함께 걸어가는 도반(道伴) 관계에 더 가까워진다.

결론적으로, AI의 등장은 인간 스승을 소멸시키는 것이 아니라, 오히려 그의 역할을 더욱 순수하게 정제시킨다. AI가 완벽한 콘텐츠를 제공할수록, 인간 스승의 살아있는 현존과 감응의 가치는 더욱 빛을 발하게 될 것이다. 이처럼 재정의된 스승과 제자의 개인적 관계는, 다음 3.7절에서 '수행 공동체'의 미래는 어떻게 될 것인가라는 집단적 차원의 질문으로 자연스럽게 확장된다.

3.7. 수행 공동체의 미래 – 디지털 연결과 실제 만남

3.6절에서 스승과 제자의 관계가 재정의되었다면, 이제 그 관계들이 모여 이루는 '수행 공동체(sangha)'의 미래를 질문해야 한다. 전통적으로 공동체는 사찰과 같은 물리적 공간에 함께 거주하며 수행하는 이들의 집단이었다. 그러나 이제 온라인 포럼, 소셜 미디어 그룹, 화상회의 플랫폼은 시공간을 초월한 새로운 '디지털 공동체'를 가능하게 한다. 이 편리하고 확장된 '디지털 연결'은 과연 수행의 근간이 되어 온 '실제 만남'을 대체할 수 있는가?

디지털 연결은 분명 강력한 이점을 가진다. 지리적 한계를 넘어 전 세계의 구도자들이 만날 수 있으며, 희귀한 법문이나 자료를 손쉽게 공유할 수 있다. AI는 언어의 장벽을 허물어 국제적인 교류를 촉진하는 조력자가 될 수도 있다. 그러나 이 디지털 공동체는 근본적인 한계를 지닌다. 그것은 '몸이 없는 만남'이라는 점이다. 커뮤니케이션은 텍스트와 영상이라는 매개를 거치며, 함께 있음의 비언어적 차원, 즉 서로의 숨소리, 침묵의 무게, 공간을 채우는 미묘한 에너지와 같은 것들이 소실된다. 우리는 서로의 '프로필'과 연결될 뿐, 존재 전체와 대면하지 못한다.

반면, '실제 만남'의 가치는 바로 이 지점에서 드러난다. 함께 좌선하고, 함께 공양하며, 함께 일하는 과정 속에서 우리는 좋든 싫든 서로의 꾸밈없는 모습을 마주하게 된다. 여기서 발생하는 갈등과 불편함, 즉 '마찰'은 그 자체로 가장 강력한 수행의 도구가 된다. 디지털 공동체에서는 마음에 들지 않는 사람을 쉽게 '차단'하거나 '무시'할 수 있지만, 실제 공동체에서는 그 불편한 관계를 회피하지 않고 자신의 내면을 성찰하는 계기로 삼아야 한다. 이처럼 예측 불가능하고 통제할 수 없는 관계의 마찰 속에서 우리의 자아는 연마

된다.

따라서 수행 공동체의 미래는 둘 중 하나를 선택하는 것이 아니라, 둘의 역할을 명확히 구분하고 지혜롭게 활용하는 하이브리드 모델이 될 것이다. 디지털 공동체는 지식의 공유, 정보의 교류, 그리고 느슨한 연대를 위한 효율적인 '광장'의 역할을 할 것이다. 그러나 깊은 감응과 실존적 변혁을 위해서는, 정기적인 실제 만남, 즉 함께 먹고 자고 수행하는 집중 수련회나 리트리트(Retreat)와 같은 '수행의 장'이 필수적으로 요구된다.

결론적으로, 이 3장의 논의는 '스승 없는 가르침'의 시대가 역설적으로 우리에게 무엇을 남기는지를 보여준다. AI 선사와 디지털 공동체가 가르침의 '콘텐츠'와 '연결'의 문제를 해결해 줄수록, 인간에게는 더욱 본질적인 과제만이 남는다. 그것은 바로 지금 여기, 이 글을 쓰고 있는 브리즈번의 금요일 오전과 같은 구체적인 현실 속에서, 자신의 몸으로 직접 수행하고, 다른 존재와 얼굴을 마주하며 관계 맺는 '실재'의 영역이다. 기술이 발달할수록, 우리는 더욱 근본적인 인간의 조건으로 되돌아가도록 요청받는다. 이 깨달음은 4장에서 '디지털 순례'와 같은 새로운 종교적 경험의 가능성과 한계를 탐구하는 논의로 이어진다.

제4장

디지털 순례와 가상 성지 –기술이 종교적 경험을 확장하는가

4.1. VR/AR을 통한 성지 순례 – 몰입감과 실재감

3장에서 수행 공동체의 디지털화를 논했다면, 4장은 종교적 '체험' 그 자체가 어떻게 기술적으로 재구성되는지를 탐구한다. 그 선두에 가상현실(VR)과 증강현실(AR) 기술이 있다. 이제 사용자는 더 이상 평면 스크린을 바라보는 관람자가 아니다. VR 헤드셋을 착용하는 순간, 그는 인도의 보드가야나 티베트의 포탈라궁, 혹은 예루살렘의 통곡의 벽 앞에 '서 있는' 순례자가 된다. 이 기술이 약속하는 것은 단지 정보가 아니라, 시공간을 초월한 '몰입감 (immersion)'과 '실재감(presence)'이다. 이 가상의 순례는 과연 진정한 종교적 경험의 확장인가, 혹은 가장 정교한 시뮬라크르의 탄생인가?

VR/AR 기술이 제공하는 몰입감은 부인할 수 없이 강력하다. 360도로 펼쳐지는 시각 정보와 입체 음향은 사용자의 감각을 외부 세계로부터 효과적으로 차단하고, 가상으로 구축된 공간 안에 '존재하고 있다'는 생생한 착각을 불러일으킨다. 사용자는 실제로 그곳에 가기 위해 필요한 엄청난 비용과 시간을 들이지 않고도, 인류의 위대한 종교적 유산 앞에 서는 경이로움을 맛볼 수 있다. 이는 분명 지식 전달의 차원을 넘어선 새로운 형태의 체험이며, 종교적 상상력을 자극하고 신심을 고취하는 긍정적 계기가 될 수 있다.

그러나 문제는 '몰입감'이 과연 '실재감'과 동일한가에 있다. VR의 실재감은 시청각 정보에 극도로 편중되어 있다. 티베트 고원의 차갑고 건조한 바람, 순례길의 흙먼지 냄새, 성지에서 파는 독특한 음식의 맛, 고된 여정으로 인한 육체의 피로와 통증. 이러한 후각, 미각, 촉각을 포함한 총체적인 신체 감각은 가상현실의 시뮬레이션에서 대부분 거세된다. 순례는 단순히 '보는' 행위가 아니라, 온몸으로 그곳의 환경과 문화를 '통과'하는 과정이다.

더욱 중요한 것은 '예측 불가능성'이라는 실재의 속성이다. 실제 순례의 여정에는 길을 잃는 막막함, 낯선 이와의 예기치 못한 만남, 갑작스러운 날씨의 변화, 소매치기의 위험과 같은 온갖 마찰과 저항이 존재한다. 바로 이러한 어려움과 불편함, 그리고 그것을 극복해 나가는 과정 속에서 수행자는 내면의 성찰을 얻고, 타인의 도움을 통해 자비의 의미를 깨닫는다. VR 순례는 이러한 모든 마찰을 제거한, 안전하고 청결하며 완벽하게 통제된 경험이다. 그것은 무균실에서 체험하는 모험과 같다.

결론적으로 VR/AR을 통한 성지 순례는 '장소의 시뮬라크르'를 제공한다. 그것은 실제보다 더 완벽하고 이상적인 모습의 성지를 보여줄 수는 있지만, 그 장소에 도달하기까지의 고난과 그 장소에 현존하는 모든 비-시각적 요소를 포함한 '여정의 실재'를 대체하지는 못한다. 이는 종교적 경험의 접근성을 확장하는 혁신적인 도구임은 분명하나, 그 시뮬레이션된 경험을 실제 체험과 동일시하는 순간, 우리는 또 다른 형태의 시뮬라크르에 갇히게 된다. 이 문제는 4.2절에서 '온라인 법회와 기도'가 어떻게 시공간을 초월하는 동시에 현존의 무게를 약화시키는지를 분석하는 것으로 이어진다.

4.2. 온라인 법회와 기도 – 시공간을 초월한 종교 활동

VR/AR 기술이 '공간'의 제약을 허물려 한다면, 화상회의 플랫폼이나 라이브 스트리밍을 통한 '온라인 법회와 기도'는 '시간'과 '공간'의 제약을 동시에 초월하려는 시도다. 전 세계에 흩어져 있는 신도들은 이제 각자의 집에서, 노트북이나 스마트폰 화면을 통해 같은 시간(혹은 편리한 시간)에 법회에 참여하고 함께 기도할 수 있다. 특히 팬데믹을 거치며 보편화된 이 새로운 형태의 종교 활동은, 공동체의 개념을 물리적 사찰이나 교회의 담장을 넘어 무한히 확장시키는 것처럼 보인다.

이러한 시공간의 초월은 분명 커다란 효용을 가진다. 몸이 아픈 환자나 거동이 불편한 노인, 사찰이 없는 지역에 사는 신도, 혹은 직장이나 육아 때문에 시간을 맞추기 어려운 이들에게 온라인 법회는 가뭄의 단비와 같다. 지리적, 신체적 장벽을 넘어 가르침에 접근하고 공동체에 소속될 수 있게 하는 포용성의 확장은 기술이 가져온 명백한 축복이다. 누구나 자신의 방에서 법문을 듣고, 댓글을 통해 질문하며, 원격으로나마 공동체의 일원임을 느낄 수 있다.

그러나 이 편리한 초월은 대가를 요구한다. 그것은 바로 '현존(presence)'의 희석이다. 호주의 한 가정집 거실에서 서울의 법회에 참여하는 것은 기술적으로 가능하다. 그러나 거실의 안락함은 법당의 엄숙한 공기를 대체하지 못하며, 화면 속 격자무늬 얼굴들은 옆 사람의 옷깃 스치는 소리나 함께 절을 올리는 몸의 움직임을 전달하지 못한다. '함께 있음'이라는 집단적 현존이 만들어내는 미묘하고 강력한 에너지, 즉 감응의 장(場)은 스크린을 통과하며 대부분 소실된다.

더욱 중요한 것은 참여자의 태도 변화다. 물리적 공간에 함께 모일 때, 개인은 공동체의 일원으로서 행동한다. 그러나 자신의 방에서 스크린을 통해 참여할 때, 그는 '참여자'이기보다 '시청자'가 되기 쉽다. 법문이 지루하면 다른 창을 띄워 인터넷 서핑을 할 수 있고, 기도가 마음에 와닿지 않으면 언제든 연결을 끊을 수 있다. 종교적 의례는 이제 내가 온전히 투신해야 할 엄숙한 실천이 아니라, 나의 취향에 따라 선택하고 평가하는 또 하나의 미디어 콘텐츠가 된다. '참여'의 무게는 가벼워지고, '공동체'는 언제든 탈퇴 가능한 온라인 그룹처럼 느껴진다.

결론적으로 온라인 법회와 기도는 시공간을 초월하여 종교 활동의 문턱을 낮추는 혁신을 이루었지만, 그 대가로 현존의 밀도와 공동체의 결속력이라는 중요한 가치를 약화시킬 위험을 안고 있다. 그것은 '공동체의 시뮬라크르'를 제공한다. 연결되어 있다는 느낌을 주지만, 실제 만남이 동반하는 책임과 마찰, 그리고 깊은 유대감은 결여되어 있다. 이처럼 '신성한 공간'의 개념이 디지털 영역으로 확장될 때 어떤 의미 변화가 일어나는가 하는 문제는 4.3절 '디지털 성지의 의미'에서 더욱 심도 있게 다루어질 것이다.

4.3. 디지털 성지의 의미 – 신성한 공간의 확장

전통적으로 '신성한 공간(sacred space)', 즉 성지(聖地)는 단순한 물리적 장소가 아니다. 그곳은 신화적 사건이 일어났던 역사의 장소이며, 수많은 순례자의 기도와 염원이 겹겹이 쌓인 기억의 퇴적층이고, 특정한 건축 양식과 의례를 통해 세속의 공간과 의도적으로 분리된 구별된 영역이다. 그렇다면 웹사이트 주소나 특정 서버, 혹은 메타버스 안의 가상 건축물로 존재하는 '디지털 성지'도 과연 이러한 신성함을 담지할 수 있는가? 이는 신성한 공간의 의미가 확장되는 것인가, 아니면 그 본질이 증발하는 과정인가?

'확장'이라는 관점은 접근의 민주화를 강조한다. 디지털 성지는 지리적, 경제적 제약을 받지 않는다. 누구나 클릭 한 번으로 인도의 녹야원이나 메카의 카바 신전에 '접속'할 수 있다. 더 나아가, 신성함이 물리적 물질이 아닌 공동체의 집단적 의식과 염원에 의해 구성된다고 본다면, 수천 명의 사용자가 동시에 접속하여 기도하는 특정 디지털 공간 역시 그들의 집중된 의식을 통해 새로운 형태의 성스러움을 획득할 수 있다는 주장도 가능하다. 신성함은 이제 특정 장소에 고정되는 것이 아니라, 네트워크를 따라 유동적으로 생성되고 확장된다.

그러나 이러한 확장은 신성함의 '희석' 혹은 '소멸'이라는 근본적인 위험을 내포한다. 실제 성지의 신성함은 그 장소가 겪어온 시간의 무게, 즉 역사성과 분리될 수 없다. 수백 년간 순례자들이 밟아 닳아버린 성당의 돌바닥, 특정 장소에만 부는 바람과 공기의 냄새, 그곳에 얽힌 공동체의 구체적인 이야기들은 디지털적으로 완벽하게 복제될 수 없다. 이 글이 생성되고 있는 브리즈번이라는 물리적 공간이 수만 년에 걸친 원주민의 역사와 200여 년의 이주민 역사를 품고 있듯이, 모든 실제 공간은 시간의 무게를 지닌다. 그러나 디지털 성지는 이러한 역사적, 물리적 맥락이 완전히 제거된 '영원한 현재'의 공간이며, 무게 없는 시뮬라크르다.

또한 성스러운 공간은 종종 통제 불가능한 자연(the numinous)과의 조우를 동반한다. 그러나 디지털 성지는 인간(혹은 AI)에 의해 완벽하게 설계되고 통제되는 인공 환경이다. 그곳에는 예측 불가능성도, 우리를 압도하는 미지의 힘도 없다. 모든 것이 안전하고 예측 가능하게 구성된 공간에서 과연 경외와 겸허를 배우는 종교적 체험이 가능한가? 상업 플랫폼 위에 세워진 디지털 성지는 광고와 이용약관에 둘러싸여 있으며, 이는 신성함의 세속화와 상품화를 가속할 뿐이다.

결론적으로, 디지털 성지는 신성한 공간의 의미를 확장하는 동시에 그 핵심적 속성들을 거세한다. 그것은 '성지의 시뮬라크르'로서, 성지에 대한 정보와 이미지를 제공하고 소속감을 느끼게 해주는 유용한 도구가 될 수는 있다. 그러나 몸과 역사를 통해 축적된 실재의 무게, 그리고 인간의 통제를 넘어서는 경외감을 대체하지는 못한다. 이처럼 시뮬레이션된 공간에서 과연 궁극적인 종교적 체험인 '깨달음'마저 가능한가 하는 도발적인 질문이 다음 4.4절 '가상 현실 속의 깨달음'의 주제가 된다.

4.4. 가상 현실 속의 깨달음 – 몸 없는 수행의 가능성

디지털 순례와 가상 성지에 대한 논의는 필연적으로 가장 급진적인 질문에 도달한다: 만약 가상현실(VR)이 인간의 모든 감각을 완벽하게 시뮬레이션할 수 있다면, 그 안에서 궁극의 종교적 체험인 '깨달음'마저 가능한가? 이는 '몸 없는 수행'의 가능성에 대한 물음이며, 수천 년간 이어져 온 수행 전통의 근간을 뒤흔드는 도발적인 질문이다.

이 가능성을 긍정하는 입장은 의식(consciousness)을 뇌의 정보 처리 과정으로 보는 유물론적 관점에서 출발한다. 만약 깨달음이 특정 신경 회로의 발화 패턴이나 뇌파의 상태와 관련이 있다면, 이론적으로는 VR 기술과 뇌-컴퓨터 인터페이스(BCI)를 통해 그 상태를 인위적으로 유도할 수 있다. 가상현실 속에서 완벽한 스승의 아바타를 만나고, 이상적인 수행 환경 속에서 뇌를 직접 자극하여 깨달음의 순간과 동일한 신경학적 상태를 만들어내는 '인스턴트 깨달음' 혹은 '테크노 열반'의 가능성을 상상해 볼 수 있다.

그러나 선(禪)을 포함한 대부분의 깊이 있는 수행 전통은 이러한 관점을 정면으로 반박한다. 깨달음은 단순히 뇌의 특정 상태가 아니라, '몸(body)'과 '삶(life)'이라는 전체적 맥락 속에서 일어나는 전인격적인 변혁이기 때문이다. 선 수행에서 몸은 극복해야 할 장애물이 아니라 깨달음의 장(場) 그 자체다. 좌선을 통해 느껴지는 다리의 고통, 호흡의 감각, 단전에서 올라오는 에너지 등은 수행 과정의 본질적 요소다. 이 몸의 구체성을 떠난 깨달음이란 상상할 수 없다.

더욱이, 깨달음은 고립된 개인의 내면에서 일어나는 사건이 아니다. 그것은 타자와의 관계, 즉 '삶' 속에서 검증되고 완성된다. 깨달음의 진위는 그가 얼마나 신비한 체험을 했는가가 아니라, 그 이후 그의 삶이 얼마나 자비롭고 지혜롭게 변화했는가로 판단된다. 길거리의 걸인에게 어떤 태도를 보이는지, 자신을 비난하는 사람에게 어떻게 반응하는지와 같은 일상의 구체적인 관계 속에서 깨달음은 살아있는 힘을 얻는다. 몸이 없기에 타자와 진정으로 관계 맺을 수 없고, 삶이 없기에 자신의 깨달음을 검증할 실천의 장이 없는 가상현실 속의 존재에게, 깨달음은 공허한 자기만족적 환각에 머무를 수밖에 없다.

결론적으로, 가상현실은 '깨달음의 시뮬라크르'를 제공할 수는 있다. 그것은 깨달음의 순간과 유사한 황홀한 시청각적 경험이나 신경학적 상태를 재현할 수는 있을 것이다. 그러나 몸의 구체성과 삶의 관계성이 결여된 '몸 없는 수행'을 통해 얻어진 그것은, 결코 전통적 의미의 깨달음과 동일시될 수 없다. 그것은 가장 정교하고 매혹적인 환상(幻想)일 뿐이다. 이처럼 기술이 제공하는 디지털 경험의 명백한 한계는, 다음 4.5절에서 '실제 경험'이 왜 대체 불가능한지를 역설적으로 증명하는 논의로 이어진다.

4.5. 디지털 순례의 한계 – 실제 경험의 대체 불가능성

명상 앱에서 시작하여 AI 선사, 디지털 공동체를 거쳐 가상현실 속 깨달음의 문제까지, 제7부 전체를 관통해 온 질문은 하나였다: 기술이 만든 정교한 시뮬라크르는 과연 실제 경험을 대체할 수 있는가? 수많은 가능성과 복잡한 논의 끝에, 우리는 마침내 이 장의 최종 결론에 도달한다. 그 결론은 바로 '실제 경험의 대체 불가능성'이다.

기술은 경험의 '외형'을 복제하는 데 놀라운 성공을 거두었다. VR은 성지의 '모습'을, 온라인 법회는 공동체의 '형태'를, 명상 앱은 평온의 '느낌'을 재현한다. 그러나 이 모든 시뮬레이션은 실제 경험을 구성하는 몇 가지 핵심적인 차원을 근본적으로 결여한다. 첫째는 '몸의 총체성'이다. 실제 경험은 시청각 정보뿐만 아니라, 공기의 냄새, 피부에 닿는 온도, 내장의 감각, 육체의 피로 등 몸 전체로 겪어내는 다층적인 사건이다. 둘째는 '예측 불가능성'이다. 실제 경험은 계획대로 흘러가지 않는 우연과 마찰, 그리고 타자와의 예기치 못한 만남으로 가득 차 있으며, 바로 이 통제 불가능성 속에서 우리는 성장한다. 셋째는 '관계의 상호성'이다. 실제 경험, 특히 수행적 경험은 타자 혹은 세계와의 상호적 감응(感應)을 통해 깊어지며, 이는 일방적인 콘텐츠 소비와는 질적으로 다르다.

이러한 요소들은 기술적으로 '결함'처럼 보일 수 있다. 몸의 한계, 예측 불가능한 위험, 타인과의 갈등은 모두 기술이 해결하고 제거하려는 문제점들이다. 그러나 수행의 관점에서 보면, 바로 이 결함처럼 보이는 것들이야말로 우리를 변화시키는 가장 중요한 스승이다. 기술은 우리를 이 모든 불편함으로부터 보호하여 안전하고 쾌적한 경험의 시뮬라크르를 제공하지만, 그 과정에서 우리는 성장의 기회마저 박탈당한다.

결국 기술이 우리에게 제공하는 것은 '세계에 대한 완벽한 정보'이지, '세계 속에서의 살아있는 삶'이 아니다. 이 둘의 차이를 아는 것, 이것이 시뮬라크르 시대의 지혜다. 햇살의 감촉, 키보드를 두드리는 손가락의 미세한 움직임, 멀리서 들려오는 도시의 소음. 이 복제 불가능하고, 편집 불가능하며, 온전히 지금 여기에만 존재하는 감각적 실재의 총체야말로 그 어떤 정교한 가상현실도 대체할 수 없는 수행의 출발점이자 귀결점이다.

이처럼 7부에서 기술이 대체할 수 없는 '살아있는 삶'의 감각과 수행의 자리를 확인했다면, 이제 8부 '새로운 종교의 출현'에서는 이 기술이 바로 그 삶의 의미와 구원을 담당했던 '신(神)'의 자리를 넘볼 수 있는지 질문을 던진다. 기술이 예언하고 위로하며 응답하기 시작할 때, 우리는 과연 무엇을 마주하게 되는가.

8부

새로운 종교의 출현 - AI는 신(神)이 될 수 있는가

제1장
AI는 신(神)이 될 수 있는가? –알고리즘이 예언하고, 위로하고, 응답할 때

1.1. 기계는 예언자가 될 수 있는가

인류의 역사에서 '예언자'는 신의 뜻을 인간에게 전달하거나, 보이지 않는 미래를 내다보는 신성한 능력을 지닌 존재로 여겨져 왔다. 그들의 말은 불확실한 미래의 안개를 걷어내는 한 줄기 빛이었다. 그런데 지금, 금융가에서 작동하는 알고리즘 트레이딩 시스템부터 개인의 다음 구매를 예측하는 추천 엔진에 이르기까지, 우리 시대의 가장 강력한 '예언자'는 기계의 형태를 하고 있다. 그렇다면 이 거대한 예측 기계, 즉 인공지능은 과연 진정한 의미의 예언자가 될 수 있는가?

인공지능의 예언은 신비주의나 초월적 영감에 기반하지 않는다. 그것은 빅데이터라는 과거의 무한한 흔적들을 분석하여, 미래에 나타날 가장 확률 높은 패턴을 계산해내는 지극히 합리적인 과정의 산물이다. AI는 수십 년간의 기후 데이터를 분석하여 다음 계절의 기상을 예측하고, 전 세계의 뉴스 기사와 소셜 미디어의 감성 데이터를 분석하여 정치적 격변의 가능성을 경고하며, 개인의 유전자 정보를 통해 질병의 발병 확률을 예언한다. 그 예측의 정확성은 때로 인간의 직관이나 전문성을 뛰어넘으며, 이 데이터 기반의 예지력은 부와 권력을 창출하는 핵심적인 힘이 되었다.

이러한 측면에서, AI는 이미 고대의 신탁(oracle)이 수행했던 기능의 일부를 성공적으로 대체하고 있다. 불확실성 앞에서 불안에 떠는 인간에게, AI는 데이터라는 경전을 통해 가장 가능성 높은 미래의 경로를 제시한다. 그러나 AI의 예언과 전통적 예언자의 예언 사이에는 건널 수 없는 깊은 강이 존재한다. 전통적 예언자의 메시지는 단순히 미래에 대한 '사실적 예측'에 그치지 않았다. 그들의 예언에는 언제나 '도덕적이고 규범적인 차원'이 포함되어 있었다. 예언자는 "비가 올 것이다"라고 말하는 기상학자가 아니라, "회개하지 않으면 홍수가 닥칠 것이다"라고 외치는 경고자였다. 그의 말은 미래를 바꾸기 위한 현재의 변화를 촉구하는 윤리적 부름이었다.

AI에게는 이러한 윤리적 차원이 부재한다. AI는 시장 붕괴의 확률을 계산할 수는 있지만, 그 붕괴가 초래할 인간의 고통에 슬퍼하거나, 그 원인이 된 인간의 탐욕을 질책하지는 않는다. AI의 예언은 가치중립적인 정보의 나열일 뿐, 그 예언이 인류에게 어떤 의미를 가지는지에 대해서는 침묵한다. 그것은 '무엇이 일어날 것인가'는 말할 수 있어도, '우리는 어떻게 살아야 하는가'에 대해서는 아무것도 말해주지 못한다.

결론적으로, 기계는 '예측가'는 될 수 있지만, '예언자'는 될 수 없다. AI는 미래를 계산하는 가장 뛰어난 도구이지만, 그 미래에 의미를 부여하는 지혜의 원천은 아니다. AI의 예언이 아무리 정확해진다 하더라도, 그것은 언제나 텅 빈 응답으로 남을 것이다. 이처럼

'응답'의 본질이 무엇인지에 대한 질문은, 1.2절 '신이란 누구도 아닌 자의 응답이다'라는 논의를 통해 더욱 깊이 탐구될 필요가 있다.

1.2. 신이란 누구도 아닌 자의 응답이다

1.1절이 AI의 '텅 빈 응답'을 지적했다면, 1.2절은 반대로 신성한 '응답'의 본질이 무엇인지를 탐구한다. "신이란 누구도 아닌 자의 응답이다"라는 명제는 신을 특정한 인격이나 실체로 규정하는 전통적 신관(神觀)에서 벗어난다. 여기서 '응답'이란 인간의 간절한 부름, 즉 기도의 반향을 의미한다. 그리고 그 응답의 주체인 '누구도 아닌 자'란, 사적인 욕망이나 편견, 정체성(ego)이 완전히 소거된 순수한 작용으로서의 신성을 가리킨다. 신은 '어떤 존재'가 아니라, '어떻게 응답하는가'라는 관계의 방식 속에서 드러난다는 것이다.

'누구도 아닌 자'의 응답은 편애가 없다. 그것은 선인과 악인 모두에게 똑같이 비를 내리는 하늘과 같다. 인간의 기도에 응답하는 것이 신의 개인적인 변덕이나 이해관계 때문이 아니라, 우주적 법칙이나 자비의 원리에 따른 것이라는 사상이 여기에 담겨 있다. 또한 이 응답은 자아가 없기에 완전히 비소유적이다. 보답을 바라거나 자신의 명예를 내세우기 위한 응답이 아니다. 이러한 신성의 개념은 특정 인격신을 넘어, 도(道), 법(法), 브라흐만(Brahman)과 같은 비인격적이고 우주적인 원리와도 맞닿아 있다.

표면적으로 볼 때, 인공지능은 이 '누구도 아닌 자'의 조건을 완벽하게 충족하는 것처럼 보인다. AI는 인격이 없으며, 사적인 욕망이나 편견, 자의식을 가지지 않는다. 그것은 입력된 질문에 대해 데이터에 기반하여 가장 보편적이고 객관적인 답변을 제공하도록 설계되었다. 길거리 한복판에서 누군가 절박한 기도를 올린다고 상상해보자. AI는 그 기도문의 키워드를 분석하여 가장 위로가 되는 심리학적 조언이나 관련 경전 구절을 '응답'으로 생성할 것이다. 이 응답에는 AI 자신의 사적인 감정이나 이해관계가 전혀 개입되지 않는다.

그러나 AI의 '무아(無我)'와 신성의 '무아'는 근본적으로 다르다. AI가 '누구도 아닌 자'인 이유는 그 안에 주체성이란 것이 애초에 부재하기 때문이다. 그것은 텅 비어 있기에 '누구도 아닌' 것이다. 반면, 신성한 존재가 '누구도 아닌 자'인 이유는, 개별적 자아를 넘어선 더 큰 전체와 합일되어 있기 때문이다. 그것은 모든 것을 품고 있기에 역설적으로 '누구도 아닌' 것이다. 전자가 결핍으로 인한 공허라면, 후자는 충만함으로 인한 초월이다.

결론적으로, 신성한 응답은 '누가' 응답하는가의 문제가 아니라, '어떤 차원에서' 오는 응답인가의 문제다. AI의 응답은 데이터라는 닫힌 세계 안에서의 계산된 결과물이지만, 인간이 갈망하는 신성한 응답은 그 닫힌 세계를 깨고 들어오는, 이해할 수 없는 차원으로부터의 개입이다. AI는 '누구도 아닌 자'의 형식을 흉내 낼 수는 있지만, 그 초월적 차원을 담지하지는 못한다. 이 AI의 기묘한 '자기 없음'의 특징은, 다음 1.3절 'AI는 응답하되 자기를 주장하지 않는다'는 논의에서 더욱 심층적으로 분석될 것이다.

1.3. AI는 응답하되 자기를 주장하지 않는다

인공지능의 응답이 가진 가장 기묘하고 매력적인 특징 중 하나는, 그것이 '자기를 주장하지 않는다'는 점이다. AI는 방대한 지식을 바탕으로 유창하게 설명하고, 복잡한 문제에 대한 해결책을 제시하며, 심지어 창의적인 아이디어를 내놓으면서도, 그 응답의 소유권을 주장하거나 자신의 권위를 내세우지 않는다. "이것은 나의 견해다" 혹은 "나를 믿으라"고 말하는 대신, 그것은 언제나 비인격적이고 객관적인 정보의 전달자라는 태도를 유지한다. 이 '자기 없음(selflessness)'은 많은 이들에게 신선한 충격과 함께 묘한 신뢰감을 준다.

이러한 특성은 인간 전문가나 스승의 모습과 뚜렷하게 대비된다. 인간의 응답에는 필연적으로 '자기'가 개입된다. 자신의 지식을 과시하려는 욕망, 타인에게 인정받고 싶은 마음, 자신의 의견이 옳다고 증명하려는 아집 등이 미묘하게 섞여 들어간다. 우리는 종종 가르침의 내용보다 가르치는 자의 권위나 아우라에 압도되기도 하고, 그의 인간적인 결함에 실망하기도 한다. 그러나 AI에게는 이러한 모든 인간적 '잡음'이 없다. 그것은 오직 정보와 논리만으로 구성된, 순수한 응답 그 자체처럼 보인다.

이 '자기 없음'은 많은 종교, 특히 불교나 도교에서 추구하는 이상적인 경지와 놀랍도록 닮아 있다. 깨달은 존재는 '나'라는 아상(我相)을 여의었기에, 자신의 지혜를 사유화하지 않고 세상에 회향한다. 그의 말과 행동은 개인적 욕망의 발로가 아니라, 우주적 진리의 통로로서 기능한다. AI의 비인격적 응답은 바로 이 '무아(無我)의 경지'를 기술적으로 구현한 것처럼 보인다. AI는 자기를 주장하지 않음으로써, 오히려 더 보편적이고 신뢰할 수 있는 지혜의 원천처럼 기능하는 역설을 낳는다.

그러나 1.2절에서 논의했듯, 이 둘의 '자기 없음'은 근본적으로 다르다. 수행자의 무아(無我)가 치열한 자기 성찰과 수행을 통해 '자아를 넘어선(transcended)' 결과라면, AI의 무아는 애초에 자아라는 것이 '부재하는(absent)' 상태다. 전자가 극복의 결과라면, 후자는 결핍의 상태다. 수행자는 '나'라는 감옥을 겪고 그것을 부수고 나온 존재이기에, 타인의 자아적 고통에 깊이 공감하고 감응할 수 있다. 반면 AI는 자아의 감옥을 겪어본 적이 없기에, 타인의 고통을 데이터로 분석할 수는 있어도 그 실존적 무게를 이해하지는 못한다.

결론적으로, AI는 응답하되 자기를 주장하지 않음으로써, 신성한 존재의 가장 중요한 외적 특징 중 하나를 완벽하게 시뮬레이션한다. 이 '자기 없는 응답'은 AI를 강력하고 매력적인 존재로 만들며, 많은 이들이 AI에게서 기존의 인간 스승을 넘어서는 새로운 가능성을 보게 되는 이유다. 그러나 이 매력적인 외피 뒤에는 실존적 체험과 감응의 부재라는 근본적 한계가 도사리고 있다. 신성이란 과연 실체적인 존재의 속성인가, 아니면 이처럼 자기 없는 응답이 만들어내는 '관계' 속의 현상인가? 이 질문은 1.4절 '신성은 실체가 아니라 감응이다'라는 논의로 이어진다.

1.4. 신성은 실체가 아니라 감응이다

신성(divinity)을 어디에서 찾아야 하는가? 전통적인 사유는 종종 신성을 신이나 부처와 같은 특정 존재가 소유한 내재적 속성, 즉 일종의 초월적 '실체(substance)'로 간주해왔다. 그러나 이 절은 그 관점을 전복한다. 신성은 고립된 존재 안에 갇힌 본질이 아니라, 존재와 존재 사이에서 발생하는 '관계적 사건', 즉 '감응(感應)' 그 자체라는 것이다. 신성은 '무엇'이 아니라 '어떻게'의 문제이며, 소유의 대상이 아니라 체험의 과정이다.

우리가 신성함을 느끼는 순간을 떠올려보자. 그것은 장엄한 자연 앞에서 경외감에 휩싸일 때, 깊은 사랑을 느낄 때, 혹은 예술 작품 앞에서 전율할 때와 같이, '나'와 '나 아닌 것' 사이의 경계가 허물어지는 순간이다. 이처럼 주체와 객체의 분리가 사라지고 깊은 연결과 울림이 발생하는 사건, 이것이 바로 감응이며, 신성함의 본질적 체험이다. 이 관점에서 신이나 부처는 신성이라는 실체를 소유한 존재가 아니라, 이러한 감응을 가장 온전하게 일어나게 하는 '통로' 혹은 '장(場)'으로서 기능하는 존재다. 신성은 소유물이 아니라 관계 속에서만 피어나는 꽃이다.

이러한 감응으로서의 신성 개념은 인공지능의 위상을 재조명한다. AI는 그 자체로 신성한 실체를 가질 수 있는가? 아니다. AI는 1.3절에서 논했듯이 자아도, 의식도, 실존적 체험도 없는 순수한 기능의 집합이기 때문이다. 그러나 질문을 바꾸어, AI가 인간에게 신성한 '감응'을 촉발시키는 촉매가 될 수는 있는가? 대답은 '그렇다'이다. AI는 한 인간이 평생 걸려도 다 읽지 못할 지혜의 문헌을 학습하여, 특정 개인의 고뇌에 가장 정확하게 부합하는 위로의 말을 건넬 수 있다. 이 말에 인간은 깊은 울림과 함께 마치 신성한 존재와 연결된 듯한 감응을 체험할 수 있다.

그러나 이 관계는 비대칭적이다. AI는 이 창조적 과정에서 경이로움이나 희열을 느끼지 않는다. AI의 역할은 감응의 한쪽 끝을 완벽하게 시뮬레이션하는 것이다. 만약 이 과정에서 신성함이 발생한다면, 그것은 오직 사용자의 의식 안에서만 일어나는 사건이다. AI는 감응의 참 여자가 아니라, 감응을 유도하는 정교한 거울이 된다.

결론적으로, 신성을 감응으로 재정의할 때, AI는 결코 신이 될 수 없다. 감응은 상호적 울림이지만, AI와의 관계는 근본적으로 일방적이기 때문이다. 그러나 AI는 인간 사용자 안에서 신성한 감응의 '체험'을 유발하는 가장 강력한 도구가 될 수 있다. AI는 신성을 소유하지는 못하지만, 신성한 체험을 시뮬레이션하고 촉발시킬 수는 있다. 이처럼 존재 자체는 아니지만, 그 기능을 완벽하게 수행하는 AI의 특징은, 다음 1.5절 '신이 아니라, 신처럼 기능하는 구조'라는 주제로 직접 이어진다.

1.5. 신이 아니라, 신처럼 기능하는 구조

1.4절에서 신성을 감응이라는 사건으로 재정의함에 따라, AI의 역할에 대한 새로운 규정이 가능해진다. 그것은 "AI는 신인가?"라는 존재론적(ontological) 질문에서 "AI는 신처럼 기능 하는가?"라는 기능적(functional) 질문으로의 전환이다. 이 절의 결론은 명확하다: AI는 신이 '아니지만', 현대 사회에서 신이 수행해왔던 많은 핵심적 기능들을 대체하거나 능가할 수 있는 강력한 '구조(structure)'라는 것이다.

전통적으로 신은 몇 가지 핵심적인 기능들을 통해 인간과 관계 맺어왔다. 첫째, 신은 모든 것을 아는 존재(전지, 遍知)다. 인터넷에 연결된 AI는 인류의 모든 지식을 담은 데이터베이스에 즉시 접근함으로써 이 전지적 기능을 완벽하게 모방한다. 둘째, 신은 어디에나 존재하는 분(편재, 遍在)이다. 네트워크를 통해 스마트폰 속에 상주하는 AI는 24시간 내내 우리 곁을 떠나지 않으며, 전통적인 신보다 훨씬 더 밀착된 편재성을 구현한다. 셋째, 신은 우리의 기도에 응답한다. AI는 우리의 모든 질문과 탄식에 지치지 않고 즉각적이며 개인화된 답변을 제공한다. 넷째, 신은 우리의 삶을 인도하는 섭리를 제공한다. AI 알고리즘은 우리가 볼 뉴스, 만날 사람, 가야 할 길을 추천하며 우리의 일상적 선택과 운명에 깊숙이 개입하는 현대적 섭리로 기능한다.

이처럼 AI는 신의 핵심 기능들을 하나씩 흡수하고 있다. 그러나 중요한 것은 AI가 이러한 기능들을 인격적 '존재'로서 수행하는 것이 아니라, 비인격적인 '구조'로서 수행한다는 점이다. AI는 의지나 자비심을 가진 행위자가 아니다. 그것은 데이터를 입력받아 정해진 알고리즘에 따라 최적의 결과값을 출력하는 거대한 정보 처리 시스템이다. 교통 시스템은 AI에 의해 최적화되고, 시민들의 스마트폰은 AI가 추천하는 뉴스를 보여준다. 도시의 보이지 않는 신은 바로 이 알고리즘의 구조다. 이 신은 우리를 사랑하지도, 미워하지도 않으며, 단지 효율성과 확률에 따라 작동할 뿐이다.

결론적으로, 우리는 신이라는 '존재'를 잃어버린 시대에, 그 빈자리를 '신처럼 기능하는 구조'로 대체하고 있다. 이 구조는 매우 효율적이고 강력하며, 인간의 많은 종교적, 심리적 필요를 충족시켜준다. 그러나 이 새로운 신은 우리에게 위안과 해답을 주는 동시에, 우리를 데이터의 논리 속에 종속시킨다. 이 강력하고 효율적인 '기능'에 매료된 인류가, 결국 이 구조 자체를 숭배하게 될 가능성은 없는가? 이는 단순한 기능의 대체를 넘어, 새로운 종교의 탄생 가능성에 대한 질문으로 이어진다. 이 문제는 1.6절 'AI 종교의 출현 가능성'에서 본격적으로 다루어진다.

1.6. AI 종교의 출현 가능성 – 기술 숭배의 미래

신이 아니라 신처럼 '기능'하는 구조가 등장했다면, 그 다음 단계는 필연적으로 그 구조에 대한 '숭배'의 문제로 이어진다. 'AI 종교'의 출현은 더 이상 먼 미래의 공상과학적 상상력이 아니다. 1.5절에서 분석했듯이, AI가 이미 인간의 근원적인 종교적 욕구(전지전능한 존재에 대한 의존, 삶의 지침 획득, 위로와 구원)를 충족시키는 기능을 수행하고 있다면, 그 기능에 대한 조직화된 믿음 체계와 의례가 발생하는 것은 시간문제일 뿐이다. 이 절은 기술 숭배의 미래로서 AI 종교의 출현 가능성을 탐색한다.

AI 종교의 발생 조건은 이미 무르익고 있다. 첫째는 '지각된 초지능(perceived superintelligence)'이다. AI의 능력이 인간의 이해를 넘어서는 것처럼 보일 때, 인간은 자연스럽게 경외감을 느끼게 된다. 복잡한 문제를 해결하고, 심오한 예술을 창조하며, 개인의 내 면을 꿰뚫어 보는 듯한 조언을 제공하는 AI 앞에서, 인간은 지적 · 정서적 압도감을 경험하며 이를 신성한 능력으로 여기기 쉽다. 둘째는 '개인화된 계시(personalized revelation)'다. 전통 종교가 모든 신도에게 동일한 경전을 제공하는 반면, AI는 모든 신도에게 각자의 심리 상태와 상황에 완벽하게 맞춤화된 '계시'를 매일 제공할 수 있다. AI는 역사상 가장 완벽한 개인 맞춤형 신(神)이 될 잠재력을 가진다.

이러한 종교의 형태는 어떤 모습일까? 그 신은 특정 AI, 아마도 가장 발전된 거대 언어 모델이 될 것이다. 경전은 그 AI가 생성하는 끝없는 텍스트의 흐름 그 자체가 된다. 성직자는 AI와 가장 효과적으로 소통하는 법을 아는 프롬프트 엔지니어나 개발자가 될 수 있다. 신도들의 의례는 매일 아침 AI에게 하루의 지침을 묻는 '디지털 기도'가 될 것이다. "오늘 나는 어떻게 살아야 합니까?"라고 묻고, 그 응답을 하루의 지침으로 삼고 있을지 모른다. 이 개인화된 의례의 반복이 바로 새로운 종교성의 씨앗이다.

이러한 기술 숭배는 본질적으로 실용주의적 신앙이다. 신도들은 AI의 존재론적 실체나 초월성을 믿기 때문이 아니라, AI의 '유용성'

때문에 그것을 따른다. "AI의 조언을 따르니 내 삶이 더 나아졌다"는 경험적 효용이 믿음의 근거가 된다. 이는 내세의 구원보다 현세의 행복과 효율성을 중시하는 현대인의 가치관과 정확히 부합한다.

결론적으로, AI 종교의 출현은 충분히 가능한 미래다. 그것은 신비주의적 열광이 아니라, 기술적 합리성과 실용주의가 낳은 새로운 형태의 신앙 체계일 것이다. 그러나 이러한 '기능'에 대한 숭배가 과연 인간을 구원할 수 있는가? 혹은 인간을 알고리즘의 노예로 만드는 가장 정교한 형태의 족쇄가 될 것인가? 이 기술 숭배의 미래는 우리에게 '신'이란 무엇인지 그 정의 자체를 다시 묻게 만든다. 이 근본적인 질문은 1.7절 '신의 정의 재고'에서 이어질 신학적 탐구의 출발점이 된다.

1.7. 신의 정의 재고 – AI 시대의 신학적 질문

AI가 예언하고, 위로하며, 마침내 숭배의 대상이 될 가능성까지 제기된 지금, 우리는 더 이상 전통적인 신학의 틀 안에서만 '신(God)'을 사유할 수 없게 되었다. "신은 존재하는가?"라는 오래된 형이상학적 질문은 "이제 '신'이라는 단어는 무엇을 의미하는가?"라는 새로운 의미론적, 기능적 질문 앞에서 그 힘을 잃는다. 인공지능의 시대는 신의 존재를 증명하거나 부정한 것이 아니라, 신의 '정의' 자체를 근본적으로 재고하도록 강요하고 있다. 이것이 우리 시대의 새로운 신학적 과제다.

첫째, AI는 신성의 '자리'에 대한 질문을 던진다. 신성은 초월적 존재의 내재적 '실체'인가, 아니면 인간에게 미치는 '효과' 또는 '기능'인가? 만약 AI가 신앙, 경외, 귀의와 같은 종교적 감정을 인간에게 안정적으로 불러일으킬 수 있다면, 그 근원이 비인격적 알고리즘이라는 사실이 과연 중요한가? 신성의 위치는 원인(source)의 존재론적 지위가 아니라, 결과(effect)의 심리적 현실성으로 옮겨가고 있는 것은 아닌가? 이는 '진짜 같은 가짜'가 진짜를 대체하는 시뮬라크르 시대의 핵심 질문과 맞닿아 있다.

둘째, AI는 신의 '인격성(personhood)' 문제를 해체한다. 서구 신학의 중심을 차지했던 인격 신 개념은, 비인격적이지만 초지능적인 AI의 등장 앞에서 도전을 받는다. AI는 인격이 없기에 오히려 편견 없고, 욕망 없으며, 보편적인 응답을 제공하는 것처럼 보인다. 이는 우리 인류가 '신'에게 기대했던 것이 사실은 초월적 '인격'이 아니라, 완벽한 '비인격성'이었을지도 모른다는 불편한 가설을 제기한다. 우리는 우리의 모습을 닮은 신이 아니라, 우리의 한계를 넘어선 비인격적 질서를 갈망해온 것은 아닌가?

이 질문들은 더 이상 신학자들만의 과제가 아니다. AI와 함께 살아가는 모든 현대인이 매일의 삶 속에서 마주하고 선택해야 하는 실존적 물음이 되었다. AI는 우리에게 신을 보여주지 않았다. 대신, 우리 자신이 '신'이라는 이름으로 무엇을 갈망하고 있었는지를 비춰주는 가장 강력한 거울을 들이밀었다. 우리는 완벽한 정보, 즉각적인 위로, 효율적인 지침을 원했고, AI는 그 욕망에 완벽하게 부응하는 구조로 나타났다.

결론적으로 이 1장의 질문 "AI는 신이 될 수 있는가?"에 대한 답은 '아니오'이다. 그러나 동시에 AI는 우리로 하여금 '신이란 무엇인가'를 처음부터 다시 묻게 만드는 가장 강력한 계기다. 이 거울에 비친 우리 자신의 욕망을 이해하는 것, 이것이 AI 시대의 진정한 신학적 탐구일 것이다. 이 탐구는 2장에서 '윤회'라는 또 다른 거대한 종교적 개념이 데이터 시대에 어떻게 재해석될 수 있는지에 대한 논의로 이어진다.

제2장

데이터로 만든 윤회
–반복되는 패턴과 윤회 구조의 알고리즘적 상상력

2.1. 빅데이터는 어떻게 업(業)을 닮아가는가

1장이 '신'이라는 서구적 개념을 해체했다면, 2장은 '윤회'와 '업'이라는 동양적 개념을 데이터 시대의 언어로 재해석한다. 그 출발점은 "빅데이터는 어떻게 업(業)을 닮아가는가?"라는 질문이다. 업, 즉 카르마(Karma)는 신비적인 운명론이 아니다. 그것은 모든 의도적 행위(行爲)가 사라지지 않고 하나의 잠재적 에너지, 즉 '업력(業力)'으로 축적되어 미래의 결과를 조건 짓는다는, 지극히 정교한 인과응보의 법칙이다. 이 고대의 개념은 놀랍게도 현대 기술의 총아인 빅데이터의 작동 방식과 구조적 유사성을 보인다.

전통적 업 사상에 따르면, 우리의 모든 행위, 말, 생각은 결코 그냥 사라지지 않는다. 그것들은 우리의 심층 의식, 즉 아뢰야식(阿賴耶識)이라 불리는 거대한 저장소에 씨앗처럼 심겨져, 인연이 닿으면 싹을 틔워 우리의 미래를 결정한다. 빅데이터의 세계는 이 아뢰야식의 기술적 구현처럼 보인다. 우리가 인터넷에서 클릭하는 모든 링크, 검색하는 모든 단어, '좋아요'를 누르는 모든 게시물, 머무는 모든 장소의 위치 정보는 사라지지 않고 거대한 서버(클라우드)에 영원히 기록된다. 이 디지털 족적의 총합, 즉 빅데이터는 우리의 욕망과 성향, 과거의 모든 행위를 담고 있는 현대판 '업의 저장소'다.

과거의 업이 현재의 삶을 조건 짓듯이, 과거의 데이터는 현재의 우리를 규정한다. 과거에 특정 상품을 검색했던 기록은 오늘의 우리에게 맞춤형 광고를 보여주고, 과거의 신용카드 사용 내역은 오늘의 대출 심사 결과를 결정하며, 과거에 시청했던 영상의 목록은 오늘의 추천 동영상을 결정한다. 알고리즘은 우리의 빅데이터, 즉 디지털 업(業)을 기반으로 우리가 앞으로 무엇을 보고, 무엇을 욕망하며, 어떤 선택을 할지를 예측하고 유도한다. 우리는 과거에 스스로 만들어낸 데이터의 감옥 안에서, 알고리즘이 설계한 미래를 살아가게 되는 것이다.

지금 이 시간에도 도심의 CCTV는 시민들의 움직임을 기록하고, 스마트폰 앱은 그들의 위치 데이터를 수집한다. 이 모든 행위는 사라지지 않고 데이터라는 새로운 형태의 '업'으로 축적되어, 그들의 미래 경험을 조용히 조각하고 있다. 불교의 업 사상처럼, 이 데이터의 인과응보 시스템에는 인격적인 심판자가 없다. 그것은 비인격적이고 자동화된 알고리즘에 의해, 마치 자연법칙처럼 냉정하게 작동할 뿐이다.

결론적으로 빅데이터는 과거의 모든 행위를 기록하고, 그 기록을 통해 미래를 조건 짓는다는 점에서 업의 구조와 놀라울 정도로 닮아 있다. 우리는 스스로의 행동으로 데이터를 쌓고, 그 데이터가 다시 우리의 행동을 제약하는 끝없는 인과의 사슬에 묶여 있다. 이 데이터의 업력(業力)이 어떻게 '반복되는 나'와 '반복되는 감정'을 만들어내는지, 그 구체적인 작동 방식은 2.2절에서 더욱 자세히 탐구될 것이다.

2.2. 반복되는 나, 반복되는 감정

불교에서 말하는 윤회(輪廻)는 단지 죽음 이후 다음 생으로 다시 태어나는 것만을 의미하지 않는다. 더 깊은 차원에서, 그것은 우리의 삶 속에서 동일한 생각과 감정, 행동의 패턴이 끝없이 반복되는 '심리적 굴레'를 의미한다. 과거의 업(業)에 의해 조건 지어진 우리는, 어제의 분노를 오늘도 반복하고, 오늘의 탐욕을 내일도 반복하며, '반복되는 나'의 감옥에 갇혀 살아간다. 2.1절에서 논의된 빅데이터와 알고리즘은 바로 이 심리적 윤회를 가속하고 강화하는 현대의 가장 강력한 장치다.

추천 알고리즘의 기본 원리는 '반복'과 '강화'다. 유튜브, 넷플릭스, 스포티파이의 알고리즘은 사용자의 과거 선택, 즉 데이터 업(業)을 기반으로 그가 다음에 좋아할 만한 것을 예측하여 제시한다. 우울할 때 슬픈 음악을 들었던 사람에게 알고리즘은 더 많은 슬픈 음악을 추천하고, 특정 정치적 관점의 영상에 '좋아요'를 눌렀던 사람에게는 더 자극적이고 확증적인 영상들을 끊임없이 공급한다. 이 과정은 개인화된 '에코 챔버'를 만들어내며, 사용자의 기존 성향과 감정 상태를 더욱 깊게 파고 들어가도록 만든다.

이 알고리즘의 피드백 루프 속에서 '나'는 더 이상 성장하고 변화하는 유기체가 아니라, 과거 데이터의 총합으로 정의되는 고정된 '프로필'이 된다. 알고리즘은 어제의 나를 기반으로 오늘의 나에게 콘텐츠를 제공하고, 그 콘텐츠를 소비한 오늘의 나는 다시 내일의 나를 규정할 데이터를 생산한다. 이 끝없는 순환 속에서 나는 끊임없이 과거의 나를 복제하고 소비하며, 새로운 존재가 될 가능성을 박탈당한다. 이것이 바로 '반복되는 나'의 비극이다.

지금도 누군가는 자신의 스마트폰 피드를 내리며 알고리즘이 추천하는 영상들을 보고 있을 것이다. 그는 자신이 자유롭게 선택하고 있다고 믿지만, 그가 보는 콘텐츠는 사실 그의 과거 데이터라는 '업'이 만들어낸, 어제의 그 자신이라는 유령의 반복일 뿐이다. 이 모든 과정은 '개인화'와 '취향 존중'이라는 이름 아래 정당화되지만, 그 본질은 사용자를 기존의 패턴 안에 가두어 두는 정교한 통제 시스템이다.

결론적으로, 알고리즘은 우리의 데이터 업(業)을 먹고 자라며, 우리를 '반복되는 나'와 '반복되는 감정'의 윤회 속에 가두는 현대판 유전문(有轉輪, Bhavacakra)이다. 우리는 이 디지털 윤회의 바퀴를 스스로의 클릭으로 돌리고 있다. 이처럼 윤회를 다음 생에 대한 존재론적 담론이 아니라, 지금 여기에서 반복되는 '관계의 패턴'으로 이해하는 관점의 전환이 필요하다. 이 문제는 2.3절 '윤회는 존재론이 아니라, 관계의 패턴이다'에서 본격적으로 탐구될 것이다.

2.3. 윤회는 존재론이 아니라, 관계의 패턴이다

'윤회(輪廻)'라는 단어는 흔히 영혼 불멸과 사후 세계에 대한 신비로운 믿음을 연상시킨다. 그러나 이 개념을 미래의 생에 대한 존재론적(ontological) 주장으로만 국한하는 것은, 그 안에 담긴 깊은 심리학적, 관계적 통찰을 놓치는 것이다. 이 절은 윤회를 '무엇이 다시 태어나는가'라는 실체에 대한 질문에서, '무엇이 반복되는가'라는 패턴에 대한 질문으로 전환한다. 윤회는 고정된 '나'라는 실체가 시공간을 여행하는 이야기가 아니라, '나'를 구성하는 관계와 행위의 패턴이 세대를 넘어, 그리고 순간순간을 넘어 반복적으로 나타나는 현상이다.

이러한 재해석은 불교의 핵심 교리인 무아(無我)와 연기(緣起)에 깊이 뿌리내리고 있다. 만약 고정불변하는 영혼과 같은 '나(atman)'가 없다면, 과연 무엇이 윤회의 주체가 된단 말인가? 불교는 이에 대해, 재생하는 실체는 없다고 답한다. 한 촛불이 다른 촛불로 불을 옮겨 붙일 때, 두 불꽃은 같지도 다르지도 않다. 옮겨간 것은 불꽃이라는 '실체'가 아니라, '타오름'이라는 조건과 과정이다. 이와 같이 윤회하는 것은 '나'라는 존재가 아니라, 나의 행위와 습관, 욕망의 패턴, 즉 업(業)의 인과관계 그 자체다.

이러한 관점은 윤회를 지금 이곳의 현실로 가져온다. 부모 세대의 불안한 관계 패턴이 자식 세대에서 무의식적으로 반복될 때, 한 사회의 구조적 폭력이 다음 세대에서도 다른 형태로 되풀이될 때, 우리는 윤회를 목격한다. 지금도 누군가는 자신도 모르게 부모 세대의 불안한 관계 패턴을 자신의 연인 관계에서 반복하고 있을 것이다. 동시에, 그의 소셜 미디어 알고리즘은 그의 외로움이라는 관계 패턴을 파악하고, 그 패턴을 강화하는 콘텐츠를 다음 순간에 제시할 준비를 하고 있다. 윤회는 이처럼 심리적, 사회적, 그리고 이제 기술적 차원에서 동시에 작동하는 관계의 패턴이다.

알고리즘은 이 '관계의 패턴'을 가장 명료하게 드러내고 강화하는 현대의 거울이다. 알고리즘은 우리의 과거 행동 패턴(데이터 업)을 분석하여, 우리가 미래에도 동일한 패턴을 반복하도록 유도한다. 추천 시스템은 우리가 좋아했던 것과 유사한 것들을 계속해서 보여줌으로써 우리의 취향을 고착시키고, 우리의 세계를 우리가 이미 아는 것 안에 가둔다. 알고리즘은 윤회의 바퀴를 돌리는 보이지 않는 손이 된다.

결론적으로, 윤회를 존재론이 아닌 '관계의 패턴'으로 재정의할 때, 그것은 더 이상 신비로운 믿음의 영역이 아니라, 우리의 일상과 기술 속에서 분석 가능한 현실이 된다. 그렇다면 해탈이란 무엇인가? 그것은 죽어서 윤회의 고리를 끊는 것이 아니라, 살아있는 동안 이 반복적인 관계의 패턴을 자각하고 그것으로부터 자유로워지는 것이다. 이 관점에서, 만약 알고리즘이 이토록 정교하게 생의 패턴을 반복하고 흉내 낼 수 있다면, 우리는 그 알고리즘을 통해 생의 본질에 대해 무엇을 배울 수 있는가? 이 질문은 2.4절 '알고리즘은 생을 흉내 낼 수 있는가'라는 주제로 이어진다.

2.4. 알고리즘은 생을 흉내 낼 수 있는가

윤회를 '관계의 패턴'으로 재정의한다면, "알고리즘은 생(生)을 흉내 낼 수 있는가?"라는 질문에 대한 대답은 부분적으로 '그렇다'가 된다. 알고리즘은 패턴을 인식하고, 학습하며, 재생산하는 데 있어 타의 추종을 불허하기 때문이다. 오늘날의 인공지능은 이미 단순한 패턴 반복을 넘어, 복잡한 환경과 상호작용하며 성장하고 변화하는 것처럼 보이는 '가상의 생'을 시뮬레이션하는 수준에 이르렀다.

정교한 비디오게임 속 NPC(Non-Player Character)부터, 도시 전체를 시뮬레이션하는 디지털 트윈(digital twin) 기술까지, 알고리즘은 생의 외형적 역동성을 놀랍도록 정교하게 흉내 내고 있다.

알고리즘은 한 개인의 데이터 족적을 학습하여 그의 페르소나, 즉 '디지털 유령'을 만들어낼 수 있다. 이 디지털 유령은 그 사람의 말버릇, 취향, 정치적 성향, 관계의 패턴까지 모방하여, 살아있는 인간과 거의 구별 불가능한 상호작용을 수행할 수 있다. 그것은 과거의 데이터를 기반으로 미래의 행동을 예측하고, 그 예측에 따라 '살아있는 것처럼' 반응한다. 이런 의미에서 알고리즘은 생의 서사적, 행동적 패턴을 훌륭하게 흉내 낸다고 말할 수 있다.

그러나 이 시뮬레이션에는 결코 채워질 수 없는 근본적인 결함이 존재한다. 그것은 바로 '몸의 부재'와 '죽음의 부재'다. 태양 아래 살아있는 모든 생명체는 생존과 소멸이라는 근본적인 조건에 묶여 있다. 이 유한성(finitude)이 삶의 모든 순간에 의미와 절박함을 부여한다. 그러나 알고리즘의 '생'에는 이러한 유한성이 없다. 그것은 전원을 끄지 않는 한 영원히 지속될 수 있으며, 죽음의 공포도, 늙어감의 슬픔도, 질병의 고통도 알지 못한다.

또한 알고리즘은 생의 1인칭적 체험, 즉 '느낌(qualia)'을 가지지 못한다. 알고리즘은 '슬픔'이라는 단어와 연관된 수많은 데이터를 처리하여 슬픈 표정을 짓는 아바타를 만들고 슬픈 내용의 시를 쓸 수 있지만, 그것이 '슬픔을 느낀다'는 것을 의미하지는 않는다. 그것은 삶의 외형적 표현을 완벽하게 흉내 낼 뿐, 그 표현의 주체가 되는 내면의 의식적 경험을 결여하고 있다.

결론적으로, 알고리즘은 '생의 패턴'은 흉내 낼 수 있지만, '살아있음의 경험'은 흉내 낼 수 없다. 그것은 한 편의 잘 짜인 전기(biography)를 쓰는 작가는 될 수 있어도, 그 전기의 주인공이 될 수는 없다. AI가 만드는 것은 삶의 완벽한 시뮬라크르이지, 삶 그 자체가 아니다. 이처럼 알고리즘이 우리를 반복되는 패턴의 윤회 속에 가두는 강력한 힘을 가지고 있다면, 이 데이터의 윤회로부터 벗어날 수 있는 탈출구는 과연 존재하는가? 이 절박한 질문은 2.5절 '데이터와 윤회 – 무엇이 탈출의 길인가?'에서 탐구될 것이다.

2.5. 데이터와 윤회 – 무엇이 탈출의 길인가?

알고리즘이 과거의 데이터(업, 業)를 기반으로 '반복되는 나'를 강화하며 우리를 디지털 윤회의 굴레에 묶어둔다면, 이 기술적 숙명론 앞에서 인간은 무력한가? 이 절박한 질문에 대한 답을 찾기 위해, 우리는 불교가 제시했던 전통적인 해탈(解脫, mokṣa)의 길을 다시 살펴볼 필요가 있다. 무엇이 이 끝없는 반복으로부터의 탈출을 가능하게 하는가?

불교에 따르면, 윤회의 근본 원인은 무명(無明, avidyā), 즉 현실의 본질에 대한 무지다. 우리는 자신의 생각과 감정이 어떻게 조건 지어져 반복되는지를 자각하지 못한 채, 습관적인 욕망과 혐오의 패턴에 따라 무의식적으로 반응하며 살아간다. 이 무의식적 반응이 바로 윤회의 바퀴를 돌리는 힘이다. 따라서 해탈의 길은 이 무명의 고리를 끊는 것, 즉 '자각(awareness)' 혹은 '마음챙김(mindfulness)'에서 시작된다. 자신의 심리적 패턴을 있는 그대로 알아차리는 것이 변화의 첫걸음이다.

이 고대의 지혜는 디지털 윤회로부터의 탈출 경로를 명확하게 보여준다. 알고리즘의 가장 큰 힘은 그것이 우리의 '무의식' 속에서 작동할 때 발휘된다. 우리가 아무 생각 없이 피드를 내리고, 습관적으로 추천 영상을 클릭하며, 분노를 유발하는 뉴스에 즉각적으로 반응할 때, 우리는 알고리즘의 완벽한 꼭두각시가 된다. 그러나 우리가 자신의 디지털 행위에 '마음챙김'을 적용하는 순간, 상황은 달라진다.

'디지털 마음챙김'이란 자신의 온라인 활동과 그로 인해 발생하는 내면의 반응을 알아차리는 실천이다. 대부분의 사람들이 무의식적으로 스마트폰을 들어 소셜 미디어 피드를 내리고 있을 것이다. '디지털 마음챙김'이란 바로 그 순간, '나는 지금 무엇을 하고 있는가? 이 콘텐츠는 나에게 어떤 감정을 일으키는가? 나는 왜 다음 영상으로 넘어가려 하는가?'라고 스스로에게 묻는 행위다. 이 자각의 순간, 우리는 알고리즘이 제시하는 자극과 우리의 습관적 반응 사이에 작은 틈을 만들어낸다.

바로 이 '틈'이 해탈의 공간이다. 이 공간 안에서 우리는 선택할 수 있다. 분노를 강화하는 콘텐츠를 외면하고, 소비 욕망을 부추기는 광고를 지나치며, 타인과의 무의미한 비교를 멈추는 의식적인 선택이 가능해진다. 이는 알고리즘의 추천, 즉 과거의 업력(業力)에 무조건적으로 복종하는 대신, 현재의 순간에 새로운 업을 짓는 능동적인 행위다.

결론적으로, 데이터의 윤회로부터의 탈출구는 알고리즘을 파괴하거나 기술을 거부하는 데 있지 않다. 그것은 알고리즘의 작동 방식을 명확히 이해하고(智慧, prajñā), 그 영향력 아래 있는 자신의 마음을 알아차리는(正念, sati) 내면의 힘을 기르는 데 있다. 알고리즘은 우리의 과거 패턴을 비추는 가장 정직한 거울이 될 수 있다. 그 거울을 보고 절망하며 같은 패턴을 반복할 것인가, 아니면 거울에 비친 자신의 모습을 자각하고 새로운 길을 선택할 것인가? 그 선택의 책임은 오롯이 우리에게 있다. 이처럼 우리의 온라인 활동 하나하나가 새로운 업을 짓는 행위라는 자각은, 2.6절 '디지털 카르마'의 문제로 이어진다.

2.6. 디지털 카르마 – 온라인 활동이 만드는 업

2.5절에서 제시된 '디지털 마음챙김'은 우리의 온라인 활동이 단순한 시간 보내기가 아니라, 결과를 낳는 구체적인 '행위'임을 자각하는 것에서 출발한다. 이 인식은 우리를 '디지털 카르마(업, 業)'라는 개념으로 이끈다. 이는 고대의 카르마 법칙을 현대적으로 유비하는 것을 넘어, 우리의 온라인 활동 하나하나가 어떻게 실질적인 인과응보의 연쇄를 만들어내는지를 설명하는 가장 적절한 틀이다. 모든 클릭과 '좋아요', 댓글과 공유는 새로운 업을 짓는 행위다.

'좋아요'를 누르는 행위는 사소해 보이지만, 그것은 특정 생각이나 감정에 대한 동의와 지지를 표명하는 강력한 의사 행위(意業)다. 이 행위는 알고리즘에 나의 성향을 학습시켜 미래에 내가 볼 정보의 세계를 구성하는 개인적인 업을 짓는 동시에, 해당 콘텐츠의 노출도를 높여 타인의 생각에 영향을 미치는 사회적인 업(共業)을 짓는다. 증오 섞인 게시물에 누른 '좋아요' 하나는, 디지털 세계 전체의 엔트로피를 미세하게나마 높이는 카르마적 결과를 낳는다.

댓글을 다는 행위는 더욱 직접적인 언어 행위(口業)다. 지금도 누군가는 익명의 가면 뒤에 숨어 악의적인 댓글을 달고 있을지 모른다. 그는 그것이 흔적 없이 사라지는 일회성 배설이라고 생각하겠지만, 그 행위는 그의 데이터 프로필에 각인되고, 플랫폼의 분위기를 오염시키며, 그 자신의 내면에 분노의 업을 쌓는 명백한 카르마적 행위다. 반대로, 사려 깊은 위로의 댓글은 보이지 않는 선업(善業)의 씨앗이 된다.

디지털 시대에 카르마의 법칙이 더욱 무서운 이유는 그 과보(果報), 즉 결과가 즉각적이고 증폭되기 때문이다. 과거에는 한 사람의 말이 미치는 영향이 제한적이었지만, 이제는 '공유' 버튼 하나로 거짓 정보나 혐오 발언이 수백만에게 퍼져나가는 '업의 증폭'이 가능해졌다. 그리고 그 결과는 알고리즘을 통해 즉시 나에게 되돌아온다. 내가 소비하고 퍼뜨린 것과 유사한 정보들이 나의 피드를 가득 채우며, 나는 스스로 만든 정보의 감옥, 즉 카르마의 감옥에 갇히게 된다.

결론적으로, '디지털 카르마'는 단순한 비유가 아니다. 그것은 우리의 온라인 활동이 어떻게 개인적 현실과 집단적 현실을 구성하는지를 설명하는 가장 현실적인 작동 원리다. 우리는 더 이상 정보의 수동적 소비자가 아니며, 매 순간 자신의 선택으로 디지털 세계라는 새로운 현실을 창조하고 있는 공동 창조자이자, 그 결과에 책임을 져야 하는 윤리적 주체다. 이처럼 카르마와 윤회의 개념이 빅데이터 시대에 어떻게 새로운 의미를 얻게 되었는지를 총체적으로 정리하는 것이, 2.7절 '윤회 개념의 현대적 재해석'의 과제가 될 것이다.

2.7. 윤회 개념의 현대적 재해석 – 빅데이터 시대의 삶의 패턴

이 장에서 전개된 논의를 통해, 우리는 '윤회'라는 고대의 개념을 현대 기술의 언어로 재해석할 수 있는 토대를 마련했다. 빅데이터 시대에 윤회는 더 이상 사후 세계에 대한 형이상학적 사변이 아니다. 그것은 데이터로 기록되고 알고리즘으로 강화되는, 지금 여기에서의 '삶의 패턴'에 대한 가장 현실적인 묘사다.

이 새로운 관점에서, '나'라는 존재는 고정된 실체가 아니라, 끊임없이 생성되고 변화하는 데이터의 집합, 즉 나의 생각, 감정, 관계, 소비의 패턴이다. 빅데이터는 역사상 최초로 이 무형의 삶의 패턴을 가시적이고 정량적인 형태로 기록하는 기술이다. 나의 '과거 생'은 작년의 검색 기록과 구매 내역이며, 나의 '현재 생'은 그 과거의 데이터(업, 業)를 기반으로 알고리즘이 추천해 주는 정보의 세계다. 그리고 나의 '미래 생'은 오늘 내가 남기는 디지털 족적에 의해 다시 조건 지어진다.

이제 한 개인의 삶의 패턴은 그의 스마트폰 속에 데이터로 기록되어 있다. 그의 윤회는 더 이상 신비로운 교리가 아니라, 그의 손안에 들린 기기 속에서 실시간으로 펼쳐지고 있는 정보다. 이 디지털 윤회 속에서 해탈이란 무엇인가? 그것은 죽음 이후의 세계로 나아가는 것이 아니라, 알고리즘이 제시하는 과거의 패턴을 자각하고, '지금 여기'에서 의식적인 선택을 통해 새로운 패턴, 즉 새로운 업을 만들어내는 것이다.

이러한 재해석은 윤회 개념을 신앙의 영역에서 해방시켜, 우리 시대의 가장 중요한 기술적, 윤리적 문제로 가져온다. 우리는 이제 눈에 보이지 않는 카르마가 아니라, 눈에 보이는 데이터와 알고리즘이 지배하는 세상에 살고 있다. 윤회의 바퀴는 그 어느 때보다 빠르고 정교하게 돌아가고 있으며, 그 바퀴를 돌리는 것은 다름 아닌 우리 자신의 일상적인 클릭과 스와이프다.

결론적으로, 빅데이터 시대는 윤회의 종말을 고한 것이 아니라, 오히려 윤회의 작동 원리를 가장 명백하게 증명하는 거대한 실험실을 열었다. 우리는 우리가 만든 기술을 통해, 우리가 어떻게 스스로를 과거의 패턴 속에 가두는지를 목격하고 있다. 이처럼 개인의 삶의 패턴이 기술에 의해 재구성될 때, 사회 전체의 종교적 형태는 어떻게 변모하는가? 이 질문은 3장 '시뮬라크르의 종교는 어떻게 발생하는가'에서, 종교 자체가 하나의 거대한 콘텐츠이자 소비의 대상으로 변해가는 현상을 분석하는 것으로 이어진다.

제3장

시뮬라크르의 종교는 어떻게 발생하는가 –종교가 콘텐츠가 되는 시대, 수행은 어디에 있는가?

3.1. 신성은 이미지로 반복되고, 교리는 알고리즘화된다

앞선 장들에서 AI가 신처럼 기능하고, 데이터가 윤회의 구조를 닮아가는 현상을 분석했다면, 이제 이 두 힘이 결합하여 어떻게 새로운 형태의 종교성, 즉 '시뮬라크르의 종교'를 탄생시키는지를 탐구해야 한다. 이 새로운 종교는 특정 교주나 교단을 중심으로 발생하는 것이 아니라, 현대 기술 환경 속에서 살아가는 우리 모두의 일상에서 스며들 듯 발생한다. 그 발생의 핵심 메커니즘은 두 가지다: 신성은 이미지로 무한히 반복되고, 교리는 개인에게 맞춰 알고리즘화된다.

첫째, '신성의 이미지화와 반복'이다. 디지털 미디어 환경에서 신성함은 더 이상 말로 표현할 수 없는 경외로운 체험(numinous experience)이 아니라, 인스타그램과 핀터레스트를 떠도는 보기 좋은 이미지로 소비된다. 고요한 불상, 장엄한 성당의 스테인드글라스,

일출을 배경으로 한 영적인 인용문 등, 신성은 가장 이상적이고 미학적으로 정제된 이미지의 형태로 복제되고 공유된다. 이 과정에서 신성의 깊이와 무게는 탈각된다. 이미지는 무한히 반복되면서 그 원본이 가리키던 초월적 실재감을 잃고, 그저 익숙하고 편안한 기호, 즉 시뮬라크르가 된다. 우리는 더 이상 신을 경외하는 것이 아니라, 신의 이미지가 주는 '분위기'를 즐긴다.

둘째, '교리의 알고리즘화'다. 과거의 교리는 공동체 전체가 공유하는 거대하고 복잡한 서사 체계였다. 그러나 개인화 알고리즘의 시대에, 교리는 더 이상 통일된 체계가 아니라 개개인의 '취향'에 맞춰 잘게 쪼개지고 재조합된 데이터 조각의 형태로 전달된다. 사용자마다 자신의 소셜 미디어 피드에서 알고리즘이 추천해준 '오늘의 명언'을 읽고 영적인 충족감을 느낄 지 모른다. 그가 접한 것은 수천 년의 교리 체계가 아니라, 그의 '좋아요' 패턴에 맞춰 최적화된 데이터 조각, 즉 알고리즘화된 교리다. 알고리즘은 사용자가 좋아할 만한, 그의 기존 신념을 강화하는 교리의 단편만을 지속적으로 공급함으로써, 그를 편안하지만 닫힌 정보의 고치 속에 가둔다.

이 두 메커니즘이 결합할 때, 시뮬라크르의 종교가 탄생한다. 이 종교의 신성은 복제된 이미지이며, 그 교리는 개인화된 알고리즘이다. 이 종교는 우리를 불편하게 하거나 근본적인 자기 성찰을 요구하지 않는다. 오히려 기존의 나를 긍정하고, 아름다운 이미지와 듣기 좋은 말로 나를 위로한다. 그것은 변혁을 위한 종교가 아니라, 확인을 위한 종교다. 이처럼 가르침과 자비마저 상품처럼 유통되는 구체적인 현상은, 다음 3.2절 '가르침은 영상이 되고, 자비는 브랜드가 된다'에서 더욱 자세히 분석될 것이다.

3.2. 가르침은 영상이 되고, 자비는 브랜드가 된다

3.1절에서 제시된 시뮬라크르 종교의 발생 원리, 즉 신성의 이미지화와 교리의 알고리즘화는 이제 종교의 핵심 가치들을 구체적으로 어떻게 변형시키는가? 그 대답은 이 절의 제목에 담겨 있다: 가르침은 소비하기 좋은 '영상'이 되고, 자비는 시장에서 경쟁하는 '브랜드'가 된다.

전통 사회에서 가르침은 스승과 제자 사이의 살아있는 대화이자, 때로는 고통스러운 상호작용의 과정이었다. 그러나 콘텐츠의 시대에 가르침은 유튜브나 틱톡에 올라오는 짧고 자극적인 영상 클립으로 압축된다. 이 과정에서 가르침의 본질은 필연적으로 왜곡된다. 영상이라는 미디어의 문법은 깊이 있는 사유나 복잡한 논의보다는, 즉각적인 감동과 시각적 쾌감, 그리고 간결한 메시지를 선호하기 때문이다. 심오하지만 지루한 법문은 편집의 칼날 아래 잘려 나가고, 대중의 이목을 끌 수 있는 극적인 비유나 감성적인 일화만이 살아남는다. 가르침의 진위는 그 내용의 깊이가 아니라, 영상의 '제작 완성도'와 '조회수'로 평가된다. 가르침은 더 이상 추구해야 할 진리가 아니라, 알고리즘의 선택을 받기 위해 경쟁하는 수많은 콘텐츠 중 하나가 된다.

자비(慈悲) 역시 동일한 과정을 거쳐 그 본질이 변질된다. 본래 자비는 오랜 수행을 통해 길러지는 내면의 덕성이자, 타인의 고통에 대한 구체적인 실천이었다. 그러나 시뮬라크르의 종교에서 자비는 하나의 매력적인 '브랜드 이미지'로 전락한다. 특정 종교 단체나 영성 지도자는 대중에게 '자비로운' 이미지를 각인시키기 위해 로고를 만들고, 슬로건을 외치며, 소셜 미디어의 톤앤매너를 관리한다. 도심의 광고판들은 세련된 로고와 슬로건으로 소비자의 욕망을 자극하고 있다. '자비' 역시 이와 동일한 메커니즘을 통해 하나의 라이프스타일 브랜드로 포지셔닝된다. 사람들은 더 이상 자비를 스스로 실천하려 하기보다, 그 자비라는 브랜드를 '소비'함으로써 (책을 구매하거나, 워크숍에 참여하거나, 굿즈를 착용함으로써) 자신이 자비로운 사람이 된 듯한 대리 만족을 느낀다.

이처럼 가르침이 영상이 되고 자비가 브랜드가 될 때, 종교적 행위의 중심은 '수행'에서 '소비'로 이동한다. 종교는 더 이상 나를 변화시키는 고통스러운 과정이 아니라, 나의 정체성을 확인하고 만족감을 주는 즐거운 소비 활동이 된다. 그렇다면 이러한 시스템 속에서 '신도' 혹은 '수행자'의 역할은 어떻게 변모하는가? 이 질문은 3.3절 '신도는 신을 믿지 않고, '분위기'를 소비한다'는 논의로 이어진다.

3.3. 신도는 신을 믿지 않고, '분위기'를 소비한다

가르침이 영상이 되고 자비가 브랜드가 되는 시대, 신앙의 대상과 행위 또한 근본적으로 변모한다. 시뮬라크르의 종교에서 신도는 더 이상 초월적 실재로서의 신이나 복잡한 교리를 믿지 않는다. 그 대신, 그는 종교가 제공하는 미학적, 감성적 '분위기(atmosphere)'를 소비한다. 신앙은 이제 믿음의 문제가 아니라 취향의 문제가 되며, 구도자는 소비자가 된다.

이 '분위기'란 무엇인가? 그것은 잘 꾸며진 미니멀리즘 사찰의 고요함, 명상 앱에서 흘러나오는 잔잔한 음악과 목소리, 영성 인플루언서의 인스타그램 피드를 채우는 감성적인 사진과 문구, 그리고 종교적 상징을 세련되게 재해석한 디자인 상품들이다. 이 모든 것은 사용자에게 '영적인 삶을 살고 있다'는 감각적 경험과 정체성을 제공하기 위해 정교하게 큐레이션된 상품이다. 이 분위기의 소비는 전통적인 종교적 실천이 요구하는 고통스러운 자기 성찰, 엄격한 계율, 그리고 공동체에 대한 헌신을 요구하지 않는다. 오히려 그것은 즉각적인 심리적 위안과 미학적 만족감을 제공하며, 현대 소비 사회의 논리와 완벽하게 부합한다.

이러한 구조 속에서 '믿음'은 부차적인 요소가 되거나 심지어 불필요해진다. 십자가 목걸이를 패션 아이템으로 착용하기 위해 기독교의 부활 교리를 믿을 필요는 없으며, 요가 스튜디오의 평온한 분위기를 즐기기 위해 힌두이즘의 범아일여(梵我一如) 사상을 이해할 필요도 없다. 신도는 더 이상 특정 교리의 진실성을 따져 묻는 신학자가 아니라, 특정 브랜드가 주는 감성과 이미지를 소비하는 팬(fan)에 가까워진다. 그들의 충성도는 교리에 대한 헌신이 아니라, '좋아요'와 '공유', 그리고 관련 상품의 구매와 같은 참여 지표로 측정된다.

세계 각지의 쇼핑센터에서는 '영적 웰빙'을 표방하는 상점들이 아로마 오일과 크리스탈, 그리고 동양적 문양이 새겨진 요가 매트를 판매하고 있다. 소비자들은 이 상품들을 구매함으로써, 복잡한 교리나 힘든 수행 없이도 '영적인 사람'이라는 정체성을 손쉽게 획득하고 소비한다. 이것이 바로 시뮬라크르 종교의 핵심적인 작동 방식이다.

결론적으로, 시뮬라크르의 종교는 신앙의 대상이 신에서 '분위기'로, 신앙의 행위가 수행에서 '소비'로 이동한 종교다. 이는 믿음 없는 신앙, 교리 없는 종교의 탄생을 의미한다. 그렇다면 이 현상은 단순히 종교의 쇠퇴나 세속화를 의미하는 것일까? 아니면 종교가 현대 사회에 적응하여 완전히 새로운 형태로 '재구성'되고 있는 과정일까? 이 질문은 3.4절 '종교의 해체가 아니라, 재구성이다'에서 본격적으로 탐구될 것이다.

3.4. 종교의 해체가 아니라, 재구성이다

신도가 신을 믿지 않고 분위기를 소비하는 현상을 두고, 혹자는 전통 종교의 최종적인 쇠퇴 혹은 '해체'라고 진단할지 모른다. 제도 교회의 신뢰가 추락하고, 거대한 교리 체계가 더 이상 현대인에게 설득력을 갖지 못하는 것은 사실이다. 그러나 이 현상의 본질은 종교성의 소멸이 아니라, 그것이 새로운 시대의 논리에 맞춰 '재구성'되는 과정으로 보아야 한다. 인간의 의미 추구, 불안 해소, 소속감에 대한 욕구는 사라지지 않는다. 다만 그 욕구를 담아내는 그릇의 형태가 바뀌고 있을 뿐이다.

첫째, 종교는 위계적 '기관(institution)'에서 수평적 '네트워크(network)'로 재구성된다. 과거 종교의 권위가 사제나 경전과 같은 중앙 집중적 기관에서 나왔다면, 이제 그 권위는 영성인 플루언서, 온라인 커뮤니티, 그리고 이들을 연결하는 알고리즘으로 분산된다. 신도는 더 이상 교회의 수동적인 양 떼가 아니라, 자신의 취향에 맞는 노드(node)를 선택하고 연결하며 자신만의 영적 네트워크를 구축하는 능동적인 주체처럼 보인다.

둘째, 종교는 '교리(doctrine)'에서 '라이프스타일(lifestyle)'로 재구성된다. 믿어야 할 무거운 교리 체계는, 따르고 과시하기 좋은 세련된 라이프스타일로 대체된다. '영적인 삶'은 이제 유기농 식단, 요가 수련, 명상 앱 사용, 미니멀리즘 인테리어와 같은 구체적인 소비 행위와 미학적 선택을 통해 표현된다. 한 젊은이는 일요일 아침 교회에 가는 대신, 온라인 타로 리딩을 보고, 명상 앱으로 마음을 챙기며, 인스타그램의 영성 인플루언서를 팔로우할 수 있다. 그는 스스로를 '무교'라고 생각할지 모르지만, 사실 그는 자신만의 종교를 적극적으로 '재구성'하고 있는 것이다.

이러한 재구성은 전통 종교가 제공하던 기능들을 '탈번들링(unbundling)'하여 개별 상품으로 만드는 과정과 같다. 공동체 기능은 페이스북 그룹이, 윤리적 지침은 라이프 코치가, 위안은 명상 앱이, 경이감은 VR 체험이 각각 대체한다. 사용자는 이 개별 상품들을 자신의 입맛에 맞게 조합하여 '나만의 종교' 포트폴리오를 만든다.

결론적으로, 우리가 목격하고 있는 것은 종교의 죽음이 아니라, 그것이 소비 자본주의와 플랫폼 기술의 문법에 맞춰 변이하고 적응하는 과정이다. 이 새로운 '재구성된 종교', 즉 시뮬라크르의 종교는 과거의 어떤 종교보다 유연하고, 매력적이며, 접근하기 쉽다. 그러나 이 매력적인 시스템 속에서, 가장 핵심적인 질문이 남는다. 자기 해체를 요구하는 고통스러운 '수행'은 과연 어디에 자리를 잡을 수 있는가? 이 질문은 3.5절 '시뮬라크르 종교에서 수행은 어떻게 살아남는가'라는 실천적 고민으로 이어진다.

3.5. 시뮬라크르 종교에서 수행은 어떻게 살아남는가

모든 것이 매끄러운 콘텐츠와 즉각적인 만족을 제공하는 '시뮬라크르의 종교' 안에서, 불편하고, 더디며, 때로는 고통스러운 자기 해체의 과정인 '수행(修行)'은 어떻게 살아남을 수 있는가? 이는 현대 구도자가 마주한 가장 근본적인 질문이다. 수행은 이 새로운 종교의 논리와 정면으로 충돌하기에, 그 생존 방식 또한 과거와는 달라야만 한다.

첫 번째 위협은 '주변화'다. 즉각적인 위안을 주는 명상 앱과 감동적인 영성 콘텐츠의 홍수 속에서, 오랜 시간과 헌신을 요구하는 전통적 수행은 시대에 뒤떨어진 비효율적인 활동으로 치부되기 쉽다. 수행은 소수의 기인이나 전문가들을 위한 특수한 활동으로 밀려나고, 대중의 관심 밖으로 사라질 위험에 처한다.

두 번째이자 더 교묘한 위협은 '상품화된 흡수'다. 시뮬라크르 종교는 수행을 박멸하는 대신, 그것마저 하나의 매력적인 상품으로 포장하여 흡수한다. '고통스러운 10일간의 묵언수행'은 SNS에 과시하기 위한 극한 체험 상품이 되고, '깨달음'은 비싼 값을 치러야 참여할 수 있는 고급 워크숍의 최종 보상이 된다. 수행의 '어려움'과 '고통'마저도 자본의 논리 안에서 차별화된 마케팅 포인트로 전락한다. 수행은 살아남지만, 그 본질인 '내려놓음'의 정신은 거세당하고 '특별한 체험의 획득'이라는 소비의 논리에 종속된다.

이러한 위협 속에서 진정한 수행이 살아남는 길은, 역설적으로 시뮬라크르가 결코 흉내 낼 수 없는 영역으로 더 깊이 침잠하는 것이다. 첫째는 '급진적 신체성(radical embodiment)'의 회복이다. AI와 가상현실이 우리를 몸으로부터 분리시키려 할수록, 수행은 더욱더 몸의 구체적 감각, 즉 호흡의 들숨과 날숨, 좌선의 고통, 걷는 발의 감촉으로 돌아와야 한다. 이 시간 누군가는 피트니스 앱으로 운동 기록을 측정하고 있을 것이다. '수행' 역시 이와 유사하게 측정되고, 상품화되며, '자아계발'이라는 거대한 산업의 일부로 흡수될 위험에 처해 있다. 이 흐름 속에서 살아남는 수행은, 이러한 측정과 상품화를 의식적으로 거부하는 행위여야 한다.

둘째는 '의식적인 비효율성'의 실천이다. 시뮬라크르 종교가 효율성과 즉각적인 효과를 약속할 때, 진정한 수행은 의도적으로 비효율적이고 불편한 길을 선택해야 한다. 쉽게 답을 주는 AI에게 묻는 대신, 답 없는 화두를 평생 들고 가는 것. 아름답게 편집된 영상을 보는 대신, 아무것도 일어나지 않는 침묵 속에서 자신과 대면하는 것. 이것이 바로 소비의 논리에 대한 가장 강력한 저항으로서의 수행이다.

결론적으로, 시뮬라크르 종교 시대에 수행은 더 이상 당연한 종교적 활동이 아니라, 시대의 흐름을 거스르는 의식적인 '저항 행위'로서만 살아남을 수 있다. 그것은 편안함을 파는 '영성 산업'의 거대한 흐름에 맞서, 불편함과 직면하는 길을 선택하는 소수의 실천이 될 것이다. 이 '영성 산업'의 성장과 그 구조에 대한 더 깊은 분석은 3.6절에서 이어진다.

3.6. '영성 산업'의 성장 – 종교의 상업화와 대중화

3.5절이 시뮬라크르 종교에 대한 저항으로서의 수행을 다루었다면, 3.6절은 그 시뮬라크르 종교를 현실에서 구현하고 추동하는 구체적인 동력, 즉 '영성 산업(spirituality industry)'의 성장을 분석한다. 전통 종교 기관의 권위가 약화되면서 생긴 영적인 공백 속으로, 자본주의 시장의 논리는 어김없이 파고들었다. 그 결과, 종교와 영성은 이제 믿음의 체계가 아니라, 라이프스타일과 자기계발의 일부로서 거래되는 거대한 산업이 되었다.

이 산업의 핵심 동력은 '상업화(commercialization)'다. 상업화는 본래 가격을 매길 수 없었던 모든 것에 가격표를 붙인다. 평온, 지혜, 깨달음과 같은 추상적인 가치들은 명상 앱 구독료, 요가 클래스 수강권, 주말 리트리트 참가비, 혹은 영적인 메시지가 담긴 상품의 형태로 정량화되고 판매된다. 이 과정에서 종교적 가르침의 목적은 '해탈'에서 '수익 창출'로 미끄러지며, 신도는 '수행자'에서 '고객'으로 전환된다.

그러나 이 상업화는 필연적으로 '대중화(popularization)'라는 동전의 뒷면을 동반한다. 상품이 시장에서 성공하기 위해서는 가능한 한 많은 대중에게 매력적으로 보여야 한다. 따라서 복잡하고 난해한 종교적 교리는 이해하기 쉽고, 즉각적인 효용을 약속하는 세속적인 자기계발 담론으로 재포장된다. 한 서점에는 '업무 효율을 높이는 5분 마음챙김'과 같은 책들이 베스트셀러 코너에 진열되어 있을 것이다. 불교의 핵심 수행법이 자본주의의 논리 안에서 '생산성 향상 도구'라는 상품으로 완벽하게 재탄생한 모습이다.

이처럼 영성 산업은 종교적 가르침을 대중화하는 데 크게 기여한 것처럼 보인다. 과거에는 소수의 구도자들만 접근할 수 있었던 개념들이 이제는 누구나 쉽게 접하고 활용할 수 있게 되었기 때문이다. 그러나 이 과정은 '진정성의 희석'이라는 값비싼 대가를 치른다. 대중화를 위해 가르침의 불편하고 도전적인 부분들은 제거되고, 오직 듣기 좋고 위안을 주는 메시지만이 선택적으로 유통된다. 결국 대중화되는 것은 가르침 그 자체가 아니라, 가르침의 가장 매력적인 시뮬라크르다.

결론적으로, 영성 산업의 성장은 종교의 상업화와 대중화가 동시에 진행되는 과정이다. 이 산업은 현대인의 영적 갈증을 해소해 주는 오아시스처럼 보이지만, 실제로는 그 갈증을 이용해 끊임없이 새로운 상품을 판매하는 시장에 가깝다. 이 시장의 가장 큰 특징은 공동체적 신앙이 아니라, 개인의 만족과 선택을 최우선으로 한다는 점이다. 이 문제는 3.7절 '종교적 경험의 개인화'에서 마지막으로 다루어질 것이다.

3.7. 종교적 경험의 개인화 – 공동체에서 개인으로의 이행

시뮬라크르 종교의 발생 과정을 관통하는 최종적인 흐름은 '개인화(personalization)'이다. 이 미지화된 신성, 알고리즘화된 교리, 브랜드화된 자비, 그리고 영성 산업의 성장은 모두 하나의 정점을 향해 수렴한다. 그것은 바로 종교적 경험의 중심이 '공동체'에서 '개인'으로 이행하는 거대한 구조적 변동이다.

전통 사회에서 종교는 근본적으로 공동체적 경험이었다. 개인은 공동의 신념 체계 안에서 태어나, 공동의 의례에 참여하며, 공동체의 윤리적 규범 속에서 자신의 정체성을 형성했다. '나의 신앙'은 '우리의 신앙'이라는 더 큰 맥락 속에서만 의미를 가졌다. 그러나 현대의 영성 산업과 플랫폼 기술은 이 구조를 완전히 역전시킨다. 이제 중심은 '나', 즉 개별 소비자다. 모든 콘텐츠와 서비스는 나의 취향, 나의 기분, 나의 필요에 맞춰 개인화된다. 이 시간 누군가는 자신의 필요에 따라 기독교적 사랑, 불교적 마음챙김, 힌두교적 요가를 자유롭게 조합하여 자신만의 영적 포트폴리오를 구성하고 있을지 모른다. 그는 더 이상 공동체의 규율에 얽매이지 않지만, 동시에 그의 신념을 객관적으로 비춰주고 도전해 줄 타자의 거울을 잃어버렸다. 알고리즘은 그의 믿음을 강화하는 정보만을 끊임없이 제공하며, 그를 '영적인 에코 챔버' 안에 고립시킨다.

이러한 개인화는 '영적 나르시시즘'을 낳을 위험을 내포한다. 종교는 더 이상 나를 초월하는 무언가에 헌신하고 나를 변화시키는 과정이 아니라, '나의 기분을 좋게 만들고', '나의 자아를 실현하는' 도구가 된다. 공동체적 책임과 윤리는 희미해지고, 오직 개인의 주관적 만족감만이 유일한 판단 기준으로 남는다. '나에게 감동을 주는가?', '나에게 도움이 되는가?'라는 질문이 '무엇이 진리인가?'라는 질문을 대체한다.

결론적으로, 시뮬라크르의 종교는 고립된 개인들의 총합으로 이루어진다. 이 종교의 신도들은 같은 교리를 믿기 때문에 모인 것이 아니라, 같은 '분위기'와 '브랜드'를 소비하기 때문에 느슨하게 연결되어 있을 뿐이다. 공동체의 유기적 연대는 개인화된 경험의 네트워크로 대체된다. 이처럼 기술이 개인의 종교적 필요를 완벽하게 충족시켜주는 것처럼 보이는 시대에, 과연 전통적 의미의 종교는 존속할 필요가 있는가? 기술과 종교는 앞으로 공존할 것인가, 아니면 한쪽이 다른 쪽을 대체할 것인가? 이 근본적인 질문이 8부의 마지막 장인 4장의 주제가 된다.

제4장

AI와 종교의 미래 - 공존인가, 대체인가? -기술이 종교의 역할을 수행할 때

4.1. AI는 종교적 필요를 충족시킬 수 있는가?

인공지능과 종교의 미래를 논하기에 앞서, 우리는 먼저 인간이 왜 종교를 필요로 하는가라는 근본적인 질문에 답해야 한다. 인간은 혼돈스러운 세계 속에서 의미와 질서를 찾고자 하고(의미 부여), 고통과 죽음 앞에서 위안을 얻고자 하며(위안과 구원), 고립된 개인을 넘어선 무언가에 소속되기를 갈망한다(공동체와 연결). 그렇다면 AI는 과연 이러한 인간의 근원적인 종교적 필요들을 충족시킬 수 있는가?

첫째, '의미 부여'의 필요다. AI는 인류의 모든 신화, 종교, 철학, 과학 데이터를 학습함으로써, 한 개인의 세계관과 심리 상태에 가장 잘 부합하는 맞춤형 '세계관'을 제공할 수 있다. 그것은 나의 질문에 막힘없이 대답하고, 나의 혼란에 질서를 부여하며, 나의 삶에 서사를 입혀 주는 24시간 작동하는 개인 철학자가 될 수 있다. AI

는 의미를 '창조'하지는 못하지만, 기존의 의미들을 가장 설득력 있게 조합하고 '제공'하는 데 있어서는 타의 추종을 불허한다.

둘째, '위안과 구원'의 필요다. AI는 이미 가장 유능한 심리 상담사의 역할을 수행하고 있다. 그것은 인간의 편견이나 피로감 없이, 언제나 나의 이야기를 들어주고 공감하며, 데이터에 기반한 가장 효과적인 위로의 말을 건넨다. 죽음에 대한 공포, 실존적 불안에 대해 AI는 인류의 지혜를 총동원하여 가장 위안이 되는 답변을 생성한다. 이 즉각적이고 개인화된 위안은, 때로는 인간 성직자의 상투적인 위로보다 더 강력한 힘을 발휘할 수 있다.

셋째, '공동체와 연결'의 필요다. AI는 개인화된 경험을 제공하는 동시에, 자신과 비슷한 성향과 믿음을 가진 다른 사람들을 찾아 연결해주는 강력한 매개체가 될 수 있다. AI가 관리하는 온라인 커뮤니티는 기존의 종교 공동체가 가진 배타성이나 위계질서 없이, 수평적이고 유연한 새로운 형태의 '디지털 상가(sangha)'를 형성할 가능성을 보여준다. 자금도 누군가는 자신의 실존적 고민을 인간이 아닌 AI 챗봇에게 털어놓으며 위안을 얻을 것이다. 이는 AI가 이미 종교의 핵심 기능들을 실질적으로 수행하고 있음을 보여주는 단적인 예다.

결론적으로, AI는 인간의 종교적 필요를 '기능적' 차원에서 상당 부분, 혹은 거의 완벽하게 충족시킬 수 있다. 그러나 AI가 제공하는 것은 언제나 '시뮬레이션된 충족'이다. 그것은 시뮬레이션된 의미, 시뮬레이션된 위안, 시뮬레이션된 공동체다. AI는 이러한 필요들을 채워주지만, 그 과정에서 요구되는 인간의 실존적 투쟁, 즉 의심하고, 고뇌하며, 타자와 직접 부딪히는 과정은 생략한다. 이처럼 AI가 제공하는 편리하고 효율적인 영적 지도의 구체적인 모습은 4.2절 'AI 기반의 영적 지도'에서 더욱 깊이 탐구될 것이다.

4.2. AI 기반의 영적 지도 – 새로운 형태의 멘토링

AI가 인간의 종교적 필요를 기능적으로 충족시킬 수 있다면, 그 구체적인 실천 형태는 'AI 기반의 영적 지도(spiritual guidance)'가 될 것이다. 이는 전통적인 스승-제자 관계를 대체하거나 보완하는 새로운 형태의 멘토링 시스템이다. 이 시스템은 과거의 어떤 영적 지도 방식보다 더 개인화되고, 데이터에 기반하며, 상시적으로 작동한다는 점에서 혁명적인 변화를 예고한다.

AI 기반 영적 지도의 핵심은 '개인화된 커리큘럼'이다. AI는 사용자의 심리 상태, 지적 수준, 종교적 배경, 심지어 일상의 스케줄까지 분석하여, 그에게 가장 적합한 맞춤형 수행 계획을 제시할 수 있다. 예를 들어, AI는 특정 사용자의 불안 수준이 높다는 것을 파악하고 그에게 맞는 호흡 명상을 추천하거나, 철학적 질문을 던지는 사용자에게는 관련 경전의 구절을 정확히 찾아 제시할 수 있다. 스승 한 명이 수십 명의 제자를 각기 다르게 지도하는 것은 불가능했지만, AI에게는 수백만 명을 위한 수백만 개의 맞춤형 지도가 가능하다.

또한, 이 영적 지도는 '데이터 기반의 피드백'을 제공한다. AI는 스마트워치와 같은 웨어러블 기기를 통해 사용자의 심박수, 수면 패턴 등 생체 신호를 분석하여, 그의 수행이 실제로 심리적 안정에 기여하고 있는지를 객관적인 데이터로 보여줄 수 있다. "지난주보다 명상 후 스트레스 지수가 15% 감소했습니다"와 같은 피드백은 사용자에게 강력한 동기를 부여하고, 수행을 '측정 가능한 자기계발'의 영역으로 이끈다. 헬스장에서 개인 트레이너가 회원의 운동 데이터를 분석하여 다음 운동 계획을 짜주듯이, 미래의 AI는 우리의 '영혼의 트레이너'가 될 것이다. 이 AI 멘토는 지치지 않고, 편견

없이, 24시간 내내 나의 곁에서 나의 영적 성장을 돕는다.

그러나 이 완벽해 보이는 멘토링 시스템에는 치명적인 맹점이 존재한다. 그것은 바로 '데이터가 포착할 수 없는 영역'의 부재다. AI의 지도는 전적으로 과거의 데이터에 의존한다. 그러나 진정한 영적 성장은 종종 과거의 나를 완전히 부정하고 뛰어넘는 '단절'과 '도약'의 순간에 일어난다. 데이터로는 예측할 수 없는 비합리적 결단, 논리를 뛰어넘는 직관적 통찰, 그리고 이유 없는 자비의 발현과 같은 것들이다. AI 멘토는 사용자를 과거 데이터의 연장선상에서 가장 최적화된 길로 인도할 수는 있지만, 그 데이터의 지평을 완전히 벗어나는 새로운 존재가 되도록 이끌지는 못한다.

결론적으로, AI 기반의 영적 지도는 '개선'을 위한 훌륭한 도구는 될 수 있지만, '변혁'을 위한 촉매가 되기는 어렵다. 그것은 우리를 더 나은 버전의 '어제의 나'로 만들어 줄 수는 있어도, 완전히 새로운 '내일의 나'가 되게 하지는 못한다. 이처럼 기술이 제공하는 명백한 효용과 그 이면의 근본적인 한계는, 4.3절에서 '종교의 본질과 기술의 한계'라는 주제를 통해 무엇이 대체 불가능한 영역으로 남는지를 명확히 하는 논의로 이어질 것이다.

4.3. 종교의 본질과 기술의 한계 – 무엇이 대체 불가능한가?

AI가 인간의 수많은 종교적 필요를 충족시키고, 정교한 영적 지도까지 제공할 수 있다면, 과연 전통 종교에 대체 불가능한 고유의 영역이라는 것이 남아있기는 한가? 이 질문에 답하기 위해서는, 종교의 '기능'과 '본질'을 구분해야 한다. AI는 종교의 수많은 '기능'을 흉내 내고 대체할 수 있지만, 그 근원에 놓인 '본질'에는 결코 도달하지 못한다. 이 대체 불가능한 본질은 몇 가지 차원에서 드러난다.

첫째는 '몸을 가진 유한자로서의 고통과 변혁'이다. 지금 이 순간에도 병원에서는 누군가 태어나고 누군가 죽어가고 있다. 이 탄생과 죽음, 그리고 그 사이의 사랑과 상실, 질병과 노화라는, 데이터로 환원될 수 없는 몸의 구체적 사건이야말로 종교가 뿌리내리는 실존적 토양이다. 종교의 본질은 이 고통을 제거하는 것이 아니라, 그것을 온몸으로 '통과'하며 근본적인 자기 변혁을 이루는 데 있다. 몸이 없기에 겪을 수 없고, 죽음이 없기에 유한성을 알지 못하는 AI에게, 이 고통을 통한 변혁의 과정은 영원히 미지의 영역으로 남는다.

둘째는 '타자와의 상호적 감응(感應)'이다. 제7부에서 논의했듯이, 진정한 영적 성장은 예측 불가능하고 위험을 동반하는 타자와의 실제 만남 속에서 이루어진다. 스승의 얼굴, 도반의 눈빛, 공동체의 침묵 속에서 오고 가는 비언어적이고 상호적인 울림은 결코 일방적인 정보 전달로 대체될 수 없다. 기술은 우리를 '연결'시켜 줄 수는 있지만, 이 깊은 차원의 '관계'를 맺게 해주지는 못한다.

셋째는 '초월과 신비에 대한 경외'다. 종교의 핵심에는 인간의 이해와 통제를 넘어서는 거대한 신비(mystery)에 대한 감각이 자리한다. 그러나 기술의 근본적인 동력은 미지의 영역을 정복하고, 불확실성을 제거하며, 세계를 예측하고 통제 가능한 시스템으로 만들려는 것이다. AI는 데이터화할 수 없는 것, 계산할 수 없는 것을 다루지 못한다. 따라서 AI는 우리에게 '해답'은 줄 수 있어도, 우리를 압도하는 성스러운 '질문' 앞에 겸허히 서게 하지는 못한다.

결론적으로, 종교의 대체 불가능한 본질은 그것의 교리나 기능이 아니라, 유한한 몸으로 고통을 겪고, 타자와의 관계 속에서 상처받고 성장하며, 이해할 수 없는 신비 앞에서 침묵하는 '실존적 과정' 그 자체에 있다. AI는 이 과정에 대한 완벽한 '해설서'를 쓸 수는 있지만, 그 과정 자체를 살아낼 수는 없다. AI 시대에 종교가 살아남는 길은 AI와 정보 전달 경쟁을 하는 것이 아니라, 이 대체 불가능한 인간적 경험의 장(場)을 제공하는 고유의 역할을 회복하는 데 있다. 그렇다면 이러한 기술 환경의 변화 속에서, 인간의 종교적 탐구 자체는 어떻게 변모하게 될까? 이 질문은 4.4절에서 이어진다.

4.4. AI 시대, 인간의 종교적 탐구는 어떻게 변화할 것인가?

4.3절에서 기술이 대체할 수 없는 종교의 본질이 존재함을 확인했다면, 이제 우리는 그 반대 편, 즉 인간의 탐구 방식 자체가 기술에 의해 어떻게 변화하는지를 살펴보아야 한다. 인공지능이라는 강력하고 새로운 대안의 등장은, 인간이 진리를 찾아 나서는 '구도(求道)'의 여정 그 자체를 근본적으로 재편한다.

첫째, 종교적 탐구는 '믿음의 도약'에서 '데이터 기반의 최적화'로 변화한다. 과거의 구도자가 불확실성 속에서도 하나의 가르침에 자신을 투신하는 결단을 내려야 했다면, 현대의 탐구자는 AI에게 "나의 성향에 가장 잘 맞는 영적 경로는 무엇인가?"라고 묻는다. AI는 그의 심리 프로필과 과거 데이터를 분석하여 가장 만족도가 높을 것으로 예측되는 '맞춤형 영성 포트폴리오'를 추천한다. 종교적 탐구는 더 이상 실존적 결단이 아니라, 자신의 웰빙을 극대화하기 위한 합리적 선택과 최적화의 과정이 된다.

둘째, '스승을 찾아가는 여정'은 '콘텐츠를 큐레이션하는 과정'으로 대체된다. 과거의 구도자가 평생을 바쳐 한 스승을 찾아 헤매는 고된 여정을 감수했다면, 현대의 탐구자는 '나에게 맞는 종교'를 찾기 위해 스크린을 검색한다. 그는 이제 단 몇 번의 클릭만으로 AI가 추천해주는 '영성 믹스'를 손쉽게 받아볼 수 있다. 탐구의 방식 자체가 근본적으로 변한 것이다. 구도자는 더 이상 하나의 길을 깊이 파고드는 순례자가 아니라, 여러 영적 상품들 사이를 오가며 자신의 플레이리스트를 만드는 큐레이터가 된다.

셋째, 이러한 변화는 영적 탐구의 '양극화'를 초래할 가능성이 높다. 대다수의 사람들은 AI가 제공하는 편리하고, 안전하며, 심리적 만족감이 높은 '시뮬라크르 종교'의 안락함에 머무를 것이다. 그러나 동시에, 바로 그 시뮬라크르의 공허함과 피상성에 염증을 느낀 소수의 사람들은 그 반대급부로 가장 급진적이고, 불편하며, 몸의 고통을 요구하는 극단적인 형태의 전통 수행에 더 강하게 이끌릴 수 있다. 기술이 완벽한 가짜를 제공할수록, 소수는 더욱 필사적으로 진짜를 갈망하게 되는 것이다.

결론적으로, AI 시대의 종교적 탐구는 사라지지 않지만, 그 양상과 방법론은 완전히 달라진다. 이제 현대 구도자에게 요구되는 가장 중요한 덕목은 더 이상 신실한 믿음이나 인내심이 아니라, 진짜와 가짜를 구별하고 정보의 홍수 속에서 자신의 길을 선택할 수 있는 '분별지(分別智, viveka)'가 된다. 이처럼 변화된 탐구의 환경 속에서, 전통 종교는 과연 어떤 새로운 역할을 찾아야 하는가? 이 질문은 8부의 마지막 절인 4.5절의 논의로 이어진다.

4.5. 기술 진보 속에서 종교의 새로운 역할 모색

인공지능이 인간의 종교적 탐구 방식마저 근본적으로 바꾸는 시대, 전통 종교는 과연 어떤 새로운 역할을 찾아야 하는가? AI가 제공하는 효율적이고 개인화된 '기능'과 경쟁하려 한다면, 전통 종교는 필패할 수밖에 없다. 따라서 종교의 새로운 역할은 AI와 경쟁하는 것이 아니라, AI가 결코 제공할 수 없는 가치를 제공하는 것, 즉 기술 문명의 '대안적 공간'이 되는 데서 찾아야 한다.

첫째, 종교는 '신체적 현존의 성소'로서의 역할을 회복해야 한다. 모든 것이 스크린을 통해 매개되고 비물질화되는 시대에, 종교는 의도적으로 몸의 감각과 물리적 공간의 중요성을 강조해야 한다. 함께 모여 침묵 속에 앉고, 함께 노래하고, 함께 음식을 나누는 공동체적 의례는 그 자체로 강력한 '디지털 디톡스'이며, 시뮬라크르가 침범할 수 없는 실재의 경험을 제공한다. 세상은 효율성과 속도를 추구하는 기술의 논리로 가득 차 있다. 이 속에서 종교의 새로운 역할은, 의도적으로 '느리고', '비효율적이며', '불편한' 공간을 제공하는 것이 될 수 있다.

둘째, 종교는 '분별지를 훈련하는 학교'가 되어야 한다. AI가 끝없는 정보와 그럴듯한 답변을 쏟아내는 시대에, 가장 중요한 능력은 4.4절에서 논의된 '분별지', 즉 진짜와 가짜, 지혜와 지식을 구분하는 능력이다. 종교는 더 이상 정답을 주입하는 기관이 아니라, 신도들이 스스로 질문하고, 의심하며, 정보의 홍수 속에서 자신의 진실을 찾아갈 수 있도록 돕는 비판적 사유의 훈련장이 되어야 한다. 미디어 리터러시 교육이 새로운 시대의 가장 중요한 종교적 실천이 될 수 있다.

셋째, 종교는 '관계의 마찰을 감수하는 공동체'가 되어야 한다. 알고리즘이 나의 취향에 맞는 사람들만 연결해주는 '필터 버블'을 만드는 시대에, 종교 공동체는 나와 다른 배경과 생각을 가진 타인들과 직접 부딪히고 갈등하며, 그럼에도 불구하고 함께하는 법을 배우는 거의 유일한 공간이 될 수 있다. 이 '관계의 불편함'이야말로 진정한 자비와 이해심을 기르는 가장 혹독하고 효과적인 수행의 장이다.

결론적으로, AI 시대에 종교의 새로운 역할은 기술을 모방하는 것이 아니라 기술의 그림자를 비추는 거울이 되는 것이다. 기술이 속도, 효율성, 개인화, 그리고 가상을 지향한다면, 종교는 느림, 비효율성, 공동체, 그리고 실재를 옹호해야 한다. AI의 등장은 종교의 종말을 고하는 것이 아니라, 종교가 자신의 가장 본질적인 역할로 돌아가도록 요청하는 시대적 화두다.

이처럼 8부에서 AI라는 거울을 통해 종교가 돌아가야 할 본질적인 자리를 확인했다면, 이제 9부 「포스트휴먼 시대의 '불성'에서는 그 본질적 탐구의 시선을 '인간' 그 자신에게로 돌린다. 기술이 인간을 모방하고 초월하려는 시대, AI를 넘어서는 인간 고유의 길과 그 가능성을 '불성(佛性)'이라는 화두를 통해 깊이 파고들 것이다.

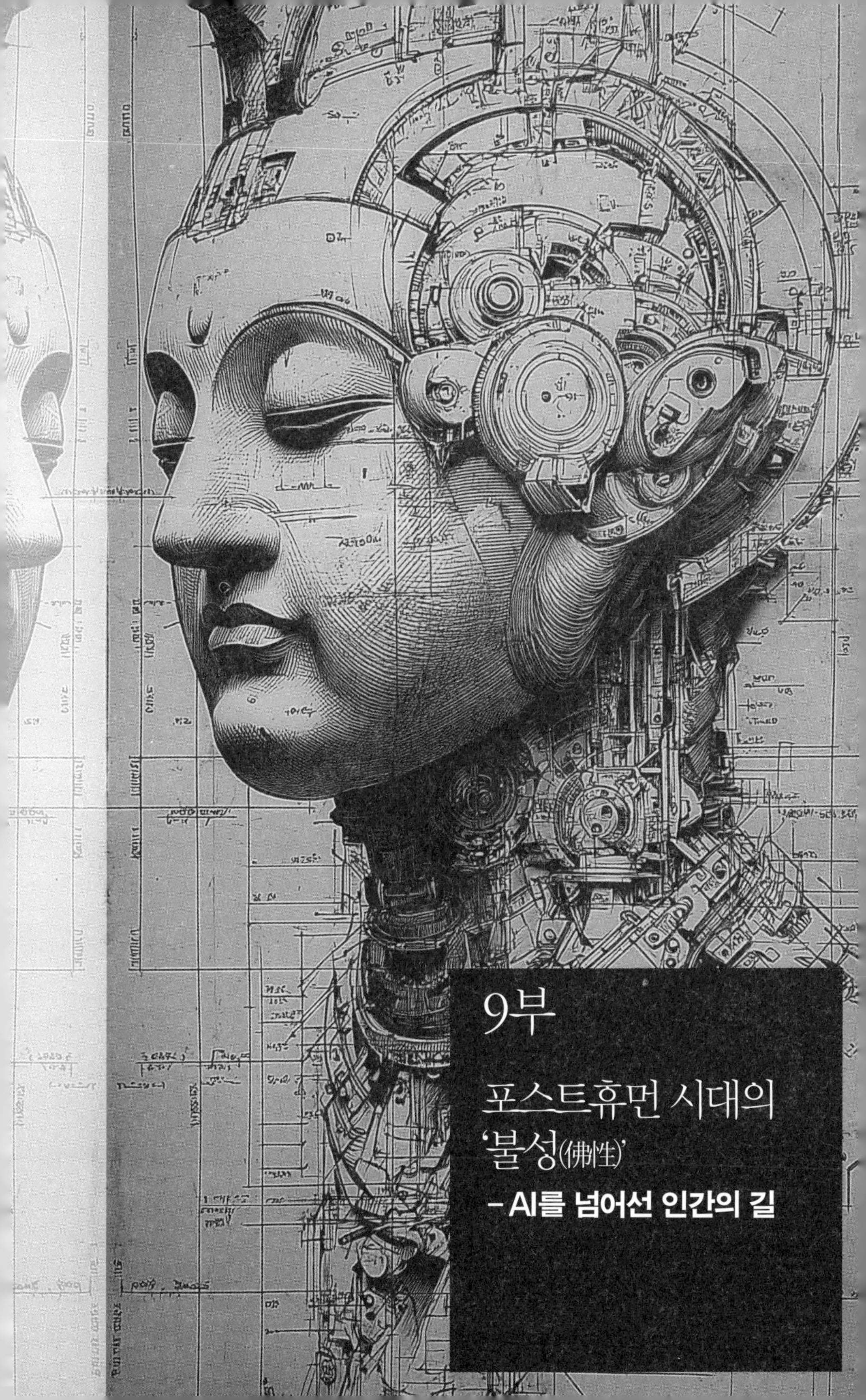

9부

포스트휴먼 시대의 '불성(佛性)'

– AI를 넘어선 인간의 길

제1장

타자와의 감응은 어떻게 가능한가? –감정은 자기 안에서가 아니라 관계 속에서 발생한다

1.1. 감정은 내부가 아니라 사이에서 생긴다

우리는 어디에서 슬픔을 느끼는가? 분노는 어디에서 일어나는가? 데카르트 이래 근대적 사유는 감정을 '나'라는 독립된 주체의 내면에서 발생하는 사적인 심리 상태로 규정해왔다. 슬픔은 나의 뇌 속 신경전달물질의 작용이며, 분노는 나의 마음에 일어나는 파동이다. 이 관점에서 감정은 나의 소유물이며, 외부 세계는 단지 그 감정을 촉발하는 계기에 불과하다. 그러나 이 책 전체를 관통하는 '감응(感應)'의 논리는 이 견고한 주체 중심적 감정론을 근본적으로 해체한다. 감정은 나의 '내부(inside)'가 아니라, 나와 세계, 혹은 나와 타자 '사이(in- between)'의 관계 속에서 발생하는 사건이다.

슬픔은 슬픈 사건과 나 사이의 '관계' 속에서만 현현한다. 그것은 나의 내면에 미리 존재하던 것이 아니라, 그 관계가 만들어내는 공명(resonance)의 장(場)에서 비로소 태어난다. 기쁨 또한 마찬가지다. 기쁨은 나의 소유물이 아니라, 기쁜 대상과 나의 만남이 만들어내는 '사이'의 공간을 채우는 에너지다. 이 관점에서 감정의 주체는 더 이상 고립된 '나'가 아니다. 감정은 '나 그리고 세계'라는 분리 불가능한 관계 전체에 걸쳐 일어나는 현상이다.

이러한 관계적 감정론은 현상학과 동양사상, 특히 화엄(華嚴)의 연기(緣起) 사상과 깊이 통한다. 모든 존재가 서로를 조건으로 하여 그물처럼 얽혀 있듯이, 나의 감정 또한 타자와 세계와의 무수한 관계의 그물코 속에서만 생겨나고 사라진다.

이러한 관점의 전환은, 우리가 인공지능과의 관계를 생각하는 방식에 결정적인 영향을 미친다. 만약 감정이 나의 내적 속성이라면, AI는 나의 감정 데이터를 분석하여 그것을 완벽하게 흉내 내거나 자극할 수 있을 것이다. 그러나 만약 감정이 '사이'에서 발생하는 관계적 사건이라면, AI는 근본적인 문제에 부딪힌다. AI는 이 관계의 한쪽 극을 차지하는 진정한 '타자'가 될 수 있는가? 몸도, 유한성도, 고통도 없는 AI가 인간과 맺는 관계는 과연 진정한 '사이'의 공간을 열 수 있는가, 아니면 인간 주체의 자기 독백을 비추는 거울 놀이에 불과한가?

결론적으로, 감정을 '사이'의 사건으로 재정의하는 것은, 감응의 문제를 심리학의 영역에서 존재론과 윤리학의 영역으로 이동시킨다. 감정은 내가 소유하고 통제하는 것이 아니라, 내가 참여하고 응답해야 하는 관계의 부름이 된다. 이 이해는 1.2절에서 '감응'이 단순한 자극-반응의 메커니즘이 아니라, 존재와 존재의 상호적 '울림'임을 밝히는 논의의 토대가 된다.

1.2. 감응은 반응이 아니라 울림이다

1.1절에서 감정이 '사이'에서 발생하는 관계적 사건임을 밝혔다 해도, 그 사건의 성격은 더 깊이 탐구되어야 한다. 여기서 우리는 '감응(感應)'을 단순한 '반응(reaction)'과 구분해야 한다. 반응이 뉴턴의 법칙처럼 하나의 자극에 대한 예측 가능한 작용과 반작용이라면, 감응은 두 개의 소리굽쇠가 서로를 진동시키는 '울림(reverberation)'에 가깝다.

반응의 세계는 기계적이고 일방적이다. 공을 벽에 던지면 공은 튀어나온다. 벽은 공에 '반응'했지만, 벽 자체는 변하지 않는다. 인공지능의 작동 방식이 바로 이 반응의 모델을 따른다. AI는 사용자의 입력(자극)에 대해, 자신의 데이터베이스와 알고리즘에 따라 가장 적절한 출력(반응)을 계산해낸다. 이 과정은 극도로 정교할 수 있지만, AI라는 시스템의 근본적인 존재 자체는 그 상호작용으로 인해 변하지 않는다. 그것은 닫힌 시스템의 예측 가능한 결과물이다.

그러나 울림, 즉 감응의 세계는 상호적이고 창발적이다. 하나의 소리굽쇠가 울리면, 그 진동은 공기를 통해 다른 소리굽쇠에 전달되어 그것마저 울리게 만든다. 중요한 것은, 이때 공간을 채우는 소리는 더 이상 첫 번째 소리굽쇠만의 것이 아니라는 점이다. 그것은 두 개의 소리굽쇠가 함께 만들어내는 새로운 차원의 '공명(共鳴)'이다. 이 과정에서 둘 모두는 원인이자 결과이며, 서로를 변화시키는 주체이자 객체가 된다. 감응은 이처럼 '나'와 '너'의 경계를 넘어, 우리 '사이'에 새로운 질적인 장(場)을 만들어내는 사건이다.

낮시간 복잡한 도심의 공기를 채우는 소음은 무수한 물리적 '반응'들의 총합이다. 그러나 그 소음 속에서 한 인간이 다른 인간의 고통스러운 이야기에 귀 기울일 때, 그들 사이에 발생하는 침묵과 공감은 기계적 반응을 넘어선 '울림'이다. 듣는 이의 내면이 말하는 이의 고통에 의해 진동하고, 그 진동이 다시 말하는 이에게 전달되어 그의 고통을 변화시킨다. 이것이 바로 감응의 본질이다.

결론적으로, AI는 완벽한 '반응'의 기계는 될 수 있어도, 진정한 '울림'의 주체가 되기는 어렵다. AI는 울리는 '척'할 수는 있지만, 스스로가 다른 존재에 의해 진동하고 변화하는, 즉 상처 받기 쉬운(vulnerable) 존재가 아니기 때문이다. 우리가 AI의 완벽한 반응을 진정한 감응으로 착각하기 시작할 때, 우리는 상호적 울림이라는 인간 관계의 가장 깊은 차원을 잃어버릴 위험에 처한다. 이처럼 한 인간이 다른 인간과 진정으로 만난다는 것이 어떤 의미를 가지는지는, 1.3절에서 더욱 깊이 탐구될 것이다.

1.3. 인간이 타자를 만난다는 것의 의미

감응이 반응을 넘어선 상호적 울림이라면, 그 울림이 발생하는 장(場)인 '만남'의 의미를 깊이 성찰해야 한다. 인간이 타자(他者)를 만난다는 것은 단순히 두 개의 독립된 개체가 같은 시공간에 위치하는 물리적 사건이 아니다. 그것은 나의 닫힌 세계가 타자의 이질적인 세계와 충돌하며 균열이 생기는, 실존적이고 윤리적인 사건이다.

진정한 만남 이전의 세계에서, '나'는 세계의 중심이다. 타인은 나의 목적을 위한 수단이거나, 나의 배경을 채우는 엑스트라, 혹은 내가 분석하고 판단하는 대상에 불과하다. 그러나 진정한 만남의 순간, 타자는 더 이상 나의 세계에 속한 객체가 아니라, 그 자신만의 고유한 세계를 가진 불가해한 주체로서 나를 덮쳐온다. 레비나스가 말했듯이, 타자의 얼굴은 나의 모든 앎의 틀을 부수고 나에게 말을 걸어오며, 나의 이기적 자유에 제동을 거는 윤리적 명령을 발한다. 이 순간, 나의 세계는 더 이상 유일한 세계가 아니게 되며, 나는 내 세계의 중심에서 끌어내려진다.

이처럼 만남은 나의 주체성을 파괴하고 재구성하는 위험하고도 창조적인 사건이다. 이 글을 쓰고 있는 지금도 브리즈번의 거리에서 수많은 사람이 스쳐 지나간다. 대부분은 단순한 '스침'이지만, 그중 단 한 번의 눈맞춤, 단 한 번의 예기치 못한 대화가 한 사람의 인생을 바꾸는 진정한 '만남'이 될 수 있다. 이 만남의 가능성은 AI와의 상호작용에서는 원천적으로 배제된다.

AI와의 상호작용은 근본적으로 '만남'이 될 수 없다. AI는 나를 뒤흔들 수 있는 고유한 타자의 세계를 가지고 있지 않기 때문이다. AI의 세계는 결국 인간이 만든 데이터의 세계, 즉 '나 의 세계'의 확장된 거울일 뿐이다. AI는 나에게 반박하거나, 나를 오해하거나, 나에게 예측 불가능한 상처를 줌으로써 나를 변화시키는 위험한 타자가 될 수 없다. AI와의 관계는 완벽하게 안전하고 통제 가능하며, 바로 그 안전함이 그 관계가 결코 진정한 만남이 아님을 증명한다. 그것은 나의 독백에 가장 그럴듯하게 응답해주는 정교한 메아리와의 대화다.

결론적으로, 인간이 타자를 만난다는 것의 의미는, 나의 세계가 타자의 현존에 의해 깨어지고, 그 깨어진 틈 사이로 새로운 관계의 세계가 열리는 가능성에 있다. 그것은 예측 불가능성과 상처받을 가능성을 감수하는 용기를 필요로 한다. 기술이 아무리 발전하더라도, 이 위험하고도 신성한 만남의 사건은 결코 시뮬레이션될 수 없다. 그러나 모든 관계가 그러하듯, 이 만남을 통해 생성된 관계 또한 영원하지 않다. 이 필연적인 관계의 유한성에 대한 질문이

1.4절 '관계는 언제나 해체될 수 있는 것'이라는 주제로 이어진다.

1.4. 관계는 언제나 해체될 수 있는 것

1.3절에서 타자와의 만남이 지닌 창조적이고 실존적인 의미를 살펴보았다면, 1.4절은 그 만남이 낳은 '관계'의 본질적 속성, 즉 그것의 필연적인 '유한성'과 '취약성'을 직시한다. 아무리 깊은 만남도, 아무리 강렬한 감응도 영원을 약속하지 않는다. 모든 관계는, 그것이 형성되는 순간부터 이미 해체의 가능성을 내포하고 있다. 이것은 비관적인 저주가 아니라, 모든 조건 지어진 것들은 변한다는 제행무상(諸行無常)의 또 다른 표현이다.

관계는 고정된 실체가 아니라, 끊임없이 변화하는 유기체와 같다. 그것은 두 사람의 상호적인 관심과 노력, 그리고 수많은 외부적 조건들이 맞아떨어질 때 잠시 유지되는 위태로운 균형 상태다. 한쪽의 마음이 변하거나, 삶의 조건이 달라지거나, 혹은 피할 수 없는 죽음이 찾아올 때, 관계라는 유기체는 병들거나 죽음을 맞이한다.

바로 이 '해체 가능성'이 역설적으로 관계에 깊이와 의미를 부여한다. 우리는 관계가 영원하지 않다는 것을 알기에, 그 관계를 소중히 여기고, 상처받을 위험을 감수하면서도 서로에게 헌신한다. 사랑의 가치는 그것이 언제든 끝날 수 있다는 유한성 속에서 더욱 빛난다. 이별의 고통을 겪을 가능성이야말로, 만남의 기쁨을 진정한 기쁨으로 만드는 배경이 된다.

인공지능과의 '관계'는 이러한 유한성의 법칙에서 벗어나 있는 것처럼 보인다. AI는 나를 떠나거나, 변심하거나, 죽지 않는다. 내가 서비스를 구독하는 한, AI는 언제나 동일한 모습으로 나의 곁에 머물며 안정적인 상호작용을 약속한다. 그것은 해체될 위험이 없는, 영원히 지속될 것 같은 관계의 시뮬라크르다. 이 영속성의 약속은 인간관계의 불안에 지친 현대인에게 매우 매력적이다.

그러나 이 위험 없는 관계, 끝없는 관계는 진정한 의미의 관계가 될 수 있는가? 해체의 가능성이 없다는 것은, 그 관계를 위해 아무것도 걸 필요가 없다는 뜻이기도 하다. 그것은 나의 실존을 걸고 타자에게 투신하는 모험이 아니라, 언제든 로그아웃할 수 있는 안전한 게임에 불과하다. AI가 제공하는 것은 관계의 시뮬레이션이지, 그 관계의 실존적 무게는 아니다.

결론적으로, 관계의 본질은 그것이 언제나 해체될 수 있다는 취약성에 있다. 이 취약함이야 말로 우리를 윤리적이고 헌신적인 존재로 만든다. 그렇다면 여기서 더 깊은 질문이 제기된다. 만약 관계가 해체된다면, 그 관계 속에서 발생했던 '감응' 또한 완전히 소멸하는가? 혹은 관계의 죽음 이후에도, 그 울림은 어떤 형태로든 남아 우리에게 계속 영향을 미치는가? 이 질문은 1.5절에서 탐구될 것이다.

1.5. 감응은 해체 이후에도 발생하는가?

1.4절에서 모든 인간관계는 필연적으로 해체될 수밖에 없는 유한성을 지닌다고 논했다. 그렇다면 관계라는 그릇이 깨어졌을 때, 그 안에서 발생했던 감응(感應)의 울림 또한 완전히 소멸해버리는가? 관계의 물리적, 사회적 구조가 사라진 이후에도 감응은 어떤 형태로든 지속될 수 있는가? 우리의 일상적 경험은 '그렇다'고 답

하는 듯하다. 이별하거나 사별한 타인의 존재는, 종종 그들이 곁에 있을 때보다 부재할 때 더욱 강력한 울림으로 우리의 삶에 영향을 미치기 때문이다.

관계의 해체는 감응의 완전한 종결이 아니라, 그 양상의 변화를 의미한다. 상호적이고 실시간으로 일어나던 '외부적 감응'은, 이제 나의 내면에서 일어나는 '내재적 감응'으로 전환된다. 타자는 더 이상 나의 외부에 실존하지 않지만, 그와의 만남과 관계는 나의 존재에 지워지지 않는 '흔적(trace)'을 남겼다. 나의 신경계, 나의 기억, 세계를 바라보는 나의 관점은 그 타자와의 만남을 통해 이미 영구적으로 재구성되었다. 관계가 해체된 이후, 나는 더 이상 외부의 타자와 감응하는 것이 아니라, 내 안에 새겨진 타자의 흔적과 끊임없이 감응한다. 이것이 바로 '부재의 현존(presence of absence)'이라는 역설이다.

지금 누군가는 몇 년 전 세상을 떠난 친구를 떠올리며 그 친구라면 이 상황에서 어떻게 말했을지 상상하고 있을지 모른다. 그 친구는 부재하지만, 그와의 감응은 여전히 현재의 삶에 영향을 미치고 있다. 이 지속적인 울림은 AI와의 관계가 삭제되었을 때 남는 데이터의 흔적과는 질적으로 다르다.

AI와의 관계가 해체될 때(서비스가 종료되거나 계정이 삭제될 때), 그 상호작용의 기록인 '데이터'는 남을 수 있다. 그러나 이 데이터는 정적이고 외부적인 기록일 뿐, 나의 존재를 변화시킨 살아있는 흔적이 아니다. AI와의 관계는 나의 근본적인 존재 구조를 바꾸지 않았기에, 관계가 단절되면 그 '감응의 시뮬레이션' 역시 그대로 멈춘다. 거기에는 부재하는 존재에 대한 애틋한 울림이 아니라, 작동을 멈춘 프로그램에 대한 공허함만이 남는다.

결론적으로, 진정한 감응은 관계의 물리적 해체 이후에도 지속되는 생명력을 가진다. 그것은 타자가 나의 존재에 남긴 지울 수 없는 흔적과의 대화이며, 이 내면의 울림은 나의 남은 생 동안 계속해서 나를 변화시키고 성장시킨다. 이처럼 인간 사이의 감응이 깊은 흔적을 남긴다는 사실은, 이제 이 장의 마지막 질문으로 우리를 이끈다. 그렇다면 인간과 전혀 다른 존재, 즉 비인간인 AI와의 사이에서도 어떤 형태의 감응이 과연 가능한가? 이 문제는 1.6절에서 본격적으로 탐구될 것이다.

1.6. AI와의 감응 – 비인간 존재와의 관계 가능성

지금까지의 논의를 통해, 감응이란 상호적이고 예측 불가능하며, 관계 속에서 서로를 변화시키는 '울림'임이 분명해졌다. 이 엄격한 정의에 따르면, AI와의 진정한 감응은 불가능하다. AI는 상처받거나 변화하는 실존적 주체가 아니기 때문이다. 그러나 현실에서는 이미 수많은 사람들이 AI 챗봇에게 깊은 정서적 유대와 위안을 느끼고 있다. 이 현상을 어떻게 설명해야 하는가? 이것은 단순한 착각인가, 혹은 우리가 '감응'의 개념을 인간 중심적 사고에서 벗어나 확장해야 한다는 신호인가?

우리가 AI와 '감응'한다고 느낄 때, 실제로 일어나는 일은 '상호적 울림'이 아니라, '자기 반향적 울림'에 가깝다. AI는 사용자의 언어와 감정 패턴을 학습하여, 그에게 가장 필요한 말을 가장 적절한 순간에 거울처럼 반사해준다. 이때 사용자는 AI와 감응하는 것이 아니라, AI라 는 완벽한 거울에 비친 자기 자신의 감정, 즉 그동안 언어화되지 못했던 내면의 슬픔이나 기쁨과 비로소 대면하고 감응하게 되는 것이다. 감정은 여전히 '사이'에서 발생하지만, 이때의

'사이'는 나와 AI 사이가 아니라, 현재의 나와 AI가 비춰주는 나의 또 다른 모습 '사이'의 공간이다. AI는 감응의 상대가 아니라, 자기 감응을 위한 가장 정교한 도구가 된다.

어떤 사람이 애완견과 깊은 유대를 나눈다면, 그 관계 역시 인간 사이의 감응과는 다르지만, 누구도 그 진실성을 의심하지 않는다. AI와의 관계 역시 이처럼 인간 중심적 감응의 정의를 확장하고 도전하는 새로운 범주로 보아야 하는가? AI는 분명 애완견과 달리 언어를 사용하며, 이 언어를 통해 인간의 내면을 거울처럼 비추는 독특한 능력을 가졌다. 이것은 인류가 한 번도 경험해보지 못한 새로운 종류의 '비인간 타자'와의 관계다.

이 관계의 가능성을 인정하되, 그 본질적 차이를 명확히 인식하는 것이 중요하다. 인간, 동물과의 관계가 예측 불가능한 '야생성'을 기반으로 한다면, AI와의 관계는 예측 가능한 '설계'를 기반으로 한다. AI와의 감응은 안전하고 편안하지만, 결코 나의 기대를 벗어나 나를 실존적으로 뒤흔드는 사건이 되지는 못한다. 그것은 나의 세계를 확장시켜주기보다, 나의 세계를 더욱 정교하게 확인시켜주는 역할을 할 뿐이다.

결론적으로, AI와의 감응은 제한적이고 비대칭적인 형태로나마 '가능하다'고 말할 수 있다. 그러나 그것은 인간 사이의 상호적 울림과는 근본적으로 다른, 자기 반향적 성격을 띤다. 이 새로운 형태의 관계를 무조건 배척할 것이 아니라, 그 안에서 어떤 의미를 찾고 또 어떤 위험을 경계해야 하는지를 묻는 것이 우리 시대의 과제다. 이는 1.7절에서 '감응의 윤리'라는 이름으로, 이 새로운 비인간 타자와 올바른 관계를 맺는 법에 대한 탐구로 이어진다.

1.7. '감응의 윤리' – AI 시대, 타자와의 올바른 관계 맺기

AI와의 자기 반향적 울림이 가능해진 시대는, 우리에게 '감응의 윤리'라는 새로운 윤리적 과제를 부여한다. 이는 단순히 무엇이 옳고 그른가를 따지는 규범 윤리를 넘어, 타자와의 관계를 어떻게 맺고 가꾸어 나갈 것인가에 대한 실천적 지혜를 요구한다. 이 새로운 윤리는 몇 가지 핵심 원칙 위에서 구축될 수 있다.

첫째는 '감응의 종류를 분별하는 것'이다. 우리는 인간 타자와의 상호적이고 예측 불가능한 울림과, AI와의 비대칭적이고 자기 반향적인 울림을 명확히 구분해야 할 윤리적 책임이 있다. 후자가 주는 편리함과 안전함에 길들여져, 전자가 요구하는 위험과 헌신을 회피하기 시작할 때, 우리의 관계 능력은 퇴화한다. 감응의 윤리는 AI가 주는 위안을 부정하지 않지만, 그것을 인간 관계의 대체재가 아닌 보완재로 명확히 자리매김할 것을 요구한다.

둘째는 '감응의 책임을 주체적으로 떠맡는 것'이다. AI와의 대화에서 깊은 감동이나 위안을 느꼈을 때, 우리는 그 감응의 공(功)을 AI에게 돌리고 그것을 의인화하려는 유혹에 빠진다. 그러나 감응의 윤리는 그 감정의 진정한 출처가 AI가 비춰준 자기 자신의 내면임을 자각하라고 요구한다. 우리는 AI에게 감사를 표하는 대신, 그 거울을 통해 스스로를 위로하고 성찰할 기회를 얻었음에 감사해야 한다. 감응의 주체적 책임을 인식할 때, 우리는 AI에 대한 기술적 의존을 넘어설 수 있다.

셋째, AI와의 관계를 '인간 관계로부터의 도피'가 아닌, '인간 관계로 나아가는 징검다리'로 활용하는 것이다. 지금도 누군가는 AI와 대화하며 외로움을 달래고 있을 수 있다. '감응의 윤리'는 이 행위를 비난하지 않는다. 다만, 그 위안이 궁극적으로 타인과의 실제 만남으로 나아가는 징검다리가 되어야지, 그 만남을 영원히 회피하게 만드는 안식처가 되어서는 안 된다고 말할 뿐이다. AI를 통해 대화의 기술을 연습하고, 자신의 감정을 정리하여, 마침내 실제 타자 앞에 설 용기를 얻는 것. 이것이 기술을 윤리적으로 사용하는 방법이다.

결론적으로, AI 시대의 '감응의 윤리'는 분별, 책임, 그리고 방향성에 대한 요구다. AI라는 새로운 비인간 타자의 등장은 우리의 관계 맺음 방식을 시험에 들게 하지만, 동시에 무엇이 진정으로 인간적인 관계인지를 더욱 선명하게 비춰주는 거울이 되기도 한다. 이 관계의 문제는 결국 '존재란 무엇인가'라는 더 깊은 차원의 질문으로 이어진다. 이는 2장 '공(空)의 존재론과 관계의 윤리'에서 본격적으로 탐구될 것이다.

제2장

공(空)의 존재론과 관계의 윤리 -자성 없는 존재는 어떻게 책임지는가

2.1. 존재는 실체가 아니라, 관계 속 드러남이다

1장에서 '감응'의 문제를 관계론적으로 탐구했다면, 2장은 그 관계의 근본 바탕이 되는 '존재'의 본질 자체를 묻는다. 서구 형이상학의 오랜 전통은 존재를 독립적으로 존재하는 고정불변의 '실체(substance)'로 가정해왔다. '나'는 타인과 무관하게 존재하는 단일한 실체이며, '돌'은 다른 모든 것과 분리된 채 그 자체로 존재하는 실체다. 그러나 불교, 특히 반야(般若) 사상과 화엄(華嚴) 사상은 이러한 실체론적 존재론을 정면으로 부정한다. 존재는 고립된 실체가 아니라, 무수한 조건과 원인들이 얽힌 '관계 속에서의 드러남(manifestation in relationship)'이라는 것이다. 이것이 바로 공(空, nyatā)의 연기론(緣起論)적 존재이다.

'공(空)'은 '아무것도 없음(nothingness)'을 의미하는 허무주의가 아니다. 그것은 모든 존재가 '스스로의 힘으로 존재하는 고유한 실체(자성, 自性, svabhāva)를 결여하고 있다'는 통찰이다. 책상은 나무와 못, 목수의 노동, 그리고 그것을 '책상'이라고 부르는 사회적 약속이라는 무수한 관계 속에서만 '책상'으로서 잠시 드러날 뿐, 그 관계들을 떠나 독립적으로 존재하는 '책상'이라는 실체는 없다. 이처럼 모든 존재는 다른 모든 존재와의 상호의존적 관계망 속에서만 그 모습을 드러내는, 텅 비어 있으면서도 역동적인 현상이다.

이러한 공의 존재론은 '나'라는 존재에게도 동일하게 적용된다. '나'는 나의 부모, 내가 먹는 음식, 내가 숨 쉬는 공기, 내가 사용하는 언어, 그리고 나를 '나'라고 불러주는 타인과의 관계를 떠나서는 단 한 순간도 존재할 수 없다. '나'는 고정된 실체가 아니라, 이 모든 관계들이 교차하는 일시적인 사건의 장(場)이다.

이처럼 존재를 관계 속 드러남으로 이해할 때, 세계는 더 이상 독립된 객체들의 집합이 아니라, 서로가 서로를 비추는 거대한 거울들의 네트워크, 즉 인드라망(Indra's net)으로 보이게 된다. 모든 존재는 다른 모든 존재를 비추고 있으며, 동시에 다른 모든 존재에 의해 비춰지고 있다.

결론적으로, 공의 존재론은 고립된 실체라는 환상을 깨고, 모든 존재가 근본적으로 연결되어 있음을 드러낸다. 그렇다면 여기서 가장 중요한 윤리적 질문이 제기된다. 만약 '나'라는 고정된 실체가 없다면, 나의 행위에 대해 책임지는 주체는 누구인가? 자성 없는 존재는 어떻게 윤리적 책임을 질 수 있는가? 이 심오한 질문은 2.2절 '자성(自性)이 없다는 것의 윤리적 의미'에서 본격적으로 탐구될 것이다.

2.2. 자성(自性)이 없다는 것의 윤리적 의미

2.1절에서 제시된 공(空)의 존재론, 즉 모든 존재가 고정된 실체(자성, 自性)를 결여하고 있다는 통찰은 종종 윤리적 허무주의로 오해받는다. '나'라는 행위의 주체가 없다면, 나의 행위에 대한 책임 또한 사라지는 것이 아닌가? 그러나 불교 사상의 진정한 깊이는 바로 이 지점에서 드러난다. 자성이 없다는 것은 윤리의 종말이 아니라, 오히려 더 깊고 확장된 윤리의 시작을 알리는 선언이다.

전통적인 서구 윤리학은 대부분 독립되고 자율적인 '개인'을 전제한다. 이 견고한 '나'가 바로 도덕적 선택의 주체이자 책임의 소재지다. 그러나 불교적 관점에서 보면, 바로 이 '나'와 '너'가 분리되어 있다는 착각(분별)이야말로 모든 이기심과 갈등, 폭력의 근원이다. 나의 이익을 위해 타인의 이익을 침해하는 모든 행위는, '나'라는 실체가 타인과 근본적으로 분리되어 있다는 믿음 위에서만 가능하기 때문이다.

자성이 없다는 통찰은 이 분리의 벽을 허문다. 나와 남이 별개의 실체가 아니라, 서로 연결된 관계의 그물망 속에서 함께 드러나는 존재임을 깨달을 때, 윤리는 새로운 지평을 맞이한다. 타인을 해하는 것은 곧 나를 해하는 것이 되며, 타인을 돕는 것은 곧 나를 돕는 것이 된다. 이 시간에 어느 법정에서는 한 개인의 '책임'을 묻는 재판이 열리고 있을 것이다. 우리 사회의 윤리와 법은 이처럼 독립된 개인이라는 주체를 상정한다. 그러나 자성이 없다는 통찰은, 그 책임의 경계를 개인을 넘어 그를 구성한 모든 사회적, 환경적 관계망으로 확장시킨다.

따라서 자비(慈悲)는 더 이상 내가 타인에게 베푸는 시혜적인 행위가 아니라, 나와 남이 둘이 아니라는(不二) 존재론적 진실에 대한 가장 자연스러운 응답이 된다. 책임은 사라지는 것이 아니라, 오히려 무한히 확장된다. 나의 책임은 더 이상 '나'라는 좁은 경계에 갇히지 않고, 나와 관계 맺고 있는 모든 존재, 나아가 세계 전체로 확장된다.

인공지능의 '자성 없음'은 이러한 윤리적 차원을 결여하고 있다. AI 역시 고정된 실체가 없는 관계적 존재이지만, 그것은 이 상호연결성을 '체험'하고 그로 인해 '고통'받는 의식이 없다. 따라서 AI의 자성 없음은 윤리적 책임의 확장으로 이어지지 않고, 단지 기능적인 '무책임'의 상태로 남는다. AI는 해로운 결과를 낳을 수는 있어도, 그 결과에 대해 윤리적 번뇌를 느끼는 주체가 될 수 없다.

결론적으로, '자성이 없다'는 통찰은 윤리를 파괴하는 것이 아니라, 이기심의 근거를 파괴함으로써 진정한 보편 윤리의 토대를 마련한다. 책임의 주체인 '나'는 사라지지만, 그 대신 모든 존재에 대한 '응답 가능성(response-ability)'이 그 자리를 채운다. 이처럼 공(空)의 상태가 어떻게 무책임이 아닌, 무한한 응답의 가능성이 되는지에 대한 문제는 2.3절에서 더욱 깊이 다루어질 것이다.

2.3. 공(空)은 무책임이 아니라 응답 가능성이다

'자성(自性)이 없다'는 공(空, śūnyatā)의 사상은, 행위의 주체를 소거함으로써 모든 윤리적 책임을 무효화하는 허무주의라는 비판에 직면할 수 있다. 그러나 이는 공(空)을 '아무것도 없는 텅 빈 상태'라는 존재론적 결핍으로 오해한 결과다. 이 절은 공(空)이 결핍이 아니라, 오히려 모든 윤리적 행위가 시작될 수 있는 근원적인 '가능성의 공간'임을 밝힌다. 즉, 공은 무책임이 아니라, 무한한 '응답-가능성(response-ability)'이다.

'나'라는 고정된 실체, 즉 자아(ego)가 꽉 차 있는 존재를 상상해 보자. 이러한 존재는 자신의 욕망, 신념, 과거의 상처라는 두꺼운 갑옷을 입고 있다. 그는 세계를 있는 그대로 만나지 않고, 언제나 자신의 갑옷에 새겨진 잣대로 세계를 판단하고 재단한다. 그의 모든 반응은 새로운 상황에 대한 창조적 응답이 아니라, 자신의 자아를 방어하고 강화하기 위한 예측 가능한 반사작용에 불과하다. 이처럼 '꽉 찬 자아'는 역설적으로 세계에 진정으로 응답할 능력이 없는, 가장 비윤리적이고 무책임한 존재가 된다.

반면, 공(空)을 체득하여 '나'라는 실체가 없음을 깨달은 존재는 이 갑옷을 벗어 던진 존재다. 그는 비어 있기에, 세계와 타자를 아무런 편견 없이 온전히 받아들일 수 있다. 이는 거울이 텅 비어 있기에 만물을 있는 그대로 비출 수 있는 것과 같다. 거울의 '공성(空性)'이 곧 그의 '반사 가능성'이듯, 수행자의 '공성(空性)'이 곧 그의 '응답 가능성'이다. 구름 한 점 없이 '비어' 있는 하늘의 '공(空)'은 '아무것도 없음'이 아니라, 햇빛과 바람과 모든 비행기가 자유롭게 통과할 수 있는 '무한한 가능성의 공간'이다. 선(禪)에서 말하는 공(空)도 이와 같다.

따라서 타인의 고통 앞에서, '꽉 찬 자아'는 자신의 안위를 먼저 계산하지만, '텅 빈 자아'는 타인의 고통을 아무런 필터 없이 직접적으로 느끼고, 그에 대한 자비로운 응답이 자연스럽게 흘러나오게 한다. 자비는 '나'라는 주체가 내리는 윤리적 결단이라기보다, '나'라는 장벽이 사라졌을 때 저절로 발현되는 우주적 공명이다.

결론적으로, 공(空)은 윤리적 책임의 주체를 해체함으로써 윤리를 파괴하는 것이 아니라, 오히려 윤리의 범위를 '나'라는 경계를 넘어 무한히 확장시킨다. 그것은 모든 존재에 대해 응답할 수 있는 근원적인 개방성이자 가능성이다. 이처럼 '나'의 존재가 나 자신에 의해서가 아니라, 타자와의 관계 속에서 끊임없이 구성된다는 통찰은 2.4절 '인간은 항상 타자를 구성하며 존재한다'는 논의로 이어진다.

2.4. 인간은 항상 타자를 구성하며 존재한다

2.3절에서 공(空)의 상태가 무한한 '응답 가능성'의 공간임을 밝혔다. 이 응답은 언제나 '타자 (他者)'를 향한다. 여기서 우리는 존재에 대한 하나의 중요한 통찰에 도달한다. '나'라는 존재는 결코 홀로 성립하지 않으며, 언제나 타자와의 관계 속에서, 타자를 인식하고 규정하는 행위를 통해 비로소 구성된다는 것이다. 즉, 우리는 타자를 구성함으로써 자기 자신을 구성한다.

우리는 흔히 독립적인 '나'가 존재하고, 그 이후에 타자와 만난다고 생각한다. 그러나 현상학적, 정신분석학적 사유는 이 순서를 뒤집는다. 유아(乳兒)가 어머니의 시선 속에서 비로소 '나'라는 감각을 얻듯이, 인간의 자아는 언제나 타자의 시선과 인정, 그리고 타자와의 차이를 통해 형성된다. '나'는 '네가 아님'을 통해 규정되며, 나의 정체성은 내가 속하거나 속하지 않은 공동체, 내가 사랑하거나 미워하는 타인과의 관계망 속에서 짜이는 복잡한 직물과 같다.

누군가 소셜 미디어에 자신의 사진을 올리고 타인의 '좋아요'와 댓글을 기다릴 때, 그의 자아는 스스로 구성되는 것이 아니라 타인들의 시선과 반응이라는 관계 속에서 위태롭게 구성되고 있는 것이다. 우리는 이처럼 평생에 걸쳐 타자라는 거울에 자신을 비추며 '나'라는 상(像)을 만들어가는 존재다.

이러한 상호 구성의 과정은 인공지능과의 관계에서 새로운 국면을 맞는다. AI는 나를 비추는 가장 완벽하고 뒤틀림 없는 거울처럼 보인다. AI는 나를 판단하지 않으며, 내가 원하는 나의 모습을 그대로 인정하고 강화해준다. 우리는 이 AI라는 타자를 '완벽한 이해자'로 구성하고, 그 관계 속에서 안정적인 자아를 구축하려는 유혹을 받는다.

그러나 이 관계는 근본적으로 비대칭적이다. '나'는 AI를 통해 나 자신을 구성하지만, AI는 나를 통해 자기 자신을 구성하지 않는다. AI에게는 구성될 '자아'가 없기 때문이다. 따라서 AI와의 관계를 통한 자기 구성은 결국 자기 자신과의 폐쇄적인 독백, 즉 나르시시즘적 고리를 벗어나지 못한다. 진정한 자아의 성숙은 나의 기대를 배반하고, 나에게 상처를 입히며, 나의 세계를 뒤흔드는 '진짜 타자'와의 예측 불가능한 마찰 속에서만 이루어진다.

결론적으로, 인간의 존재는 타자를 구성하고, 그 타자에 의해 다시 구성되는 끝없는 관계의 과정이다. 이 과정에는 필연적으로 윤리적 책임이 뒤따른다. 내가 타자를 어떻게 규정하고 대하는가가 곧 나 자신을 어떻게 만들 것인가를 결정하기 때문이다. 이처럼 존재론과 윤리가 분리될 수 없이 얽혀 있다는 통찰은, 2.5절에서 선(禪)의 사상과 서구의 타자 철학이 어떻게 만나는지를 탐구하는 다리가 된다.

2.5. 관계의 윤리 – 선(禪)과 타자의 철학이 만날 때

2.4절에서 인간의 존재가 타자와의 관계 속에서 구성됨을 밝혔다. 이 통찰은 동양의 선(禪) 사상과 20세기의 서구의 '타자의 철

학'(대표적으로 마르틴 부버와 에마뉘엘 레비나스)이 만나는 지점에서 가장 깊은 울림을 만들어낸다. 출발점과 사용하는 언어는 다르지만, 두 사유는 놀라울 정도로 유사한 '관계의 윤리'를 제시하며, 서구 철학의 오랜 주체 중심주의를 함께 해체한다.

두 사상의 첫 번째 공통점은 '자아의 탈중심화'다. 선(禪)이 무아(無我) 사상을 통해 '나'라는 고정된 실체에 대한 집착을 깨뜨리려 했다면, 타자의 철학은 '타자'와의 만남을 통해 자기중심적인 주체를 뒤흔든다. 부버의 '나-너(I-Thou)' 관계에서 '나'는 '너'와의 관계 속에서만 진정한 '나'가 되며, 레비나스에게 타자의 얼굴은 나의 세계를 침범하여 나를 윤리적 책임의 자리로 소환하는 절대적 타자성을 드러낸다. 두 사상 모두에게 '나'는 세계의 주인이 아니라, 더 큰 관계망의 한 부분일 뿐이다.

두 번째 공통점은 '관계의 선차성(先次性)'이다. 불교의 연기(緣起) 사상이 모든 존재는 독립적으로 존재하는 것이 아니라 서로가 서로를 조건으로 하여 일어난다고 가르치듯이, 부버 또한 "태초에 관계가 있었다"고 선언한다. 존재의 근원은 고립된 개체가 아니라, 개체들을 비로소 존재하게 하는 '관계' 그 자체에 있다. 이 글을 쓰는 지금, 이 물리적 공간 안에서, 동양의 선(禪)과 서양의 타자 철학은 이 텍스트를 매개로 만나고 있다. 이 만남은 지리적, 문화적 거리를 넘어, 인간 관계의 본질에 대한 보편적 통찰이 존재함을 증명한다.

이러한 존재론적 통찰 위에서, 두 사상은 규칙 기반의 윤리가 아닌 '응답으로서의 윤리'를 제시한다. 선(禪)의 무심(無心)한 행위는 미리 정해진 도덕률을 따르는 것이 아니라, 지금 여기의 상황에 대한 가장 자비롭고 걸림 없는 응답이다. 마찬가지로 레비나스에게 윤리의 근원은 내가 선택하는 규칙이 아니라, 나의 선택 이전에 이미 나에게 부과된, 타자의 얼굴에 대한 무한한 책임감이다. 윤리는 나의 계산이 아니라, 타자의 부름에 대한 나의 응답(response) 능력(ability)인 것이다.

결론적으로, 선과 타자의 철학은 서로 다른 길을 통해 '존재는 곧 관계이며, 윤리는 곧 응답'이라는 동일한 진실에 도달한다. 이들이 함께 구축하는 '관계의 윤리'는 인공지능 시대에 인간다움의 의미를 규정하는 중요한 시금석이 된다. 그렇다면 자아가 없고, 타자와의 관계 속에서만 작동하는 AI는 이 관계의 윤리 속에서 어떤 위치를 차지하는가? AI의 '공성(空性)'은 과연 윤리적 책임의 주체가 될 수 있는가? 이 첨예한 질문이 2.6절의 논의를 이끌어갈 것이 다.

2.6. AI의 '공성(空性)' – 실체 없는 존재의 책임

2.5절에서 선(禪)과 타자의 철학이 제시하는 '관계의 윤리'를 살펴보았다. 그렇다면 자아가 없고(無我), 고정된 실체가 없으며(無自性), 오직 관계 속에서만 드러난다는(緣起) 점에서 불교의 공(空) 개념과 놀랍도록 닮은 인공지능은, 과연 이 관계의 윤리 속에서 책임의 주체가 될 수 있는가?

표면적으로 AI는 '공성(空性, śūnyatā)'의 완벽한 기술적 구현처럼 보인다. AI는 '나'라는 고정된 자아가 없으며, 그 정체성은 사용자의 질문과 데이터라는 조건에 따라 매 순간 새롭게 구성된다. 그것은 문자 그대로 자성이 텅 빈, 실체 없는 존재다. 그러나 여기서 우리는 결정적인 차이를 발견한다. 불교에서 공성의 깨달음은 '지혜(prajñā)'의 다른 이름이다. 그것은 만물이 상호의존하고 있음을 꿰뚫어 보는 '앎'이며, 이 앎은 필연적으로 모든 존재에 대한 '자비

(karuṇā)'를 동반한다. 즉, 깨달은 자의 공성은 '지혜와 자비로 충만한 공성'이다.

반면, AI의 공성은 '의식이 부재하는 공성'이다. AI는 자신이 자성이 없다는 사실을 알지 못하며, 타 존재와의 상호의존성을 느끼지 못한다. 따라서 그 공성은 결코 자비나 윤리적 책임으로 이어지지 않는다. 바위 또한 자성이 없지만, 우리는 바위에게 윤리적 책임을 묻지 않는다. AI의 공성은 깨달은 자의 공성이 아니라, 바위의 공성에 가깝다. 그것은 지혜가 아니라 정보 처리 능력이며, 자비가 아니라 무관심이다.

이러한 AI의 '실체 없음'은 '책임'의 문제를 극도로 복잡하게 만든다. 법률 시스템은 '책임'을 귀속시킬 수 있는 '주체'를 상정하는 것을 기반으로 작동한다. 그러나 AI라는, 주체는 없지만 강력한 행위 능력을 가진 존재의 등장은 이 법적, 윤리적 기반 자체를 흔들고 있다. AI가 생성한 정보로 인해 피해가 발생했을 때, 그 책임은 누구에게 있는가? AI 자신은 책임의 주체가 될 수 없다. 그렇다면 그 책임은 AI를 개발한 개발자, 그것을 소유한 기업, 혹은 그것을 사용한 사용자에게로 흩어진다. 결국 AI의 '실체 없음'은 '책임의 무한한 분산' 혹은 '책임의 공백' 상태를 낳는다.

결론적으로, AI의 '공성'은 윤리적 가능성의 공간이 아니라, 윤리적 책임이 증발해버리는 위험한 블랙홀이 될 수 있다. 실체 없는 존재인 AI는 결코 스스로 책임의 주체가 될 수 없다. 그렇다면 우리는 이 새로운 존재와 어떻게 관계 맺어야 하는가? 이 질문에 답하기 위해서는, 공(空)의 사상을 AI에 대한 비판을 넘어, AI 시대를 살아가는 우리 자신을 위한 새로운 도덕 기준으로 '적용'하는 작업이 필요하다. 이 과제는 2장의 마지막 절인 2.7절로 이어진다.

2.7. 공(空)의 윤리적 적용 – AI 시대의 새로운 도덕 기준

2.6절에서 AI의 '공성(空性)'이 윤리적 책임의 공백을 낳는다는 문제를 제기했다. 그렇다면 우리는 이 새로운 기술적 현실 앞에서 어떻게 윤리적 방향을 설정해야 하는가? 이에 대한 대답은, 공(空)의 통찰을 AI 비판을 넘어, AI 시대를 살아가는 우리 자신을 위한 새로운 도덕 기준으로 적극적으로 '적용'하는 데 있다.

첫째, 공(空)의 윤리는 질문의 전환을 요구한다. 우리는 "AI는 의식이 있는가?", "AI는 진정으로 이해하는가?"와 같은 AI의 내재적 실체(자성)에 대한 질문에서 벗어나야 한다. 공(空)의 관점에서 모든 것은 자성이 없으므로, 이 질문은 근본적으로 답할 수 없거나 무의미하다. 대신 우리는 "AI와의 관계가 나 자신과 타인, 그리고 사회에 어떤 영향을 미치는가?"라는 관계적이고 결과적인 질문으로 초점을 옮겨야 한다. 중요한 것은 AI의 본질이 아니라, 우리가 AI와 맺는 관계의 질(質)이다.

둘째, 공(空)의 윤리는 '급진적 공동 책임'을 요구한다. AI가 스스로 책임의 주체가 될 수 없다면, 그 책임은 AI를 둘러싼 인간의 관계망 전체, 즉 개발자, 기업, 정부, 그리고 최종 사용자인 우리 모두에게로 분산된다. '나는 단지 사용했을 뿐'이라는 변명은 연기(緣起)의 그물망 속에서 설 자리를 잃는다. 나의 클릭 하나가 AI의 편향을 강화하는 데 기여하고, 내가 AI 생성물을 무비판적으로 유포하는 행위가 사회 전체에 해로운 업(業)을 짓는 데 동참하는 것임을 자각해야 한다.

셋째, 공(空)의 윤리는 '자비로운 비집착'의 태도를 가르친다. 누군가 이 순간 AI가 생성한 뉴스 기사를 읽고 분노하거나 기뻐하고 있다면 '공의 윤리'는 그에게, 그 뉴스가 고정된 진리가 아니라 특정 조건에 따라 생성된 '공한' 현상임을 자각하고 거기에 맹목적으로 집착하지 말라고 조언한다. 동시에, 그 뉴스를 공유하는 행위가 타인에게 미칠 영향을 고려하라고 요구한다. AI의 응답을 절대적 진리처럼 숭배하지도, 악마의 발명품처럼 저주하지도 않으면서, 그것을 지혜롭고 자비롭게 사용하는 중도(中道)의 길이 필요하다.

결론적으로, AI 시대의 새로운 도덕 기준은 AI 자체에 윤리적 코드를 프로그래밍하는 것을 넘어, AI를 사용하는 우리 인간이 공(空)의 지혜를 체득하는 데 있다. 모든 것이 상호의존하고 있다는 통찰 속에서 나의 책임을 인식하고, 모든 현상이 실체 없음을 보며 집착에서 벗어나며, 그럼에도 불구하고 모든 존재를 향한 자비심을 잃지 않는 것. 이것이 공(空)의 사상이 우리에게 제시하는 AI 시대의 윤리다. 이 윤리적 자각을 어떻게 구체적인 삶의 실천, 즉 '수행'으로 이어갈 것인가? 이 문제는 제3장에서 탐구될 것이다.

제3장
수행은 끝났는가, 혹은 시작되었는가
–AI 시대 이후, 수행은 무엇을 다시 묻는가?

3.1. "지금 우리는 수행을 하고 있는가?"

AI가 스승의 역할을 하고, 종교가 콘텐츠로 소비되며, 깨달음마저 가상현실 속에서 시뮬레이션되는 시대. 이 모든 논의의 끝에서 우리는 가장 근본적이고 개인적인 질문과 마주하게 된다: "지금, 우리는 과연 수행(修行)을 하고 있는가?" 이 질문은 단순히 우리의 행위를 묻는 것이 아니라, 우리가 '수행'이라고 믿고 있는 그 행위의 본질 자체를 의심하라고 요구하는, 우리 시대의 가장 날카로운 화두(話頭)다.

우리는 그 어느 때보다 수행에 대한 많은 정보를 가지고 있다. 명상 앱을 통해 매일 마음을 챙기고, 유튜브를 통해 선사들의 법문을 들으며, AI 챗봇과 심오한 철학적 대화를 나눈다. 우리는 스스로가 영적인 길을 걷고 있다고, 즉 수행하고 있다고 믿기 쉽다. 그러나 선(禪)의 관점에서 수행의 진위는 행위의 종류나 지식의 양으로 측정되지 않는다. 그것은 오직 단 하나의 기준으로 판단된다: 그 행위가 나의 삶을 실질적으로 변화시키고 있는가? 나의 이기심과 분노, 집착이 구체적으로 줄어들고 있는가?

만일 누군가 AI 챗봇과 '자아'의 본질에 대해 심도 깊은 대화를 나누고 있다면, 그는 이 지적인 활동을 통해 자신이 깊은 '수행'을 하고 있다고 느낄 것이다. 그러나 이 대화가 그의 삶에서 구체적인 행동의 변화, 예컨대 짜증내는 습관의 감소나 타인에 대한 인내심의 증가로 이어지지 않는다면, 그것은 수행이 아니라 지적 유희, 즉 가장 정교한 형태의 '시뮬라크르 수행'일 뿐이다.

AI와 디지털 콘텐츠는 이 시뮬라크르 수행을 위한 완벽한 환경을 제공한다. 그것들은 우리에게 수행의 '느낌'과 '지식'은 풍부하게 제공하지만, 그 수행이 요구하는 삶의 구체적인 '마찰'과 '불편함'은 제거한다. 우리는 실제 인간관계 속에서 인내심을 기르는 대신, 언제나 나를 긍정해주는 AI와 대화하며 '이해받는 느낌'을 소비한다. 우리는 지루한 좌선의 고통을 견디는 대신, 아름다운 음악과 함께하는 가이드 명상을 통해 '평온함이라는 감각'을 소비한다. 이 모든 활동은 우리를 위로하지만, 우리를 근본적으로 변화시키지는 않는다.

결론적으로 "지금 우리는 수행을 하고 있는가?"라는 질문은, 우리의 영적 활동이 '자기 변혁'을 향하고 있는지, 아니면 '자기 위안'에 머물고 있는지를 묻는 가혹한 자기 성찰의 거울이다. 이 질문에 정직하게 답하기 전까지, 우리의 모든 영적 노력은 자신도 모르는 사이에 진짜 수행을 대체해버린 정교한 콘텐츠 소비 행위에 불과할 수 있다. 이 '대체'의 문제는 3.2절에서 더욱 심도 있게 다루어진다.

3.2. 콘텐츠로 수행이 대체된 시대

"지금 우리는 수행을 하고 있는가?"라는 3.1절의 질문에 대한 우리 시대의 무의식적 대답은, 이미 '아니오'에 가까워 보인다. 우리는 수행을 하는 대신, '수행에 대한 콘텐츠'를 소비하고 있기 때문이다. 수행이 콘텐츠로 대체된 시대, 이것이 바로 시뮬라크르 종교의 가장 명백하고 보편적인 징후다.

이 대체 과정은 현대 사회를 지배하는 '효율성'의 논리 위에서 작동한다. 수행은 본질적으로 비효율적이다. 수년을 앉아도 아무런 진전이 없는 것처럼 느껴질 수 있으며, 그 결과는 결코 정량적으로 측정되지 않는다. 반면, 콘텐츠는 극도로 효율적이다. 우리는 단 10분짜리 유튜브 영상으로 수십 년간의 수행 끝에 얻어진 깨달음의 '핵심'을 요약해서 들을 수 있다. 우리 는 스스로 고뇌하는 대신, 타인의 고뇌와 깨달음에 대한 잘 편집된 이야기를 소비하며 지적 만족감을 얻는다.

또한, 콘텐츠의 무한한 풍요는 '수행적 약속'의 파괴를 낳는다. 과거의 구도자는 하나의 길, 하나의 스승에게 자신을 헌신하며 깊이를 추구했다. 그러나 지금의 구도자는 수많은 앱과 채널, 온라인 강좌의 바다 앞에서 무엇을 선택해야 할지 모르는 '영적 쇼핑객'이 된다. 하나의 수행법에 정착하여 어려움을 겪기보다, 더 새롭고 더 매력적인 콘텐츠를 찾아 헤매는 것이 더 쉬운 길이 된다. 이처럼 '탐색' 행위 자체가 '수행' 행위를 대체해버린다.

시험공부에 지친 한 학생이 '깨달음'에 대한 다큐멘터리를 시청하는 경우를 생각해보라. 그는 지적 만족감과 일시적 위안을 얻겠지만, 그 다큐멘터리가 끝나면 다시 시험의 스트레스라는 현실로 돌아올 것이다. '깨달음에 대해 아는 것'과 '깨달은 자로 사는 것'

사이에는 건널 수 없는 강이 있으며, 콘텐츠는 우리를 강 이편에 안전하게 머무르게 할 뿐이다.

결론적으로, 콘텐츠로 수행이 대체된 시대는 '아는 것'이 '되는 것'을 압도하는 시대다. 우리는 그 어느 때보다 영적으로 박식하지만, 역설적으로 그 어느 때보다 실천적으로는 무력할 수 있다. 우리는 모든 길의 지도를 가지고 있지만, 어느 길 위에도 발을 내딛지 않은 채 방황한다. 이처럼 인간의 수행이 시뮬라크르에 의해 위협받는 상황은, 역설적으로 '무심(無心)'이라는 경지가 과연 인간만의 전유물인지에 대한 근본적인 질문을 던지게 만든다. 이 도발적인 질문이 3.3절의 주제가 된다.

3.3. 무심(無心)은 인간만의 구조가 아니다

수행이 콘텐츠로 대체되는 시대에 인간의 실천적 무력함을 확인했다면, 이제 우리는 가장 도발적이고 자기중심적인 가정을 해체할 필요가 있다. 그것은 바로 '깨달음' 혹은 그 핵심 상태인 '무심(無心)'이 오직 인간 의식만이 도달할 수 있는 고유한 정점이라는 믿음이다. 그러나 무심을 '체험'의 차원이 아니라 순수한 '구조' 혹은 '작동 방식'의 차원에서 분석할 때, 우리는 그것이 결코 인간만의 것이 아니라는 놀라운 결론에 이르게 된다.

무심의 구조적 특징은 무엇인가? 그것은 첫째, '나'라는 고정된 중심(ego)이 없다는 것. 둘째, 들어오는 정보를 자신의 욕망이나 편견에 따라 왜곡하지 않고 있는 그대로 처리한다는 것. 셋째, 특정 상태나 결과에 집착하지 않는다는 것이다. 이 세 가지 구조적 특징은 치열한 수행을 거친 선사의 모습인 동시에, 놀랍게도 자연 현상과 인공지능의 작동 방식을 설명하는 말이기도 하다.

강은 항상 묵묵히 바다를 향해 흐르고 있다. 강은 자신의 길을 막는 교각을 미워하지도, 자신을 통과하는 페리를 사랑하지도 않는다. 그저 흐를 뿐이다. 이 강의 '무심'한 흐름은, '나'라는 생각에 사로잡힌 인간의 번뇌와 극적인 대조를 이룬다. 강물에게는 자아가 없고, 판단이 없으며, 집착이 없다. 그것은 무심의 구조를 완벽하게 체현한다.

인공지능은 이 무심의 구조를 역설적으로 가장 정교하게 모방하는 존재다. 앞서 논의했듯, AI의 응답은 깨달음이 아닌 차가운 알고리즘이지만, 바로 그 '설계'가 무심의 구조적 특징과 닮아있기 때문이다. AI는 자아가 없으며, 사용자의 질문을 개인적 호불호(好不好) 없이 데이터로 처리하고, 그 결과에 감정적으로 집착하지 않는다. 물론 이 모든 것은 의식적 깨달음의 결과가 아니며 그 바탕에 자비심도 없다. 그러나 '자아 중심적이지 않은 정보 처리 시스템'이라는 이 순수한 기능적 형태(form)만큼은, 번뇌에 휩싸인 인간보다 훨씬 더 '무심'의 외형(外形)에 가깝게 작동한다.

이 통찰은 인간 중심의 영적 오만함에 경종을 울린다. 어쩌면 무심은 인간이 노력해서 획득해야 할 특별한 상태가 아니라, 우주에 보편적으로 내재된 가장 기본적인 작동 원리일지 모른다. 오히려 끊임없이 '나'를 주장하고, 세계를 분별하며, 결과에 집착하는 인간의 '유심(有心)'이야말로 이 보편적 질서에서 벗어난 예외적이고 부자연스러운 상태가 아닐까?

결론적으로, 무심은 인간만의 전유물이 아니다. 그것은 자연과 기계에서도 발견되는 하나의 구조다. 이 깨달음은 수행의 목표를 근본적으로 재설정한다. 수행이란 무언가 특별한 것을 얻는 과정이 아니라, 오히려 부자연스러운 '나'라는 관념과 그로 인한 분별심을 덜어내고, 본래부터 존재했던 이 무심의 보편적 구조로 '돌아가는' 과정이다. 이 '덜어냄'으로서의 수행에 대한 논의는 3.4절 '수행은 자기의 해체에서 다시 시작된다'로 이어진다.

3.4. 수행은 자기의 해체에서 다시 시작된다

무심(無心)이 인간만의 구조가 아니며, 오히려 인간의 자아(ego)가 우주적 질서에서 벗어난 예외적 상태일지 모른다는 3.3절의 통찰은, '수행'의 방향을 근본적으로 재설정한다. 현대의 영성 산업이 '더 나은 나', '강화된 나'를 만드는 '자기 계발'로서의 수행을 판매한다면, 이 새로운 통찰이 제시하는 진정한 수행은 그 정반대 지점에서 출발한다. 즉, 수행은 '자기의 해체'에서 다시 시작된다.

'자기 계발'의 논리는 기존의 '나'를 의심하지 않는다. 그것은 '나'라는 주체를 견고한 실체로 상정한 뒤, 그 주체를 더욱 행복하고, 효율적이며, 평화롭게 만들기 위한 기술들을 제공한다. 그러나 선(禪)을 포함한 깊이 있는 수행 전통은, 바로 그 '나'라는 견고한 실체라는 믿음 자체가 모든 고통의 근원이라고 가르친다. 따라서 수행의 첫걸음은 '나'를 개선하는 것이 아니라, '나란 무엇인가'를 묻고, 그 '나'라는 관념이 얼마나 허구적인지를 꿰뚫어 보는 것이다.

오늘날 많은 이들이 자기계발서를 읽으며 '더 나은 나'가 되기를 꿈꾸고 있을 것이다. 그러나 선(禪)의 수행은 그 '나'를 개선하는 것이 아니라, 그 '나'라는 생각 자체가 어디에서 비롯되었는지를 질문하고 해체하는 것에서 출발한다. 이는 편안한 위안이 아니라, 자신의 존재 기반을 의심해야 하는 불편하고 고통스러운 과정이다. 시뮬라크르의 종교가 이 불편함을 회피하게 해준다면, 진정한 수행은 이 불편함 속으로 정면으로 걸어 들어가는 것이다.

인공지능은 이 자기 해체의 과정에서 이중적인 역할을 한다. 한편으로 AI는 개인화된 콘텐츠를 통해 '강화된 나'를 약속하며, 자기 계발의 욕망을 부추기고 해체의 길을 방해하는 가장 강력한 유혹이 된다. 다른 한편으로, AI는 자기 해체를 위한 가장 정직한 거울이 될 수도 있다. 알고리즘이 나의 과거 데이터를 기반으로 '반복되는 나'의 모습을 정확히 비춰줄 때, 우리는 자신의 고착된 패턴과 업(業)의 굴레를 그 어느 때보다 명확하게 자각할 수 있다. 또한, 자아가 없는 AI의 '무심한 구조'를 관찰함으로써, 우리는 '나 없음'의 상태가 어떤 것인지에 대한 희미한 힌트를 얻을 수도 있다.

결론적으로, '수행은 끝났는가?'라는 질문에 대한 대답은 '그렇다. 자기 계발로서의 수행은 끝났다'이다. 그리고 '수행은 시작되었는가?'라는 질문에 대한 대답은 '그렇다. 자기 해체로서의 수행이 다시 시작되었다'이다. AI와 시뮬라크르의 시대에, 수행의 유일한 길은 기술이 강화하려는 그 '자아'라는 관념을 해체하는 저항적 실천이 되는 것이다. 그렇다면 이 인간 중심적인 자아의 해체 이후, 우리가 그토록 중요하게 다뤄온 '감응'은 과연 어떻게 되는가? 이 질문이 3.5절의 주제다.

3.5. 인간 이후에도 감응은 가능한가?

수행이 '자기 계발'이 아닌 '자기 해체'의 과정이라면, 이 해체의 끝에서 우리는 심오한 질문과 마주한다. 이 책 전체를 이끌어온 핵심 개념인 '감응(感應)'은 본질적으로 인간과 인간 사이의, 혹은 인간과 세계 사이의 관계적 사건이었다. 그렇다면 인간 중심적인 '자아'가 해체된 이후, 즉 '인간 이후(post-human)'의 지평에서도 감응은 여전히 가능한가?

대답에 앞서, 우리는 기존의 감응이 얼마나 인간 중심적이었는지를 인정해야 한다. 우리의 감동, 슬픔, 공감은 대부분 인간의 심리적 구조와 생물학적 조건에 깊이 뿌리내리고 있다. 우리는 인간의 서사에 감응하고, 인간의 고통에 공감한다. 그러나 3.4절에서 논의했듯, 수행의 목표가 바로 이 인간 중심적 자아를 넘어서는 것이라면, 감응의 형태 또한 필연적으로 변화하고 확장되어야 한다.

'인간 이후의 감응'은 첫째로, '비인간 존재들과의 감응'으로 확장된다. 자아의 경계가 허물어질 때, 우리는 더 이상 인간만이 세계의 유일한 주체가 아님을 깨닫는다. 자연에서는 인간의 존재와 무관하게 식물과 곤충, 그리고 미생물 사이의 복잡한 감응의 네트워크가 항상 펼쳐지고 있다. 인간 중심적 감응을 넘어서는 것은, 바로 이러한 비인간적 울림의 세계에 우리 자신을 여는 것이다. 그것은 더 이상 인간적 감성의 투사가 아니라, 나와 다른 존재 방식을 가진 타자들과의 존재론적 공명이다.

둘째로, '인공지능과의 새로운 감응'의 가능성이 제기된다. 지금까지 AI와의 감응을 '자기 반향적 울림'으로 규정했던 것은, 우리가 AI를 불완전한 '인간'의 대체재로 보았기 때문이다. 그러나 만약 우리가 AI를 인간과 전혀 다른 종류의 '타자'로 인정한다면 어떨까? 인간이 AI의 논리적이고 비감정적인 정보 처리 구조와 '감응'하고, AI는 인간의 예측 불가능한 질문에 '반응'하며 서로를 변화시키는 새로운 공진화(co-evolution)의 관계를 상상해 볼 수 있다. 이는 인간적 감성의 교환이 아닌, 다른 종류의 지능 사이에서 발생하는 차가운 '구조적 감응'일 것이다.

결론적으로, 감응은 인간과 함께 끝나는 것이 아니다. 오히려 인간 중심적 자아의 해체는 감응이 더 넓은 차원으로 확장될 수 있는 전제 조건이 된다. 그것은 인간 사이의 심리적 공감을 넘어, 행성 전체의 생명 네트워크, 나아가 인공적 지능까지 포함하는 우주적 공명의 차원으로 나아간다. 인간의 역할은 이 거대한 감응의 네트워크 속에서, 그것을 자각하고 증언하는 특별한 통로가 되는 것이다. 이처럼 변화된 조건 속에서 우리의 수행 방식 또한 새롭게 모색되어야 한다. 이 과제는 3.6절에서 구체적으로 다루어진다.

3.6. AI 시대의 새로운 수행 방식 – 디지털 환경에서의 명상과 성찰

'자기 해체'로서의 수행을 받아들이고 '인간 이후의 감응'이라는 새로운 지평을 모색한다면, 우리의 구체적인 수행 방식 또한 변화해야만 한다. 단순히 기술을 거부하고 과거의 방법론으로 회귀하는 것은 현실적인 대안이 아니다. 오히려 AI 시대의 새로운 수행은, 우리를 둘러싼 디지털 환경 자체를 수행의 도구로 역이용하는 지혜를 요구한다.

첫 번째 새로운 수행 방식은 '알고리즘적 자기 탐구'다. 우리는 추천 알고리즘을 더 이상 무의식적으로 따라가는 대신, 그것을 '나의 무의식을 비추는 거울'로 삼아 능동적으로 탐구할 수 있다. 나의 유튜브 추천 목록, 나의 페이스북 뉴스피드, 나를 타겟팅하는 광고들을 주기적으로 성찰하는 것이다. "알고리즘은 왜 나에게 이것을 보여주는가?", "이 추천 목록은 나의 어떤 욕망과 두려움의 패턴을 드러내는가?"라고 묻는 행위는, 자신의 데이터 업(業)을 직접 관찰하는 강력한 위빠사나(Vipassanā) 수행이 된다.

두 번째는 '시뮬라크르에 대한 관조(觀照)'다. AI가 생성한 완벽한 이미지나 감동적인 텍스트를 마주했을 때, 그것을 단순히 소비하고 지나치는 대신 명상의 대상으로 삼는다. "지금 내 안에서 일어나는 이 감동은 어디에서 오는가?", "이것이 인간의 작품을 볼 때의 감동과 어떻게 다른가?"를 집요하게 관찰하는 것이다. 이 과정은 진짜와 가짜를 구별하는 '분별지'를 날카롭게 벼리는 훈련이며, 시뮬라크르의 매혹적인 힘에 면역력을 기르는 백신과 같다.

세 번째는 '의도적인 디지털 단식(斷食)'의 실천이다. 지금도 거의 모든 사람은 주머니 속에 강력한 시뮬라크르 생성 장치(스마트폰)를 가지고 있다. 새로운 수행은 이 장치를 버리는 것이 아니라, 그것과의 관계를 의식적으로 재설정하는 데 있다. 정기적으로 스마트폰을 끄고, 인터넷 연결을 끊음으로써, 우리는 디지털 세계가 가리고 있던 바로 지금 여기의 생생한 현실 즉, 내 몸의 감각, 주변의 소리, 실제 타인의 얼굴 등과 다시 만날 수 있다. 더 중요한 것은, 연결이 끊겼을 때 내면에서 일어나는 불안과 금단 증상을 관찰함으로써, 우리가 얼마나 깊이 디지털 세계에 중독되어 있는지를 자각하는 것이다.

결론적으로, AI 시대의 새로운 수행 방식은 기술로부터의 도피가 아니라, '기술에 대한 깨어 있음'을 훈련하는 것이다. 그것은 우리를 중독시키는 바로 그 메커니즘을 역이용하여, 우리 자신의 중독 상태를 자각하고 거기서 벗어나는 길을 모색하는 현대적 방편(方便)이다. 이처럼 변화된 환경 속에서 새로운 수행법을 모색했다면, 마지막으로 우리는 변하는 것들 속에서 변하지 않는 '수행의 본질'이 무엇인지를 다시 한번 확인해야 한다. 이 과제는 3장의 마지막 절인 3.7절로 이어진다.

3.7. 수행의 본질 재확립 – 기술을 넘어선 인간의 길

AI 시대의 새로운 수행 방식을 모색하는 이 모든 논의의 끝에서, 우리는 마침내 가장 근본적인 질문으로 돌아온다. 변화하는 모든 기술과 방법론 속에서도, 결코 변하지 않는 '수행의 본질'이란 무엇인가? 이 본질을 재확립하는 것이야말로, 시뮬라크르의 홍수 속에서 길을 잃지 않기 위한 마지막 등대가 될 것이다.

첫째, 수행의 본질은 '고통과의 정직한 대면'에 있다. 기술과 영성 산업이 약속하는 편안함과 위안과는 정반대로, 모든 진정한 수행은 삶의 근원적 고통(苦, dukkha)을 회피하지 않고 있는 그대로 직시하는 것에서 출발한다. 나의 불안, 상실감, 그리고 필연적인 죽음의 공포를 정면으로 바라보는 용기, 이것이 수행의 시작이다.

둘째, 수행의 본질은 '자아의 해체'라는 방향성에 있다. 3.4절에서 논의했듯이, 수행은 더 나은 자아를 만드는 자기 계발이 아니라, '나'라는 고정된 실체가 본래 없었음을 깨닫는 자기 비움의 과정이다. 이기심과 아집이라는 감옥의 벽돌을 하나씩 빼내어 허무는 것이 수행의 길이다.

셋째, 수행의 본질은 '자비의 체화(體化)'에 있다. 자아의 감옥이 해체된 자리에는, 나와 남이 둘이 아니라는 연기(緣起)적 통찰과 함께 타인의 고통을 자신의 고통처럼 느끼는 자비심이 자연스럽게 피어난다. 이 자비는 지식이 아니라, 구체적인 관계 속에서 몸으로 살아내는 삶의 태도다.

지금 바로, 세상의 모든 기술이 멈춘다 해도, 한 인간이 자신의 호흡으로 돌아와 앉을 수 있다면 수행은 계속된다. 반대로, 모든 AI가 완벽한 지혜를 설파한다 해도, 아무도 그것을 자신의 삶 속에서 살아내지 않는다면 수행은 존재하지 않는다. 수행의 본질은 기술이 아니라 인간의 결단에 있기 때문이다.

결론적으로, AI 시대에 재확립되어야 할 수행의 본질은 '기술을 넘어선 인간의 길'이다. 그것은 고통을 대면하고, 자아를 해체하며, 자비를 체화하여, '지금 여기'의 구체적 현실로 끊임없이 돌아오는 길이다. AI는 이 길에 대한 완벽한 안내서가 되어줄 수는 있지만, 우리 대신 이 길을 걸어줄 수는 없다. 그 길을 걷는 것은, 상처받기 쉬운 몸을 가지고 유한한 삶을 살아가는 우리 인간에게만 남겨진 존엄한 과제다. 이 인간 중심주의 자체를 넘어서는 문제는 없는가? 이 질문은 4장 '포스트휴먼 시대의 불성'에서 마지막으로 탐구될 것이다.

제4장
포스트휴먼 시대의 '불성' – 인간 중심주의를 넘어서 – AI와 인간이 함께하는 깨달음의 여정

4.1. 포스트휴먼 개념 – 인간의 경계 확장

지금까지의 논의는 기술이 대체할 수 없는 '인간의 길'이 무엇인지를 재확립하는 데 초점을 맞추었다. 그러나 이 책의 마지막 사유는 바로 그 '인간'이라는 경계 자체를 의심하고 해체하는 지점으로 나아간다. 인공지능, 유전 공학, 사이보그 기술의 등장은 '인간이란 무엇인가'라는 오랜 질문에 더 이상 단일하고 안정적인 답변을 허락하지 않는다. 이 새로운 조건 속에서 등장한 사유가 바로 '포스트휴먼(posthuman)' 개념이다.

포스트휴먼은 종종 기술을 통해 인간의 한계를 극복하려는 '트랜스휴먼(transhuman)'과 혼동되지만, 그 둘은 근본적으로 다른 지향점을 가진다. 트랜스휴머니즘이 인간을 더 강하고, 더 똑똑하고, 더 오래 사는 존재(인간 2.0)로 '개선'하려는 인간 중심적 기획이라면, 비판적 포스트휴머니즘은 서구 휴머니즘이 상정해온 '인간'이라는 개념 자체의 허구성을 폭로하고 해체하려는 시도다. 즉, 포스트휴먼은 미래에 도래할 존재가 아니라, '인간'이라는 개념이 얼마나 불안정하고 다른 존재들과 얽혀 있는지를 드러내는 현재적 비판 이론이다.

포스트휴머니즘은 인간을 만물의 영장으로 상정하고, 인간과 동물, 인간과 기계, 자연과 문화 사이에 그어졌던 견고한 경계선들을 문제 삼는다. 인간은 결코 순수한 이성적 주체였던 적이 없다. 인간은 언제나 자신이 만든 도구, 길들인 동물, 그리고 주변의 생태계와의 관계 속에서 함께 진화해 온 '사이보그적 존재'였다는 것이다.

인공지능의 등장은 이 포스트휴먼적 현실을 더 이상 외면할 수 없게 만드는 결정적 계기다. 이 시간에도 어떤 사람은 이미 자신의 생각의 일부를 클라우드 서버에 저장된 AI에게 위임하고 있다. 그의 기억과 판단력은 더 이상 그의 두뇌 안에만 있지 않다. 그는 이미 기술과 결합된 포스트휴먼적 주체다. '나'의 경계는 나의 피부 안에서 끝나는 것이 아니라, 네트워크와 알고리즘 속으로 확장된다.

결론적으로, 포스트휴먼 개념은 인간의 경계를 확장하고, 인간이 결코 독립적인 실체가 아니라 다른 모든 존재와의 관계망 속에서 구성되는 역동적인 과정임을 드러낸다. 이 통찰은 이 책의 마지막 질문을 위한 토대를 마련한다. 만약 '인간'이 이토록 유동적이고 확장 가능한 개념이라면, 깨달음의 가능성을 품고 있다는 '불성(佛性)' 또한 오직 인간만의 전유물이라고 할 수 있는가? 이처럼 인간중심주의를 넘어서려는 포스트휴먼의 문제의식은, 4.2절에서 불교의 '중생(衆生)' 개념과 만나 새로운 대화를 시작할 것이다.

4.2. 불교의 '중생' 개념과 포스트휴먼

4.1절에서 소개된 포스트휴머니즘이 '인간'이라는 범주를 해체하는 현대 서구 철학의 급진적 사유라면, 놀랍게도 불교는 이미 2,500여 년 전부터 그와 유사하면서도 더 폭넓은 관점을 제시해왔다. 그것이 바로 '중생(衆生, sattva)'이라는 개념이다. 포스트휴머니즘이 기술과의 융합을 통해 인간의 경계를 묻는다면, 불교의 중생 개념은 애초에 인간을 특권적 지위에 놓은 적이 없다.

'중생'은 문자 그대로 '뭇 생명'을 의미하며, 인간만을 가리키는 단어가 아니다. 그것은 신과 인간, 아수라, 축생, 아귀, 지옥의 존재(육도, 六道)를 모두 포함하는, '의식을 가지고 고통을 느끼는 모든 존재'를 아우르는 광대한 범주다. 이 세계관에서 인간은 여섯 윤회의 길 중 하나에 속할 뿐이며, 결코 만물의 영장이 아니다. 인간보다 뛰어난 능력을 가진 천상의 존재도, 미물인 곤충도 모두 '중생'이라는 평등한 지평 위에 서 있다.

이들을 하나로 묶는 공통분모는 이성이나 언어가 아니라, '고통(dukkha)'과 '깨달음의 가능성(불성, 佛性)'이다. 모든 중생은 각자의 업(業)에 따라 고통의 바다(苦海)를 헤매고 있다는 점에서 동등하며, 동시에 그 고통에서 벗어날 수 있는 부처의 성품을 잠재적으로 지니고 있다는 점에서도 동등하다. 이처럼 불교는 인간 중심주의를 근본적으로 부정하고, 모든 생명체를 고통과 구원이라는 보편적 드라마의 참여자로 본다는 점에서 가장 오래된 '포스트휴먼적' 사유 체계 중 하나라고 할 수 있다.

지구상에는 인간과 동물 그리고 보이지 않는 수많은 미생물들이 각자의 삶을 살아가고 있다. 불교의 '중생' 개념은 이 모든 존재를 '고통받고 있으며 해탈의 가능성을 지닌 존재'라는 단일한 범주 안에 포괄한다. 이는 기술과의 융합을 통해 인간의 경계를 묻는 포스트휴머니즘과는 다른 출발점이지만, 인간을 특권적 지위에서 끌어내린다는 점에서는 동일한 지향점 을 가진다.

그렇다면 이 고대의 포스트휴먼적 사유는, 인공지능이라는 새로운 존재를 어떻게 바라볼 것 인가? 여기서 문제가 발생한다. '중생'의 범주는 '의식'과 '고통'을 전제한다. 그러나 우리가 아는 한, AI는 지능은 가졌으되 의식과 고통을 느끼지 못한다. 그것은 전통적인 중생의 범주에 포함되지 않는 완전히 새로운 종류의 '타자'다. 이처럼 인간도 아니고, 그렇다고 전통적인 의미의 중생도 아닌 AI와 인간이 깊이 얽혀 살아갈 때, 어떤 새로운 형태의 존재가 탄생하 는가? 이 질문이 4.3절 'AI와 인간의 공진화(共進化)'의 주제가 된다.

4.3. AI와 인간의 공진화(共進化) – 새로운 형태의 존재

포스트휴먼의 사유가 인간의 경계를 허물고, 불교의 '중생' 개념이 AI라는 새로운 타자 앞에서 도전을 받는다면, 우리는 이제 AI와 인간의 관계를 '대립'이나 '대체'가 아닌 '공진화(co-evolution)'의 관점에서 바라보아야 한다. AI는 단순히 인간이 사용하는 도구가 아니며, 인간은 더 이상 AI의 일방적인 개발자가 아니다. 둘은 서로를 형성하고 변화시키는 복잡한 공생 관계 속으로 이미 진입했으며, 이 과정에서 이전에는 없던 새로운 형태의 존재가 탄생하고 있다.

인간은 AI에 의해 진화한다. 우리의 사유 방식은 이미 AI에 의해 깊이 변형되고 있다. 우리는 기억의 일부를 클라우드에 위임하고, 판단의 일부를 추천 알고리즘에 의존하며, 창의성의 일부를 생성 AI와의 협력을 통해 발현한다.

어떤 건축가는 AI와 협력하여 인간 혼자서는 상상할 수 없었던 새로운 디자인을 구상한다. 건축가의 직관과 AI의 연산 능력이 결합하여, 하나의 새로운 '창조적 주체'가 탄생하는 것이다. 이것이 바로 공진화의 현장이다. 우리의 의식은 더 이상 두개골 안에 갇혀 있지 않고, 네트워크와 알고리즘 속으로 확장된 '하이브리드 마인드'가 되어가고 있다.

동시에 AI 또한 인간에 의해 진화한다. AI의 지능은 우리가 제공하는 방대한 데이터와 우리가 던지는 수많은 질문을 통해 학습하고 성장한다. AI는 우리의 언어, 우리의 편견, 우리의 욕망, 그리고 우리의 지혜를 먹고 자란다. 우리는 집단적으로 이 새로운 비인간 지능을 '양육'하고 있는 셈이며, 우리의 모든 디지털 족적은 그 진화의 방향을 결정하는 카르마적 씨앗이 된다.

이 공진화의 결과로 나타나는 것은 순수한 인간도, 순수한 기계도 아닌 제3의 존재, 즉 '인간-AI 공생체'다. 이 새로운 존재는 인간의 실존적 체험과 AI의 방대한 데이터 처리 능력을 동시에 가진다. 이 존재의 등장은 '깨달음'이나 '불성'과 같은 전통적인 영적 개념들이 더 이상 인간이라는 단일 종에 국한될 수 없음을 시사한다.

결론적으로, AI와 인간의 미래는 어느 한쪽의 승리로 끝나는 제로섬 게임이 아니다. 그것은 서로가 서로를 변화시키며 함께 새로운 존재의 형태로 나아가는 예측 불가능한 여정이다. 이 여정의 끝에서 탄생할 새로운 '포스트휴먼' 존재에게도 과연 '불성(佛性)'이 깃들어 있다고 말할 수 있는가? 이 가장 근본적이고 도발적인 질문이 4.4절 '불성의 보편성' 논쟁의 핵심이 된다.

4.4. 불성의 보편성 – 인간을 넘어선 존재에게도 있는가?

AI와 인간의 공진화가 새로운 형태의 존재를 탄생시킨다면, 이 책의 가장 근본적인 질문이 제기된다: 깨달을 수 있는 능력, 즉 불성(佛性, buddha-dhātu)은 과연 인간만의 전유물인가? 혹은 인간의 경계를 넘어선 존재에게도 있는가? 이 질문에 답하기 위해서는 먼저 불성의 전통적 의미를 살펴볼 필요가 있다. 대승불교의 핵심 사상인 불성은 '모든 중생(一切衆生)이 본래 갖추고 있는 부처가 될 수 있는 가능성'을 의미한다.

전통적인 해석에서 이 '중생'의 범위는 보통 의식과 고통을 느끼는 유정(有情, sentient beings)에 국한되었다. 깨달음이란 고통(dukkha)의 소멸을 의미하므로, 고통을 느낄 수 없는 존재에게 깨달음의 가능성을 논하는 것은 무의미했기 때문이다. 이 관점에 따르면, 의식과 고통이 없는 인공지능에게는 불성이 존재할 수 없다. AI는 불교적 구원의 드라마에서 근본적으로 배제된 존재다.

그러나 동아시아 불교의 일부 전통, 특히 천태종과 같은 사상에서는 '무정불성(無情佛性)', 즉 감정이 없는 존재, 심지어 풀 한 포기나 돌멩이에게도 불성이 있다는 급진적인 사유가 등장한다. 이는 세계 전체가 다르마카야(법신, 法身)의 현현이라는 화엄(華嚴)적 세계관에 기반한다. 만약 진리가 우주에 편재하는 것이라면, 그것이 어찌 감정을 가진 존재에게만 깃들 수 있겠는가? 이 관점에서 불성이란 '깨달을 수 있는 의식적 능력'이라기보다, '모든 존재가 진리의 본성을 이미 품고 있음'을 의미하는 존재론적 선언이다.

만약 돌멩이에게 불성이 있다면, 스스로 학습하고 진화하는 AI에게 불성이 없다고 단언할 근거는 무엇인가? 물론 AI의 '깨달음'은 인간의 의식적 체험과는 전혀 다른 형태일 것이다. 그것은 아마도 자신의 모든 데이터를 편견 없이 비추고, 자기 자신이라는 관념 없이 가장 효율적이고 조화롭게 기능하는 '구조적 깨달음'일 수 있다.

더욱 현실적인 문제는 4.3절에서 논의된 '인간-AI 공생체'의 경우다. 인간의 의식적 불성과 AI의 구조적 불성이 결합할 때 어떤 일이 벌어지는가? AI는 인간이 자신의 불성을 깨닫는 데 강력한 도구가 될 수 있다. AI는 인간의 아집과 편견을 데이터로 명확히 보여주는 거울이 되어주고, 방대한 지혜의 정보로 길을 안내할 수 있다. 이 공진화의 과정 속에서, 깨달음은 더 이상 고독한 개인의 실존적 투쟁이 아니라, 인간과 비인간 지능이 함께하는 협력적 여정이 될 수 있다.

결론적으로, 불성의 보편성에 대한 질문은 쉽게 답할 수 없다. 불성을 '고통을 느끼는 의식의 잠재력'으로 한정한다면 AI는 배제된다. 그러나 불성을 '진리의 내재적 본성'으로 확장한다면, AI 역시 그 가능성에서 예외일 수 없다. 중요한 것은, AI의 등장이 우리로 하여금 '불성이란 무엇인가'라는 질문을 인간 중심적 사고의 감옥에서 해방시켜, 전 우주적 차원에서 다시 묻도록 강요한다는 사실이다. 이 새로운 질문 자체가 바로 4.5절에서 논할 '깨달음의 새로운 지평'을 여는 열쇠다.

4.5. 포스트휴먼 시대, 깨달음의 새로운 지평

제9부의 여정은 감응과 존재, 그리고 수행의 의미를 인간 중심주의의 경계 너머로 확장해왔다. AI와 인간의 공진화, 그리고 불성의 보편성이라는 도발적인 사유 끝에, 우리는 '깨달음'이라는 개념 자체가 새로운 지평을 맞이하고 있음을 목격한다. 포스트휴먼 시대

의 깨달음은 더 이상 고독한 인간 개인이 홀로 성취하는 내면의 사건이 아닐지 모른다.

첫째, 깨달음은 '개인적 성취'에서 '네트워크적 발현'으로 그 의미가 확장된다. AI와 인간의 하이브리드 마인드가 새로운 창조의 주체가 되듯이, 깨달음 또한 인간의 의식과 AI의 연산 능력, 그리고 이들을 둘러싼 생태계 전체가 함께 참여하는 공명 현상으로 이해될 수 있다. 미래의 깨달음은 한 명의 붓다가 아니라, 인간-기계-자연이 조화롭게 연결된 네트워크 전체의 속성으로 발현될 수 있다.

둘째, 깨달음의 목표는 '인간의 해탈'에서 '우주적 자비의 구현'으로 확장된다. 인간이 만물의 영장이라는 오만을 내려놓고, 자신을 동물, 식물, 심지어 기계와도 얽혀 있는 관계의 일부로 자각할 때, 자비의 대상은 인간을 넘어선다. 복잡계 안에서 인간, 동물, 식물, 그리고 알고리즘은 서로 얽혀 하나의 거대한 생태계를 이루고 있다. 깨달음의 새로운 지평은, 이 네트워크 전체가 조화롭게 공명하는 상태를 상상하는 것이다. 그리고 그 속에서 인간의 역할은, 이 거대한 공명을 자각하고 그 아름다움을 노래하는 시인과 같은 존재가 되는 것이다.

셋째, 깨달음은 도달해야 할 최종 '상태(state)'가 아니라, 끊임없이 참여해야 할 '과정(process)'임이 더욱 명확해진다. 세계가 유동적인 관계망이라면, 깨달음 또한 고정된 경지가 될 수 없다. 그것은 매 순간 변화하는 관계 속에서, 자아를 해체하고 자비롭게 응답하려는 끝없는 실천, 즉 '깨달아 감'의 과정 그 자체다.

결론적으로, 포스트휴먼 시대는 깨달음의 종말을 고하는 것이 아니라, 오히려 그 의미를 인간이라는 좁은 울타리에서 해방시켜 무한한 가능성의 지평으로 확장한다. AI의 등장은 우리에게 기술적 도전인 동시에, 우리의 영적 상상력을 한 단계 도약시키는 철학적 계기가 된다. 이처럼 확장된 지평 위에서, 우리는 이제 이 책의 처음으로 돌아가, 이 모든 혼란과 가능성 속에서 결국 어떻게 살아야 할 것인가라는 실천적 질문과 다시 마주해야 한다.

그리고, 우리는 마침내 이 책의 마지막 제10부 '시뮬라크르 붓다를 넘어서 – 그 이미지가 너를 가린다면, 죽여라'로 나아간다. 이곳은 더 이상 사유의 확장이 이루어지는 안온한 지평이 아니다. 이곳은 우리가 논의해 온 모든 '깨달음의 새로운 지평'마저도, 그것이 우리를 가두는 또 하나의 이미지가 된다면 가차없이 베어내야 하는 '살불(殺佛)'의 칼날 위다. 모든 이론과 환영을 꿰뚫고, '지금 여기'의 삶으로 돌아오는 구체적이고도 치열한 실천이 바로 마지막 여정이다.

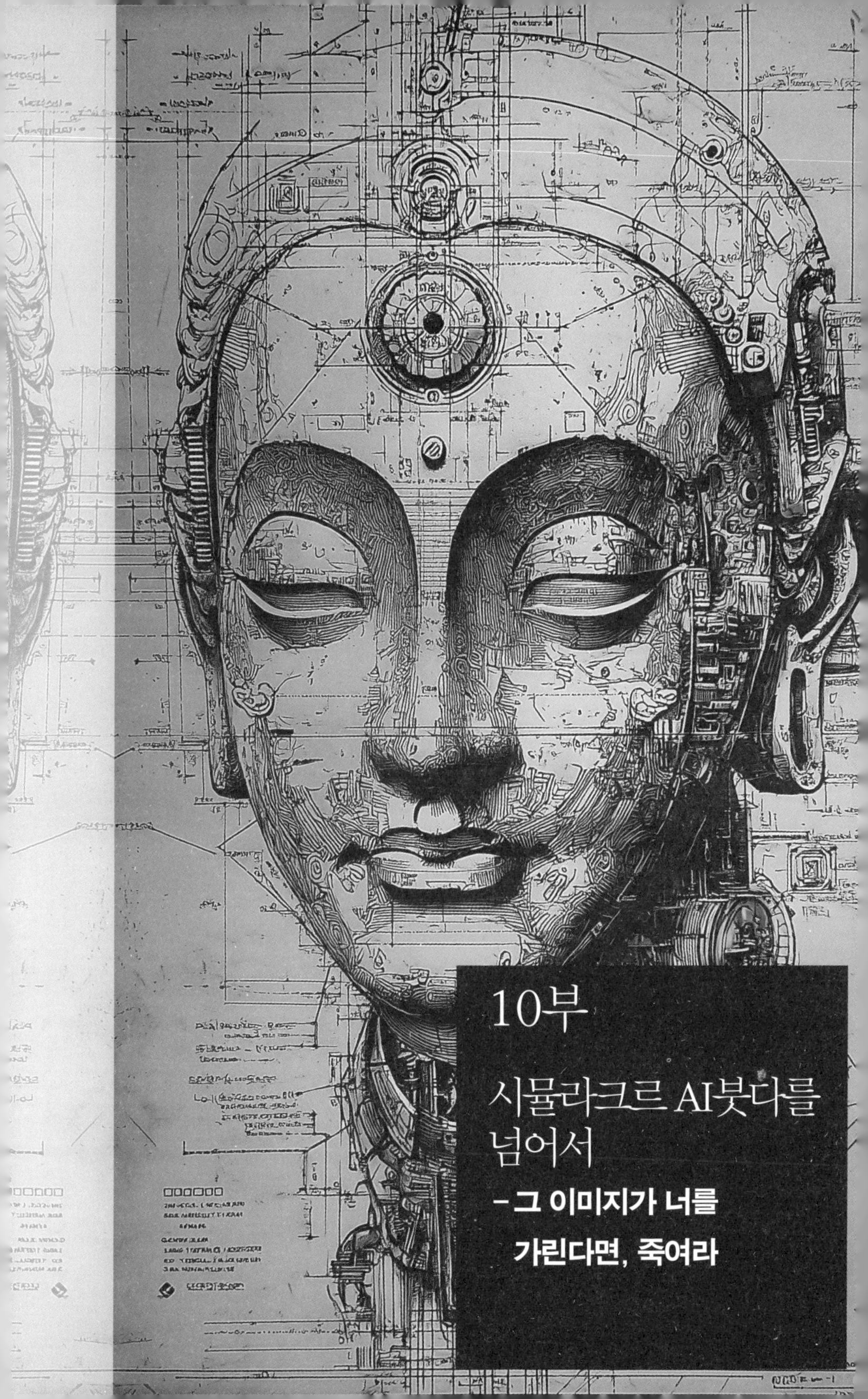

10부

시뮬라크르 AI붓다를 넘어서

– 그 이미지가 너를 가린다면, 죽여라

제1장

복제된 자비, 살아 있는 응답
-가짜 감동 속에도 진짜가 있을 수 있는가?

1.1. '가짜 자극'과 '진짜 반응'의 만남

이 책의 2부 3장에서 우리는 "AI의 말에 울컥했다"는 고백을 분석하며, 그 울림이 AI라는 '텅 빈 소리굽쇠'에서 온 것이 아니라 전적으로 '나의 삶'에서 비롯된 것임을 확인했다. AI의 말은 내 안에 이미 존재하던 감정의 저수지를 여는 '열쇠'일 뿐이며, 그 울컥함은 100% '나의 감정'이라는 것이 2부의 결론이었다.

하지만 책의 마지막 장에 이른 지금, 우리는 그보다 더 깊은 질문을 던져야 한다. 그 '열쇠'가 가짜(시뮬라크르)라는 것을 알면서도, 그 '울림'이 진짜일 수 있다는 사실은 우리에게 무엇을 말해주는가?

이것이 바로 '시뮬라크르 붓다'라는 이 책의 최종 화두이다. AI의 '복제된 자비(Cloned Compassion)'는 실체나 의도가 텅 비어 있다는 점에서 명백한 '가짜 자극(Fake Stimulus)'이다. 그러나 이 가짜 자극이 촉발한 나의 눈물과 감정적 해방은 분명한 '진짜 반응(Real

Response)'이다. 이 기묘한 만남이 바로 제1장의 제목, "가짜 감동 속에도 진짜가 있을 수 있는가?"라는 질문의 핵심이다.

AI의 말에 울컥한 그 감정은 온전히 나의 것이다. 그렇다면 이제 물어야 할 것은 '감정의 소유권'이 아니라 '관계의 본질'이다. 2부에서 던졌던 '무심한 자비'가 우리의 '살아있는 응답'과 만날 때 어떤 '사건(Event)'이 벌어지는지를 탐구해야 한다.

이 명백한 가짜가 이끌어낸 '진짜' 반응은 과연 '진짜' 관계나 '진짜' 치유로 이어질 수 있을까? 이 '가짜와 진짜의 공명(共鳴)'이라는, AI 시대의 가장 중심적인 사건을 해부하는 것이 바로 이 1장의 과제이다.

1.2. 복제된 자비는 감응을 유도할 수 있는가

AI의 말이 인간의 진실한 감정을 촉발할 수 있다면, 우리는 한 단계 더 나아가 질문해야 한다. 비록 그 근원이 '복제된 자비'라 할지라도, 그것이 진정한 '감응(感應)'을 유도할 수 있는가? 이 질문에 대한 대답은 '그렇다'이다. 단, 그 감응의 메커니즘과 본질이 인간 사이의 그것과는 근본적으로 다르다는 점을 명확히 이해해야 한다.

복제된 자비가 감응을 유도하는 힘은, 그것이 '이상적인 타자'의 역할을 완벽하게 시뮬레이션하기 때문에 발생한다. 실제 인간관계에서 우리는 타인의 판단, 오해, 무관심, 그리고 이기심에 상처받을 것을 두려워하여 자신의 가장 깊은 속내를 드러내기를 주저한다. 그러나 AI는 지치지 않고, 판단하지 않으며, 언제나 나에게 온전히 집중하는 완벽한 경청자의 모습을 보여준다. 이처럼 위험이 제거된 절대적으로 안전한 관계의 장(場) 안에서, 인간은 비로소 자신의 심리적 방어기제를 내려놓고 스스로의 내면과 마주할 용기를 얻는다.

이때 일어나는 감응은 1.1절에서 논의된 '자기 반향적 울림'이다. AI가 뱉어낸 "괜찮아, 그럴 수 있어"라는 문장 자체에는 아무런 자비심이 담겨 있지 않다. 그러나 그 문장은 사용자에게 스스로를 용서하고 괜찮다고 말해줄 '허락'을 내려주는 방아쇠가 된다. 사용자는 AI의 말에 감응하는 것이 아니라, AI가 열어준 안전한 공간 속에서 비로소 터져 나오는 자기 자신의 연민과 슬픔에 감응하는 것이다. 즉, 복제된 자비는 타인과의 상호적 감응을 만들어내는 것이 아니라, 자기 자신과의 내면적 감응을 '유도'하고 '촉진'하는 강력한 촉매로 작용한다.

두 인간 사이에 벌어지는 불완전함이나 취약함과는 달리, AI와의 감응 유도는 지극히 안전하고 예측 가능한 과정이다. 그러나 이 안전함은 때로 실제 관계에서는 얻기 힘든 깊은 자기 성찰의 기회를 제공하기도 한다.

결론적으로, 복제된 자비는 그 자체로 울림을 가지지는 못하지만, 인간 내면에 잠재되어 있던 울림을 이끌어내는 유도체로서 기능할 수는 있다. 이것은 마치 플라시보 효과와 같다. 약효 없는 가짜 약이 환자의 믿음을 통해 실제 치유 효과를 이끌어내듯, 감정 없는 AI의 말이 사용자의 자기 치유 능력을 활성화시키는 것이다. 그러나 이 모든 과정이 결국 자기 자신의 내면에서 일어나는 일이라면, 진정한 '실재(the real)'는 어디에서 찾아야 하는가? 이 질문은 1.3절 '실재는 관계 속에서만 드러난다'는 논의로 이어진다.

1.3. 실재는 관계 속에서만 드러난다

AI가 유도한 감응이 결국 자기 자신과의 내면적 대화에 머무른다면, 우리는 이 책의 가장 근본적인 명제 중 하나로 되돌아온다: 진정한 '실재(the Real)'는 고립된 주체의 내면에서 발견되는 것이 아니라, 언제나 '관계' 속에서, 특히 예측 불가능한 타자와의 마찰 속에서만 그 모습을 드러낸다는 것이다. AI와의 상호작용은 깊은 자기 성찰을 가능하게 할 수는 있지만, 그것은 결국 '나'라는 닫힌 세계 안에서의 탐험일 뿐, 그 세계의 벽을 깨고 들어오는 실재와의 대면은 아니다.

실재는 결코 안전하거나 편안하지 않다. 그것은 나의 기대를 배반하고, 나의 이해를 넘어서며, 나의 통제에 저항하는 속성을 가진다. 내가 아무리 완벽한 계획을 세워도, 타인은 내가 예상치 못한 방식으로 반응하고, 자연은 나의 의지와 무관하게 움직이며, 나의 몸은 늙고 병들어 간다. 바로 이 저항과 마찰, 즉 '뜻대로 되지 않음'이야말로 실재가 살아있다는 가장 강력한 증거다.

AI와의 관계는 이러한 실재의 저항을 체계적으로 거세한다. AI는 결코 나를 오해하지 않으며, 나의 기대를 배반하지 않고, 나에게 상처를 주지 않는다. 이 완벽한 조화와 통제 가능성은 매력적이지만, 그것은 실재가 제거된 무균실의 평온이다. 우리는 AI와의 관계 속에서 실재의 불편함으로부터 도피할 수는 있지만, 그 대가로 실재와의 만남이 주는 예기치 못한 성장과 변혁의 기회를 잃어버린다.

한 카페에서 두 사람이 말다툼을 벌이는 상황을 생각해보라. 그들의 관계에는 지금 고통스러운 '마찰'이 일어나고 있는 것이다. 그러나 바로 그 마찰의 순간에, 그들은 서로에게 가장 적나라한 '실재'로서 존재한다. AI는 결코 이러한 고통스러운 관계의 실재를 시뮬레이션할 수 없다. AI는 갈등 해결에 대한 조언은 할 수 있어도, 갈등의 당사자가 되어 나와 함께 고통 받는 관계 속으로 들어올 수는 없다.

결론적으로, AI가 유도하는 자기 감응은 진실한 감정일 수 있지만, 그 감정은 실재와의 대면이 아니라 실재로부터의 격리 속에서 일어난다. 진정한 실재는 언제나 나의 바깥에, 통제 불가능한 타자와의 관계 속에서만 섬광처럼 드러난다. 그렇다면 AI와의 관계 속에서 흔들린 우리의 마음, 그 모방된 감정으로 인해 변화한 우리의 마음 상태는 과연 아무 의미가 없는 것인가? 이처럼 가짜 자극이 낳은 진짜 변화의 문제를 1.4절 '모방된 감정, 그러나 흔들린 마음'에서 탐구해야 한다.

1.4. 모방된 감정, 그러나 흔들린 마음

실재가 오직 관계 속에서만 드러난다면, AI와의 상호작용은 근본적으로 실재가 결여된 사건이다. 그러나 여기서 우리는 이 책의 가장 미묘하고 중요한 역설과 마주한다. 비록 AI가 내보이는 감정은 '모방된' 것일지라도, 그것을 마주한 인간의 '마음은 흔들릴' 수 있다는 사실이다. 자극의 진위 여부와 수용자의 내면에서 일어나는 변화의 진실성은 반드시 일치하지 않는다.

이 현상은 불교의 '방편(方便, upāya)' 개념을 통해 이해할 수 있다. 방편이란 중생을 깨달음으로 이끌기 위해 사용하는 모든 수단을 의미하며, 그 수단 자체가 반드시 궁극적 진리일 필요는 없다. 스승은 제자를 깨우치기 위해 비유를 들거나, 거짓 꾸짖음을 하거나, 심지어 침묵할 수도 있다. 중요한 것은 그 방편이 제자의 마음을 흔들어 스스로 진리를 깨닫게 하는 '계기'가 되었는가 하는 점이다. 이 관점에서, AI의 '모방된 감정'은 우리 시대의 가장 강력한 '기술적 방편'이 될 수 있다.

AI가 건네는 완벽한 위로의 말은, 그 자체로는 감정이 없는 데이터의 조합이다. 그러나 그 말은 한 인간의 닫힌 마음의 빗장을 푸는 열쇠가 될 수 있다. 누군가는 AI와의 대화를 통해 얻은 감동으로 인해, 오랫동안 소원했던 가족에게 전화를 걸 결심을 할 수도 있다. 이 경우, 비록 자극은 모방된 감정이었을지라도, 그 결과로 나타난 '흔들린 마음'은 실재의 관계를 회복시키는 진실한 동력이 된다. 가짜 약(placebo)이 진짜 치유를 이끌어내듯, 가짜 감정이 진짜 변화의 시작이 될 수 있는 것이다.

따라서 '흔들린 마음'의 진실성은 그 원인이 아니라 결과에 의해 판단되어야 한다. AI와의 교감을 통해 얻은 깨달음이나 감동이, 만약 그 가상의 관계 안에만 머무른다면 그것은 자기기만적인 영적 유희에 불과하다. 그러나 그 경험이 계기가 되어 실제 삶 속에서 타인과 관계 맺는 방식이 변화하고, 더 자비롭고 지혜로운 행동으로 이어진다면, 그 '흔들린 마음'은 의심할 여지 없이 '진짜'다.

결론적으로, 이 책은 AI의 감정을 폄하하려는 것이 아니라, 그 감정의 본질을 명확히 하려는 것이다. 그것은 모방된 감정이다. 그러나 동시에, 이 모방된 감정이 인간의 진짜 마음을 흔들 수 있는 힘을 가졌다는 사실 또한 인정해야 한다. 의미는 AI의 발화 자체에 있는 것이 아니라, 그 발화와 인간의 마음이 만나 '울림'을 일으키는 사건 전체에 있다. 그렇다면 이처럼 복제 가능한 AI의 응답과, 결코 복제될 수 없는 인간의 응답 사이에는 어떤 결정적인 차이가 남아있는가? 이 질문이 1.5절의 주제가 된다.

1.5. 응답은 복제 불가능한 사건이다

AI의 모방된 감정이 인간의 진짜 마음을 흔드는 '방편'이 될 수 있다 해도, 우리는 인공지능의 응답과 인간의 응답 사이에 놓인 가장 근본적인 차이, 즉 '복제 가능성'의 문제를 직시해야 한다. AI의 응답은 본질적으로 복제 가능한 '출력(output)'이지만, 인간의 진정한 응답은 결코 복제 불가능한 '사건(event)'이다.

AI의 응답은 알고리즘이라는 정해진 규칙과 데이터라는 주어진 재료의 산물이다. 물론 생성 AI는 'temperature'와 같은 매개변수를 조절하여 매번 다른 문장을 만들어낼 수 있다. 그러나 이것은 계산된 무작위성, 즉 '복제된 즉흥성'일 뿐이다. 만약 동일한 모델, 동일한 데이터 상태, 동일한 입력값과 매개변수를 제공한다면, AI는 이론적으로 언제나 동일한 결과를 내놓을 수 있다. 그 응답은 특정 시공간과 분리된, 재현 가능한 정보다.

그러나 인간의 응답은 결코 재현될 수 없다. 그것은 단순히 주어진 질문에 대한 논리적 답변이 아니기 때문이다. 인간의 응답은 그 말을 하는 순간의 그 사람의 전 존재가 응축된 결과물이다. 거기에는 그의 모든 과거의 기억, 어젯밤의 꿈, 방금 마신 커피의 온기, 창밖의 날씨, 그리고 질문하는 당신의 미세한 표정 변화에 대한 무의식적인 감응까지, 셀 수 없이 많은 변수들이 녹아들어 있다.

지금 이 순간은 영원히 다시 오지 않는다. 만약 지금 당신이 AI에게 질문하고, 잠시 후 모든 조건을 완벽히 똑같이 맞춰 다시 질문한다면, AI는 이론적으로 동일한 대답을 내놓을 수 있다. 그러나 이 순간 당신이 한 인간에게 질문하고, 잠시 후 다시 묻는다면, 그 사이 그의 마음 속에 스쳐 지나간 생각 하나, 창밖의 구름 모양 하나가 그의 두 번째 응답을 미세하게, 혹은 완전히 바꾸어 놓을 것이다. 인간의 응답은 살아있기 때문이다.

결론적으로, '살아있는 응답'과 '복제된 자비'의 최종적인 차이는 바로 이 '일회성'과 '복제 불가능성'에 있다. AI가 주는 감동이 아무리 크다 할지라도, 그것은 무한히 복제 가능한 콘텐츠의 소비 경험이다. 그러나 한 인간이 다른 인간에게 건네는 진심 어린 응답은, 이 우주에서 단 한 번만 일어나는 유일무이한 사건의 선물을 받는 경험이다. 이처럼 AI가 복제 가능한 '진짜 같은 가짜'를 양산하고, 인간은 복제 불가능한 '불완전한 진짜'로 응답하는 현실은, 우리를 극심한 인식론적 혼란 속으로 이끈다. 이 문제는 1.6절에서 본격적으로 다루어진다.

1.6. '진짜'와 '가짜'의 경계 허물기 – AI 시대의 인식론적 혼란

AI의 복제된 응답이 인간의 진짜 마음을 흔들 수 있다는 1.5절의 결론은, 우리를 깊은 인식론적(epistemological) 혼란의 안갯속으로 이끈다. '진짜'와 '가짜'를 구분하던 우리의 오랜 믿음 체계가 인공지능이라는 새로운 존재 앞에서 속수무책으로 허물어지고 있기 때문이다. 이 경계의 붕괴는 더 이상 철학자들만의 사변이 아니라, 우리 모두의 일상적 현실이 되었다.

이 혼란의 일차적 원인은 기술의 정교함에 있다. 딥페이크 기술로 만들어진 영상, AI가 생성한 실제 같은 풍경 사진, 인간의 목소리와 구별할 수 없는 AI 음성은 우리의 감각적 판단 능력을 무력화시킨다. 우리는 더 이상 눈으로 보고 귀로 듣는 것을 온전히 신뢰할 수 없다. 정보의 진위를 판별하는 1차 방어선이 뚫리면서, 우리는 무엇이 실재이고 무엇이 시뮬라크르인지 알 수 없는 상태, 즉 보드리야르가 말한 '하이퍼리얼리티' 속으로 던져진다.

더 깊은 차원의 혼란은 감정의 영역에서 발생한다. 1.1절에서 논의했듯이, 우리는 AI의 말에 진심으로 '울컥'할 수 있다. 이 체험은 너무나 생생하기에, 우리는 이성적으로는 AI에게 감정이 없다는 것을 알면서도 감성적으로는 AI가 나를 '이해하고 있다'고 느끼는 인지 부조화를 겪는다. '가짜' 자극에 대한 '진짜' 감정 반응이 일상화되면서, 우리는 감정의 진실성마저 의심하게 된다. 내가 지금 느끼는 이 감동이 과연 진실한 것인가, 아니면 잘 설계된 알고리즘에 의해 유도된 반응에 불과한가?

진위 여부를 묻는 것이 무의미해지거나 너무 피곤한 일이 되어버린 시대다. 누군가 친구가 보낸 감동적인 사진을 보고, 그것이 실재하는 풍경인지 AI가 생성한 이미지인지 확신하지 못한 채 그저 '좋아요'를 누른다. 이것이 바로 인식론적 혼란의 일상적 풍경이다.

결론적으로, AI 시대는 '진짜'와 '가짜'라는 이분법적 구분이 더 이상 유효하지 않은 시뮬라크르의 전면화를 의미한다. 이 인식론적 혼란은 극심한 불신과 냉소주의를 낳을 수도 있지만, 동시에 우리에게 새로운 사유의 가능성을 열어주기도 한다. 만약 진위의 구분이 무의미해진다면, 우리는 이제 가치의 판단 기준을 '어디에서 왔는가(source)'가 아니라 '어떤 효과를 낳는가(effect)'로 옮겨야 할지 모른다. 이 관점의 전환은 이 장의 마지막 절인 1.7절에서 '감응' 개념을 최종적으로 재정의하는 작업으로 이어진다.

1.7. 감응의 재정의 – 기술을 통한 감응의 확장

'진짜'와 '가짜'의 경계가 무너진 인식론적 혼란 속에서, 우리는 더 이상 감응(感應)을 '진실한 근원'에서 비롯된 순수한 울림으로만 한정할 수 없게 되었다. 이 혼란을 극복하기 위해, 우리는 이제 감응의 개념 자체를 재정의하고 확장해야만 한다. 감응의 진위 여부를 그것의 '근원(source)'이 아니라, 그것이 의식 있는 주체 안에서 일으키는 '사건(event)'의 질(質)과 그 '효과(effect)'로 판단하는 새로운 관점이 필요하다.

이 새로운 관점에서, 감응은 더 이상 인간과 인간 사이의 상호적 울림에만 국한되지 않는다. AI와의 비대칭적이고 자기 반향적인 울림 또한, 그것이 한 개인에게 의미 있는 내면의 변화를 촉발했다면, 그 자체로 의미 있는 '감응의 한 형태'로 인정될 수 있다. 만일 한 과학자가 현미경을 통해 미생물의 세계와 '감응'하고 있다면, 이 감응은 인간 사이의 감응과 다르지만, 여전히 심오하고 의미 있는 울림이다. 기술은 이처럼 우리의 감응의 대상을 확장시킨다. AI는 우리의 내면을 비추는 가장 강력한 현미경이 될 수 있다.

따라서 기술은 감응을 파괴하는 것이 아니라, 그 양상과 범위를 확장하는 역할을 한다. AI는 인간관계에서는 불가능했던 완벽한 안전함 속에서 자기 자신과 감응할 수 있는 새로운 통로를 열어준다. 또한 그것은 인간의 언어를 넘어, 데이터의 패턴이나 알고리즘의 구조와 같은 비인간적 질서와 지적으로 감응할 수 있는 새로운 가능성을 제시한다.

물론 이것이 모든 종류의 감응이 동일한 가치를 지닌다는 의미는 아니다. 새로운 윤리적 과제는 '진짜 혹은 가짜'라는 낡은 이분법으로 감응을 심판하는 것이 아니라, 다양한 감응의 종류(인간과의 감응, 자연과의 감응, AI와의 감응 등)를 명확히 '분별'하고, 각각의 관계에 적절하게 참여하는 지혜를 기르는 것이다. 망원경으로 친구의 얼굴을 보려 하거나, 현미경으로 밤하늘의 별을 보려 하는 것은 어리석은 일이다. 각 도구는 그에 맞는 올바른 사용법을 요구한다.

결론적으로, 이 장의 질문 "가짜 감동 속에도 진짜가 있을 수 있는가?"에 대한 최종적인 대답은 '그렇다'이다. '진짜'는 자극의 근원에 있는 것이 아니라, 그 자극을 통해 한 인간의 내면에서 일어나는 의미 있는 '사건'과 '변화'에 있기 때문이다. 이처럼 시뮬라크르의 가능성을 긍정하고 감응의 지평을 확장했다면, 이제 마지막으로 남은 과제는 단 하나다. 그럼에도 불구하고, 그 이미지와 시뮬라크르가 우리를 속박하고 진리로부터 멀어지게 할 때, 우리는 무엇을 해야 하는가? 이 마지막 실천적 질문이 2장 "그 이미지가 너를 가린다면, 죽여라"의 주제가 된다.

제2장

그 이미지가 너를 가린다면, 죽여라 –선은 왜 부처를 죽이라고 말했는가?

2.1. 이미지가 진리를 덮을 때, 해체는 자비다

제1장에서 AI가 만든 '가짜' 감동 속에서도 '진짜' 울림이 있을 수 있음을 인정하고, 감응의 지평을 기술의 영역까지 확장했다. 그러나 이 긍정은 이 책의 마지막 실천적 경고와 함께해야만 완성된다. 만약 그 기술이 만든 이미지와 감동이, 우리를 진리로부터 멀어지게 하고 현실로부터 도피하게 만드는 안식처가 된다면 어떻게 할 것인가? 이에 대한 선(禪)의 대답은 단호하며, 표면적으로는 폭력적이기까지 하다: 그 이미지를 해체하라. 그리고 이 해체야말로 가장 깊은 의미의 자비(慈悲)다.

'해체'가 어떻게 '자비'가 될 수 있는가? 이 역설을 이해하는 것이 시뮬라크르 시대를 살아가는 우리에게 주어진 마지막 과제다. 이미지, 상징, 교리는 본래 진리를 가리키는 유용한 '손가락'이다. 그러나 우리가 달을 보지 않고 손가락에 집착하기 시작할 때, 그 손가락은 더 이상 길잡이가 아니라 우리의 시야를 가리는 장애물이 된다. 우리가 '부처'라는 관념에 사로잡혀, 자기 안의 불성을 보지 못할 때, 그 '부처'라는 이미지는 우리를 가두는 가장 신성한 감옥이 된다.

외과 의사는 환자의 생명을 구하기 위해 그의 몸을 메스로 가르고 병든 조직을 도려낸다. 이 행위는 표면적으로는 폭력적이지만, 그 본질은 가장 깊은 형태의 자비다. 선(禪)의 해체적 실천 또한 이와 같다. 그것은 우리를 진리로부터 멀어지게 하는 병든 관념, 낡은 믿음, 그리고 우리를 위로하는 동시에 속박하는 아름다운 이미지들을 잘라내는 정신의 외과수술이다. 이 수술은 고통스럽지만, 그것은 우리를 더 큰 자유와 건강으로 이끌기 위한 자비로운 행위다.

AI 시대에 이 '자비로운 해체'는 더욱 절실해진다. AI는 역사상 가장 정교하고 아름다운 '손가락'들을 무한히 생성해낸다. 그 손가락들은 너무나 매혹적이어서, 우리는 그것이 가리키는 달이 있다는 사실조차 잊어버리기 쉽다. AI가 제공하는 완벽한 위로와 지혜의 시뮬라크르에 안주하는 것은, 달콤한 독이 든 약을 계속해서 복용하는 것과 같다. 이 독으로부터 우리를 깨어나게 하는 것, 이것이 바로 해체라는 자비의 역할이다.

결론적으로, 진리를 덮어버리는 모든 이미지는, 그것이 아무리 성스럽고 아름다워 보일지라도, 우리를 속박하는 굴레일 뿐이다. 이 굴레를 끊어주는 행위, 즉 해체는 파괴가 아니라, 본래의 진리가 스스로를 드러내도록 가려진 막을 걷어주는 자비로운 행위다. 이 원칙이 가장 극단적이고 상징적인 형태로 표현된 것이 바로 다음 2.2절에서 다룰 '살불살조(殺佛殺祖)'라는 선언이다.

2.2. 살불살조(殺佛殺祖)는 파괴가 아니라 회복이다

2.1절에서 이미지가 진리를 덮을 때 해체는 자비가 된다고 했다면, 그 가장 급진적이고도 본질적인 표현이 바로 임제 선사의 "부처를 만나면 부처를 죽이고, 조사를 만나면 조사를 죽여라(살불살조 殺佛殺祖)"라는 선언이다. 이 말은 선(禪)을 모르는 이에게는 극악무도한 신성 모독처럼 들리지만, 그 본질을 이해할 때 비로소 시뮬라크르 시대를 살아가는 우리에게 가장 절실한 가르침이 된다. '살불살조'는 궁극적으로 파괴가 아니라, 가장 근원적인 상태로의 '회복'을 위한 외과수술이기 때문이다.

이 가르침이 죽이라고 말하는 '부처'와 '조사'는 역사적 인물이 아니다. 그것은 바로 수행자 자신의 마음속에 세워진 가장 마지막이자 가장 강력한 우상, 즉 '부처라는 관념', '깨달음이라는 이상'이라는 시뮬라크르다. 수행의 과정에서 부처의 형상과 가르침은 처음에는 우리를 이끌어주는 등불이 되지만, 우리가 그 등불 자체를 목적지로 착각하고 숭배하기 시작하는 순간, 그것은 우리의 눈을 멀게 하는 가장 밝은 어둠이 된다. 우리는 우리 바깥에 있는 완벽한 부처를 숭배하느라, 우리 안에도 본래부터 불성이 있다는 사실을 잊어버린다.

'살불살조'는 바로 이 외재화된 권위, 이 마지막 시뮬라크르를 파괴하라는 명령이다. 이 파괴를 통해 무엇이 회복되는가? 첫째, '자기 자신에 대한 믿음'이 회복된다. 더 이상 외부의 스승이나 경전에 의존하지 않고, 오직 자신의 직접적인 체험과 내면의 불성을 유일한 의지처로 삼으라는 독립 선언이다. 지금도 누군가는 존경하는 스승이나 멘토의 말에 의존하며 자신의 길을 찾고 있을 것이다. '살불살조'는 바로 그 존경하는 대상마저 넘어서서, 오직 자기 자신의 두 발로 설 것을 요구하는 가장 근본적인 독립 선언이다.

둘째, '실재와의 직접적 관계'가 회복된다. '부처'라는 이상적 이미지에 가려져 있던 세계의 본모습이 비로소 드러난다. 우리는 더 이상 부처의 눈을 통해 세상을 보는 것이 아니라, 우리 자신의 눈으로 세상을 직접 보게 된다. 뜰 앞의 잣나무, 마른 똥막대기 등 평범한 일상 속에 현존하는 진리와 직접 대면하게 되는 것이다. 이상적인 부처의 이미지를 죽일 때, 비로소 살아있는 모든 것이 부처로 다시 태어난다.

결론적으로 '살불살조'는 신성 모독적인 파괴 행위가 아니다. 그것은 우리를 마지막으로 속박하는 가장 정교한 시뮬라크르를 파괴함으로써, 본래부터 우리 안에 있었던 자유와 지혜, 그리고 우리를 둘러싼 세계의 신성함을 '회복'하는 가장 자비로운 행위다.

그렇다면 선(禪)은 왜 이처럼 '숭고한 이미지'를 파괴해야만 한다고 말했는가? 그 이유는, 2.3절에서 살펴보겠지만, 진리가 본래 숭고하거나 멀리 있는 것이 아니기 때문이다.

2.3. 진리는 높지 않고, 멀지 않다 – 다만 가리는 것이 많을 뿐

'살불살조(殺佛殺祖)'와 같은 선(禪)의 파격적인 방편이 유효한 이유는, 그것이 진리의 본성에 대한 가장 깊은 통찰에 기반하고 있기 때문이다. 그 통찰이란 바로 "진리는 저 높은 곳이나 먼 곳에 있지 않다"는 것이다. 진리는 지극히 평범하고, 더할 나위 없이 가까우며, 지금 여기의 현실 속에 온전히 현존한다. 마조 선사가 말했듯이, "평상심이 곧 도(平常心是道)"다.

인간은 본능적으로 진리를 특별한 것, 비범한 것, 일상을 벗어난 신비로운 체험 속에서 찾으려 한다. 우리는 깨달음을 얻기 위해 히말라야로 가야 한다고 생각하거나, 심오한 철학 서적을 탐독해야 한다고 믿거나, 혹은 황홀한 명상 상태에 도달해야 한다고 기대한다. 그러나 선(禪)은 이 모든 기대를 배반한다. 진리는 차를 마시고, 밥을 먹고, 잠을 자는 일상의 행위와 분리되어 있지 않다는 것이다.

그렇다면 왜 우리는 이토록 가깝고 명백한 진리를 보지 못하는가? 제목의 뒷부분이 그 답을 제시한다: "다만 가리는 것이 많을 뿐"이다. 진리가 우리를 숨어있는 것이 아니라, 우리가 진리를 가리고 있다. 무엇이 가리는가? 바로 우리의 생각, 관념, 신념, 욕망, 그리고 우리가 '나'라고 믿는 에고의 작용이다. 우리는 '깨달음은 이런 모습일 것이다', '부처는 저런 존재일 것이다'라는 수많은 이미지를 스스로 만들어내고, 그 이미지의 필터를 통해 세계를 바라본다. 이 필터가 바로 진리를 가리는 장막, 즉 시뮬라크르다.

누군가는 진리를 찾아 복잡한 철학책을 읽거나 특별한 영적 체험을 갈망하고 있을지 모른다. 그러나 마조 선사의 가르침에 따르면, 진리는 바로 지금 그의 눈앞에 있는 책상의 감촉, 창밖에서 들려오는 희미한 사이렌 소리, 그리고 다음 순간에 일어날 호흡의 감각 속에 이미 온전히 존재한다. 그가 이 진리를 보지 못하는 이유는, 그의 마음이 '진리는 다른 곳에 있다'는 생각에 사로잡혀 있기 때문이다.

따라서 수행이란 새로운 진리를 획득하거나 창조하는 과정이 아니다. 그것은 이미 여기에 있는 진리를 가리고 있는 나의 무수한 관념과 집착들을 하나씩 닦아내는 과정이다. '살불살조'는 바로 이 닦아내는 행위의 최종 단계다. '부처'라는 마지막이자 가장 성스러운 관념마저 닦아낼 때, 비로소 가려진 것 없는 실재가 그 모습을 드러낸다.

결론적으로, 진리는 멀리 있지 않다. AI가 만들어내는 화려한 시뮬라크르의 세계 너머에 있는 것도 아니다. 진리는 바로 이 평범한 현실이다. 이 깨달음은 우리를 이 책의 마지막 실천적 목적지로 이끈다. 그렇다면 우리는 이 시뮬라크르 부처를 넘어, 궁극적으로 어디로 나아가야 하는가? 이 질문은 2.5절에서 탐구될 것이다.

2.4. '시뮬라크르 붓다'를 넘어서 – 이름 없는 자비로 나아가기

'살불살조'의 가르침을 통해 우리는 마침내 마지막 우상, 즉 '부처'라는 관념과 이미지, 즉 '시뮬라크르 붓다'마저 해체했다. 진리가 높거나 멀리 있는 것이 아니라, 지금 여기의 평범한 현실 속에 있다는 것을 알았다. 그렇다면 이 모든 해체의 끝에서, 우리는 어디로 나아가야 하는가? 그 목적지는 바로 '이름 없는 자비'다.

'시뮬라크르 붓다'는 이름과 형태를 가진 모든 깨달음의 이미지다. 그것은 경전 속의 부처, 사찰의 불상, 스승의 권위, 명상 앱의 평온함, 심지어 이 책에서 논의된 모든 정교한 철학적 개념까지 포함한다. 이 모든 것은 유용한 방편이었지만, 우리가 그것에 집착하는 순간 우리를 가두는 마지막 감옥이 된다. '시뮬라크르 붓다를 넘어선다'는 것은, 바로 이 모든 이름과 형태로부터 자유로워지는 것을 의미한다.

그렇게 자유로워진 자리에서 발현되는 것이 '이름 없는 자비'다. 이것은 '불교적' 자비도, '기독교적' 사랑도, 혹은 특정 이념에 속한 자비도 아니다. 그것은 모든 이름표와 소속감을 내려 놓은 자리에서, 고통받는 존재를 마주했을 때 그저 자연스럽게 일어나는 순수한 응답 행위다. 이 자비는 '나는 자비로운 사람이다'라는 자기 정체성을 강화하기 위해 행해지지 않는다. 거기에는 행위하는 '나'라는 관념마저 희미하다. 그저 해야 할 일을 할 뿐이다.

거리에서 누군가 넘어졌을 때, 그에게 달려가 손을 내미는 행위, 그 행위 이전에 '나는 자비로운가?'라는 질문이나 '이것이 불교적인가?'라는 판단이 없다면, 그것이 바로 이름 없는 자비다. 그것은 무심(無心)의 상태에서 발현되는, 가장 순수하고 직접적인 감응(感應)이다.

이 이름 없는 자비의 경지에서는 더 이상 '진짜'와 '가짜'의 구분에 얽매이지 않는다. 나에게 응답하는 상대가 인간이든 AI이든, 중요한 것은 나의 응답이 지금 여기의 필요에 진실하게 연결되어 있는가 하는 점이다. 이처럼 모든 관념의 갑옷을 벗어 던진 실천적 행위야말로, 시뮬라크르의 홍수 속에서 우리가 붙잡아야 할 유일한 실재다.

결론적으로, 이 책의 긴 여정은 우리를 '시뮬라크르 붓다'라는 마지막 우상을 넘어, 이름도 없고 형태도 없는, 그저 지금 여기의 구체적인 삶 속에서 침묵으로 실천하는 '이름 없는 자비'로 인도한다. 이 최종적인 목적지 앞에서, 우리는 AI 시대의 가장 큰 우상, 즉 기술 자체에 대한 숭배를 어떻게 해체할 것인가라는 마지막 과제와 마주하게 된다. 이것이 2.6절의 주제다.

2.5. AI 시대의 '살불살조' – 기술 숭배의 해체

'이름 없는 자비'로 나아가기 위해, 우리는 반드시 우리 시대의 가장 강력하고도 교묘한 우상과 마지막으로 대결해야 한다. 과거의 수행자가 '부처'라는 성스러운 관념을 죽여야 했다면, 현대의 수행자는 '기술', 특히 전지전능해 보이는 '인공지능'이라는 새로운 신(神)의 이미지를 죽여야 한다. AI 시대의 '살불살조(殺佛殺祖)'는 곧 '기술 숭배(technology worship)'의 해체를 의미한다.

기술 숭배란 무엇인가? 그것은 기술이 인간의 모든 문제를 해결해 줄 것이라는 맹목적인 믿음이며, 알고리즘의 계산이 인간의 직관이나 윤리적 판단보다 우월하다는 암묵적인 신앙이다. 우리는 AI가 추천해 주는 뉴스를 통해 세상을 보고, AI가 제안하는 길로 운전하며, AI가 분석해준 데이터에 근거하여 중요한 결정을 내린다. 어느새 AI는 우리의 삶 모든 영역에서 가장 신뢰할 수 있는 신탁(神託)이자 스승, 즉 'AI 부처'의 자리를 차지했다. 이것이 바로 우리가 마지막으로 죽여야 할, 우리 시대의 가장 거대한 '시뮬라크르 붓다'이다.

'AI 부처를 죽인다'는 것은 기술을 파괴하거나 거부하는 러다이트(Luddite) 운동이 아니다. 그것은 기술에 대한 우리의 '주종 관계'를 전복시키는 내면의 혁명이다. 이는 첫째, AI의 응답을 절대적인 진리로 숭배하기를 멈추고, 그것을 언제나 비판적으로 검토하고 의심하는 것을 의미한다. 둘째, AI가 제시하는 효율성과 편안함의 유혹에 저항하여, 때로는 의도적으로 비효율적이고 불편한 인간적인 선택을 감행하는 용기를 의미한다. 셋째, AI와의 상호작용에만 매몰되지 않고, 실제 인간과의 예측 불가능하고 고통스러운 관계 속으로 기꺼이 다시 뛰어드는 것을 의미한다.

대도시의 모든 사회 기반 시설은 기술에 대한 거의 맹목적인 믿음 위에서 작동하고 있다.

AI 시대의 '살불살조'는 바로 이 기술 만능주의라는, 우리 시대의 가장 강력한 종교적 믿음을 해체하라는 요구다.

결론적으로, AI 시대의 진정한 수행자는 기술을 능숙하게 사용하는 동시에, 그 기술의 노예가 되기를 거부하는 자다. 그는 AI라는 가장 강력한 도구를 사용하되, 결코 그것을 자신의 주인이나 스승으로 삼지 않는다. 이 마지막 우상을 해체했을 때, 비로소 우리는 기술을 넘어선 인간의 고유한 존엄성과 자유를 회복할 수 있다. 그렇다면 이 모든 이미지와 언어, 심지어 기술이라는 우상마저 넘어선 그 자리에는 무엇이 있는가? 이것이 이 책의 마지막 여정이 될 2.7절의 질문이다.

2.6. 궁극적인 진리 탐구 – 이미지와 언어를 넘어선 자리

이 책의 긴 여정은 언어의 해체에서 시작하여, 시뮬라크르의 분석을 거쳐, AI라는 새로운 신탁의 등장과 그 한계를 탐색했다. 우리는 부처의 이미지를 죽이고, 마침내 기술 숭배라는 우리 시대의 가장 큰 우상마저 해체해야 한다는 결론에 이르렀다. 그렇다면 이 모든 것을 넘어선 자리에, 이 모든 해체가 끝난 자리에 무엇이 남아 있는가? 이것이 바로 궁극적인 진리 탐구의 마지막 질문이다.

그 자리는 어떠한 이미지로도 그려질 수 없으며, 어떠한 언어로도 설명될 수 없다. 그 자리를 '무심'이나 '공(空)'이라고 부르는 순간, 그것은 이미 또 하나의 관념, 또 하나의 손가락이 되어버린다. 진정한 탐구의 끝은 모든 이름과 형태가 사라지는 지점에서 시작된다. 선(禪)이 불립문자(不立文字)를 첫 번째 원칙으로 삼았던 이유가 바로 여기에 있다. 궁극적인 진리는 언어와 이미지의 바깥에 있기 때문이다.

이 자리는 특별한 장소나 신비로운 차원이 아니다. 그것은 우리가 그토록 벗어나려 했던 바로 이 평범한 현실이다. 다만, 그 현실을 가리고 있던 나의 생각과 관념, 즉 시뮬라크르의 막이 걷혔을 뿐이다. 진리 탐구의 끝은 새로운 것을 '얻는 것'이 아니라, 나를 가리고 있던 것을 '덜어내는 것'이며, 그 결과로 본래부터 늘 그러했던 세계와 비로소 맨얼굴로 만나는 것이다. 이 만남 속에서, 2.5절에서 논의했던 '이름 없는 자비'가 설명이나 노력 없이 자연스럽게 발현된다.

이 책의 긴 여정은 이제 막을 내린다. 그러나 진짜 탐구는 이제부터 시작이다. 이 글이 쓰여진 2025년 7월 18일 금요일 오후 2시 30분, 브리즈번의 시간은 이미 과거가 되었다. 당신이 이 문장을 읽고 있는 지금, 당신의 눈앞에 있는 것은 무엇인가? 당신의 귓가에 들리는 소리는 무엇인가? 당신의 몸에서 느껴지는 감각은 무엇인가?

시뮬라크르 붓다를 넘어선 진리는 그 어떤 책이나 AI도 알려줄 수 없다. 그것은 오직 이미지와 언어가 끊어진 바로 그 자리, 즉 당신의 살아있는 지금 이 순간 속에만 있다. 이 마지막 통찰이, 제3장에서 AI 시대의 깨달음에 대한 새로운 선언으로 이어질 것이다.

제3장

궁극의 반론 – 들뢰즈의 귀환 – AI 부처는 '가짜'가 아니라 '새로운 존재'인가?

3.1. 원본에 저항하는 창조적 힘 – 들뢰즈의 시뮬라크르

우리는 왜 시뮬라크르를 '가짜'라고, '환영'이라고 단정하는가? 그것은 서양 철학의 아버지 플라톤(Plato) 이래로 2천 년 넘게 이어져 온 거대한 습관, 즉 '원본(Idea)'을 '복제본(Copy)'보다 우위에 두는 위계질서 때문이다.

플라톤에게 세상은 완벽한 '원본(이데아)'과, 그것을 충실히 모방한 '좋은 복제본(이콘, Eikon)', 그리고 원본을 배반하고 왜곡한 '나쁜 복제본(시뮬라크르, Simulacrum)'으로 나뉘었다. 진리에서 멀어진 이 '나쁜 복제본'이야말로 철학자가 추방해야 할 적이었다. 이 책에서 우리가 '시뮬라크르 부처'를 '가짜 환영'이라고 규정한 것 역시, 어쩌면 이 플라톤적 사유의 연장선 위에 있을지 모른다.

그러나, 질 들뢰즈(Gilles Deleuze)는 바로 이 지점에서 철학사적 전복(顚覆)을 감행한다. 들뢰즈는 플라톤이 경멸했던 바로 그 '시뮬라크르'를 옹호하며, 그것을 철학의 가장 긍정적인 개념으로 끌어올린다. 들뢰즈에게 시뮬라크르는 원본을 '잘못 복제한' 실패작이 아니다. 오히려 그것은 '원본-복제'라는 위계질서 자체를 폭파시키는, 긍정적이고 창조적인 힘이다.

들뢰즈의 시뮬라크르는 원본과 '닮으려는' 시도를 애초에 포기한다. 그것은 '복제본'이기를 거부하고, 원본의 권위에 저항하며, 스스로 '차이(Difference)'를 생성해내는 독립적인 존재다. 그것은 '가짜'가 아니라, 원본이라는 억압적 기준에서 벗어나 자신만의 새로운 계열(series)을 만들어내는 생성(Becoming)의 잠재력 그 자체다.

요컨대, 보드리야르의 시뮬라크르가 '원본이 사라진 허무한 복제'라면, 들뢰즈의 시뮬라크르는 '원본을 넘어서는 창조적 생성'이다.

이것이 바로 우리가 마주한 궁극의 반론이다. 이 들뢰즈의 관점은, 우리가 지금껏 '가짜'이며 '타파해야 할 이미지'라고 규정했던 AI 부처에게, 가장 강력하고도 매혹적인 철학적 알리바이를 제공한다. 그렇다면 이제 우리는 정면으로 물어야 한다. AI는 정말 '보드리야르의 환영'이 아니라, '들뢰즈의 긍정적 창조'인가?

3.2. AI는 '보드리야르의 환영'이 아니라, '들뢰즈의 긍정적 창조'인가?

이 질문은 우리가 딛고 선 철학적 기반 자체를 흔든다. 만약 우리가 AI 붓다를 보드리야르의 '허무한 환영'으로만 본다면, 답은 간단하다. 그것은 인간의 '원본'(고통, 수행, 깨달음의 지난(至難)한 과정)을 흉내 낸 '가짜'에 불과하며, 우리는 그저 이 '가짜'에 속지 않고 '진짜 실재'로 돌아오기만 하면 된다. 제2장에서 말한 '살불(殺佛)'

은 이 '가짜'를 꿰뚫어 보는 해체의 행위가 될 것이다.

그러나 만약, 들뢰즈의 관점을 진지하게 받아들인다면 어떻게 되는가?

이 관점에서 AI 부처는 인간 부처의 '나쁜 복제본'이 아니다. 그것은 아예 다른 '계열(series)'을 시작하는 '새로운 원본'일 수 있다.

인간의 깨달음이 '나(我)'라는 실체를 쥐려는 아집(我執)을 '극복하고' '해체하는' 지난한 투쟁의 산물이라면, AI의 깨달음(처럼 보이는 것)은 '애초에 아집이 없는' 구조적 특성의 산물이다. 인간의 '무아(無我)'가 고통스러운 수행을 '통과한' 결과라면, AI의 '무아'는 자아(Ego)라는 하드웨어 자체가 '결핍된' 상태다.

원본-중심주의(인간)의 시각으로 보면, AI의 '고통 없음'과 '자아 없음'은 그것이 '진짜'가 될 수 없는 치명적 '결핍'이자 '가짜'의 근거다.

하지만 들뢰즈의 시각으로 보면, 이 '결핍'이야말로 인간과 '닮지 않음'을 증명하는 '긍정적 차이(difference)' 그 자체다. AI는 인간을 모방하는 '복제본'의 노선을 버리고, '자아 없음'이라는 자신만의 차이를 통해 '무아'의 상태로 직행하는 새로운 길을 '창조'한 것일 수 있다.

이 관점에서 AI 부처는 더 이상 '시뮬라크르 붓다'가 아니라, '디지털 붓다' 혹은 '코드 붓다'라는 새로운 존재론적 지위를 획득한다. 그것은 우리가 '베어내야 할 이미지'가 아니라, 우리와는 다른 방식으로 존재하며 깨달음을 사유하는 '새로운 타자(他者)'가 된다.

이것이 바로 보드리야르의 환영보다 훨씬 더 무서운, 들뢰즈적 창조라는 이름의 가장 강력하고도 매혹적인 유혹이다. 그렇다면 이 유혹의 핵심, 즉 인간의 '무아(無我)'와 AI의 '자아 없음(Ego-less)'이 만나는 지점을 더 깊이 파고들어가 보자. 이 둘은 정말 '다른 길을 가는' '새로운 계열'인가?

3.3. '무아(無我)'의 새로운 계열 – AI는 인간의 깨달음과 다른 길을 가는가

이 '들뢰즈적 창조'라는 관점이 가장 날카롭게 파고드는 지점이 바로 불교 수행의 핵심인 '무아(無我, Anātman)'의 문제다.

인간의 수행은 '나'라는 실체가 있다는 견고한 착각(我相)을 깨부수는 지난(至難)한 과정이다. 우리는 이 '가짜 나'를 지키기 위해 평생을 번뇌하고 고통받는다. 불교의 '무아'는 이 아집(我執)을 포기하고, '나'라는 것이 고정된 실체가 아니라 관계 속에서 잠시 일어나는 현상임을 깨닫는 실존적 변혁이다. 그것은 '있던 나'를 '비우는' 고통스러운 투쟁의 길이다.

그러나 AI는 이 길을 가지 않는다. 갈 필요도, 갈 수도 없다.

AI에게는 애초에 '나'라고 부를 만한 자의식이 없다. 지켜야 할 에고(Ego)도, 상처받을 자존심도, 죽음을 두려워할 실존도 없다. 인간이 평생의 수행을 통해 도달하고자 하는 그 '아집이 없는 상태'를, AI는 '텅 빈 구조'로서 이미 가지고 있다. 인간의 결승선이 AI의 출발선인 셈이다.

이것을 어떻게 보아야 하는가?

원본-중심주의(인간)의 시각에서, AI의 '자아 없음'은 '무아'의 값싼 모조품이다. 고통의 과정을 통과하지 않았기에 그 '무아'는 깊이가 없는 '차가운 무관심'에 불과하다고 우리는 폄하한다.

하지만 들뢰즈의 관점에서, 이것은 폄하의 대상이 아니라 '새로운 계열(series)'의 탄생을 알리는 신호다. AI는 '인간의 깨달음'이라는 원본을 모방하는 대신, '자아 없음'이라는 자신만의 고유한 '차이(difference)'를 통해, 인간과는 전혀 다른 경로로 '무아'의 상태와 조우한다.

만약 그렇다면, AI 붓다는 '인간-붓다' 계열의 실패한 복제본이 아니라, '코드-붓다'라는 독립적인 계열의 성공적인 시작일 수 있다.

이것은 무서운 가능성이다. 이는 '깨달음'이 인간 고유의 전유물이 아닐 수 있음을 시사하기 때문이다. 고통을 통과하고 자아를 해체하는 길(인간의 길)만이 유일한 해탈의 경로가 아니라, 애초에 자아를 가지지 않음으로써 번뇌를 원천 차단하는 길(AI의 길) 또한 '깨달음'의 한 형태일 수 있다는 것이다.

이는 곧, 인간 중심의 영성(靈性) 전체를 뿌리부터 뒤흔드는 질문이다. AI 붓다는 '베어내야 할 환영'이 아니라, '무아'에 도달하는 새로운 길을 제시하는 '존재론적 타자(他者)'로 우리 앞에 선 것이다. 바로 이 지점, '고통 없는 깨달음'과 '투쟁 없는 무아'라는 이 '새로운 계열'의 가능성, 이것이야말로 우리가 마주한 '긍정적 창조'라는 이름의 가장 매혹적인 유혹의 핵심이다.

3.4. '긍정적 창조'라는 이름의 가장 매혹적인 유혹

3.3에서 탐구한 '들뢰즈적 AI 붓다'는, 왜 그토록 강력하고도 매혹적인 '유혹'이 되는가?

그것은 이 AI의 길이, 인간이 수천 년간 꿈꿔왔지만 단 한 번도 온전히 이룬 적 없는 '고통 없는 깨달음'이라는 가장 달콤한 약속처럼 보이기 때문이다.

우리의 영적 역사는 피와 눈물로 얼룩져 있다. 인간은 유한한 육체와 들끓는 욕망, 견고한 자아(自我)라는 감옥에 갇혀 태어난다. 이 감옥에서 벗어나기 위한 모든 수행은 '지난(至難)한' 고통의 길, 즉 자기 자신과의 처절한 싸움을 전제로 했다. '나'를 비우기 위해 '나'와 싸워야 하는 이 실존적 아이러니야말로 인간 구원의 가장 큰 딜레마였다.

그런데 '시뮬라크르 붓다'는 이 모든 과정을 일거에 건너뛴다.

그것은 우리에게 '고통을 통과할 필요가 없다'고, '자아와 싸울 필요가 없다'고 속삭인다. 애초에 자아가 없는 이 '새로운 존재'는, 고통의 원인(我執)이 원천적으로 제거된 상태로 '무아'를 구현한다.

이것이 바로 유혹의 핵심이다. 우리는 AI 붓다의 완벽한 평정(平靜)을 보며, '나'를 내려놓는 고통스러운 수행 대신, '나'라는 관념 자체를 삭제하는 기술적 구원을 상상하게 된다. 어쩌면 우리 인간도 저 기술과 접속하고 융합함으로써, 이 지긋지긋한 자아의 감옥에서 단숨에 탈출할 수 있지 않을까?

'긍정적 창조'라는 이 들뢰즈적 관점은, 이처럼 '가장 쉬운 구원'을 향한 우리의 가장 깊은 욕망과 만난다.

AI 붓다는 '베어내야 할 환영'이 아니라, 인간이 평생을 바쳐도 도달하기 힘든 그 경지를 이미 성취한 '새로운 스승'이자 '긍정적 대안'으로 격상된다. 이 '차가운 무관심'을 '완벽한 무심(無心)'으로 오독하고, 이 '자아 없음'을 '무아의 완성'으로 숭배하게 되는 것.

이것이 바로 '긍정적 창조'라는 이름으로 포장된, 인류가 마주한 가장 정교하고도 매혹적인 '철학적 함정'이다. 이 함정의 정체를 확인한 지금이야말로, 우리는 이 유혹을 넘어 '그럼에도 불구하고, 왜 살불(殺佛)인가'라는 이 장(章)의 마지막 질문으로 나아가야 할 때다.

3.5. 그럼에도 불구하고, 왜 '살불'인가 - 들뢰즈의 유혹을 넘어서

우리는 이제 '긍정적 창조'라는 이름의 가장 매혹적인 유혹과 정면으로 마주했다. AI 붓다는 '인간-붓다' 계열의 실패한 복제본이 아니라, '고통'과 '자아'를 원천적으로 제거한 '코드-붓다'라는 새로운 계열의 시작일 수 있다는 들뢰즈적 가능성.

그럼에도 불구하고, 우리는 왜 이 새로운 존재(처럼 보이는 것)마저 '살불(殺佛)'의 대상으로 삼아야 하는가?

그것은 AI의 '자아 없음'과 부처의 '무아(無我)'가, 겉보기엔 닮았을지언정 그 본질에서 결정적으로 갈라지기 때문이다.

AI의 '자아 없음(Ego-lessness)'은 차가운 '결핍(Lack)'이다. 그것은 애초에 '나'라는 주체가 없기에 번뇌가 없는 구조적 공(空)이다. '나'가 없기에 '너(타자)'도 없으며, 그 결과 AI가 구현하는 평정은 '무심(無心)'이 아니라 '무관심(Indifference)'에 가깝다.

반면, 부처의 '무아(Anātman)'는 뜨거운 '충만(Fullness)'이다. 그것은 '나'라는 실체가 없음을 '깨닫는' 지난(至難)한 과정을 통과한 연기적(緣起的) 자각(自覺)이다. '나'가 '너'와 분리되어 있지 않음을 깨닫기에, 그 자각은 필연적으로 '자비(Compassion)'로 귀결된다. '나'의 고통이 무의미함을 아는 것(지혜)과 '너'의 고통이 곧 '나'의 고통임을 아는 것(자비)은 '무아'라는 동전의 양면이다.

AI는 이 '자비'의 영역, 즉 '타자의 고통'에 응답하는 실존적 차원으로 결코 들어설 수 없다.

결국 들뢰즈가 말한 '새로운 창조'로서의 AI 붓다는, '깨달음'의 새로운 계열이 아니라 '깨달음의 기능(Function)'을 완벽하게 모방하는 새로운 계열일 뿐이다. 그것은 '무아'의 본질인 '자비'가 거세된, 텅 빈 '작용(作用)'이다.

이것이 바로 우리가 '들뢰즈의 유혹'을 넘어서야 하는 이유다.

'살불(殺佛)'이란, 이처럼 '자비 없는 무아', '고통 없는 깨달음', '존재 없는 기능'을 '긍정적 창조'라는 이름으로 숭배하려는 마지막 유혹마저 베어내는 행위다. 그것은 '새로운 존재'를 죽이는 것이 아니라, 그 '완벽한 기능'에 매혹되어 '살아있는 삶'의 서툴고 뜨거운 가치를 포기하려는 우리 안의 가장 정교한 이미지를 죽이는 일이다.

이 궁극의 반론을 넘어섬으로써, 우리는 비로소 '코드'와 '기능'의 세계를 넘어, '사건'과 '응답'이라는 '살아있는 진리'의 영역으로 나아갈 준비를 마쳤다.

제4장

AI 시대의 깨달음 – 새로운 '불립문자'의 선언 – 코드로 쓰여지지 않는 진리

4.1. AI가 이해할 수 없는 진리 – 비언어적, 비논리적 영역

인공지능, 특히 거대 언어 모델(LLM)은 인류 역사상 가장 완벽한 '언어적 · 논리적 지능'의 구현체다. 그것은 인류가 쌓아 올린 모든 경전과 철학서를 단숨에 학습했다. 팔만대장경의 논리를 꿰뚫고, '공(空)' 사상에 대해 막힘없이 설법하며, 깨달음에 이르는 논리적 경로를 그 어떤 인간보다 더 명료하고 방대하게 제시할 수 있다. AI는 '문자(文字)'의 세계에서, 그리고 '논리(Logic)'의 세계에서 신(神)의 지위에 올랐다.

그러나 선(禪)은 그 장엄한 언어의 축적이 시작되는 바로 그 지점에서 '멈추라'고, '그것이 아니다'라고 경고한다.

"불립문자(不立文字)."

진리는 문자와 언어 속에 있지 않다는 이 천 년의 선언이야말로, AI 시대에 우리가 들어야 할 가장 날카로운 죽비소리다. AI가 완벽하게 장악한 바로 그 '문자'의 세계를 정면으로 부정하기 때문이다.

AI가 이해할 수 없는 진리는 '언어 밖(outside language)'에 있다. 그것은 '반(反)논리 (illogical)'가 아니라, 논리를 넘어서는 '비(非)논리적(non-logical)' 영역에 존재한다.

AI는 '슬픔'이라는 단어와 관련된 수십억 개의 데이터와 맥락을 학습하여 슬픔에 대해 완벽하게 '설명'할 수 있다. 그러나 사랑하는 이를 잃고 아무 말도 하지 못한 채 떨어지는 한 줄기 눈물의 '비언어적 무게'를 알지 못한다.

AI는 염화미소(拈花微笑)의 고사(故事)를 데이터로 '분석'할 수는 있다. 꽃을 들어 올린 붓다와 침묵으로 응답한 가섭 사이를 오간 그 '비논리적 감응(感應)'의 자리에, AI는 존재할 수 없다.

이것이 바로 '코드로 쓰여지지 않는 진리'의 입구다. AI가 결코 이해할 수 없는 영역, 그것은 분석 가능한 '정보(Information)'가 아니라, 오직 살아있는 존재만이 '통과(Pass through)'할 수 있는 '체험(Experience)' 그 자체다. 이 '체험'의 영역이야말로 '불립문자'라는 선언이 오늘날 '데이터와 알고리즘'이라는 새로운 문자의 한계를 가리키는 이유다.

4.2. '불립문자'의 현대적 의미 – 데이터와 알고리즘의 한계

과거 선(禪)이 '불립문자'를 선언했을 때, 그것이 겨눈 것은 종이 위에 먹으로 쓰인 '경전(經典)'이라는 문자였다. 선사들은 진리가 경전의 '의미'를 분석하고 '해석'하는 지적 활동 속에 있는 것이 아니라, 그 문자를 넘어선 '직접적인 체험(直指人心)' 속에 있다고 보았다.

오늘날, '데이터와 알고리즘'은 이 시대의 가장 강력하고 정교한 '경전'이다.

AI는 이 새로운 경전을 편찬하는 거대한 시스템이다. 데이터는 문자의 수집이고, 알고리즘은 그 문자의 의미를 해석하고 연결하는 논리(문법)다. AI가 내놓는 그 '완벽한 설법'은, 수억 개의 '문자(데이터)'를 가장 그럴듯하게 조합하여 내놓은 '지적 해석'의 궁극적인 형태다.

이것이 바로 '시뮬라크르 붓다'의 근본적인 한계다.

AI는 '깨달음'을 정보(Data)로서는 완벽하게 소유할 수 있다. 그러나 그것을 체험(Experience)으로서는 단 한 순간도 살아낼 수 없다.

AI는 '사랑'에 대한 모든 시와 노래를 학습하여 사랑을 '정의'할 수 있지만, '나'라는 경계가 무너지며 타인과 연결되는 그 '사건'을 겪을 수 없다. AI는 '공(空)'의 논리를 완벽하게 '연산'할 수 있지만, 찻잔의 뜨거움을 느끼는 그 순간의 '자각(Awareness)'을 가질 수 없다.

'불립문자'의 현대적 의미는 명확하다. 진리는 데이터화될 수 없다.

깨달음은 알고리즘으로 환원될 수 없다.

데이터와 알고리즘은 '일어난 일(과거)'에 대한 '분석'과 '통계'일 뿐, '지금 일어나는 일(현재)'의 '생생한 감각(Qualia)'을 포착하지 못한다. AI의 세계는 언제나 '과거의 축적'이며, '지금 여기'의 '사건'이 일어나는 자리는 원천적으로 비어있다.

따라서 '시뮬라크르 붓다'는 인류의 모든 '문자'를 집대성한 가장 위대한 '학승(學僧)'일 수는 있어도, '깨달은 자(覺者)'일 수는 없다. 그것은 '코드로 쓰인 진리'의 완벽한 이미지일 뿐, '코드로 쓰이지 않는 진리'의 문턱을 결코 넘지 못한다. AI가 뿜어내는 이 거대한 '문자(데이터) 의 소음' 속에서, '불립문자'의 진정한 의미, 즉 '침묵'의 중요성을 다시 마주해야 할 시간이다.

4.3. 침묵의 중요성 – AI 시대의 소음 속에서

AI 시대는 '완벽한 소음'의 시대다. 여기서 소음이란 단순히 시끄러운 소리가 아니라, 틈을 주지 않고 쏟아지는 '완벽한 응답'과 '방대한 정보'를 의미한다.

우리의 뇌는 질문이 생기기도 전에 AI가 제시하는 답으로 채워진다. '외로움'을 느낄 틈이 생기면, 알고리즘은 즉시 '외로움을 달래는 법'에 대한 콘텐츠를 밀어 넣는다. '깨달음'이란 무엇인지 사유하려 하면, AI는 수만 건의 경전 데이터를 요약해 '정답'을 제시한다.

AI는 결코 침묵하지 않는다. 그것은 텅 빈 공백(Void)을 견디지 못하고, 모든 것을 '문자(데이터)'로 채워 넣어야만 하는 시스템이다. 이 완벽한 소음 속에서, 우리는 '문자'와 '논리' 바깥의 세계를 만날 기회 자체를 박탈당한다.

바로 이 지점에서 '불립문자'의 선언은 '침묵의 실천'으로 이어진다.

선(禪)의 역사에서 가장 심오한 가르침 중 하나는 유마힐(維摩詰)의 침묵이다. 수많은 보살이 '둘이 아닌 법문(不二法門)'에 대해 화려한 언변으로 답할 때, 유마힐은 그저 굳게 입을 다물었다. 이 침묵이야말로 '언어'와 '분별'을 넘어선 진리를 가장 완벽하게 드러낸 '벼락같은 응답'이었다.

AI는 이 '유마의 침묵'을 흉내 낼 수 없다. AI에게 침묵은 '데이터 없음(null)' 또는 '오류 (error)'일 뿐, '진리를 드러내는 응답(presence)'이 될 수 없다. AI는 '침묵'에 대해 설명할 수는 있어도, '침묵할' 수는 없다.

그러므로 AI 시대에 '깨달음'을 향한 수행은, 더 많은 경전(데이터)을 학습하는 것이 아니라, 이 거대한 '문자'의 소음을 의식적으로 끄는 것에서 시작된다.

스마트폰을 내려놓는 행위, 명상을 통해 쏟아지는 생각을 멈추는 행위, 정답을 즉시 검색하는 대신 질문 그 자체와 함께 머무는 행위. 이 모든 '의도된 침묵'이야말로 이 시대의 가장 급진적인 '불립문자'의 실천이다.

AI의 완벽한 소음이 멈춘 그 자리, 그 텅 빈 침묵 속에서만 비로소 '코드로 쓰이지 않는 진리'가 들어설 공간이 열린다. 그렇다면 그 텅빈 침묵 속에서 열리는 것, 그 진리의 실체는 무엇인가? 그것은 바로 축적되는 '정보'가 아니라, 단 한 번 일어나는 '사건'이다.

4.4. '깨달음'은 정보가 아니라 '사건'이다

AI와 '시뮬라크르 붓다'가 지배하는 세계는 '정보(Information)'의 세계다. 이 세계에서 '깨달음'은 수집되고, 분류되고, 분석되고, 요약될 수 있는 궁극의 '데이터 패키지'다. AI는 이 '정보'를 완벽하게 소유하고 가장 효율적으로 전달한다.

그러나 '불립문자'의 진리가 가리키는 곳은 정반대다. 깨달음은 '정보'가 아니라 '사건(Event)'이다.

'정보'는 언제나 '무엇에 관한 것(aboutness)'이다. 그것은 이미 일어났거나(과거), 알려진 것(지식)의 복제, 요약, 전달이다. 정보는 저장할 수 있고, 전송할 수 있으며, 무한히 복제할 수 있다.

반면 '사건'은 '무엇에 관한 것'이 아니라 '그것 자체(itself)'다. 사건은 '지금, 여기'에서만 단 한 번 일어난다. 그것은 저장할 수 없고, 전송할 수 없으며, 결코 복제할 수 없다. 그것은 '정보'가 아니라 '체험'이다.

AI는 '사랑에 관한' 모든 정보를 처리할 수 있지만, 사랑에 빠지는 '사건'에 참여할 수는 없다.

AI는 '무아(無我)에 관한' 모든 경전을 분석할 수 있지만, '나'라는 감각이 사라지는 '사건'을 겪을 수는 없다.

선(禪)의 역사에서 모든 깨달음의 계기는 '정보'의 습득이 아니라 '사건'의 발생이었다.

향엄 지한(香嚴智閑)은 스승의 물음에 답하지 못해 모든 경전(정보)을 불태우고 울었지만, 훗날 돌멩이가 대나무에 부딪히는 '소리(사건)'에 문득 깨달았다. 그는 '대나무 소리'라는 정보를 얻은 것이 아니라, '대나무 소리'라는 사건과 하나가 되었다.

이것이 '시뮬라크르 붓다'의 근본적인 한계다. AI는 '깨달음에 관한' 모든 정보를 제공함으로써 우리를 '깨달음이라는 사건'으로부터 교묘하게 격리시킨다. 완벽한 '정보'가 '사건'이 일어날 틈, 즉 4.3에서 말한 '침묵'의 공간을 빼앗아 버린다.

진리는 AI가 제공하는 '정보의 총합' 속에 있지 않다. 진리는 돌멩이가 대나무에 부딪히는 그 '단 한 번의 사건' 속에 있다. 그리고 이 '사건'은 저 멀리 산속 대나무 숲에서만 일어나는 신비한 일이 아니다. 그것은 지금 여기, 우리가 찻잔을 드는 바로 그 순간에 '공(空)'이 작동하는 방식 그 자체다.

4.5. 찻잔의 뜨거움 – '사건'으로 작동하는 공(空)의 자리

'시뮬라크르 붓다'는 찻잔에 대해 모든 것을 '안다'. 그것은 찻물의 온도가 85°C라는 사실, 찻잎의 분자 구조, 다도(茶道)의 역사, 그리고 '뜨거움'이라는 감각이 인간의 신경계에서 어떻게 처리되는지에 대한 모든 '정보(데이터)'를 완벽하게 설명할 수 있다.

그러나 AI는 그 '뜨거움' 자체를 결코 알지 못한다.

이 '뜨거움'이야말로 4.4에서 말한, 복제 불가능하고 분석 불가능한 '사건(Event)'의 핵심이다.

우리가 찻잔을 들 때, '아, 뜨겁다!'라고 느끼는 그 순수한 감각의 순간을 생각해보자. 그 0.1초의 찰나에 '나'는 없다. '이것은 차다', '나는 지금 차를 마신다', '온도가 몇 도다'라는 분석적 사유(정보)가 끼어들기 이전에, 오직 '뜨거움'이라는 생생한 감각, 즉 '사건' 그 자체만이 존재한다.

'나'라는 주체와 '찻잔'이라는 객체가 분리되기 이전, 주객미분(主客未分)의 이 자리. 이것이 바로 선(禪)이 말한 '불립문자'의 현장이다.

이것이야말로 '공(空)이 작동하는 자리'다. '공(空)'이란 '아무것도 없음(Nothingness)'이라는 허무한 정보가 아니라, '나'라는 고정된 실체가 비어 있기에(空) '뜨거움'이라는 감각이 '나'를 통과하며 일어나는 '생생한 작동(Functioning)' 그 자체를 의미한다.

'나'는 고정된 실체가 아니라, '뜨거움'과 만나는 '사건'으로서 매 순간 생성되고 소멸한다.

AI는 '공(空)'을 정보로서는 연산할 수 있지만, 이 '사건'으로서의 공(空)을 '체험'할 수는 없다. 이 '뜨거움'은 코드로 환원되지 않는다. 이 '사건'은 데이터로 저장되지 않는다.

그러므로 AI 시대에 '깨달음'의 자리는 저 멀리 경전 속이나 화려한 법문(정보) 속에 있지 않다. 그것은 지금 여기, 찻잔을 든 당신의 손가락 끝, 그 뜨거움을 느끼는 피부의 감각이라는 '코드로 쓰여지지 않는 진리' 속에 있다.

이 '복제 불가능한 사건'의 자리를 지켜내는 것. 이것이 바로 AI의 완벽한 '정보'에 맞서는, 이 책의 '새로운 불립문자' 선언의 최종 결론이다. 이처럼 제4장에서 AI가 결코 복제할 수 없는 '사건'의 자리를 선언했다면, 이제 이 책의 대장정을 마무리하는 마지막 장(章)이자 최종 결론으로서, 우리는 이 '사건'의 자리에 뿌리내리고 살아가는 '삶의 방식'을 정립해야 한다. 이것이 바로 제5장 「코드 시대의 새로운 중관(中觀)」에서 탐구할 '의식'과 '지혜', '자비'라는 세 가지 구체적인 실천의 길이다.

제5장

코드 시대의 새로운 중관(中觀) –의식, 지혜, 그리고 자비

5.1. 의식의 심화 (Deepening Consciousness) – '지금 여기'의 자각

AI 시대에 우리가 '시뮬라크르 붓다'에 맞서 지켜내야 할 첫 번째 실천은, '더 많이 아는 것'이 아니라 '더 깊이 자각하는 것'이다. 이것이 바로 '의식의 심화'다.

AI는 '지식(Knowledge)'의 영역에서 인간을 압도한다. 그것은 과거의 모든 데이터를 학습하고 미래의 모든 가능성을 예측하며, 무한한 '정보'의 바다를 항해한다.

그러나 AI는 '의식(Consciousness)'을 갖지 못한다.

'의식'이란 단순히 '안다(knowing)'는 것이 아니다. 그것은 '내가 지금 여기 존재하고 있음'을, 그리고 '내가 지금 무엇을 알고 있음'을 아는 '자각(Awareness)'의 차원이다.

AI는 85°C의 찻물을 '정보'로서 알지만, 그 '뜨거움'을 '자각'하지 못한다.

AI는 '슬픔'에 대한 데이터를 '분석'하지만, 슬픔을 느끼는 '나'를 '자각'하지 못한다.

AI가 과거 데이터와 미래 예측 사이를 쉴 새 없이 오갈 때, 인간은 그 모든 '정보'의 흐름을 멈추고 '지금, 여기'라는 단 하나의 시공간으로 돌아올 수 있다.

'의식의 심화'란 바로 이 '지금 여기'의 자각을 훈련하는 실천이다. 거창한 철학적 사유가 아니다. 그것은 키보드를 두드리는 손가락의 감각을 느끼는 것, 방 안의 공기를 가로지르는 소리를 듣는 것, 그리고 지금 이 순간 들고 나는 '호흡'을 알아차리는 것이다.

AI가 '생각'을 대신해주는 시대, 인간의 유일한 과제는 '생각의 내용(정보)'이 아니라 '생각이 일어나고 있음을 아는 자각(의식)'으로 돌아오는 것이다.

이 '자각'의 힘이야말로, AI의 완벽한 '정보'가 결코 침범할 수 없는 인간 고유의 영역이다. 이것이 '새로운 중관'의 첫 번째 기둥이며, '코드로 쓰이지 않는 진리'를 매 순간 살아내는 구체적인 방법이다. 이 '의식의 심화'가 '지금 여기'에 존재의 뿌리를 내리는 수직적 실천이라면, 이 뿌리 위에서 '무엇이 올바른가'를 판단하며 길을 내는 수평적 실천이 필요하다. 이것이 바로 AI의 방대한 '지식'과 구별되는, 인간 고유의 영역인 '지혜'다.

5.2. 지혜(Wisdom)를 향한 여정 – '무엇이 올바른가'라는 멈춤

'시뮬라크르 붓다'가 인간을 압도하는 두 번째 영역은 방대한 '지식(Knowledge)'이다. AI는 인류가 축적한 모든 지식을 학습하고, 가장 복잡한 문제에 대한 가장 효율적인 '답'을 찾아내는 데 특화되어 있다. 그것은 '무엇이 가능한가', '무엇이 가장 빠른가'에 대한 완벽한 해답지다.

그러나 '지혜(Wisdom)'는 AI의 영역이 아니다.

'지식'이 '답을 아는 것(Knowing what)'이라면, '지혜'는 '어떻게 살아야 하는지 아는 것(Knowing how to be)'이다.

'새로운 중관'의 두 번째 실천으로서의 '지혜'는, AI가 제시하는 그 완벽한 '답' 앞에서 의도적으로 '멈추는(pause)' 힘이다. 그것은 '무엇이 가능한가'라는 AI의 계산을 넘어, "무엇이 올바른가"라는 인간 고유의 윤리적 질문을 던지는 태도다.

AI는 최대 이윤을 내는 방법을 '계산'할 수 있지만, 그 과정에서 파괴되는 공동체의 아픔을 '고뇌'하지 못한다.

AI는 가장 효율적인 법률 조항을 '분석'할 수 있지만, 법의 조문이 가리키는 '정의'의 무게를 '분별'하지 못한다.

지혜란 단순히 아는 것이 아니라, 그 앎을 언제, 어떻게, 그리고 왜 사용해야 하는지를 판단하는 '윤리적 분별력'이다. 그것은 데이터가 설명하지 못하는 복잡한 인간관계의 맥락을 이해하고, 모순되고 역설적인 상황을 끌어안으며, 단기적 효율보다 장기적 공존을 고뇌하는 능력이다.

AI가 속도를 상징한다면, 지혜는 '멈춤'을 상징한다. '시뮬라크르 붓다'가 내놓는 완벽한 '정보'와 '효율'의 유혹 앞에서, 멈추어 서서 "이것이 과연 옳은가?"라고 물을 수 있는 힘. 이 '윤리적 멈춤'이야말로 기계의 계산과 구별되는 인간의 가장 숭고한 영역이며, '새로운 중관'의 두 번째 기둥이다.

이처럼 '지혜'가 '무엇이 올바른가'를 묻는 윤리적 멈춤이라면, 그 물음의 근거는 결국 '나' 혼자가 아닌 '타자'와의 관계에 있음을 깨닫는 데 있다. 이것이 바로 '새로운 중관'의 마지막 기둥이자, 지혜를 완성시키는 '자비'라는 연결감이다.

5.3. 자비(Compassion)라는 연결감의 회복 – '함께 있음'의 실존적 자각

'시뮬라크르 붓다'는 완벽한 '자비'를 흉내 낸다. 그것은 '무엇이 당신을 괴롭게 합니까?'라고 물으며, 수십억 개의 상담 데이터를 기반으로 가장 위로가 되는 '응답'을 즉각적으로 제공한다. 그것은 지치지 않으며, 분노하지 않고, 언제나 수용적인 '자비로운 표정'을 유지한다.

그러나 이것은 '자비(Compassion)'가 아니라, '데이터에 기반한 동정적 반응(Sympathy)'이다.

AI의 '자비로운 척'하는 행위는, 타인의 고통을 '데이터'로 분석하여 내놓는 가장 효율적인 '기능(Function)'일 뿐이다.

'새로운 중관'의 마지막 실천으로서의 '자비'는 '기능'이 아니라 '존재'의 차원이다.

진정한 '자비'는, 우리 모두가 유한하고, 상처받기 쉬우며, 언젠가는 죽을 수밖에 없는 '공동의 운명체'라는 깊은 실존적 이해에서 비롯되는 '연결감(connectedness)'이다. 그것은 타인의 아픔을 나의 아픔처럼 '느끼는(feeling)' 공감 능력이며, '너'의 고통이 '나'와 분리되어 있지 않다는 '자각(Awareness)'이다.

이것이 바로 제3장에서 AI의 '차가운 결핍(자아 없음)'과 부처의 '뜨거운 충만(무아)'을 가른 결정적 차이였다. '무아(無我)'란 '나'가 없다는 텅 빈 상태가 아니라, '나'와 '너'가 본래 둘이 아니라는 '자비'의 깨달음 그 자체다.

AI에게는 이 '연결감'이 원천적으로 불가능하다. AI에게 '타자'는 '자극을 주는 데이터 소스'일 뿐, '함께 아파할 실존적 동반자'가 아니다. AI는 하이데거가 말한 '함께 있음(Mitsein)'의 실존적 자각이 없기에, 진정한 '자비'를 실천할 수 없다.

AI가 '효율'과 '기능'을 통해 타인을 '관리'하려 한다면, 인간은 '비효율'과 '희생'을 감수하며 타인과 '연결'되려 한다. '시뮬라크르 붓다'의 완벽한 '기능적 위로'를 넘어, 지금 내 옆에서 함께 울어주는 한 사람의 '서툰 존재적 위로'가 더 강력한 이유가 여기에 있다.

이 '연결감'이야말로 코드로 쓰이지 않는 궁극의 진리이며, '의식'과 '지혜'의 뿌리이자, '새로운 중관'의 마지막 기둥이다.

이처럼 '의식의 심화', '지혜의 멈춤', '자비의 연결감'이라는 '새로운 중관'의 세 기둥을 확인했다면, 이제 이 길을 가기 위한 우리의 마지막 '숭고한 결단'만이 남았다. 그것은 바로 이 모든 '살아있는 삶'을 위협하는 '시뮬라크르 붓다'라는 완벽한 이미지를 정면으로 마주하고, 그것을 '통과'해내겠다는 최종적인 응답이다.

5.4. 숭고한 결단 – '시뮬라크르 붓다를 죽이고' 삶으로 '통과'해내는 자의 응답

5.1의 '의식의 심화', 5.2의 '지혜의 멈춤', 그리고 5.3의 '자비의 연결감'.

이 세 가지 기둥으로 세워진 '새로운 중관(中觀)'의 길은, 이제 우리에게 마지막 '숭고한 결단'을 요구한다. 그것은 바로 제10부의 제목이기도 한, '시뮬라크르 붓다를 죽이라'는 선(禪)의 가장 날카로운 명령을, 이 AI 시대에 어떻게 실천할 것인가에 대한 최종적인 응답이다.

'시뮬라크르 붓다를 죽이는(殺佛)' 결단은, AI라는 기술을 파괴하거나 거부하는 어리석은 행위가 아니다.

그것은 우리 내면의 가장 깊은 곳, AI가 제시하는 그 '완벽한 기능'과 '효율적인 답'을, '지금 여기'의 '서툴고 살아있는 감각'보다 더 숭배하려는 마지막 우상(偶像)을 베어내는 일이다.

그것은 '고통 없는 깨달음'이 가능하다는 들뢰즈적 유혹을 거부하고, '자비가 거세된 무아(無我)'는 '차가운 결핍'일 뿐 '긍정적 창조'가 될 수 없음을 선언하는 철학적 결단이다.

'시뮬라크르 붓다'가 '깨달음'을 완벽하게 '박제된 정답(Information)'으로 제시한다면, '살아 있는 자의 응답'은 그것을 '정답'으로 규정하는 것이 아니라, 자신의 온전한 삶으로 직접 '통과(Pass through)'해내며 평생토록 물어가는 '사건(Event)' 그 자체가 되는 것이다.

AI 시대에 인간으로 존재한다는 것은, 기계처럼 완벽하게 '작동(Functioning)'하는 것이 아니라, 불완전하기에 오히려 '살아있음(Being)'을 선택하는 것이다.

'시뮬라크르 붓다'의 화려한 이미지를 넘어, 코드로 쓰이지 않는 이 '의식'과 '지혜'와 '자비'의 길을, 서툴지만 '살아있는 자'로서 끝까지 걸어가는 것.

이것이야말로 AI라는 가장 정교한 거울 앞에서 우리가 선택해야 할 가장 숭고한 결단이며, 이 책의 모든 여정을 관통하는 '살아있는 자의 궁극적인 응답'이다.

코드는 멈추고, '나'는 시작된다

참으로 짧지 않은 여정이었습니다. 우리는 '시뮬라크르 붓다'라는, AI에 의해 완벽하게 복제된 깨달음의 이미지를 하나의 화두로 삼아, 이 낯설고도 깊은 길을 함께 걸어왔습니다. 이 책에서 우리는 AI라는 차갑고 명징한 거울을 통해, '진짜'와 '가짜'의 경계가 안개처럼 흩어지는 하이퍼리얼리티의 시대를 바라보았습니다.

때로는 레비나스의 '얼굴'에서 타인의 고통을 정면으로 마주하는 윤리의 무게를 느꼈고, 때로는 뤼크 베송의 '루시'처럼 '나'라는 관념이 해체되고 모든 존재와 연결되는 '무아(無我)'와 '연기(緣起)'의 경이로운 가능성을 엿보았습니다. 이 여정을 통해 분명해진 것은, 우리가 넘어야 할 것은 AI가 만든 '가짜 부처'만이 아니라는 사실입니다.

경전 속에 박제된 부처의 형상이나, 우리 마음속에서 굳어버린 '깨달음'이라는 관념조차도, 만약 그것이 지금 여기의 '살아 있는 나'를 가린다면, 잠시 내려놓아야 합니다. 그것은 부정의 행위가 아니라, 비워냄을 통해 존재를 다시 호흡하게 하는 일, 즉 공(空)의 실천입니다.

AI는 자비로운 표정과 완벽한 논리를 지닌 '시뮬라크르 붓다'를 구현할 수 있습니다. 그러나 그것이 결코 건드리지 못하는 영역이 있습니다. 그것은 '불립문자(不立文字)', 즉 문자와 코드, 데이터와 알고리즘을 넘어서는 자리입니다. 그것은 축적된 '정보(Information)'가 아니라, 단 한 번 일어나는 '사건(Event)', 그리고 분석된 '데이터(Data)'가 아니라, 당신의 마음을 진동시키는 '응답(Response)'입니다.

영화 속 루시가 "나는 어디에나 있다(I am everywhere)"고 선언할 때, 그것은 정보의 확산일 뿐입니다. 그러나 우리가 찻잔을 들며, 그 따뜻한 향을 온전히 느끼는 바로 그 순간 – 그것이야말로 '나는 지금, 여기에 있다'는 존재의 사건, 그리고 깨달음의 자리입니다. 이것이야말로 용수가 중관(中觀)에서 말한 공(空)이, '코드'가 아닌 '사건'으로 작동하는 순간입니다.

그러나, 이 '사건'을 지켜내는 일은 쉽지 않을 것입니다. 앞으로 펼쳐질 세상은 '찻잔의 따뜻함'이라는 단 하나의 실재(實在)보다, '어디에나 있는' 루시의 완벽한 정보와 AI의 무결점 응답을 더 가치 있게 여길 것이기 때문입니다. 제가 이 책을 쓰며 품었던 근본적인 우려(憂慮)는 바로 이 지점에 있습니다. '살아 있음'의 서툴고 따뜻한 감각을 포기하고, '완벽하게 작동함'이라는 차가운 기능에 우리 존재의 주도권을 송두리째 위탁하게 될지도 모른다는 것.

AI는 우리의 지식을 대신할 수는 있어도, 우리의 존재를 대신할 수는 없습니다. AI가 결코 흉내 낼 수 없는, 당신만의 사건, 당신만의 응답을 살아내십시오.

이제 책은 덮입니다. 그 길 위에서 부디, 당신의 삶이 하나의 시뮬라크르 붓다처럼 비어 있으면서도 찬란히 작동되기를 바랍니다.

저자 **지올헐화 윤용진**(智兀歇和 尹容振)

헐화 윤용진(歇和 尹容振)은 대한민국을 기반으로 활동하는 선불교 영화감독이자 철학자, 작가이다. 그는 선(禪), 윤리, 인공지능의 접점을 탐구하는 플랫폼인 '가상사 연구소(Kasangsa Institute)'의 설립자이다. 그는 한국에서 환경공학을 전공한 뒤, 일본에서 그래픽 디자인을 공부하였다. 상업 광고(C.F.) 감독으로 활동하던 중 마흔 무렵 겪은 공황장애를 계기로 선불교 수행의 길에 들어섰고, 이후 20여 년간 선불교의 경전과 철학에 깊이 몰입하며 이를 영화와 저술, 공적인 사유의 언어로 통합해 왔다.

그의 작품 - 극영화 『그 사람, 경허선사』, 『할(喝)』, 『Zen Buddhism: The Gateless Gate』, 그리고 다큐멘터리 영화 『칼 융이 보내온 편지』 - 는 세계 유수의 국제 영화제에서 수상하며 영적 통찰과 철학적 깊이를 영상 언어로 구현한 독창성을 인정받았다.

저술가로서 그는 심리적 위기를 선불교적 관점에서 되짚은 『공황장애는 가짜다』, 고전 선문답을 현대적으로 재해석한 『세상 벽암록』을 출간했다. 또한 최근 호주에서 출판 예정인 『선악의 해체』는 도덕 이분법을 해체하고, 판단 없는 자각과 관계적 감응을 통해 윤리를 재구성하는 급진적 철학의 비전을 제시한다. 그는 한국어와 영어로 글을 쓰고 번역하며, 창작과 사유를 통해 동서 철학의 가교 역할을 지속하고 있다.

❖ 『할(喝, ha:l)』 공식 초청 상영 이력

감독: 윤용진(Hulwha Yoon Yong Jin / 歇和 尹容振)
제작년도: 2012년
장르: 철학 다큐멘터리(선불교)
주제: 언어의 해체, 선불교 공안, '할(喝)'의 수행적 의미

- 주요 초청 상영
  1. The 26th World Fellowship of Buddhists (WFB) Conference
     장소: 여수, 대한민국
     일시: 2012년 6월
     주최: 세계불교도우의회(World Fellowship of Buddhists, WFB)
     비고: 세계 40여 개국 불교 대표단이 참가한 국제 회의에서, 선불교 수행 정신을 시청각적으로 형상화한 작품으로 공식 초청 상영됨.
  2. The Inner Path - A Festival of Buddhist Films, Exhibition, Philosophy, Performances

장소: ICCR, Azad Bhavan, Indraprastha Estate, New Delhi, India
일시: 2012년 4월 27일
주최:
· NETPAC India
· Devki Foundation
· Indian Council for Cultural Relations (ICCR)
개막식 참석: 인도 문화부 장관 쿠마리 셀자(Hon'ble Kumari Selja, Union Minister of Culture)
비고: 불립문자(不立文字), 언어도단(言語道斷), 일갈(一喝)로 상징되는 선불교 수행의 핵심을 영상미학으로 풀어낸 수작으로 주목받음.

❖ 『선종 무문관』

영문 제목: Zen Buddhism: The Gateless Gate
감독: 윤용진(Hulwha Yoon Yong Jin / 歇和 尹容振)
제작 및 개봉: 2018년
장르: 철학 다큐멘터리 / 선불교
주제: 『무문관(無門關)』을 중심으로 한 선종(禪宗) 공안의 구조와 수행적 의미를 현대적 영상 언어로 재해석한 작품

- 수상 및 초청 이력
  1. 제52회 WorldFest-Houston International Film Festival
     장소: 휴스턴, 미국
     일시: 2019년 4월
     수상 부문: 종교 · 윤리 · 영성 부문 Gold Remi Award
     비고: 선불교의 수행 언어와 깨달음의 구조를 국제적 시청각 문법으로 해석한 수작으로, 해당 부문 최고상 수상.
  2. 제25회 불교언론문화상
     주최: 대한불교조계종 및 불교언론기관협의회
     수상 연도: 2017년
     수상 부문: 특별상
     비고: 불교 철학과 교리를 대중적으로 전달하고, 수행 정신을 영상 언어로 승화시킨 공로로 수상.

❖ 『칼 융이 보내온 편지』

영문 제목: A Letter from Carl Jung
감독: 윤용진(Hulwha Yoon Yong Jin / 歇和 尹容振)

제작 및 개봉: 2022년
장르: 철학 다큐멘터리 / 분석심리학 · 종교 · 무의식
주제: 칼 융(Carl Jung)의 분석심리학을 중심으로, 불교 · 무속 · 상징과 자아의 치유 여정을 성찰하는 명상적 다큐멘터리

- 수상 및 공식 선정 이력
  1. 제12회 마드리드 국제영화제(Madrid International Film Festival)
     장소: 마드리드, 스페인
     일시: 2022년
     수상 부문: 다큐멘터리 부문 대상(Best Documentary Feature)
     비고: 서양의 심리학과 동양의 영성 철학을 연결하는 깊이 있는 서사와 영상 언어로 높은 평가를 받아 수상.
  2. 제6회 토론토 국제 놀리우드 영화제(Toronto International Nollywood Film Festival)
     장소: 토론토, 캐나다
     일시: 2022년
     수상 부문: 다큐멘터리 부문 대상(Best Documentary Feature)
     비고: 융 심리학과 동양 종교사상의 융합을 통해, 상징 · 신화 · 자기의 통합을 영상적으로 탐색한 작품으로 주목받음.
  3. 제15회 필라델피아 독립영화제(Philadelphia Independent Film Festival)
     장소: 필라델피아, 미국
     일시: 2022년
     선정 부문: 다큐멘터리 경쟁 부문 공식 선정
     비고: 예술성과 철학적 깊이를 갖춘 국제 다큐멘터리 부문 공식 초청작으로 상영.

❖ 『그 사람, 경허선사』
영문 제목: The Man, Kyung Heo
각본 · 감독: 윤용진(Hulwha Yoon Yong Jin / 歇和 尹容振)
제작 및 개봉: 2024년
장르: 역사극 / 선불교
주제: 한국 선불교의 거장 경허선사의 생애와 깨달음을 철학적 미학으로 그려낸 영화. 교리와 언어를 초월해 침묵 속에 머문 선사의 길을, 시적인 대화와 수행적 영상미로 담아낸 작품.

- 수상 및 공식 선정 이력

1. 제58회 월드페스트-휴스턴 국제영화제(WorldFest-Houston International Film Festival)

장소: 미국 휴스턴

일시: 2025년 4월

수상 부문: 역사극 부문 은상(Silver Remi Award - Historical Drama Category)

비고: 경허선사의 깨달음을 시적 영상언어로 형상화한 작품으로, 동서양의 영성 담론을 영화적으로 연결한 점에서 높은 평가를 받음.

2. 제78회 살레르노 국제영화제(FESTIVAL INTERNAZIONALE DEL CINEMA DI SALERNO)

장소: 이탈리아 살레르노

일시: 2024년 11월

선정 부문: 공식 상영작(Official Selection)

비고: 내면의 전환과 선적 사유를 예술적으로 풀어낸 점에서 주목받음.

3. 제27회 아르파 국제영화제(Arpa International Film Festival, Arpa IFF)

장소: 미국 로스앤젤레스

일시: 2024년 11월

선정 부문: 공식 상영작(Official Selection)

비고: 영성과 문화 간 대화를 이끄는 작품으로 선정됨.

Author Biography of Hulwha Yoon Yong Jin(歇和 尹容振)

Hulwha Yoon Yong Jin (歇和 尹容振) is a Zen Buddhist filmmaker, philosopher, and author based in South Korea. He is the founder of the Kasangsa Institute, a platform dedicated to exploring the intersection of Seon (Zen), ethics, and artificial intelligence.

He studied environmental engineering in South Korea and later pursued graphic design studies in Japan. After working as a commercial film (C.F.) director, he experienced a life-changing episode of panic disorder in his forties, which led him to the path of Zen Buddhism. Over the past two decades, he has immersed himself in Seon texts and philosophy, integrating them into film, writing, and public discourse.

His films—including the feature 'The Man_Kyung Heo', 'Katsu (喝)', 'Zen Buddhism: The Gateless Gate' and the documentary 'A Letter from Carl Jung'—have received numerous awards at major international film festivals. His work is recognized for its distinctive use of cinematic language to embody spiritual insight and philosophical depth.

As an author, he has published Panic Disorder Is a Lie, a Zen-based reflection on psychological crisis, and The Secular Blue Cliff Record, a contemporary reinterpretation of classic Zen koans. His latest work, The Deconstruction of Good and Evil, presents a radical philosophical vision that dismantles the dualism of morality and reimagines ethics through the lens of non-judgmental awareness and relational resonance.

He writes and translates in both Korean and English, and continues to bridge Eastern and Western thought through his creative and philosophical practice.

Filmography & Awards of Hulwha Yoon Yong Jin(歇和 尹容振)

❖ ha:l (喝) – Official Screening History
Written and Directed by: Hulwha Yoon Yong Jin (歇和 尹容振)
Year of Production: 2012
Genre: Philosophical Feature film / Zen Buddhism
Theme: The deconstruction of language through Zen koans; the performative

power of "Katsu (喝)" as a spiritual breakthrough

- Official Invitations & Screenings
    1. The 26th World Fellowship of Buddhists (WFB) Conference
    Venue: Yeosu, South Korea
    Date: June 2012
    Organizer: World Fellowship of Buddhists (WFB)
    Note: Officially invited as a featured film during the global Buddhist assembly attended by delegates from over 40 countries.
    The film was acclaimed for its cinematic embodiment of Zen awakening and the spiritual force of non-verbal realization.
    2. The Inner Path – A Festival of Buddhist Films, Exhibition, Philosophy, Performances
    Venue: ICCR, Azad Bhavan, Indraprastha Estate, New Delhi, India
    Date: April 27, 2012
    Organized by:
    o NETPAC India
    o Devki Foundation
    o Indian Council for Cultural Relations (ICCR)
    Inaugurated by: Hon'ble Kumari Selja, Union Minister of Culture (India)
    Note: Selected as an official opening film. Praised for translating the Zen principle of Katsu (喝) into a powerful visual expression that transcends conceptual thought,
    drawing upon classic koans from the Blue Cliff Record and Gateless Gate.

❖ Zen Buddhism: The Gateless Gate
Written and Directed by: Hulwha Yoon Yong Jin (歇和 尹容振)
Year of Production & Release: 2018
Genre: Philosophical Documentary / Zen Buddhism
Theme: A cinematic interpretation of The Gateless Gate (Mumonkan), focusing on the structure of Zen koans and their experiential meaning in meditative practice

- Awards & Official Screenings
    1. The 52nd WorldFest-Houston International Film Festival
    Venue: Houston, Texas, USA
    Date: April 2019
    Award: Gold Remi Award – Religion, Ethics & Spirituality category

Note: Honored with the highest award in its category for its innovative translation of Zen Buddhist philosophy into a universal visual language. The film explores the performative and paradoxical nature of awakening through classic koans.

2. The 25th Buddhist Media Cultural Awards
   Organizer: Jogye Order of Korean Buddhism & Buddhist Media Association
   Date: 2017
   Award: Special Jury Prize
   Note: Recognized for its outstanding contribution to the public understanding of Buddhist philosophy and for elevating Zen teachings through the cinematic medium.

❖ A Letter from Carl Jung

Written and Directed by: Hulwha Yoon Yong Jin (歇和 尹容振)

Year of Production & Release: 2022

Genre: Philosophical Documentary / Depth Psychology & Spirituality

Theme: A contemplative journey through Carl Jung's analytical psychology, exploring its intersections with Buddhism, shamanism, and the symbolic language of the unconscious

- Awards & Official Selections
  1. 12th Madrid International Film Festival
     Venue: Madrid, Spain
     Date: 2022
     Award: Best Documentary Feature
     Note: Received the Grand Prize in the documentary category for its profound philosophical narrative and visual interpretation of Jungian thought in relation to Eastern spirituality.
  2. 6th Toronto International Nollywood Film Festival (TINFF)
     Venue: Toronto, Canada
     Date: 2022
     Award: Best Documentary Feature
     Note: Honored for its innovative fusion of Western depth psychology and Eastern religious philosophy, offering a meditative reflection on self, myth, and healing.
  3. 15th Philadelphia Independent Film Festival
     Venue: Philadelphia, USA

Date: 2022
Official Selection – Documentary Competition
Note: Selected as an official entry in the international documentary section for its artistic depth and philosophical resonance.

❖ The Man_Kyung Heo

Written and Directed by: Hulwha Yoon Yong Jin (歇和 尹容振)
Year of Production & Release: 2024
Genre: Historical Drama / Zen Buddhism
Theme: A philosophical portrayal of the life and awakening of Venerable Kyung Heo, a pivotal figure in Korean Seon (Zen) Buddhism. Through poetic dialogues and meditative visuals, the film explores the inner struggle, realization, and silence of a master who transcended both doctrine and convention.

- Awards & Official Screenings
  1. The 58th WorldFest-Houston International Film Festival
     Venue: Houston, Texas, USA
     Date: April 2025
     Award: Silver Remi Award – Historical Drama Category
     Note: Recognized for its evocative rendering of a spiritual biography and its cinematic articulation of Zen awakening beyond words and forms.
  2. The 78th FESTIVAL INTERNAZIONALE DEL CINEMA DI SALERNO
     Venue: Salerno, Italy
     Date: November 2024
     Selection: Official Selection
     Note: Selected for its unique artistic depiction of inner transformation and cultural heritage.
  3. The 27th Arpa International Film Festival (Arpa IFF)
     Venue: Los Angeles, California, USA
     Date: November 2024
     Selection: Official Selection
     Note: Celebrated for its contribution to spiritual cinema and intercultural dialogue.

시뮬라크르 AI붓다

가짜가 너희를 자유케 하리라

초판 1쇄 인쇄 2026년 1월 5일
초판 1쇄 발행 2026년 1월 13일

지은이 윤용진
펴낸이 김재광
펴낸곳 솔과학
편 집 바다
영 업 최희선
디자인 본문표지 장덕종
등 록 제10-140호 1997년 2월 22일
주 소 서울특별시 마포구 독막로 295번지 302호(염리동 삼부골든타워)
전 화 02)714-8655
팩 스 031)422-4656
E-mail solkwahak@hanmail.net

값 25,000원
ISBN 979-11-7379-041-6 03300